ଯୁଦ୍ଧ ଏକ ଅବିରତ ପ୍ରକ୍ରିୟା

ଯୁଦ୍ଧ ଏକ ଅବିରତ ପ୍ରକ୍ରିୟା

ଯତୀନ୍ଦ୍ର କୁମାର ରାଉତ

ବ୍ଲାକ୍ ଇଗଲ୍ ବୁକ୍ସ
ଭୁବନେଶ୍ୱର, ଓଡ଼ିଶା

BLACK EAGLE BOOKS
Dublin, USA

ଯୁଦ୍ଧ ଏକ ଅବିରତ ପ୍ରକ୍ରିୟା / ଯଚୀନ୍ଦ୍ର କୁମାର ରାଉତ
ବ୍ଲାକ୍ ଇଗଲ୍ ବୁକ୍ସ : ଭୁବନେଶ୍ୱର, ଓଡ଼ିଶା ● ଡବ୍ଲିନ୍, ଯୁକ୍ତରାଷ୍ଟ୍ର ଆମେରିକା

 BLACK EAGLE BOOKS

USA address:
7464 Wisdom Lane
Dublin, OH 43016

India address:
E/312, Trident Galaxy, Kalinga Nagar,
Bhubaneswar-751003, Odisha, India

E-mail: info@blackeaglebooks.org
Website: www.blackeaglebooks.org

First International Edition Published by
BLACK EAGLE BOOKS, 2024

YUDDHA EKA ABIRATA PRAKRIYA
by **Jachindra Kumar Rout**

Cover & Interior Design: Ezy's Publication

ISBN- 978-1-64560-545-4 (Paperback)

Printed in the United States of America

ଉତ୍ସର୍ଗ

ଅଜା
ସୂର୍ଯ୍ୟମଣି ସାମଲ ଓ
ଶୋଷିଲାଙ୍କୁ

ପ୍ରବନ୍ଧ କଥା

ପ୍ରବନ୍ଧ କଳ୍ପନାର ପ୍ରତୀକ ନୁହେଁ। ବାସ୍ତବ ଚିନ୍ତନର ଆଂଶିକ ଶବ୍ଦ ରୂପାୟନ। ସତ୍ୟକୁ ସାମ୍ନାକରି ଠିଆ ହେଇଥାଏ ଶବ୍ଦ। ସ୍ୱପ୍ନ ହେଉଛି ଆକାଶର ଇନ୍ଦ୍ରଧନୁ। ଗୋଟେ ବାମ୍ଫ, ଜଳକଣିକାମାନଙ୍କର ସ୍ୱପ୍ନର ବର୍ଣ୍ଣାଳୀ। ଆରମ୍ଭ ଓ ଶେଷ କେବଳ କ୍ଷୁଦ୍ରାତିକ୍ଷୁଦ୍ର କଣିକାମାନଙ୍କ ସମାହାର। ବାସ୍ତବରେ ଶୂନ୍ୟତା ନଥାଏ। ଗୋଟେ ମଞ୍ଜି ପରି ଶିରାଳ ଯାହାର ଶେଷ ନାହିଁ। ପ୍ରବନ୍ଧ ଓ ପ୍ରାବନ୍ଧିକ ଭିତରେ କିଛି ଫାଙ୍କ ନଥାଏ - ଶୂନ୍ୟତା ବି ନଥାଏ। ଗୋଟେ ସ୍ୱଚ୍ଛ ଅଭିଜ୍ଞତାର ପରିପ୍ରକାଶ। ନିର୍ଯ୍ୟାସର ନିର୍ଣ୍ଣାୟକ ନକ୍ସା। ଅନୁଶୀଳନର ଚରମ ଉତ୍କର୍ଷତା।

ବ୍ୟବହୃତ ଶବ୍ଦମାନେ ଭାବନାର ଭାରକୁ ବହନ କରି ଏକ ଅଲଗା ଦୁନିଆକୁ ଯାତ୍ରା କରିଥାନ୍ତି। ମଣିଷ ଜଣେ ବ୍ୟକ୍ତିନିଷ୍ଠ ପ୍ରାଣୀ। ଏଇ ଭାବନା ପାଇଁ ତା' ନିଜ ପ୍ରିୟଜନମାନଙ୍କ ସ୍ଥିତିକୁ ନିଜ ସ୍ଥିତି ସହିତ ସୁଦୃଢ଼ କରିବାପାଇଁ ସର୍ବଦା ଶତଚେଷ୍ଟିତ ଥାଏ। ବ୍ୟକ୍ତିନିଷ୍ଠ ଭାବନା ଓ ସାମାଜିକ ଦାୟବଦ୍ଧତା ଉଭୟ ମିଶିଗଲେ ପ୍ରତିଦ୍ୱନ୍ଦ୍ୱୀ ମାନସିକତା ଉତ୍ପନ୍ନ ହୁଏ। ଏଇ ପ୍ରତିଦ୍ୱନ୍ଦ୍ୱୀ ମାନସିକତା ପାଠ ପଢ଼ିବା, ବ୍ୟକ୍ତିତ୍ୱ ନିର୍ମାଣ କରିବା, ଘରଦ୍ୱାର କରିବା, ନିଜକୁ ପ୍ରଚାର ପ୍ରସାର କରିବା, ପ୍ରତିନିଧିତ୍ୱ କରିବା ଇତ୍ୟାଦି ବିଭିନ୍ନ ପର୍ଯ୍ୟାୟରେ ମୃତ୍ୟୁଯାଏ ଗତି କରିଥାଏ। ଏଇ ପ୍ରକ୍ରିୟା ସାମାଜିକ ସାମ୍ୟବାଦ ପ୍ରତିଷ୍ଠା କରିବାରେ ବାଧା ସୃଷ୍ଟିକରେ।

ସର୍ବଦା ସମସ୍ତେ ଉପରକୁ ଚଢ଼ିବା ପାଇଁ ପ୍ରୟାସ କଲେ, କିଛି ଲୋକ ଉପରକୁ ଯିବେ, କିଛି ଲୋକ ତଳେ ରହିବେ। ଏହା ହେଉଛି ବାସ୍ତବ ଜୀବନର ଚିତ୍ର। ସେଇ ଚିତ୍ରରେ ଚରିତ୍ରାୟିତ ହେଉଥିବା ବ୍ୟକ୍ତିମାନଙ୍କ ମାନସିକତାକୁ ଅନୁଧ୍ୟାନ କରି, ଦଳିତ, ନିଷ୍ପେସିତ ହେଉଥିବା ଚରିତ୍ରମାନଙ୍କ ଭିତରେ ସମାଜର ଉପର ପାହାଚରେ ପହଞ୍ଚି ସାରିଥିବା ମଣିଷମାନେ ସଂସ୍କୃତି ଓ ପରମ୍ପରାର ଏଇ ଧାରା ପ୍ରଚଳିତ କରିଥାନ୍ତି ସମାଜରେ, ସେମାନଙ୍କ ଭାବନାର ବା ଚିନ୍ତନର ସୁବିଧା ଅନୁଯାୟୀ। ଯାହାକୁ ପାହାଚ ତଳେ ଥିବା

ମଣିଷମାନେ ମାନିବା ପାଇଁ ଏକ ପ୍ରକାର ବାଧ୍ୟ ବାଧକତା ପରିବେଶ ସୃଷ୍ଟି କରିଦିଆଯିଏ। ସଂସ୍କୃତି ପରମ୍ପରା ଭିତରେ ଧର୍ମୀୟ ଗୋଷ୍ଠୀଗତ ଚିନ୍ତନକୁ ମଧ୍ୟ ଦୁର୍ବଳମନା ବ୍ୟକ୍ତିମାନଙ୍କ ଭିତରେ ଭର୍ତ୍ତି କରିଦିଆଯାଏ। ଅର୍ଥନୈତିକ, ସାମାଜିକ, ଶୈକ୍ଷିକ, ସାଂସ୍କୃତିକ, ଗୋଷ୍ଠିଗତ ନିମ୍ନସ୍ଥାନରେ ଅବସ୍ଥାପିତ ମଣିଷମାନଙ୍କ ଭିତରେ ଥିବା ଏକ ବୈପ୍ଲବିକ କ୍ଷୀଣ ସ୍ୱରଟିକୁ ଈଶ୍ୱରଙ୍କ ନାମରେ ଟାଳିଦିଆଯାଏ। ଅର୍ଥାତ୍ ସମସ୍ତ ଅତ୍ୟାଚାର ସମସ୍ତ ପ୍ରତିରୋଧାତ୍ମକ ଚିନ୍ତନକୁ ଈଶ୍ୱରଙ୍କ ଦରବାରରେ ବିଚାର ହେବା କଥାକହି, ଏକ ଅଦୃଶ୍ୟ ନିଷ୍ପତ୍ତିକୁ ଅପେକ୍ଷା କରିଥାନ୍ତି। ଧର୍ମୀୟ ଅନୁଷ୍ଠାନ ଭିତରେ ସଂଗ୍ରାମର ସ୍ୱର ଆଦୌ ଅଙ୍କୁରିତ ହୁଏନାହିଁ। ଧର୍ମୀୟ ବା ପ୍ରଥାଗତ ବିଚାର ଅଶୋକ ବାଟିକା ସଦୃଶ, ସେଠାରେ ଯେତେ ଯେତେ ଦୁଃଖ, ପରିତାପ, ଶୋଚନା ଥାଉନା କାହିଁକି ବାଟିକାର ପ୍ରାକୃତିକ ବୃକ୍ଷମାନଙ୍କ ପ୍ରଭାବରେ ଯନ୍ତ୍ରଣାକୁ ପାଶୋରି ଦେଇହୁଏ। ଏଇପରି ଦୁର୍ବଳ ମାନସିକତାକୁ ମଣିଷ ଭିତରେ ତିଆରି କରାଯାଇ ପ୍ରକୃତ ମାନବୀୟ ଚିନ୍ତନ ପାଖରୁ ମଣିଷକୁ ଦୂରେଇ ରଖାଯାଏ।

ସବଳ-ସଚଳ ବ୍ୟକ୍ତି ନୀତି ଭାଙ୍ଗେ, ତିଆରି କରେ ନୂଆ ନୀତିନିୟମ। ତା' ତଳିଆ ମଣିଷମାନେ ତାକୁ ଆଦର୍ଶ ମାନବ ଧର୍ମ ବୋଲି ବିଚାର କରନ୍ତି। ନିଚ୍ଛକ ବାସ୍ତବ କଥା ହେଲା ଈଶ୍ୱର କହିଲେ କେବଳ ଦୁର୍ବଳମାନଙ୍କ ପାଇଁ ସାହାରା-ଭରସା ପାଲଟିଥିବା ଶବ୍ଦ। କିନ୍ତୁ ସବଳ ଶକ୍ତିମାନମାନେ ନିଜେ ହିଁ ଈଶ୍ୱର। ସେମାନେ ନିଜ ଦେଶର ସୀମା ପରିବର୍ଦ୍ଧିତ କରିବା ପାଇଁ ବା ଅଧିକାର ପାଇଁ ରକ୍ତପାତ କରିପାରନ୍ତି। ମଣିଷର ଅଦ୍ଭୁତ ଭାବନାକୁ ଉକ୍ତ ସଂକଳନରେ ସ୍ଥାନିତ ଦେଇଥିବା ସମସ୍ତ ପ୍ରବନ୍ଧମାନେ ଏକ ସଚେତନତାର ସ୍ୱର ବହନ କରନ୍ତି। ଗୋଟିଏ ପାରମ୍ପରିକ ବ୍ୟବସ୍ଥିତ ତଥାକଥିତ ଭାବନାରୁ ଏମାନେ ମୁକ୍ତିଦେବାର ଏକ ସଂକଳ୍ପର କଥା କୁହାଇଥାନ୍ତି। ବନ୍ଧନରୁ ମୁକ୍ତ ବିଚାର ଦିଗକୁ ଅଗ୍ରସର ହେଉଥିବା ପ୍ରତ୍ୟେକଟି ପ୍ରବନ୍ଧ ଓଡ଼ିଆ ସାହିତ୍ୟରେ ଏକ ନୂତନ ଦିଶା ଦେଇପାରିବାର ସ୍ୱପ୍ନ ଏମାନଙ୍କ ଭିତରେ ସକ୍ରିୟ ହୋଇ ରହିଛି। ବିଶ୍ଳେଷଣର ଏକ ବାସ୍ତବ ଚିତ୍ର ପ୍ରଦର୍ଶନ କରନ୍ତି ପ୍ରତ୍ୟେକଟି ପ୍ରବନ୍ଧ। ପାଠକ ନିଶ୍ଚୟ ଓସେନୀକ ଭାବକୁ ଅନୁଭବ କରିପାରିବେ, ଏଇପରି ଏକ ବିଶ୍ୱାସ ମୋତେ ପ୍ରତ୍ୟୟ ହେଉଛି। କୁହାଯାଉନଥିବା କଥାର କହିପାରିଥିବା ପ୍ରଯତ୍ନରେ ସମାୟିକ, ଉକ୍ତ ସଂକଳନ ବୃତ୍ତର ବଳୟ ଭିତରୁ ବାହାରି ଦୁନିଆକୁ ଦେଖିପାରିବାର ଦର୍ଶନରେ ପରିପକ୍ୱ ସମସ୍ତ ବିଷୟବସ୍ତୁ। କ'ଣ କ'ଣ ହେଇଛି କ'ଣ କ'ଣ ଅସାମର୍ଥ୍ୟତାକୁ ବହନ କରିଛି, କ'ଣ ହେଇଥିଲେ ଭଲ ହେଇଥାନ୍ତା, ଏସବୁ ବିଚାର ତ ପାଠକମାନଙ୍କର - ଆପଣମାନଙ୍କର।

ଯତୀନ୍ଦ୍ର କୁମାର ରାଉତ

ସୂଚିପତ୍ର

ଅଭ୍ୟାସର ଅନ୍ୟନାମ ଯନ୍ତ୍ରମାନବ

ସମୟ ଗତିଶୀଳ କିନ୍ତୁ କାର୍ଯ୍ୟଟି ସ୍ଥିର ଥାଏ। ବାରମ୍ବାର ପ୍ରତିଦିନ ସେଇ ଏକାପ୍ରକାର କାର୍ଯ୍ୟଟି ଚାଲୁଥାଏ। ଦେହ ଓ ମନ ଉଭୟ ସେଇ କର୍ମଟି ସହିତ ସଂପୃକ୍ତ ହେଇଯାଏ। ସଚେତନ ନ ରହିଲେ ମଧ୍ୟ ଅବଚେତନ ଅବସ୍ଥାରେ ତାହା କ୍ରିୟାଶୀଳ ଥାଏ। ଏଇ ପ୍ରକ୍ରିୟାରେ ମଣିଷ ଭିତରେ ଥିବା ଚେତନ ଶକ୍ତି ଓ ମନ ଉଭୟ ଅଭ୍ୟସ୍ତ ହୋଇଯାନ୍ତି କୌଣସି ଏକ ନିର୍ଦ୍ଦିଷ୍ଟ କର୍ମରେ। ଜନ୍ମରୁ ଜୁଇରେ ପହଞ୍ଚିଲା ଯାଏ ଯନ୍ତ୍ରପରି ମଣିଷ କାର୍ଯ୍ୟ କରିଚାଲେ। ଏଇପରି ଅଭ୍ୟାସ ପାଇଁ ମଣିଷ ଓ ଯନ୍ତ୍ର ଭିତରେ କିଛି ଫରକ ଦେଖାଯାଏ ନାହିଁ। ମନସ୍ତତ୍ତ୍ୱରେ ଏକ ଶବ୍ଦ ଅଛି, ଯାହାକୁ କଣ୍ଡିସନ୍‌ଡ଼ ବୋଲି କୁହାଯାଏ। ଜଣେ ମଦ୍ୟପ ନିଜ ନିୟନ୍ତ୍ରଣରେ ନଥାଏ, ଭଲମନ୍ଦ କିଛି ବିଚାର କରିପାରୁ ନଥାଏ। ମାତ୍ର 'ମଦ ପିଇସାରି ନିଶାଗ୍ରସ୍ତ ଅବସ୍ଥାରେ ଗାଡ଼ିଚଢ଼ି ପ୍ରତ୍ୟେକ ଦିନ ଆସି ତା'ର ଘରେ ପହଞ୍ଚିଯାଏ। ଏଥିରୁ ଜଣାପଡ଼େ ଯେ, ମସ୍ତିଷ୍କ କାମ କରୁ ନଥିଲେ ମଧ୍ୟ ଦେହ କଣ୍ଡିସନ୍‌ଡ଼ ହୋଇଯାଇଛି।

ଗୋଟିଏ ଉଦାହରଣ ନିଆଯାଇପାରେ। ଧରାଯାଉ ଗୋଟିଏ କୋଠରୀରେ ଦଶଜଣ ମଣିଷ ଗଭୀର ନିଦ୍ରାରେ ଶୟନ କରିଛନ୍ତି। ଜଣେ ବ୍ୟକ୍ତି ଆସି ଦିନେଶ ଦିନେଶ ବୋଲି ଡାକିଲା। ଗଭୀର ନୁଦ୍ରାରୁ କେହି ଉଠିପଡ଼ିବେ ନାହିଁ, ମାତ୍ର ଯାହାର ନାମ ଦିନେଶ କେବଳ ସେଇ ବ୍ୟକ୍ତି ନିଦରୁ ଉଠିପଡ଼ିବ। ତେବେ ଏହାର ଅର୍ଥ ହେଉଛି ଯେ, ଦିନେଶ ନାମ ସହିତ ଦେହମନରେ ଅଭ୍ୟସ୍ତ ହୋଇଯାଇଥିବା ବ୍ୟକ୍ତି ହିଁ, ନାଁ ଶୁଣି ଉଠିଆସିବ। ଅନ୍ୟ ଶୋଇଥିବା ବ୍ୟକ୍ତିମାନେ ଆଦୌ ନିଦ୍ରାଭାଙ୍ଗି ଉଠିବେ ନାହିଁ। ନାମ ସହିତ ବ୍ୟକ୍ତିଗତ ଭାବେ ଜଣେ ଅଭ୍ୟସ୍ତ ହେଇଥିବା ମଣିଷ ଅବଚେତନ ଅବସ୍ଥାରେ ମଧ୍ୟ ଜଡ଼ିତ ଥାଏ। ଏଇ ଭାବନା ଅବଚେତନ ଅବସ୍ଥାରେ କାମ କରୁଥାଏ ଯାହାକୁ ଆମ ମାତୃଭାଷାର ଏକ ରିଦିମ୍ ବୋଲି କୁହାଯାଏ। ଏଇ ଅଭ୍ୟାସ, ପିଲାଟି ମା' ପେଟରେ ରହିବା ଦିନଠୁ ଆରମ୍ଭ ହୋଇଥାଏ। ଯଥା ମା' ପେଟରେ ରହି ଯେଉଁ ଭାଷା ସେ ଶୁଣୁଥାଏ, ସେଇ ଭାଷା

ଜନ୍ମହେବା ପରେ ଶୁଣେ ଏବଂ କୁହେ ଯାହା ଏକ ରକ୍ତମଜ୍ଜା ସହିତ ମିଶ୍ରିତ, ତାହାହିଁ ମାତୃଭାଷା ହୋଇ ରହିଥାଏ। ପୃଥିବୀର ଯେକୌଣସି ସ୍ଥାନକୁ ଯାଇ ସେଠାରେ ପ୍ରଚଳିତ ଭାଷାକୁ ସେ କରାୟତ କରୁନା କାହିଁକି, ବିପଦ ଆପଦ ସମୟରେ ମାତୃଭାଷାଟି ହିଁ ପାଟିରୁ ଆପଣା ଛାଏଁ ବାହାରି ଆସେ। ପରବର୍ତ୍ତୀ ସମୟରେ ଶିଖିଥିବା ଭାଷା ନୁହେଁ।

ଏକ ମାତ୍ର ବିଚାରବୋଧ ହିଁ ଅଭ୍ୟାସକୁ ଏଡ଼େଇ ଦେଇପାରେ, କେବଳ ଅବିରତ ଭାବେ ଉଦ୍ୟମ ଦ୍ୱାରା ଏହାକୁ ଏଡ଼େଇ ଦେଇ ହେବ। ଆମ୍ଭେ ବୁଝିବା ଶକ୍ତି ଦ୍ୱାରା ମଧ୍ୟ ଅଭ୍ୟାସକୁ ଦୂରେଇ ଦେଇହେବ ନାହିଁ। ରାଗ ଏକ ଖରାପ କଥା ଏକଥା ଆମେ ଜାଣୁ। ବୁଝିଥାଉ ତଥାପି ଆମେ କ'ଣ ଏହାକୁ ପରିତ୍ୟାଗ କରିପାରୁ କି ? କାରଣ ରାଗ ଆମ ଚେତନା ସ୍ତରରେ ଅନେକ ପରସ୍ତ ପରସ୍ତ ହେଇ ଅବସ୍ଥାନ କରୁଅଛି। ମନରେ ଏବଂ ଦେହରେ ମଧ୍ୟ ଯଦି ବୁଝିବାର କଥା ଚେତନାର ଗଭୀର ସ୍ତରକକୁ ଗତି ନ କଲା, ତେବେ କୌଣସି କଥାକୁ ଗ୍ରହଣ ବା ପରିତ୍ୟାଗ କରିହେବ ନାହିଁ। ଧାରଣା ବଦଳିପାରେ, ମାତ୍ର ବ୍ୟକ୍ତିତ୍ୱ ବଦଳିପାରିବ ନାହିଁ। ଅଭ୍ୟାସ କେବଳ ଚେତନା ସ୍ତରର କଥା ନୁହଁ, ଏହା ମଧ୍ୟ ଅବଚେତନ ଅବସ୍ଥା ସହିତ ଗଭୀର ଭାବେ ଜଡ଼ିତ ଥାଏ। ଅବଚେତନ ଅବସ୍ଥାରେ ସୁପ୍ତ ହୋଇ ରହିଥିବା କଥା ସର୍ବଦା ଚେତନ ସ୍ତରକୁ ପ୍ରଭାବିତ କରିଥାଏ। ମାତୃଭାଷା, ସବୁ ସମୟରେ ପରବର୍ତ୍ତୀ ପର୍ଯ୍ୟାୟରେ ଶିଖାଯାଇଥିବା ଭାଷା ଉପରେ ପ୍ରଭାବ ପକାଇଥାଏ। କୌଣସି କଥାକୁ ବାରମ୍ବାର କରିବା ଦ୍ୱାରା ତାହା ଯେଉଁ ସ୍ତରକୁ ପ୍ରବେଶ କରିଥାଏ ତା'ର ନାମ ଅଭ୍ୟାସ। କାରଣ ଅଭ୍ୟସ୍ତ ହେଇଥିବା କଥା ମସ୍ତିଷ୍କର ସୂକ୍ଷ୍ମକୋଷ ଭିତରକୁ ପ୍ରବେଶ କରିଥାଏ। ବାରମ୍ବାର କୁହାଯାଉଥିବା ବା କରାଯାଉଥିବା କଥା ବା କାର୍ଯ୍ୟ ମସ୍ତିଷ୍କର କୋଷକୁ ବାରମ୍ବାର ଆଘାତ ଦେଇ ଭିତରକୁ ପ୍ରବେଶ କରିଥାଏ ଏବଂ କୋଷ ମଧ୍ୟରେ ଖୋଦିତ ହେଇଯାଇଥାଏ। ଯେଉଁଥିପାଇଁ ଚେତନ ସ୍ତରରେ ଏହାର ଆବଶ୍ୟକତାକୁ ମଧ୍ୟ ଅବଜ୍ଞା କରିଥାଏ। ପ୍ରାରମ୍ଭିକ ଅବସ୍ଥାରେ ଶିଖାଯାଉଥିବା କାର୍ଯ୍ୟଟିକୁ ପ୍ରୟାସ କରାଯାଉଥାଏ ଏବଂ ସେଇ ପ୍ରୟାସ ମସ୍ତିଷ୍କ କୋଷମାନଙ୍କରେ ଲିପିବଦ୍ଧ ହେଇ ରହୁଥିବାରୁ ଭୁଲି ଗଲେ ମଧ୍ୟ ଆପଣାଛାଏଁ ଉକ୍ତ କାର୍ଯ୍ୟଟି ଚାଲୁରହେ। ଜଣେ ଗାଡ଼ି ଶିଖିବା ସମୟରେ ଷ୍ଟିଅରିଂ, ବ୍ରେକ୍, ଆକ୍ସେଲିଟର ଇତ୍ୟାଦି ଇତ୍ୟାଦି ପ୍ରତି ଧ୍ୟାନ ଦେଉଥାଏ। ମାତ୍ର ଅଭ୍ୟାସ ହୋଇଗଲା ପରେ ସେଇସବୁ କଥାକୁ ଭୁଲିଯିବାକୁ ହୁଏ। କେବଳ ଗାଡ଼ି ଚଳାଯାଉଥାଏ। ଆପଣାଛାଏଁ ବ୍ରେକ୍, ଆକ୍ସିଲେଟର ଇତ୍ୟାଦି ସବୁ, ହାତଗୋଡ଼ର ଆବଶ୍ୟକ ଅନୁସାରେ ପରିଚାଳନା କରିନେଉଥାଏ। ଗାଡ଼ି ଚଳେଇବା ବି ଅବଚେତନ ଅବସ୍ଥାରେ ଚାଲିଥାଏ। ତେଣୁ ପ୍ରୟାସ ରହିତ କାର୍ଯ୍ୟର ଗତିଶୀଳତା ହିଁ ଅଭ୍ୟାସ।

ଯେଉଁ କାର୍ଯ୍ୟ ସମ୍ପାଦନା କିମ୍ବା ପ୍ରାପ୍ତି ପାଇଁ ଇଚ୍ଛା କରାଯାଇଥାଏ ଏବଂ ଉକ୍ତ

କାର୍ଯ୍ୟକୁ ଆଗକୁ ନେବାରେ ଯେତେବେଳେ ପ୍ରତିବନ୍ଧକ ଆସେ, ସେତେବେଳେ କ୍ରୋଧ ଜାଗ୍ରତ ହୁଏ। କାର୍ଯ୍ୟ ଆରମ୍ଭରୁ ପ୍ରାପ୍ତି ପର୍ଯ୍ୟନ୍ତ ଯେଉଁ ଅବିରତ ଉଦ୍ୟମ ହିଁ ଅଭ୍ୟାସରେ ପରିଣତ ହୁଏ। ପରୋକ୍ଷରେ କହିଲେ ଯେବେ କାର୍ଯ୍ୟ କରଣର ଇଛାକୁ ରୋକିଦିଆଯାଏ, ତେବେ ରାଗ ବା କ୍ରୋଧ ମଧ୍ୟ ଆସିବାର ମାଧ୍ୟମ ପାଇପାରିବ ନାହିଁ। ତଥାପି ଏହା ବଳବତ୍ତର ହୋଇ ନ ରହିଲେ ବି ଅଭ୍ୟାସବଶତଃ ଏହା ରହିଥିବ ଯାହାକୁ ଅସ୍ୱୀକାର କରାଯାଇପାରିବ ନାହିଁ। ସମୟ ଗତିରେ ଏହି ଅଭ୍ୟାସ ଗତିଶୀଳ ହୋଇ ରହିବ। ଏଇ ଗତିଶୀଳତା ଭିତରେ ବଂଶାନୁଗତିକ ରୀତିରେ ଏହା ଆଗକୁ ଆଗକୁ ଗତି କରୁଥିବ। ଏଇପରି ଗତିଶୀଳତାରେ ମଣିଷ ଉକ୍ତ ଅଭ୍ୟାସକୁ ସମୟ ସହିତ ସୂକ୍ଷ୍ମାତିସୂକ୍ଷ୍ମ ଭାବେ ବହନ କରି ଚାଲିଥିବ। ଯାହା ବଂଶାନୁଗତିକ ହେଇ ଚାଲିବ। ଏହା ରାସାୟନିକ ଏବଂ ତତ୍ ସହିତ ମନସ୍ତାତ୍ତ୍ୱିକ। ଅଭ୍ୟାସକୁ ବଦଳେଇବାକୁ ପଡ଼ିବ ମାନେ ରାସାୟନିକ ପ୍ରକ୍ରିୟାକୁ ବନ୍ଦ କରିବାକୁ ପଡ଼ିବ। ପଡ଼ିବ ମାନେ ଅଭ୍ୟାସ କରିବାକୁ ହେବ।

ବାସ୍ତବରେ ଦେଖିବାକୁ ଗଲେ, ଅଭ୍ୟାସ ହିଁ ଅଭ୍ୟାସ। ତାହା ଭଲ ହେଇପାରେ ଅବା ଖରାପ। ଏକ ପ୍ରକାର ଉକ୍ତ ପ୍ରକ୍ରିୟାରେ ମଣିଷ ମଣିଷ ହେବା ବଦଳରେ ଗୋଟିଏ ଯନ୍ତ୍ର ହେଇଯାଏ। ଅଭ୍ୟାସ ମାନେ ହିଁ ଖରାପ। କାରଣ ଏହା ଯନ୍ତ୍ରପରି କହିଦିଏ ମଣିଷକୁ। ଉକ୍ତ ଗୁଣକୁ ଅନ୍ୟମାନଙ୍କ ପାଖରେ ଦେଖିହେଉଥାଏ; ମାତ୍ର ଏହା ନିଜ ଉପରେ ଅନୁଶୀଳନ କରିହୁଏ ନାହିଁ। ଏହା ମଧ୍ୟ ଏକ ଅଭ୍ୟାସ। ଏଇ ଗୁଣକୁ ମଣିଷ ନିଜ ଭିତରେ ଯେତେବେଳେ ଖୋଜିପାଏ, ସେତେବେଳେ ମଣିଷ ଯନ୍ତ୍ରବତ୍ ଗତିଶୀଳତାରୁ ନିଜକୁ ମୁକ୍ତିଦିଏ। ଏଇ ବିଷୟରେ ସଚେତନ ହେଲେ ମଧ୍ୟ ମଣିଷ ଯନ୍ତ୍ର ଜୀବନରୁ ମୁକୁଳିଯାଇ ମଣିଷ ହେଇ ଜୀବନକୁ ଉପଭୋଗ କରିପାରିବ। ସକାଳୁ ଉଠି ନିତ୍ୟକର୍ମ ସାରି ଠାକୁରପୂଜା କରିବା, ଗୀତା ଭାଗବତ କିମ୍ବା ଆଧ୍ୟାତ୍ମିକ ପୁସ୍ତକ ପଢ଼ିବା, ଦିନକୁ ପାଞ୍ଚଥର ପ୍ରାର୍ଥନା କରିବା କିମ୍ବା ରବିବାର ଦିନ ଚର୍ଚ୍ଚକୁ ଯାଇ ପ୍ରାର୍ଥନା କରିବା ଏବଂ ପେଟପାଟଣା, ପ୍ରତିଷ୍ଠା ପାଇଁ ସବୁପ୍ରକାର ବ୍ୟସ୍ତ ଭିତରେ ନିଶାଗ୍ରସ୍ତ ହୋଇ ଜୀବନ ଜୀଇଁବା ଇତ୍ୟାଦି ଅଭ୍ୟାସ ଅର୍ଥାତ୍ ଯନ୍ତ୍ର ସଦୃଶ। ଯନ୍ତ୍ର ମାନବର ଜୀବନ।

ଯନ୍ତ୍ରବତ୍ ମାନବର ମନ ଏକ ଅଚେତନ ମନ। ଆମେ କାର୍ଯ୍ୟ କରୁଥାଉ ଅଥଚ ଉକ୍ତ କାର୍ଯ୍ୟର ଉଦ୍ଦେଶ୍ୟ, କାର୍ଯ୍ୟର କାରଣ କିମ୍ବା କାର୍ଯ୍ୟ କରିବା ସମୟରେ ଅମନଯୋଗିତା ଇତ୍ୟାଦି ସୂଚିତ କରୁଛି ଯେ, ଆମେ ଯାହା କରୁଛେ ତାହା ଅଭ୍ୟାସବଶତଃ କରିହେଇଯାଉଛି। ମାତ୍ର ସେଇ ସବୁ କାର୍ଯ୍ୟ କରିବାର ସ୍ୱାଦ ଆମ ପାଖରେ ନାହିଁ। ଆମେ ଅଭ୍ୟାସବଶତଃ ଖାଉଚେ କିନ୍ତୁ ଖାଦ୍ୟର ସ୍ୱାଦ ଅନୁଭବ କରିପାରୁନାହୁଁ। ଅଭ୍ୟାସବଶତଃ ଆମେ କହିଚାଲୁଚେ ମାତ୍ର ଏହାର ଉଦ୍ଦେଶ୍ୟ ଓ କି ପ୍ରକାର ଆବଶ୍ୟକତାକୁ

ଏହା ପୂରଣ କରିପାରିବ, ସେକଥା ଭୁଲିଯାଇଥାଉ। ଅନ୍ୟର ତ୍ରୁଟିକୁ ଦେଖିବା ଆମ ଯାନ୍ତ୍ରିକ ମଣିଷର ଏହା ଏକ ସ୍ୱାଭାବିକ ପ୍ରକ୍ରିୟା, କିନ୍ତୁ ନିଜର ତ୍ରୁଟି ପ୍ରତି ଆମେ ଅସଚେତନ ଥାଉ। ଯେଉଁ ସମୟରେ ଜଣେ ଅଧିକ ଖାଇପକାଉଛି, ଆମେ ତାକୁ କହିଥାଉ, କ'ଣ ପାଗଳଙ୍କ ପରି ଖାଉଚୁ। ଜଣେ ରାଗିଯାଉଚି ଆମେ ତାକୁ କହିଥାଉ, ପାଗଳଙ୍କ ପରି ରାଗ ନାହିଁ। ଯେତେବେଳେ ଜଣେ ପ୍ରେମ କରିବା ଆରମ୍ଭ କରିଦିଏ, ଆମେ ସେତେବେଳେ ଭୁଲ ନ କରିବା ପାଇଁ ପରାମର୍ଶ ଦେଉ। ଏଥିପାଇଁ ଦେଉ ଯେ, କାରଣ ପ୍ରତ୍ୟେକ ପ୍ରେମର ପରିଣତି ପରିତାପ ହୋଇଥାଏ। ମାତ୍ର ଏହା ଆରମ୍ଭ ସମୟରେ ଉଭୟ ପ୍ରେମିକ ସ୍ୱୀକାର କରନ୍ତି ଯେ, ସେମାନଙ୍କ ସମ୍ପର୍କ ବ୍ୟତିକ୍ରମ, ଯାହାର ଆରମ୍ଭ ସୁନ୍ଦର, ଶେଷ ବି ସୁନ୍ଦର। ସବୁ ଆରମ୍ଭର ଅନୁଭବ ଏକାପରି ସବୁ ପ୍ରେମିକମାନଙ୍କର ଥାଏ। କିନ୍ତୁ ପରିଣାମର ପର୍ଯ୍ୟାୟ ଦୁଃଖଦ ଥାଏ। ପ୍ରତ୍ୟେକଟି ସମ୍ପର୍କ ଆରମ୍ଭରେ ଭଲ ଥାଏ, ଶେଷଟି ଥାଏ ଖୁବ୍ ବିରକ୍ତିକର। କାରଣ ସମ୍ପର୍କକୁ ନେଇ ଆମ ଭିତରେ ଏତେ ଆତ୍ମବଳ ସୃଷ୍ଟି ହେଇଥାଏ ଆମେ ଆଦୌ ଗତି କରୁଥିବା ସମ୍ପର୍କର ପ୍ରତ୍ୟେକଟି ମୁହୂର୍ତ୍ତ ବିଷୟରେ ସଚେତନ ନଥାଉ। ସେଇ ଅବଚେତନ ଅବସ୍ଥାରେ ଅବକ୍ଷୟକୁ ଲକ୍ଷ୍ୟ କରିପାରି ନଥାଉ। ଅଭ୍ୟାସବଶତଃ ସବୁକିଛି ଘଟିଚାଲିଥାଏ। ଏକାପରି କଥା ପ୍ରେମିକମାନଙ୍କ ସମ୍ପର୍କର ଆରମ୍ଭରେ ଦେଖାଯାଇଥାଏ। ସବୁକଥା ସୁନ୍ଦର ହେଇ ପ୍ରତ୍ୟୟମାନ ହେଇଥାଏ। ମାତ୍ର ଅସୁନ୍ଦରତା ଦିଗଟି ଧୀରେ ଧୀରେ ମୁଣ୍ଡଟେକୁଥାଏ। ଗୋଟିଏ ପରେ ଗୋଟିଏ କଥା ଆସ୍ତେ ସଂଗଠିତ ହେଇ ଊର୍ଦ୍ଧ୍ୱଗାମୀ ସମ୍ପର୍କକୁ ନିମ୍ନଗାମୀ କରେଇଥାଏ। ଆମେ ଗୋଟିଏ ଶବ୍ଦକୁ ଭୁଲି ଯାଉଚେ ଯେ, ଆମେ କହିଥାଉ ପ୍ରେମରେ ପଡ଼ିଲେ। ଅର୍ଥାତ୍ 'ପତିତ' ହେଲେ। ଏଇ 'ପଡ଼ିବା' ଶବ୍ଦ ଅସଚେତନତାକୁ ବୁଝାପଡ଼େ। ଆମର ବ୍ୟବହାର ଯନ୍ତ୍ରବତ୍ ହେଇଯାଏ। ସ୍ୱୟଂ ପ୍ରେମ ସମ୍ପର୍କ ହିଁ ଏକ ଯନ୍ତ୍ରବତ୍ ସମ୍ପର୍କ। ମଣିଷ ସଚେତନ ଅବସ୍ଥାରୁ ଅସଚେତନ ସ୍ତରକୁ ଗତି କରିଥାଏ। ଅର୍ଥାତ୍ ସଚେତନତାରୁ ଅସଚେତନାକୁ ପତିତ ହେବା ବା ଅସଚେତନତାକୁ ଗ୍ରହଣ କରିନେବା। କୌଣସି କଥାରେ ଅତ୍ୟଧିକ ଆତ୍ମବଳ ବଢ଼ିଯିବା ଅର୍ଥ ସେଇ କଥାର ଅଗ୍ରଗତିର କୁପରିଣାମ ପ୍ରତି କୌଣସି ପୂର୍ବ ପ୍ରସ୍ତୁତିକୁ ଅବହେଳା କରିବା। ପ୍ରେମ ମଧ୍ୟ ସେଇପରି ଏକ ଯନ୍ତ୍ରବତ୍ ପରିସ୍ଥିତି। ଏହାର ଶିକାର ହେବା ନିଶ୍ଚିତତାକୁ କେହି ଏଡ଼ାଇ ଦେଇପାରିବେ ନାହିଁ। ଏଇ ପତିତର ପରିଣତି ହେଉଛି ଅବିଶ୍ୱସ୍ତତା। ପ୍ରେମିକ ପ୍ରେମିକାକୁ ଆରୋପ କରେ, ସେ ଠକିଗଲା ବୋଲି। ସ୍ୱାମୀ ସ୍ତ୍ରୀକୁ, ସ୍ତ୍ରୀ ସ୍ୱାମୀକୁ ଠକିଦେଲା ବୋଲି କହୁଥାନ୍ତି ମାତ୍ର ବାସ୍ତବତଃ ସମ୍ପର୍କ ବିଷୟରେ ସେମାନେ ସଚେତନ ନଥାନ୍ତି। ପ୍ରେମ ଏକ ସଂଯୋଗ, ସମ୍ପର୍କ ନୁହେଁ। ସଂଯୋଗରେ ଏହାର ପରିସମାପ୍ତି ହୁଏ ନାହିଁ ମାତ୍ର ସମ୍ପର୍କରେ ନିଃଶେଷ ହେଇଯାଏ।

ଦାୟିତ୍ୱକୁ ଯେତେବେଳେ ଅନ୍ୟଜଣଙ୍କର ବୋଲି ବିଚାର କରାଯାଏ ସେତେବେଳେ ପ୍ରକୃତ କଥାକୁ ଜାଣିବାରେ ଅବହେଳା ଆମେ ପ୍ରଦର୍ଶନ କରୁ। ଏଇ ବାସ୍ତବକୁ ସ୍ୱୀକାର କରିବାରେ ଆମ୍ଭେ ଅସମର୍ଥ। ଆମେ ଜାଣୁ ଆମେ କରୁଥିବା କାର୍ଯ୍ୟ ଠିକ୍, ଅନ୍ୟମାନେ କରୁଥିବା କଥା ଭୁଲ। କିନ୍ତୁ ସଚେତନ ଥିବା ମଣିଷ ସର୍ବଦା ନିଜ ଦାୟିତ୍ୱ ବିଷୟରେ ପ୍ରଶ୍ନ ପଚାରୁଥାଏ। ନିଜର ଭୁଲ ବିଷୟରେ ସଚେତନ ଥାଏ। ସଚେତନ ଅର୍ଥ ଅଚେତନ ନୁହେଁ। ଅଚେତନ ନୁହେଁ ମାନେ ଅଭ୍ୟାସର ଅକ୍ତିଆରରେ ନଥାଏ। ତେବେ ତ ସବୁ ଠିକ୍ ଠିକ୍ ଚାଲିପାରିବ। ଯାହାକୁ ଆମେ ଚୈତନ୍ୟ ବା ଚେତନା ବୋଲି କହିଥାଉ। ଅଚେତନ ଅବସ୍ଥା ସହିତ ଅଭ୍ୟାସ କଥାଟି ଓତପ୍ରୋତ ଭାବେ ଜଡ଼ିତ। ସଚେତନତା ଅଭ୍ୟାସକୁ ପ୍ରଶୟ ଦିଏ ନାହିଁ। ସଚେତନତାର କଥା ଦୀର୍ଘସ୍ଥାୟୀ; ମାତ୍ର ଅଚେତନର କଥା କ୍ଷଣସ୍ଥାୟୀ। ସଚେତନତା ଶାଶ୍ୱତକୁ ପ୍ରାପ୍ତି ହେଇଥାଏ। ଠିକ୍ ଠିକ୍ ଗଭୀର ଅନୁଧ୍ୟାନ ଏବଂ ଅନୁଶୀଳନର ପୃଷ୍ଠଭୂମିରେ ଦଣ୍ଡାୟମାନ ହେଇଥାଏ ଯେଉଁକଥା ତାହା ନିଶ୍ଚୟ ବାସ୍ତବ ପର୍ଯ୍ୟାୟରେ ପହଞ୍ଚିପାରିବ। ଇଂରାଜୀରେ ଯାହାକୁ କୁହାଯାଏ ଡିପ୍ ଅଣ୍ଡରଷ୍ଟାଣ୍ଡିଂ। କାରଣ ଭଲ ମନ୍ଦକୁ ପରଖି ପାରିବାର ଏକ ସାମର୍ଥ୍ୟତା। ଏକ ପ୍ରକାରର ପ୍ରସ୍ତୁତି ପର୍ବ। ଅତୀତର ଜ୍ଞାନ, ବର୍ତ୍ତମାନ ସମୟରେ ସେଇ ଜ୍ଞାନର ବିନିଯୋଗ ଦ୍ୱାରା ବିଶ୍ୱାସର ଭବିଷ୍ୟତଟି ଗଢ଼ି ଉଠୁଥାଏ। ଏଇପରି କଥାକୁ ଆପଣେଇଥିବା ବ୍ୟକ୍ତିକୁ ଅଭ୍ୟାସରୁ ମୁକ୍ତି ମିଳିଥାଏ। ଅଭ୍ୟାସ ବାରମ୍ବାର କ୍ରିୟାଶୀଳ ହେଲେ ଏହା ବ୍ୟକ୍ତିର ଗୁଣରେ ପରିଣତ ହେଇଯାଏ। ବ୍ୟକ୍ତିର ଗୁଣମାନେ ବ୍ୟକ୍ତିର ବ୍ୟକ୍ତିତ୍ୱ। ବ୍ୟକ୍ତିତ୍ୱ ହେଉଛି ଜଣେ ବ୍ୟକ୍ତିର ସମୁଦାୟ ଗୁଣର ପରିମାପକ। ବ୍ୟକ୍ତିତ୍ୱ କଥାଟି ମଣିଷ ପାଖରେ ସ୍ଥାୟୀ ରୂପରେ ରହିପାରେ ନାହିଁ। କୌଣସି କଥାକୁ ବୁଝିପାରିବାର ସାମର୍ଥ୍ୟରେ ଏବଂ ପରିବର୍ତ୍ତନ କରିବାର ପ୍ରୟାସରେ ଏହା ପରିବର୍ତ୍ତନ ହେଇଯାଏ। ବଦଳି ପାରିବାର ପ୍ରକ୍ରିୟାଟି ଯେବେ ସକ୍ରିୟ ରହେ, ତେବେ ମଣିଷ ଅଭ୍ୟାସକୁ ସ୍ଥାୟୀ ରୂପେ ନିଜ ଭିତରେ ରଖିପାରେ ନାହିଁ। ଜଳର ପ୍ରବାହରେ ଶିଉଳି ସୃଷ୍ଟିହୁଏ ନାହିଁ। ସ୍ଥିର ଏବଂ ଅଳ୍ପ ଅଳ୍ପ ଗତିଶୀଳତାରେ ଶିଉଳିର ସୃଷ୍ଟି। ସଂସ୍କୃତିକୁ ମଧ୍ୟ ସେଇ ଏକା ଅର୍ଥରେ ବିଚାର କରାଯାଏ। ସଂସ୍କୃତିରେ ପ୍ରଚଳିତ ପ୍ରଥା ଯଦି ସମୟ ଅନୁସାରେ ନ ବଦଳେ ତେବେ ତାହା ସଂସ୍କୃତିର ଧର୍ମକୁ ପରିତ୍ୟାଗ କଲା। ସ୍ଥିରତା ଅର୍ଥ ମୃତ୍ୟୁ, ଚଳନହୀନ। ଗତିଶୀଳତା ମାନେ ଜୀବନ। ଯେ କୌଣସି କଥା ଗତିଶୀଳ ନ ହେଲେ ସ୍ଥାଣୁ ପାଲଟିଯାଏ, ଫସିଲ ପାଲଟିଯାଏ। ସମୟ ଅନୁସାରେ ମଣିଷର ମନ ବଦଳିବମାନେ ତା'ର ଚତୁଃପାର୍ଶ୍ୱର ସମସ୍ତ ବ୍ୟବସ୍ଥା ବି ବଦଳି ବଦଳି ଚାଲିବ, ସଂସ୍କୃତି ବି ବଦଳିବ। ସଂସ୍କୃତିକୁ ଆମେ ଅଭ୍ୟାସ ସହିତ ସଂଯୋଗ କରି ବୁଝିଲେ ଉଭୟ ପ୍ରଚଳନ ହୀନ ହୋଇ ସ୍ଥାଣୁ ପାଲଟିଯିବେ, ଅର୍ଥାତ୍ ଉଭୟଙ୍କର ମୃତ୍ୟୁ ହେଇଯିବ। ଅଭ୍ୟାସ ଭଲକଥା

ପାଇଁ ହେଉ ଅବା ମନ୍ଦ କଥା ପାଇଁ, ଏହି କ୍ରିୟାହୀନ କଥାଟି ଗୋଟିଏ ବନ୍ଦୀଶାଳା ସଦୃଶ। ଗୋଟିଏ ପରିସୀମା, ପ୍ରଶସ୍ତତାରୁ ପରିସମାପ୍ତି।

ଆମ ନିଜ ନିଜର ଦୁନିଆ, ଆମ ସଚେତନତାକୁ ନେଇ ତିଆରି ହେଇଥାଏ ବା ଅସଚେତନତାକୁ ନେଇ ନିର୍ମାଣ ହେଇଥାଏ। ଏଥିରେ କୌଣସି ସମ୍ପର୍କୀୟଙ୍କର କର୍ତ୍ତୃତ୍ୱ ଥାଇପାରେ ବା ନଥାଏ। ଅର୍ଥାତ୍ ନିଜ ଭାବନାରେ ନିଜେ। ସ୍ୱୟଂ ପୃଥିବୀରେ ନିଜେ ନିଜେ ବଞ୍ଚିବାକୁ ପଡ଼େ। ତାହା ଆନନ୍ଦଦାୟକ ହେଉ ଅବା ଯନ୍ତ୍ରଣାଦାୟକ। ଅଭ୍ୟାସ ଆମକୁ ଜଡ଼ କରିପକାଇଟି। ଅଭ୍ୟାସ କିଛି କିଛି ବଦଳାଇଲେ ଜଡ଼ତ୍ୱରୁ ମୁକ୍ତି ମିଳିପାରେ। ବସ୍ତୁ ହେଉଛି ଜଡ଼। କୌଣସି ବସ୍ତୁପ୍ରତି ଆକର୍ଷଣ ଓ ଭଲପାଇବା ମାନେ ସେଇ ବସ୍ତୁଟି ଜଣେ ଜଡ଼ହୀନ ମଣିଷର ଭଲପାଇବାରେ ଜୀବନ୍ତ ପାଲଟିଗଲା। ଆମେ କୌଣସି ବସ୍ତୁକୁ ପୂଜାଅର୍ଚ୍ଚନା କରିବା ପୂର୍ବରୁ ଆମେ ସେଥିରେ ମନପ୍ରାଣକୁ ନିବେଶ କରି ଜୀବନ୍ତ କରିପକାଉ। ଯାହାକୁ ବେଦ ପୁରାଣ ଜୀବନ୍ୟାସ, ଅଙ୍ଗନ୍ୟାସ ବୋଲି ଅବିହିତ କରାଯାଏ। ସେଇଥିପାଇଁ ବସ୍ତୁପ୍ରତି ଅତିମାତ୍ରାରେ ଆକର୍ଷଣ ହେଇ ସେଇ ବସ୍ତୁକୁ ଭଲପାଇବା ଅର୍ଥ ବସ୍ତୁଟି ଜୀବନ୍ତ ହେଇଗଲା। ବସ୍ତୁକୁ ଭଲପାଇବା ମଣିଷ ବସ୍ତୁ ମଣିଷ ପାଲଟିଯାଏ ଏବଂ ମଣିଷର ଭଲପାଇବା ଆଧାରରେ ବସ୍ତୁଟି ମଧ୍ୟ ଦେବତା ପାଲଟିଯାଏ। ବିପରୀତ ପ୍ରକ୍ରିୟାରେ ଜୀବନ ଓ ବସ୍ତୁର ଖେଳ ସକ୍ରିୟ ହେଇଥାଏ। ଏହି ପ୍ରକ୍ରିୟା ଅଭ୍ୟାସବଶତଃ ଗତିଶୀଳ ଥିବା କାରଣରୁ ମଣିଷ ଗୋଟିଏ ଜୀବନ୍ତ ବସ୍ତୁ ପରିବର୍ତ୍ତେ ଚଳତ୍‌ମାନ ବସ୍ତୁରେ ପରିଣତ ହେଇଥାଏ। ଆଲବେୟାର କାମ୍ୟୁଙ୍କ ସିସିଫସ ମଣିଷ ପରି ଗୋଲପଥରକୁ ଠେଲି ଠେଲି ଉପରକୁ ଉଠେଇ ରଖୁଥିବା ବେଳେ, ପୁନଶ୍ଚ ପଥରଟି ତଳକୁ ଆସିଯାଏ। ସିସିଫସକୁ ଆଉଥରେ ଏକା ପରିଶ୍ରମ କରି ପଥରକୁ ପୁଣିଥରେ ଉପରକୁ ଉଠାଉଥାଏ। ସିସିଫସ୍ ଏକ ଅଭ୍ୟାସ। ପୁନଃ ପୁନଃ ଗୋଟିଏ କାର୍ଯ୍ୟ ସହିତ ସାରା ଜୀବନ ନିଜକୁ ସମ୍ପୃକ୍ତି ରଖିବା। ସେ କାର୍ଯ୍ୟରୁ ନିଜକୁ ମୁକୁଳେଇ ନ ପାରିବା। ଗୋଟିଏ ବୁଝିଥିବା ଘଟଣାରୁ ମୁକ୍ତି ନ ପାଇବା। ଗୋଟିଏ ଅଜ୍ଞତା ଭିତରେ ଘର୍ମାକ୍ତ ହେବା। ପରିଶାନ୍ତରୁ ମୁକ୍ତି ଚାହୁଁଥାଏ ଅଥଚ ଅଜ୍ଞତା ଅଭ୍ୟାସ ବଶତଃ ସେଥିରୁ ମୁକୁଳିପାରେ ନାହିଁ। କରୁଥିବା କାର୍ଯ୍ୟଟି ପ୍ରତି ମୁହୂର୍ତ୍ତରେ ଉଚିତ୍ କାର୍ଯ୍ୟ ବୋଲି ଅନୁଭୂତ ହେଉଥାଏ। ସେଇ ଅଜ୍ଞତାର ଅନୁଭବ ପ୍ରତି ମୁହୂର୍ତ୍ତରେ ତାକୁ ଯଥାର୍ଥ ବୋଲି ଜ୍ଞାତ ହେଉଥାଏ। ଅନ୍ୟମାନେ ଭୁଲ ସେ ଠିକ୍, ତା'ର କାର୍ଯ୍ୟ ଠିକ୍ ତା'ର ପରିଶ୍ରମ ଠିକ୍। କର୍ମ କରିଚାଲିଥିଲେ ଦିନେ ନା ଦିନେ ଫଳ ମିଳିଯିବା ଆଶାରେ ପ୍ରମତ ହୋଇ ସାରାଜୀବନ ରହିଥାଏ। ଏହା କ'ଣ କି ? ନିଜକୁ ଗ୍ରହଣ କରି ଅନ୍ୟମାନଙ୍କୁ ତ୍ରୁଟିପୂର୍ଣ୍ଣ ଭାବିବା।

ଏକଦା ଜଣେ ବ୍ୟକ୍ତି ଗୋଟିଏ ପରେ ଗୋଟିଏ ଝିଅମାନଙ୍କୁ ବିବାହ କରି ଚାଲିଲେ। ଏଇପରି ଦଶଜଣ ସ୍ତ୍ରୀଲୋକଙ୍କୁ ଭେଟିଲେ। ପ୍ରତ୍ୟେକଟି ଝିଅ ପୁରୁଷଟି ପାଖରେ

ଆସି ସ୍ତ୍ରୀଲୋକରେ ପରିଣତ ହେଲେ। ଝିଅମାନେ ସ୍ତ୍ରୀଲୋକ ହୋଇଗଲା ପରେ, ବିବାହ କରିଥିବା ବ୍ୟକ୍ତିଟି ସେଇମାନଙ୍କ ପାଖରେ ଏକାପ୍ରକାର ଗୁଣ, ଏକାପ୍ରକାର ଦୋଷତ୍ରୁଟି, ଏକା ପ୍ରକାର ନିଜକୁ ଭଲ ଲାଗୁନଥିବା କଥା ଭେଟି ଚାଲିଲେ ଏବଂ ବିରକ୍ତି ଓ ଅତିଷ୍ଠ ହୋଇପଡ଼ିଲେ। ପ୍ରତ୍ୟେକ ଥର ସେ ସଚେତନ ରହିଲେ ଯେ କୌଣସି ଫାସ ଫନ୍ଦିରେ ନ ପଡ଼ିବା ପାଇଁ। ମାତ୍ର ନ ପଡ଼ି ଉପାୟ ନାହିଁ। କାରଣ ସ୍ତ୍ରୀ ଲୋକମାନଙ୍କ ପାଖରେ ଏକାପ୍ରକାର ଗୁଣ ରହିନପାରେ। ବ୍ୟକ୍ତି ଭିନ୍ନ ମାନେ ଗୁଣ ମଧ୍ୟ ଭିନ୍ନ। କାରଣ ସ୍ତ୍ରୀ ଲୋକମାନଙ୍କ ପାଖରେ ଏକାପ୍ରକାର ଗୁଣ ରହିନପାରେ। ବ୍ୟକ୍ତି ଭିନ୍ନ ମାନେ ଗୁଣ ଚରିତ୍ର ଅଲଗା। କିନ୍ତୁ ସେମାନଙ୍କ ପାଖର ଏକାପ୍ରକାର ଗୁଣ ଦେଖୁଥିବା ମଣିଷଟି ହେଉଛି ଏକା ପ୍ରକାରରେ ମଣିଷ। ଗୋଟିଏ ପ୍ରକାରର ମଣିଷ ଦଶ ପ୍ରକାର ସ୍ତ୍ରୀଲୋକଙ୍କୁ ବାଛି ପାଖକୁ ଆଣିଲେ, ସେଇ ସ୍ତ୍ରୀଲୋକଙ୍କ ପାଖରେ ନିଶ୍ଚୟ ଭିନ୍ନ ପ୍ରକାରର ଗୁଣ କିପରି ଦେଖିବେ ? କାରଣ ସେମାନଙ୍କୁ ପସନ୍ଦ କରୁଥିବା ବ୍ୟକ୍ତିଟି ଏକ। ତେଣୁ ଅଭ୍ୟାସ ଜନିତ ତାଙ୍କ ପାଖରେ ଯେଉଁ ବ୍ୟକ୍ତିତ୍ୱଟି ନିର୍ମାଣ ହୋଇଛି, ସେଇ ଆଧାରରେ ସେ ବାଛି ଚାଲିଛି ଏକ ସଂଖ୍ୟାରୁ ଦଶ ଜଣ ସ୍ତ୍ରୀଲୋକ ପାଖରେ। ବ୍ୟକ୍ତି ଏକ ପସନ୍ଦ କିପରି ଅଲଗା ହେବ। ଦୋଷତ୍ରୁଟି ବାଛିବାର ତରିକା କିପରି ଭିନ୍ନ ହେବ ? ସ୍ତ୍ରୀ ଲୋକମାନେ ଅଲଗା ହେଲେ ବି ସମସ୍ତଙ୍କ ତ୍ରୁଟି ଗୋଟିଏ ବୋଲି ବ୍ୟକ୍ତିଙ୍କ ବିଚାର ଆଧାରରେ ଚିହ୍ନିତ ହେଉଥାଏ। ସେଥିପାଇଁ ବ୍ୟକ୍ତି ଜଣଙ୍କ ନିଜ ପାଖରେ ଥିବା, ଚୟନ କରିବାର ମାନଦଣ୍ଡକୁ ନ ବଦଳାଇ, ଅଭ୍ୟାସବଶତଃ ଗୋଟିଏ ଯନ୍ତ୍ରରେ ଗୁଣମାନଙ୍କୁ ମାପଚୁପ କରିବା ଅର୍ଥ ଗୋଟିଏ ପ୍ରକାର ଫଳ, ପରିଣାମ ସ୍ୱରୂପ ଆସିବ। ସ୍ତ୍ରୀଲୋକର ରୂପରେ ସ୍ୱାମୀ ବ୍ୟକ୍ତି ଜଣଙ୍କ ପ୍ରଭାବିତ ହୁଏ ନାହିଁ। ପ୍ରତିଦିନ ଯେତେ ଯେତେ ବେଶପୋଷାକ ବଦଳାଉଥିଲେ ବି ସ୍ୱାମୀ ସେଥିରେ ପ୍ରଭାବିତ ହୁଅନ୍ତି ନାହିଁ। ବରଂ ପଡ଼ିଶା ଘର ସ୍ୱାମୀମାନେ ସେଇ ରୂପରେ ଆକର୍ଷିତ ହେଉଥାନ୍ତି। ସବୁ ସ୍ୱାମୀମାନଙ୍କ ପାଇଁ ପଡ଼ିଶା ଘରର ସ୍ତ୍ରୀମାନେ ରୂପବତୀ ଗୁଣବତୀ। ଠିକ୍ ଏକାପ୍ରକାର ଅଭ୍ୟାସରେ ସ୍ତ୍ରୀମାନେ ମଧ୍ୟ ନିପୁଣା। ଯିଓ ଫ୍ରି ଚସ୍‌ର ପଞ୍ଚଦଶ ଶତାବ୍ଦୀର ଇଂରାଜୀ କବିଙ୍କ, ପୋଲଗ ଟୁ କ୍ୟାଣ୍ଟରବରୀ ଟେଲ୍‌ସର ଏକ ଚରିତ୍ର, ୱାଇଫ୍ ଅଫ୍ ଦ ବାଥ୍ ଚରିତ୍ରଟି ସାରା ଜୀବନ ସ୍ୱାମୀ ବଦଳେଇ ଚାଲିଲା କାରଣ ପ୍ରତ୍ୟେକ ପୁରୁଷକୁ ବିବାହ କରିସାରିବା ପରେ, ସେମାନଙ୍କ ପାଖରେ ତା' ମନ ପସନ୍ଦର ପାରଙ୍ଗମତାକୁ ପାଇପାରିଲା ନାହିଁ। ସମସ୍ତେ ଏକାପରି ଲାଗିଲେ ସେଇ ୱାଇଫ୍ ଅଫ୍ ବାଥ୍ ଚରିତ୍ରଟିକୁ। ତେବେ କୁହାଯାଇପାରେ ବାଛୁଥିବା ମଣିଷ ଏକ ବଛାଯାଇଥିବା ମଣିଷ ଯେତେ ଭିନ୍ନ ହେଲେ ବି ସମସ୍ତ ପାଖରେ ଏକାପ୍ରକାର ତ୍ରୁଟିଯୁକ୍ତ ଗୁଣ ଆବିଷ୍କାର ହୋଇ ଚାଲିବ। ଏହାକୁ ଆଖିର ଅଭ୍ୟାସ। ବ୍ୟକ୍ତିତ୍ୱର ଅଭ୍ୟାସ ବୋଲି କୁହାଯାଇପାରେ।

ଉକ୍ତ ପସନ୍ଦ ଓ ନାପସନ୍ଦର ଅଭ୍ୟାସକୁ ଅଚେତନ ବୋଲି କୁହାଯାଇପାରେ। ତେଣୁ ଆମେ ହଜାର ପୁରୁଷ, ହଜାର ସ୍ତ୍ରୀ ବଦଳେଇଲେ ବି ବିଚାରର ଅଭ୍ୟାସ ବଦଳି ନାହିଁ। ବିଚାରର ଅଭ୍ୟାସ ନ ବଦଳିବା ଯାଏ ଖୋଜିବାର ପ୍ରକ୍ରିୟାଟି ଚାଲୁ ରହିଥିବ। ଗୁରୁ ଖୋଜା ଚାଲିଥିବ ଅଥଚ ମନ ପସନ୍ଦର ଗୁରୁ ମିଳିବେ ନାହିଁ। ଅନ୍ୟମାନଙ୍କ ପାଖରେ ଖୋଜିଚାଲିଲେ, ଆମେ ଖୋଜୁଥିବା କଥାଟିକୁ ପାଇପାରିବା, ଯଦି ଖୋଜିବାର ଅଭ୍ୟାସକୁ ବଦଳେଇ ଦେବା। ଅବଧୂତ ଚବିଶ ଗୁରୁ କରିଥିଲେ। ଅର୍ଥାତ୍ ଗୁରୁ କରିବାର ପର୍ଯ୍ୟାୟ ପରିସମାପ୍ତି ଘଟିନଥିଲା। ଗୋଟିଏ ଗୁଣ ସମସ୍ତ ପାଖରେ ଏକାପରି ନଥାଏ। ସେଇ ଗୋଟିଏ ଗୁଣଟି ଅବଧୂତଙ୍କ ପାଖରେ ଥିବାରୁ ପ୍ରତ୍ୟେକଙ୍କ ପାଖରେ ଭିନ୍ନ ଭିନ୍ନ ସୁଗୁଣ ଆବିଷ୍କାର କରିଥିଲେ। ଗୋଟିଏ ନିର୍ଦ୍ଦିଷ୍ଟ ଗୁଳାରେ ଚାଲି ସେଇ ସବୁ ଭିନ୍ନ ଗୁଣ ସେ ପାଇନଥିଲେ। ଗୁଳା ଅଲଗା ଆବିଷ୍କାର ମଧ୍ୟ ଅଲଗା। ପ୍ରତ୍ୟେକ ବ୍ୟକ୍ତିଙ୍କ ପାଖକୁ ଯିବାକୁ ହେଲେ ଯାତ୍ରାର ରାସ୍ତା ବଦଳେଇ ଚାଲିଥିବା ପାଇଁ ନୂତନତ୍ୱକୁ ଆବିଷ୍କାର କରି ପାରୁଥିଲେ। ନିର୍ଦ୍ଦିଷ୍ଟ ରାସ୍ତା ମାନେ ଗୋଟିଏ ଅଭ୍ୟାସ। ନିର୍ଦ୍ଦିଷ୍ଟ ବିଚାର ମାନେ ଗୋଟିଏ ଅଭ୍ୟାସ।

ନିଜର ଯନ୍ତ୍ରବତ୍ ଜୀବନକୁ ଯେତେବେଳେ ଆମେ ବୁଝିପାରୁ, ସେତେବେଳେ ପରିବର୍ତ୍ତନର ସ୍ୱର ଶୁଣାଯାଏ। ସଚେତନତା ଠିକ୍ ଅସଚେତନତା ହିଁ ବେଠିକ। ଭଲପାଇବା ବି ଠିକ୍ ହେଇପାରେ, ଭୁଲ ବି ହେଇପାରେ। ଭଲପାଇବାର ଉଦ୍ଦେଶ୍ୟ ନ ବୁଝିଲେ ଭଲପାଇବା ଆମକୁ ଆତଙ୍କବାଦୀରେ ପରିଣତ କରିଦେବ। ଭଲପାଇବା ଆମକୁ ଅସାମାଜିକ କରିଦିଏ। ମୌଳବାଦୀ ଈଶ୍ୱର ନାମରେ ଅପବ୍ୟବହାର କରନ୍ତି। ଏପରିକି କ୍ରୋଧ ଯଦି ସଠିକ୍ ବୁଝାମୁଣାରୁ ସୃଷ୍ଟି ତେବେ ସେଇ କ୍ରୋଧ ବି ଠିକ୍ ଗ୍ରହଣୀୟ। ପ୍ରତ୍ୟେକ କାର୍ଯ୍ୟ ବା ଚିନ୍ତନନର ଭିତରକୁ। ଅଭ୍ୟାସକୁ ଅବହେଳା କରି ସଚେତନତାକୁ ଅନୁପ୍ରବେଶ କରାଇଲେ, କରୁଥିବା କାର୍ଯ୍ୟଟି ପୁଣ୍ୟରେ ପରିଣତ ହୁଏ। ଅନ୍ୟ କାହାକୁ ନ ଚାହିଁଲେ ନିଜକୁ ଅନେଇ ହୁଏ। ଅନ୍ୟ କାହାକୁ ନ କହିଲେ ନିଜକୁ କହିହୁଏ। ଏଇପରି କରିବା ବି ଏକପ୍ରକାର ଅଭ୍ୟାସ। ଅଭ୍ୟାସର ଅନ୍ୟ ନାମ ମାନବ। ଏଥିରୁ ବ୍ୟତିକ୍ରମ ହେବା ସହଜ କିମ୍ବା ଅସହଜ ଏହା ବିଚାର ସାପେକ୍ଷ।

ଏକ ମାତ୍ର ଏଇ ଗୋଲକ ଧନ୍ଦାରୁ ମୁକୁଳିବାକୁ ହେଲେ କେବଳ ସଚେତନତା ହିଁ ଏକମାତ୍ର ଅବଲମ୍ବନ। ସେଇ ଅବଲମ୍ବନ ହିଁ ରୂପାନ୍ତରିତର ଏକ ଦିଶା। ସେଇ ଦିଶା ସବୁବେଳେ ନୂତନ ମାର୍ଗକୁ ଆଗେଇନେବାର ସହାୟକ ହୋଇପାରିବ। ନୂଆ ଦିଶା ନୂଆ ଲକ୍ଷ୍ୟ। ଦିଶା ବଦଳୁ, ଲକ୍ଷ୍ୟ ବଦଳୁ। ଉଭୟ ଅଭ୍ୟାସର ଅର୍ଗଳିରେ କେବଳ ଅନ୍ଧାରକୁ ନ ଭେଟୁ। ନ ଭେଟୁ ଅଜ୍ଞତାକୁ ଅଭ୍ୟାସ ରହିତ ଯାତ୍ରାର ଶୁଭାରମ୍ଭ ହେଉ।

■

ଅସମାନତା ହିଁ ଜୀବନର ଗତିଶୀଳତା

କୌଣସି କାଳରେ ନିଷ୍ପତ୍ତି, ଆନୁପାତିକ ନିରପେକ୍ଷତାକୁ ଅବଲମ୍ବନ କରିବାରେ ସଫଳ ହେଇପାରି ନାହିଁ। ସୈଦ୍ଧାନ୍ତିକ ବିଚାର କେବେ ଦ୍ୱନ୍ଦ୍ୱ ମୁକ୍ତ ନୁହେଁ, କିମ୍ବା ସମ୍ପୂର୍ଣ୍ଣ ସଠିକତାକୁ ଆଧାର କରି ଶେଷ ପର୍ଯ୍ୟାୟରେ ପହଞ୍ଚି ପାରେ ନାହିଁ। ଅନୁଭୂତ ହେଉଥିବା ପରିଣାମଟି ଆଦୌ ଦ୍ୱନ୍ଦ୍ୱମୁକ୍ତ ନୁହେଁ। କୌଣସି ନିଷ୍ପତ୍ତିର ନ୍ୟାୟିକ ପର୍ଯ୍ୟାୟ ଦୋଷମୁକ୍ତ ନୁହେଁ। କାରଣକୁ ଅନୁଧ୍ୟାନ କଲେ ଅସୁମାରୀ ଅସମାଧିତ ପ୍ରଶ୍ନମାନ ଉଙ୍କି ମାରିବ, ଶେଷ ବୋଲି ଦୃଶିତ ହେଉଥିବା କଥାଟି ପ୍ରକୃତ ଶେଷ ନୁହେଁ, ବରଂ ଆରମ୍ଭର ଦୃଶ୍ୟପଟ। ମାତ୍ର ସ୍ୱାଧୀନତା ପରିପ୍ରେକ୍ଷୀରେ ବିଚାର କଲେ। ନ୍ୟାୟ, ନିଷ୍ପତ୍ତିର ପରିସ୍ଥିତିକୁ ସ୍ୱାଧୀନତା ବୋଲି ବୁଝାପଡ଼େ, ବନ୍ଧନ ଅନ୍ୟାୟ ପର୍ଯ୍ୟାୟର ପରିସ୍ଥିତି ସହ ତୁଳନୀୟ। କିଛି ମଣିଷମାନେ ସଂଗଠିତ ହେଇ ଅନ୍ୟ ଏକ ଗୋଷ୍ଠୀ ଉପରେ ଚାପ ପ୍ରୟୋଗ କରି ସେମାନଙ୍କୁ ବନ୍ଧନ ଭିତରେ ରଖିଥାନ୍ତି। ଏମିତି ବି ନୁହେଁ ଯେ, ଚାପ ପ୍ରୟୋଗ କରୁଥିବା ଗୋଷ୍ଠୀର ମଣିଷମାନଙ୍କ ଭିତରେ ନ୍ୟାୟକୁ ସମର୍ଥନ କରୁଥିବା ବ୍ୟକ୍ତି ନାହାଁନ୍ତି କିମ୍ବା ଚାପରେ ରହୁଥିବା ବ୍ୟକ୍ତିମାନଙ୍କ ଭିତରେ ସମସ୍ତେ ନ୍ୟାୟବାନ ମଣିଷ। ଚାପପ୍ରୟୋଗ କରୁଥିବା ଗୋଷ୍ଠୀ ଭିତରେ ଥିବା ନ୍ୟାୟିକ ବ୍ୟକ୍ତିମାନଙ୍କ ବ୍ୟକ୍ତିତ୍ୱରେ ନିଶ୍ଚୟ ସ୍ପଷ୍ଟତା ନଥିବ କିମ୍ବା ଚତୁରତା ବା ଦୀର୍ଘସୂତ୍ରୀର ଭାବନା ଥିବାରୁ ସେମାନେ ସର୍ବଦା ଦ୍ୱନ୍ଦ୍ୱ ଭିତରେ ରହୁଥାନ୍ତି। ସେମାନେ କି ପ୍ରକାର କାର୍ଯ୍ୟକୁ ସମର୍ଥନ ଦେବାକୁ ଯାଉଛନ୍ତି ଏବଂ ଏହାର ପରିଣାମ କିପରି ହେବ, ସେଇପରି ନିଷ୍ପତ୍ତିର ଗୋଲକ ଧନ୍ଦାରେ ପଡ଼ି ସମୟ ବିତାଉଥାନ୍ତି।

ଚାପ ପ୍ରୟୋଗ ଦ୍ୱାରା ଆଧିପତ୍ୟ ବିସ୍ତାର କରୁଥିବା ଗୋଷ୍ଠୀ ଆଦୌ 'ବନ୍ଧନ' ଶବ୍ଦକୁ ସ୍ୱୀକାର କରୁନଥାନ୍ତି। ଗୋଟିଏ ତିକ୍ତ ଗନ୍ଧ ଏଥିରୁ ବାହାରୁଥାଏ; ଏଇ ଶବ୍ଦକୁ ସେମାନେ ଘୃଣା କରୁଥାନ୍ତି, ବୁଝେଇ ଦେବାକୁ ମଧ୍ୟ ପ୍ରଚେଷ୍ଟା କରୁଥାନ୍ତି। ସେଇ ବ୍ୟକ୍ତି ଏପରି ଏକ ଶବ୍ଦ ଖୋଜୁଥାନ୍ତି, ଯେଉଁ ଶବ୍ଦର ପରିଭାଷା ଏବଂ ତା'ର ଗୁରୁତ୍ୱକୁ ମଧ୍ୟ

ଅନ୍ୟମାନଙ୍କୁ ଜାଣିବାର ସୁଯୋଗ ଦେଇନଥାନ୍ତି। ଅନ୍ୟମାନଙ୍କୁ ଚାପରେ ରଖୁଥିବା ବ୍ୟକ୍ତି, ଚାପଗ୍ରସ୍ତ ମଣିଷମାନଙ୍କ ଭିତରେ ନୂଆ ଏକ ଭାବନାର ତରଙ୍ଗାୟିତ କରିବା ପାଇଁ 'ସମାନତା' ଶବ୍ଦର ପ୍ରଚଳନ କରି ଚାପଗ୍ରସ୍ତ ମଣିଷମାନଙ୍କ ଭିତରେ ଏକ ନୂତନ ଆଶା ସଞ୍ଚାର କରୁଥାନ୍ତି। ଅଥଚ ସେଇ ବ୍ୟକ୍ତିମାନେ 'ସମାନତା' ଶବ୍ଦର ଅର୍ଥକୁ ସଠିକ ମୂଲ୍ୟାୟନ କରିପାରନ୍ତି ନାହିଁ। ସମାନ ଶବ୍ଦ ସ୍ୱୟଂ ହିଁ ଚତୁରତା ଓ ଧୋକା ଦେବାପାଇଁ କୋମଳ ଶବ୍ଦଟିଏ। ସ୍ୱାଧୀନ ଶବ୍ଦଟିକୁ ଏକପାଖିଆ ରଖି ତା' ପରିବର୍ତ୍ତେ ସମାନତା ଶବ୍ଦଟିକୁ ପ୍ରୟୋଗ କରିଥାନ୍ତି। ସେଇ ଗୋଷ୍ଠୀମାନେ ଚିତ୍କାର କରୁଥାନ୍ତି, ଆମେ ଆମମାନଙ୍କ ମଧ୍ୟରେ କୌଣସି ପ୍ରକାର ବିଭେଦ ନ ରଖି ସମାନ ହେବା। ମଣିଷ ମଣିଷ ଭିତରେ କୌଣସି ପ୍ରଭେଦ ରହିବ ନାହିଁ। ଏଇ ପ୍ରକାର ସ୍ଲୋଗାନ୍ ଶୁଣି ନ୍ୟାୟ ପାଇବା ପାଇଁ ପ୍ରତୀକ୍ଷା କରୁଥିବା ବ୍ୟକ୍ତିମାନେ ନିଷ୍ପତ୍ତି ନିଅନ୍ତି ଯେ, ପ୍ରଥମତଃ ସମାନତା ତା' ପରେ ଯାଇଁ ସ୍ୱାଧୀନତାର କଥା ଚିନ୍ତା କରାଯିବ। ଏଇପରି ଭାବନାରେ ସ୍ୱାଧୀନତାର ପରିକଳ୍ପନା। ସମାନତା ଓ ସ୍ୱାଧୀନତାର ଛକାପଞ୍ଝା ଖେଳରେ ସ୍ୱାଧୀନଚେତା ହେବାର ଭାବନା ଦୂରେଇ ଯାଇଥାଏ। ଏହା ଥରେ ଚାଲିଗଲା ପରେ ଆଉ ଫେରିବାର ନଥାଏ। ଏହାକୁ କିଏ ଏବଂ କିପରି ପୁନରୁଦ୍ଧାର କରିବ ?

ଆମେ ଭୁଲିଯାଉ ଯେ, ସମସ୍ତଙ୍କୁ ସମାନତାର ଅଧିକାର ଦେଲେ, ପ୍ରଥମତଃ ସମସ୍ତଙ୍କୁ ଗୋଟିଏ ସ୍ଥାନରେ ରଖି ହାତଗୋଡ଼ରେ ବେଡ଼ି ପକେଇବାକୁ ପଡ଼ିବ। ନଚେତ୍ ବିଭିନ୍ନ ଆକୃତିକୁ ଗୋଟିଏ ଆକୃତିରେ ପରିଣତ କରିବାକୁ ହେବ। ଏହା କ'ଣ ଯନ୍ତ୍ରଣାଦାୟକ ନୁହଁ କି ? କିନ୍ତୁ ସମାନତା ଓ ସ୍ୱାଧୀନତା ଉଭୟ ଭାରି ତାର୍କିକ ପରି ଅନୁଭବ ହେଉଥାନ୍ତି। ଲୋକମାନେ ଭୁଲିଯାଇଥାନ୍ତି ଯେ ସେମାନଙ୍କୁ ଯେଉଁ ବ୍ୟକ୍ତିମାନେ ସମାନତାର ଅଧିକାର ଦେବାକୁ ଚାହୁଁଥାନ୍ତି, ସେଇ ବ୍ୟକ୍ତିମାନେ ସମସ୍ତଙ୍କ ସହିତ ନିଜକୁ ସମାନ ନରଖି ନିଜକୁ ସମସ୍ତଙ୍କ ଠାରୁ ଅଲଗା ରଖିଥାନ୍ତି ଓ ନିଜେ ସ୍ୱାଧୀନ ଭାବରେ ଥାନ୍ତି। ବିଶେଷତଃ ଗୋଷ୍ଠି ଭିତରେ ନ ରହି ଅନ୍ୟଗୋଷ୍ଠୀରେ ଥାନ୍ତି। ଏଇସବୁ ଘଟଣାକୁ ଅନୁଧ୍ୟାନ କଲେ ସ୍ପଷ୍ଟ ଦେଖିହୁଏ ଯେ, ସର୍ବଦା ଗୋଟିଏ ଗୋଷ୍ଠି ସ୍ୱାଧୀନ ଭାବରେ ଜୀବନ ଜୀଇଁଥିବା ବେଳେ ଅନ୍ୟଗୋଷ୍ଠୀର ମଣିଷମାନେ ଦଳିତ ନିଷ୍ପେସିତ ହେଇଥାନ୍ତି। ସାମର୍ଥ୍ୟ ଥିବା ଗୋଷ୍ଠୀ ସର୍ବଦା ସ୍ୱାଧୀନତା ଉପଭୋଗ କରୁଥାନ୍ତି।

କାର୍ଲମାର୍କ୍ସଙ୍କ ଦୃଷ୍ଟିରେ ସମାଜରେ ସମାନତା ଆଣିବା ପାଇଁ ହେଲେ ପ୍ରଥମତଃ ରାଜନୈତିକ ସ୍ୱାଧୀନତାକୁ ଦମନ କରିବାକୁ ପଡ଼ିବ। କାରଣ ସେଇମାନେ ହିଁ ବ୍ୟକ୍ତିର ସ୍ୱାଧୀନତାକୁ ନଷ୍ଟ କରିଥାନ୍ତି, ଏକଛତ୍ରବାଦକୁ ପ୍ରୟୋଗ କରିବା ପାଇଁ। କିନ୍ତୁ ସମାନତା ଆଣିବାକୁ କହୁଥିବା ବ୍ୟକ୍ତିମାନେ ଆଦୌ ନିଜ ହାତରୁ ସାମର୍ଥ୍ୟକୁ ବଳି ଦେଇ ସମସ୍ତଙ୍କୁ

ସମାନତାର ଅଧିକାର ଦେବାକୁ ଚାହିଁବେ ନାହିଁ। ତେଣୁ ସ୍ୱାଧୀନତାର ପ୍ରଶ୍ନ ଉଠେଇବା ସହଜ କଥା ନୁହେଁ, ଏହାକୁ ପ୍ରତିଷ୍ଠା କରିବା ବହୁଦୂରର କଥା। ସମାନତାର ଛାତ ତଳେ ସ୍ୱାଧୀନତାର ଆଶା ମଉଳିଯାଏ। ସ୍ୱାଧୀନତା ହେଉଛି ଏକ ସ୍ୱାଭାବିକ ପ୍ରକ୍ରିୟା ଯାହା ପ୍ରତ୍ୟେକ ବ୍ୟକ୍ତିର ଅଧିକାର। ମାତ୍ର ସମାନତା ସେଇ ପର୍ଯ୍ୟାୟର ନୁହଁ। ସମାନତା ନା ସ୍ୱାଭାବିକ ପ୍ରକ୍ରିୟା ନା ଏହାକୁ ପ୍ରାପ୍ତ ହେବା ସମ୍ଭବ? ଏଇ ସମାନତା ଭବିଷ୍ୟତରେ ପ୍ରାପ୍ତି ହେବା ମଧ୍ୟ ସମ୍ପୂର୍ଣ୍ଣ ଅସମ୍ଭବ। 'ସମାନତା'ର ସ୍ୱଭାବ ହେଉଛି ଅମନସ୍ତାତ୍ତ୍ୱିକ। ଏଇ ଅଧିକାର କୌଣସି ଭାବରେ ସମସ୍ତଙ୍କୁ ପ୍ରଦାନ କରାଯାଇପାରିବ ନାହିଁ। କେହିବି ସମାନ ହେଇପାରିବେ ନାହିଁ। କିନ୍ତୁ ଏଇ ପରିପ୍ରେକ୍ଷୀରେ ଯଦି ସ୍ୱାଧୀନତାର କଥା ବିଚାର କରାଯାଏ, ତେବେ ସ୍ୱାଧୀନତା ପ୍ରାପ୍ତି ପ୍ରତ୍ୟେକ ମଣିଷର ସାମର୍ଥ୍ୟର ଅଧିନରେ ରହିଥାଏ। ପ୍ରତ୍ୟେକ ବ୍ୟକ୍ତିର ଏହା ରହିବାର ଆବଶ୍ୟକ ଅଛି, ସୁଯୋଗ ମଧ୍ୟ ଅଛି ଏହାକୁ ପ୍ରାପ୍ତି ପାଇଁ। ଏଇ ପରିପ୍ରେକ୍ଷୀରେ ଯଦି ମହାଭାରତର ଶ୍ରୀକୃଷ୍ଣ ଚରିତ୍ରକୁ ଅନୁଧ୍ୟାନ କରିବା, ତେବେ ଆମେ ଶ୍ରୀକୃଷ୍ଣଙ୍କ ଚରିତ୍ରର ସାମର୍ଥ୍ୟରେ ଗୋଟିଏ କଥା ଅନୁଭବ କରିପାରିବା ଯେ, ସେ ସମାନତାର ସପକ୍ଷବାଦୀ ନଥିଲେ। ବରଂ ସ୍ୱାଧୀନତାର ସପକ୍ଷରେ ଥିଲେ। ଗଣତନ୍ତ୍ର ପ୍ରତିଷ୍ଠା କରିବା ପାଇଁ ଚାହିଁଥିଲେ। ବ୍ୟକ୍ତିର ସ୍ୱାଧୀନତା ଓ ଉଚ୍ଚ ମୂଲ୍ୟବୋଧ ସପକ୍ଷରେ ସମସ୍ତ କାର୍ଯ୍ୟ କରୁଥିଲେ। କିନ୍ତୁ ଏମିତି କିଏ ଗୋଷ୍ଠୀ ଅଛି ଯେ ଯିଏ କି କୃଷ୍ଣଙ୍କୁ ଆମନ୍ତ୍ରଣ କରିବ ଏଇ ମୂଲ୍ୟବୋଧକୁ ପୁନଃ ପ୍ରତିଷ୍ଠା କରିବା ପାଇଁ? ଏହା କେବଳ ସମ୍ଭବ ଯେଉଁ ସମୟରେ ନିୟତିର ଗୋଟିଏ ନିର୍ଦ୍ଦିଷ୍ଟ ସମୟ ଉପନୀତ ହେବ ବିଭିନ୍ନ ବ୍ୟାପାରକୁ ନେଇ। ନୈଷ୍ଠିକ ଘଟଣାମାନ ଆସନ୍ନ ହୋଇପଡ଼ିବେ, ସେଇ ପର୍ଯ୍ୟାୟର ନିୟତିର ଆକୁଳ ନିବେଦନରେ ଶ୍ରୀକୃଷ୍ଣ ପରି ଚରିତ୍ରର ଆବଶ୍ୟକତା ଖୋଜା ପଡ଼ିବ। ଗୋଟିଏ ନୈଷ୍ଠିକ ବିଚାର ଆଉ ଏକ ନୈଷ୍ଠୀୟ ବ୍ୟକ୍ତିଙ୍କ ଉପସ୍ଥିତିକୁ ଆମନ୍ତ୍ରଣ କରିବ। ସେଇଥିପାଇଁ ଏଠାରେ ଉଲ୍ଲେଖ କରାଯାଇପାରେ ଯେ, ଶ୍ରୀକୃଷ୍ଣ ଚରିତ୍ରଙ୍କ ଆବଶ୍ୟକତା ମହାଭାରତ ଯୁଗ ପାଇଁ ଯେତିକି ଥିଲା, ତା'ଠୁ ଅଧିକ ଭବିଷ୍ୟତର ସମୟ ଆବଶ୍ୟକ କରେ।

ଶକ୍ତି ସାମର୍ଥ୍ୟରେ ଜଡ଼ିତ ହେଇ ସ୍ୱାଧୀନ ଭାବେ ବଞ୍ଚୁଥିବା ମଣିଷମାନେ, ସରଳ ମଣିଷଙ୍କ ଉପସ୍ଥିତିକୁ ଭୟ କରନ୍ତି ନାହିଁ, ସେମାନଙ୍କୁ ଆଦୌ ଶୁଣିବାକୁ ଚାହାନ୍ତି ନାହିଁ ବରଂ ନିଜ ଇଚ୍ଛା ଅନୁସାରେ ସମୟକୁ ଉପଭୋଗ କରନ୍ତି। ସେମାନଙ୍କ ସ୍ୱର ଖୁବ୍ ଶାଣିତ ହେଇଯାଏ, ଭାରତ ପରି ଶାନ୍ତିପ୍ରିୟ ଦେଶମାନଙ୍କ ଉପରେ ସେମାନଙ୍କ ପ୍ରଭାବ ଖୁବ୍ ବିସ୍ତାରିତ ହେଇ ରହିଥାଏ। କିଛି ଗୋଷ୍ଠୀ ଅନ୍ୟକୁ ଆକ୍ରମଣ କରନ୍ତି, କିଛି ଗୋଷ୍ଠିର ଲୋକମାନେ ମଧ୍ୟ ଆକ୍ରମଣକୁ ଆମନ୍ତ୍ରଣ କରନ୍ତି। ଜଣେ ଅନ୍ୟକୁ ଯେତେବେଳେ ଆକ୍ରମଣ କରୁଛି, ସେତେବେଳେ ସେଥିପାଇଁ ସେ ଦାୟୀ ନୁହଁ, ମାତ୍ର ଅନ୍ୟମାନେ ଯେଉଁ ସମୟରେ

ତାକୁ ଆକ୍ରମଣ କରୁଛନ୍ତି ସେତେବେଳେ ସେ ଆକ୍ରମଣ ହେବା ପାଇଁ ନିଜେ ବେଶି ଦାୟୀ।

ସବୁଠୁ ବଡ଼ ଆଶ୍ଚର୍ଯ୍ୟର କଥା ହେଲା ଯେ, ସ୍ୱାଧୀନତାର ସୁଯୋଗ ପାଇବା ପାଇଁ ସମାନତାର ଆବଶ୍ୟକତା ଅଛି; ମାତ୍ର ସ୍ୱାଧୀନତାର ବଳିଦାନରେ ହିଁ ସମାନତା ପ୍ରତିଷ୍ଠା ହୋଇପାରିବ। ଯେଉଁ ଦେଶମାନେ ସ୍ୱାଧୀନତାର ଉପଲବ୍ଧି ପାଇଁ ସମାନତାକୁ ପ୍ରଚଳିତ କରାଇବାର ଏକ ପଦକ୍ଷେପ ନେଇଛନ୍ତି ଅଭିଜ୍ଞତା ଭିତ୍ତିରେ, ସେଇ ପ୍ରଚଳିତ ବ୍ୟବସ୍ଥା ଭିତରେ ସ୍ୱାଧୀନତାର ବିସର୍ଜନ ଘଟିଛି। କିନ୍ତୁ ସ୍ୱାଧୀନତାର ଉପଲବ୍ଧ ଯେତେବେଳେ ଅଧିକ ରହିବ ସ୍ୱତଃସ୍ଫୁର୍ତ୍ତ ଭାବେ ଅସମାନତାର ବିଭେଦ ଧୀରେ ପ୍ରଶମିତ ହୋଇଯିବ। ଏହା ନିଶ୍ଚିତ ଯେ, ଯେଉଁ ସମୟରେ ସ୍ୱାଧୀନତାକୁ ଗୁରୁତ୍ୱ ଦିଆଯିବ ସେତେବେଳେ ସ୍ୱାଭାବିକ ଭାବେ ସ୍ୱାଧୀନତା ଅପସରିଯିବ ମଣିଷ ପାଖରୁ।

ମୂଲ୍ୟବୋଧ ନିଶ୍ଚୟ ଏକ ଗୁରୁତ୍ୱପୂର୍ଣ୍ଣ ପ୍ରସଙ୍ଗ। ଏଥି ସହିତ ମଣିଷମାନଙ୍କ ମୂଲ୍ୟବୋଧ ସର୍ବାଗ୍ରେ ଗ୍ରହଣୀୟ ଏବଂ ବ୍ୟକ୍ତିର ସ୍ୱାଧୀନତା ହେଉଛି ସର୍ବାଧିକ ମୂଲ୍ୟବୋଧର ପରିଚାରକ। ଖଳ ଚିନ୍ତନ ସର୍ବଦା ଗୋଟିଏ ଗୋଷ୍ଠି ଭିତରେ ବଞ୍ଚି ରହିବାକୁ ଚାହେଁ। ଖଳ ଚିନ୍ତନ ଗୋଟିଏ ବ୍ୟକ୍ତିର ବିରୋଧରେ ଥାଏ, ସଂଗଠନକୁ ମଜବୁତ କରୁଥାଏ। ଖଳ ଚିନ୍ତନ ପାଖରେ ଗୋଟିଏ ବ୍ୟକ୍ତି ମୂଲ୍ୟବୋଧର ଅର୍ଥ କିଛି ନଥାଏ। କାରଣ ଗୋଟିଏ ବ୍ୟକ୍ତି ଭିତରେ ଆନ୍ଦୋଳନର ସ୍ୱରଟିଏ ଗଜୁରୁଥାଏ। ଏଇଥିପାଇଁ ଯେ କୌଣସି ଖରାପ କାର୍ଯ୍ୟ ଗୋଷ୍ଠି ଭିତରେ କରିବା ଯେତିକି ସହଜ ହେଇଥାଏ ତାହା ଗୋଟିଏ ବ୍ୟକ୍ତି କରିପାରି ନଥାଏ। ଜଣେ ବ୍ୟକ୍ତି କେବଳ ବିପ୍ଳବ କରିପାରେ। ବିରୋଧ କରିପାରେ। କୌଣସି ଜଣେ ଲୋକ କୌଣସି ଧର୍ମଗୃହରେ ଅଗ୍ନିସଂଯୋଗ କରିପାରିବ ନାହିଁ; ମାତ୍ର ଗୋଷ୍ଠିଟିଏ ଏଇ କାର୍ଯ୍ୟ ସମ୍ପାଦନା ପାଇଁ ସକ୍ଷମ ହୋଇପାରିବ।

ଧର୍ମୀୟ ବ୍ୟବସ୍ଥାରେ ସଂଖ୍ୟାର ବହୁଳତା ଯେତେ ଅଧିକ ଆତ୍ମିକ ଅନୁଭବ ସେତିକି ମାତ୍ରାରେ ନ୍ୟୁନ ହୋଇଥାଏ। ଯେଉଁ ସଂସ୍ଥାରେ ଜନସଂଖ୍ୟା ଅଧିକ ସେଇଠି ସମସ୍ତ ବିଶୃଙ୍ଖଳା ଅଧିକ ଓ ହୃଦୟବତ୍ତାର କମ୍ ଅନୁଭବ ହୋଇଥାଏ। ଦାୟିତ୍ୱବୋଧତା ହିଁ ଆତ୍ମାର ମଞ୍ଜି ସୃଷ୍ଟି କରିଥାଏ। ଯେବେ ମୁଁ କୌଣସି ବ୍ୟକ୍ତିଙ୍କୁ ଛୁରୀରେ ଆଘାତ କରିବାକୁ ପଡ଼େ, ତେବେ ମୋ ବିବେକ ମୋତେ ଅସହଯୋଗ କରିବ। ମୁଁ ଏକୁଟିଆ ଥାଇଁ ଏଇପରି ଅମାନବୀୟ କାର୍ଯ୍ୟ କରିବାକୁ ଯିବା ସମୟରେ ମୋ ଭିତରେ ଥିବା ମାନବୀୟ ଚେତନା ମୋତେ ବିରୋଧ କରିବ। ମାତ୍ର ବହୁଜନଙ୍କ ଭିତରେ ଯଦି ଏଇ ଅକାର୍ଯ୍ୟଟି କରିବାକୁ ଥାଏ, ତେବେ ତାହା ଅତି ସହଜରେ ହୋଇଯିବ। କେବଳ ଏତିକି କୁହାଯିବ ଯେ, ମୁଁ ଏହା କରିବାକୁ ଇଚ୍ଛା କରୁନଥିଲି ମାତ୍ର ମୋ ବ୍ୟବସ୍ଥା ମୋତେ ବାଧ୍ୟକଲା

ଏଇପରି କାର୍ଯ୍ୟ କରିବା ପାଇଁ। ସେମାନେ ମୁସଲମାନ ସମ୍ପ୍ରଦାୟ ହେଉ କିମ୍ବା ହିନ୍ଦୁ କିମ୍ବା ଖ୍ରୀରଷ୍ଟାନୀ, ସମୂହର ଦୋଷଦେଇ ଜଣେ ବ୍ୟକ୍ତି ସହଜରେ ଖସିଯାଇ ପାରିବ। ମାତ୍ର ନିଜର ଦୋଷରୁ ମୁକ୍ତି ମିଳିବ ନାହିଁ।

ଦୁଷ୍ଟ ମାନସିକତା ସର୍ବଦା ଗୋଷ୍ଠିକୁ ଆକର୍ଷିତ କରିଥାଏ। ଗୋଷ୍ଠି ଉପରେ ମଧ୍ୟ ନିର୍ଭର କରୁଥାଏ, ନିଜର ଇଚ୍ଛାକୁ ପୂରଣ କରିବା ପାଇଁ। ବୈକ୍ତିକ ଶତ୍ରୁତାରେ ଜଣକୁ ହତ୍ୟାକରିବା ଓ ସାମ୍ପ୍ରଦାୟିକତା ଭିତରେ ନିଜର ଶତ୍ରୁକୁ ହତ୍ୟା କରିବାର ଉଦ୍ଦେଶ୍ୟ ଏକମାତ୍ର ଉଦ୍ଦେଶ୍ୟ ସାଧିତ ହୋଇଥାଏ; ମାତ୍ର କାର୍ଯ୍ୟର ପରିଚୟ ଭିନ୍ନ ହୋଇଥାଏ। ସେଇ ପରିପ୍ରେକ୍ଷୀରେ କୌଣସି ଉତ୍ତମ କାର୍ଯ୍ୟ ସମ୍ପାଦନା କରିବା ସଂଖ୍ୟାଗରିଷ୍ଠତା ଭିତ୍ତିରେ ଏଇ କାର୍ଯ୍ୟର ଲକ୍ଷ୍ୟକୁ ପୂରଣ କରାଯାଇ ନପାରେ। ଯଦି ବି ଜଣେ ବ୍ୟକ୍ତି ଉତ୍ତମ କାର୍ଯ୍ୟଟି କରିବାର ଲକ୍ଷ୍ୟରେ ବ୍ୟକ୍ତି ବା ସଂସାର ହିଡ଼ ଭିତରେ ଥାଏ, ତେବେ ତା' ଚତୁଃପାର୍ଶ୍ୱରେ ଘେରିଥିବା ଭିଡ଼ମାନେ ଆପେଆପେ ଅପସରିଯିବେ, କେବଳ ଭଲକାର୍ଯ୍ୟର ସମ୍ପାଦନାକୁ ପ୍ରତୀକ୍ଷା କରିଥିବା ବ୍ୟକ୍ତିବିଶେଷ ଏକଲା ହୋଇରହିଥିବ ଏବଂ ସେ ମଧ୍ୟ ସେଇ ଲକ୍ଷ୍ୟସ୍ଥଳରେ ପହଞ୍ଚିଯିବ। 'ଭଲ' ସର୍ବଦା ସମାଜ ମଙ୍ଗଳ ପାଇଁ ପ୍ରସ୍ତୁତ ଥାଏ, ସ୍ୱାଧୀନଚେତାର ବ୍ୟକ୍ତିତ୍ୱ ହିଁ ଏକଲା ଏହା କରିବା ପାଇଁ ସକ୍ଷମ ହେଇଥାଏ; ମାତ୍ର ଗୋଷ୍ଠି ନୁହଁ। ଏଇକଥା ବୁଝିବା ନିଶ୍ଚୟ ଜରୁରୀ। ଜଣେ ସ୍ୱାଧୀନଚେତା ବ୍ୟକ୍ତି ହିଁ ସମାଜ ତିଆରି କରିଥାଏ, ଯେଉଁ ସମୟରେ ଜଣେ ବ୍ୟକ୍ତିର ସାର୍ବଭୌମତ୍ୱ ତୁଟିଯାଏ, ସେଇ ସମୟରେ ସମାଜ ଗୋଟିଏ ଗୋଷ୍ଠି ବା ଦଳରେ ପରିଣତ ହୋଇଥାଏ। ଏହାହିଁ ସମାଜ ଓ ଗୋଷ୍ଠି ଭିତରେ ତଫାତ। ବ୍ୟକ୍ତିର ଆନ୍ତଃ ସମ୍ପର୍କ ହିଁ ସମାଜ ବା ବ୍ୟକ୍ତିବିଶେଷଙ୍କ ସମବାୟ। ବ୍ୟକ୍ତି ହିଁ ସେଇଠି ଥିବ କାରଣ ସଂଗଠନର ଆଧାର କହିଲେ ବ୍ୟକ୍ତିକୁ ହିଁ ବୁଝାପଡ଼ିବ।

ଯେଉଁ ସମୟରେ ଜଣେ ବ୍ୟକ୍ତି ଅନ୍ୟ ଏକ ବ୍ୟକ୍ତିଙ୍କ ସହ ସମ୍ପର୍କ ସ୍ଥାପନ କରିବା ପାଇଁ ଚାହେଁ, ସେଇ ସମୟରେ ସମାଜର ସୃଷ୍ଟିହୁଏ। ବନ୍ଦୀଶାଳା ଭିତରେ ସମାଜ ନଥାଏ। ଅବଶ୍ୟ ବନ୍ଦୀମାନେ ପରସ୍ପର ଭିତରେ ସମ୍ପର୍କର ଆଦାନପ୍ରଦାନ ଚାଲେ, ପରସ୍ପର ଭିତରେ କୌଣସି ଉପହାର ମଧ୍ୟ ନେଣ ଦେଣ ହୋଇଥାଏ, ତଥାପି ସେମାନଙ୍କ ପାରସ୍ପରିକ ସମ୍ପର୍କକୁ ସମାଜ ଆଖ୍ୟା ଦିଆଯାଇ ପାରିବ ନାହିଁ। ସେମାନଙ୍କୁ ସେଇକଥା କରିବା ପାଇଁ ସୁଯୋଗ ଦିଆଯାଇଥାଏ; ମାତ୍ର ସେଇକାର୍ଯ୍ୟ କରିବା ପାଇଁ ସେମାନଙ୍କ ପାଖରେ ସ୍ୱାଧୀନତା ନଥାଏ।

ବୋଧହୁଏ, ବୋଧହୁଏ କିମ୍ବା ସମ୍ଭବତଃ କଥା ନୁହେଁ, ନିଶ୍ଚିତ ରୂପେ କୃଷ୍ଣ ସେଇପକ୍ଷକୁ ବାଛିଥିଲେ, ଯେଉଁପକ୍ଷର ବ୍ୟକ୍ତିମାନଙ୍କ ସାର୍ବଭୌମତ୍ୱ ଥିଲା, ସ୍ୱାଧୀନତା

ଥିଲା ଏବଂ ତତ୍ ସହିତ ଅଧ୍ୟାତ୍ମିକତା ମାନସିକତାକୁ ନେଇ ଅଦୃଶ୍ୟ ଶକ୍ତିକୁ ଦୃଶ୍ୟହେବାର ଅନ୍ୱେଷଣ ମଧ୍ୟ ଜାରି ରହିଥିଲା । ସେଇ ବ୍ୟକ୍ତିମାନଙ୍କ ବିଚାରବୋଧ ଶ୍ରୀକୃଷ୍ଣ ଚରିତ୍ରର ବିଚାରବୋଧ ସହିତ ସମାନ ଥିଲା । ଅବଶ୍ୟ ଏଇପରି କହିବା ସମ୍ପୂର୍ଣ୍ଣ ରୂପେ ଠିକ୍ ନ ହୋଇପାରେ, କାରଣ ଶ୍ରୀକୃଷ୍ଣ ପସନ୍ଦ କରି ନଥିବା ପକ୍ଷରେ ଶ୍ରୀକୃଷ୍ଣଙ୍କ ମନପସନ୍ଦର ମଣିଷ ନଥିଲେ ତାହା ନୁହେଁ । ଦୁଇପକ୍ଷର ଭଲ ଏବଂ ମନ୍ଦ ଆଧାରରେ ବିଭାଜନ ଆଦୌ ସ୍ୱଷ୍ଟତାକୁ ପ୍ରତିଫଳିତ କରିନାହିଁ । ପୃଥିବୀରେ ସବୁଠାରୁ କଦର୍ଯ୍ୟ ଚରିତ୍ରର ମଣିଷ ପାଖରେ ବି କିଛି ଭଲଗୁଣ ଅଛି ଏବଂ ସବୁଠୁ ଶ୍ରେଷ୍ଠ ମଣିଷର ଚରିତ୍ରରେ ବି ଖରାପ ଗୁଣଟି ଅଛି । ଆନୁପାତିକତାକୁ ନେଇ କୌଣସି କାଳରେ କିଛି ସ୍ୱଷ୍ଟତା ନଥିଲା, ନଥାଏ ମଧ୍ୟ ।

ଏତିକି କୁହାଯାଇ ପାରେ ଯେ, ସ୍ୱାଧୀନତା ଓ ବ୍ୟକ୍ତି ଏବଂ ଧର୍ମୀୟ କଥାର ଆତ୍ମା ହେଉଛି ମାନବୀୟ ମୂଲ୍ୟବୋଧ, ଯାହା ଭଲକଥାର ପ୍ରଜ୍ଞା ସ୍ୱରୂପ ପକ୍ଷବାନ୍ଧି ରହିଥାଏ । ଶ୍ରୀକୃଷ୍ଣ ଚରିତ୍ରଟିକୁ ପାଠକଲା ସମୟରେ ଜଣାଯାଏ ଯେ, ସେଇ ଚରିତ୍ର ସମୟର ପରିଧିରୁ ବାହାରେ । ଆମେ ସେଇ ବ୍ୟକ୍ତିଙ୍କୁ ପୂଜାପାଠ କରି ସ୍ତୁତି କରିଥାଉ, ଯାହାଙ୍କୁ ଆମେ ଆଦୌ ବୁଝି ନଥାଉ । ଯୀଶୁଙ୍କୁ ନ ବୁଝିପାରି ହତ୍ୟା କରାଗଲା, ତାଙ୍କର ମୃତ୍ୟୁପରେ ତାଙ୍କୁ ପୂଜା କରାଗଲା, ଖ୍ରୀରସ୍ତାନୀର ଜନ୍ମ ହେଲା । ମହମ୍ମଦଙ୍କୁ ଭୁଲ ବୁଝାଗଲା । ତାଙ୍କ ମୃତ୍ୟୁପରେ ଆଲ୍ଲାଙ୍କ ସନ୍ତାନ ରୂପେ ସ୍ୱୀକୃତି ଦିଆଗଲା, ଇସଲାମ ଧର୍ମର ସୃଷ୍ଟିହେଲା । ସେଇଥିପାଇଁ ମୌଳବାଦୀମାନେ କୌଣସି କଥା ଅନୁଶୀଳନ କରିବା ସପକ୍ଷରେ ନରହି ଉପାସନା ପର୍ଯ୍ୟାୟରେ ଅଧ୍ୟାତ୍ମିକତାକୁ ପ୍ରତିପାଦିତ କରିବା ପାଇଁ ପ୍ରଚେଷ୍ଟା କରିଥାନ୍ତି । ସେଇମାନେ ଗୋଟିଏ ବ୍ୟବସ୍ଥା ତିଆରି କରିଥାନ୍ତି । ନିଜ ହାତରେ ନିଜେ ଚୋଉଦପା' ହେଇ ଭୁଲ ଠିକ୍‌ର ନିଷ୍ପତ୍ତି ନେଇଥାନ୍ତି । ଯାହା ସବୁ ସର୍ବଧର୍ମ ବ୍ୟବସ୍ଥାର ମୂଳନୀତି କହିଲେ ଅତ୍ୟୁକ୍ତି ହେବନାହିଁ ।

ଯେଉଁ ବ୍ୟକ୍ତି ସମାଜ ଗ୍ରହଣ କରିଥିବା କଥାର ଦ୍ୱିରୋକ୍ତି ବାଢ଼େ, ସମାଜ ସେଇ ବ୍ୟକ୍ତିଙ୍କୁ ଈଶ୍ୱର ନାମରେ ଅଭିହିତ କରେ, ବା ଅବତାର ବୋଲି କହିଥାଏ । ଜଣକର ଅଜ୍ଞତାକୁ ଅସ୍ୱୀକାର କରିବାକୁ ଆମେ କୁଣ୍ଠାପ୍ରକାଶ କରୁ; ମାତ୍ର ଜଣଙ୍କୁ ଈଶ୍ୱର ବୋଲି ଗ୍ରହଣ କରିନେବାରେ କୌଣସି ଦ୍ୱିଧା ରଖିନଥାଉ । ନା ଆମେ ଈଶ୍ୱରଙ୍କୁ ବୁଝିଥାଉ ନା ଈଶ୍ୱର ପରି ଅନୁଭୂତ ହେଉଥିବା ବ୍ୟକ୍ତିଙ୍କୁ ବୁଝିଥାଉ । ଈଶ୍ୱରଙ୍କୁ ଯେମିତି ବୁଝି ନ ଥାଉ, ଠିକ୍ ସେଇପରି ଈଶ୍ୱର ପରି ଜଣାଯାଉଥିବା ବ୍ୟକ୍ତିଙ୍କୁ ମଧ୍ୟ ବୁଝିପାରି ନଥାଉ । ସେଇ ଅବୁଝା ପଣରୁ ଉପାସନାର ଉତ୍ପତ୍ତି ହୋଇଥାଏ । ଆମେ ପ୍ରଶଂସାରେ ଗୋଟିଏ ବ୍ୟକ୍ତିକୁ ପୂଜା କରିବା ବେଳେ ନିନ୍ଦା ଓ ଅପବାଦରେ ପୋତିପକାଉ ଶତ୍ରୁକୁ । ଏଇ ନିନ୍ଦା ଓ

ପ୍ରଶଂସାର ଘଟଣା ଜୀବନ ଜୀଉଥିବା ମଣିଷମାନଙ୍କ ପାଖରେ ହିଁ ଘଟିଥାଏ। ସେ ଯୀଶୁ ହୁଅନ୍ତୁ ଅବା ବୁଦ୍ଧ କିମ୍ବା ମହାବୀର। ଏଇମାନେ ସମସ୍ତେ ସଂସାରକୁ ଦୂରକୁ ଠେଲିଦେଇ ଗୋଟିଏ ଅଲଗା ଜୀବନ ବଞ୍ଚିବାର କଥା କହିଛନ୍ତି, ଯାହା ସାଧାରଣ ଜୀଉଁଥିବା ମଣିଷ ପାଇଁ ଅସମ୍ଭବ ହୋଇପଡ଼େ। ମାତ୍ର ଏଇପରି ସଂସାର ଛଡ଼ା କଥା ଶ୍ରୀକୃଷ୍ଣଙ୍କ ଚରିତ୍ରରେ ଦେଖାଦେଇ ନାହିଁ। ଗୋଟିଏ ବାସ୍ତବତାକୁ ସ୍ୱୀକାର କରି ସାଧାରଣ ମଣିଷ ଜୀବନ ବଞ୍ଚିବାର କଥା ସେ କହିଛନ୍ତି। ଏଇ ପୃଥିବୀରେ ରହି, ଏଇ ମାଟି ପାଣି ପବନକୁ ପାଖରେ ରହୁଥିବା ମଣିଷମାନଙ୍କୁ ଅଣଦେଖା କରି, ଆଉଗୋଟେ ଅଦୃଶ୍ୟ, ଅନାଗତ ପୃଥିବୀର କଥା ସେ କହି ନାହାନ୍ତି। ଯାହା ପାଖରେ ଅଛି, ଯାହାକୁ ନେଇ ମଣିଷ ଶେଷ ନିଶ୍ୱାସ ତ୍ୟାଗଯାଏ ବଞ୍ଚିବ, ସେ ସେଇପରି ସତ୍ୟକୁ ପ୍ରଦର୍ଶିତ କରିଛନ୍ତି। ସେ ହେଉଛନ୍ତି ଏକ ଭିନ୍ନ ଚରିତ୍ର ଯେଉଁ ଚରିତ୍ର ଅତୀତରେ ଆବିର୍ଭାବ ହେଇନଥିଲେ, ଭବିଷ୍ୟତରେ ମଧ୍ୟ ଆସିବାର ସମ୍ଭାବନା ଅନିଶ୍ଚିତ। ସେଇ ଚରିତ୍ର ଜୀବନରେ ବିଶ୍ୱାସ ରଖନ୍ତି ନିର୍ବାଣରେ ନୁହେଁ ଜୀବନରେ। ବର୍ତ୍ତମାନ ହିଁ ଜୀବନ। ବର୍ତ୍ତମାନ ସମୟକୁ ଅବଜ୍ଞା କରିବାର ଆସ୍ଫାଳନ ନ କରି ସେଇ ଚରିତ୍ରଟି ସ୍ୱୀକାର କରିଥିଲେ ବର୍ତ୍ତମାନକୁ ଜୀବନ ଯନ୍ତ୍ରଣାର ଗନ୍ତାଘର। ବୈରାଗ୍ୟ କିମ୍ବା ବିମୁଖତା ଏହାର ସମାଧାନ ନୁହେଁ।

ମଣିଷ ଜୀବନରେ ସଂଗୀତ ଓ ନୃତ୍ୟ ଜୀବନକୁ ଉଲ୍ଲସିତ କରିଥାଏ। ଶୁଷ୍କ ତରୁ ପଲ୍ଲବୀ ଉଠେ ଜୀବନ ସଂଗୀତରେ। ବଂଶୀ ସ୍ୱନରେ ଜୀବନ ପୁଲକିତ ହୁଏ। ଏମିତି ଏକ ରସମୟ ଜୀବନକୁ ଯନ୍ତ୍ରଣାସିକ୍ତ କହି, ଜୀବନ ପ୍ରତି ବୀତସ୍ପୃହ କରେଇବାର ଅର୍ଥ ଜୀବନକୁ ବୁଝିବାର କଥା ନୁହେଁ। ବେଳେବେଳେ ଶ୍ରୀକୃଷ୍ଣ ଚରିତ୍ରକୁ ଅଧ୍ୟାତ୍ମିକ ଚରିତ୍ର କରିବା ପ୍ରସଙ୍ଗରେ ପ୍ରଶ୍ନ ଉଠେ, ସତେ ଜଣେ ଈଶ୍ୱର ପୁରୁଷ ବଂଶୀ ବଜାଇ ନାରୀମାନଙ୍କ ସହିତ କ'ଣ ରାସକ୍ରୀଡ଼ା କରିପାରେ? ଯେଉଁଠି ପ୍ରଶ୍ନ ଠିକ୍ ସେଇଠି ଉତ୍ତର ଥାଏ। ଏଇଭଳି ପ୍ରଶ୍ନ ସେତିକିବେଳେ ମନକୁ ଆଚ୍ଛନ୍ନ କରେ, ଦ୍ୱନ୍ଦ୍ୱ ଉପୁଜାଏ କାରଣ ଆମେ ଏକ ଆଦିମ ଜ୍ଞାନରେ ଅଧ୍ୟାତ୍ମିକତାକୁ ବୁଝିଥାଉ। ବୈରାଗ୍ୟ ଓ ସଂସାର ବିମୁଖତା ହିଁ ଅଧ୍ୟାତ୍ମିକତା। ସେଇ ପୁରାତନ ଭାବନାକୁ ଶ୍ରୀକୃଷ୍ଣ ଖଣ୍ଡନ କରିଛନ୍ତି। ମଣିଷ ଭିତରେ ନୃତ୍ୟଗୀତ ମାଧ୍ୟମରେ ସୌନ୍ଦର୍ଯ୍ୟବୋଧର ପରିକଳ୍ପନା କରାଯାଇପାରିବ। ଭାରତରେ ଅଧ୍ୟାତ୍ମିକତାର ଧାରଣା ହେଉଛି ଜୀବନ ପ୍ରତି ବିମୁଖତା, ଜୀବନରୁ ପରାସ୍ତ ହେଇଥିବା ସୈନିକର ଭାବନା। ଯନ୍ତ୍ରଣା, ପଳାୟନ କରିବା ଇତ୍ୟାଦି ପରିଭାଷାରେ ଜୀବନକୁ ବୁଝିବା। ଅଧ୍ୟାତ୍ମିକତା ପ୍ରକୃତରେ ତା'ର ପରିଭାଷା ବଦଳିଗଲାଣି। ଜୀବନକୁ ପ୍ରତିଜ୍ଞାନ କରିବା। ଆନନ୍ଦ ଉଲ୍ଲାସ ମାଧ୍ୟମରେ ଜୀବନକୁ କୃତଜ୍ଞତା ଜ୍ଞାପନ କରିବା। ଜୀବନର ବିପରୀତ ତଥ୍ୟ ମାନଙ୍କରେ ମଣିଷର ମନ ତିଆରି ହୋଇସାରିଛି। ଯାହା ବି ଅଧ୍ୟାତ୍ମିକତାକୁ ନେଇ

ମନ ଭିତରକୁ ଆସୁଥାଏ ତାହା ହେଲା ହଠାତ୍ ଦୁଃଖ, ଦୈନ୍ୟ, ନୈରାଶ୍ୟମାନଙ୍କ ଉପାଦାନ ମନ ମିଜାଜକୁ ଛାଇଯିବାର କଥା। ଯଦି ଜଣେ ପୁରୁଷର ଜୀବନ ଭାଗୀଦାର ସ୍ତ୍ରୀଟିଏ ମରିଗଲା, ତେବେ ଏଇ ଦୁଃଖରୁ ପଳାୟନପନ୍ଥୀ ସାଜି ସନ୍ନ୍ୟାସ ହୋଇଯିବା। ସନ୍ନ୍ୟାସକୁ ଜୀବନର ଏକ ବିକଳ୍ପ ବୋଲି ଧରିନେବା। ସୁନ୍ଦର ଭାବେ ଗତି କରୁଥିବା ଜୀବନରେ କୌଣସି ପ୍ରତିବନ୍ଧକ ଆସିଲେ ଏବଂ ମଣିଷ ଏହାକୁ ଅତିକ୍ରମ ନ କରିପାରି ପରାସ୍ତ ହେଲେ, ସନ୍ନ୍ୟାସ ହେଇ ଚାଲିଯିବା ଏକ ବିକଳ୍ପ ବୋଲି ଭାବିନିଏ।

ଜୀବନକୁ ଉପଭୋଗ କରୁଥିବା ଜଣେ ବ୍ୟକ୍ତି ସନ୍ନ୍ୟାସ ଗ୍ରହଣ କରିବାର କଥା କେବେ ଦେଖାଯାଇ ନାହିଁ। କେହି କେହି ରାଜପୁତ୍ର ସନ୍ନ୍ୟାସ ହୋଇ, ପ୍ରାଚୁର୍ଯ୍ୟ ପରିତ୍ୟାଗ କରି ଆତ୍ମାନୁସନ୍ଧାନରେ ବାହାରି ଆସି ନିଜକୁ ଆବିଷ୍କାର କରିଛନ୍ତି। ସେଇ ଆବିଷ୍କାରକମାନଙ୍କୁ ସନ୍ନ୍ୟାସୀ, ସାଧାରଣ ମଣିଷମାନେ ଯେଉଁ ଅର୍ଥରେ ଗ୍ରହଣ କରିଥାନ୍ତି, ତାହା ପ୍ରାୟତଃ ସେଇ ଏକାପରି କଥା ନୁହଁ। ଆନନ୍ଦ ଉଲ୍ଲାସରୁ ଜନ୍ମ ନେଇଥିବା ସନ୍ନ୍ୟାସୀ ନିଶ୍ଚୟ ପୁରୁଣା ପ୍ରଥାର ସନ୍ନ୍ୟାସୀମାନଙ୍କ ଠାରୁ ଭିନ୍ନ ଏବଂ ବିଜ୍ଞାନ ସମ୍ମତ। ବସୁଧାରେ ବାସ କରୁଥିବା ସମସ୍ତ ମଣିଷମାନଙ୍କୁ ନିଜ ପରିବାରର ସଦସ୍ୟ ବୋଲି ମନେକରିବା। କାରଣ ପ୍ରେମ ସ୍ନେହ ଶ୍ରଦ୍ଧାରୁ ବଞ୍ଚିତ ସନ୍ନ୍ୟାସୀ ଏବଂ ସ୍ନେହ, ଶ୍ରଦ୍ଧା ସମ୍ମାନର ଗନ୍ତାଘରରୁ ସୃଷ୍ଟି ହେଇଥିବା ସନ୍ନ୍ୟାସୀୟ ଭାବନା ପରସ୍ପର ପରସ୍ପର ଠାରୁ ଭିନ୍ନ, ସମ୍ପୂର୍ଣ୍ଣ ଅଲଗା। ଗୁଣାତ୍ମକ ଦୃଷ୍ଟିକୋଣରୁ ଉଭୟଙ୍କ ଭିତରେ ଆକାଶ ପାତାଳ ଫରକ ରହିବ।

ସ୍ୱାଧୀନଚେତାର ମଣିଷ ହିଁ ସନ୍ନ୍ୟାସ ବ୍ରତ ଅବଲମ୍ବନ କରିପାରେ। ସ୍ୱାଧୀନ ଭାବନାରେ ଜଣେ ସୃଷ୍ଟିର ସୃଜନଶୀଳତାକୁ ବୁଝିବାର ସକ୍ଷମ ହୋଇଥାଏ। ସ୍ୱାଧୀନ ଚିନ୍ତନର ମଣିଷ ଚତୁଃପାର୍ଶ୍ୱରେ ସବୁକଥା ବିରୋଧାଚରଣ କରୁଥିବ। ସାମ୍ୟବାଦୀମାନେ ସର୍ବଦା ସମାନତାର କଥା ଉତ୍‌ଥାପନ କରୁଥାନ୍ତି, ଈଶ୍ୱର ବାସ୍ତବରେ ଯଦି ଥାନ୍ତେ, ତେବେ ଏଇପରି ଅସମାନତା ଆସନ୍ତା କେଉଁଠୁ? କିନ୍ତୁ 'ସମାନତା' ଓ 'ସ୍ୱାଧୀନତା' ଉଭୟ ଏକ ବିରୋଧାତ୍ମକ ସ୍ଥିତିରେ ସର୍ବଦା ଦଣ୍ଡାୟମାନ। ବାସ୍ତବରେ 'ସମାନତା' ଚାହୁଁଥିବା ବ୍ୟକ୍ତିମାନେ ସ୍ୱାଧୀନତାକୁ ଉପଭୋଗ କରିପାରିବେ ନାହିଁ। ସ୍ୱାଧୀନତା ଚାହୁଁଥିବା ମଣିଷମାନେ ବି ଅନ୍ୟମାନଙ୍କ ସହିତ ସମାନ ହେଇପାରିବେ ନାହିଁ। ଦାସତ୍ୱକୁ ସ୍ୱୀକାର କଲେ ମଧ୍ୟ ଜଣେ ସ୍ୱାଧୀନ ହୋଇଯାଏ। କାରଣ ଅନ୍ୟଜଣେ ଯାହା ଇଚ୍ଛା କରୁଥାଏ ଦାସ ତାହା ହିଁ କରୁଥାଏ। ଭଲ ମନ୍ଦ, ଲାଭ କ୍ଷତି, ଜୟ ପରାଜୟର ଭାବନାରେ ଆଚ୍ଛନ୍ନ ହେଇନଥାଏ ଜଣେ ଦାସ। ସମସ୍ତେ ସମାନ ହୋଇଗଲେ ସ୍ୱାଧୀନତା ଭାବନା ମଣିଷ ଭିତରୁ ଦୂରେଇଯିବ, ତା' ସହିତ ସମସ୍ତେ ସମାନ ଅର୍ଥ ଏକ ବିଶାଳ ବନ୍ଦୀଶାଳାରେ ବନ୍ଦୀ ଜୀବନ ବିତାଉଥିବା ବନ୍ଦୀମାନଙ୍କ ସଦୃଶ। ଅସମାନତାକୁ ଆଦୌ ଦୂରେଇ ହେବନାହିଁ,

ତାହା ମଧ୍ୟ ଅସମ୍ଭବ। ଅସମତାରେ ହିଁ ସ୍ୱାଧୀନତାର ଚିନ୍ତନ ମନ ଭିତରକୁ ଆସିବ। ଅସମାନତାର ସ୍ଥିତିରେ ସମାନତାର ପରିକଳ୍ପନା କରାଯାଇପାରିବ। ଅନ୍ୟପକ୍ଷରେ ସମାନତାର ଭାବନା ଅସନ୍ତୁଳିତ ହୋଇଯିବ ସମାଜରେ ସମାନତା ପରିବେଶ ଯେଉଁ ସମୟରେ ସନ୍ତୁଳିତ ରହିବ। ସମାଜରେ ସମାନତାର ଭାବନାରେ ସ୍ଥିତି ମଣିଷମାନଙ୍କ ଭିତରେ ରହିବ। ତେବେ ଚେତନା ସ୍ତରରେ ମଣିଷମାନଙ୍କର ଅବକ୍ଷୟ ହେବ, ଅର୍ଥାତ୍ ଚେତନାର ଅଭିବୃଦ୍ଧି ଘଟିବ ନାହିଁ। ସବୁ ସ୍ୱାସ୍ଥ୍ୟବାନମାନଙ୍କୁ ରୋଗୀ କରିବା ସହଜ ମାତ୍ର ସବୁ ରୋଗୀମାନଙ୍କୁ ସ୍ୱାସ୍ଥ୍ୟବାନ କରିବା ଆଦୌ ସହଜ ନୁହେଁ। ଅସମାନତା ରହସ୍ୟମୟତାର ଏକ ଉପାଦାନ। ଶରୀର ଗଠନରେ କୌଣସି ଉପାଦାନଟି ଅଭାବ ରହିବା ଅର୍ଥ ତାହା ବୁଝାଯାଏ ଏକ ଅସମ୍ପୂର୍ଣ୍ଣ ଶରୀର ବା ବିକଳାଙ୍ଗ କଥାକୁ। ତେଣୁ ଉପାଦାନ ଅନୁପସ୍ଥିତିର ପରିକଳ୍ପନା ନିଶ୍ଚୟ ଏକ ଉଦ୍ଭଟତାକୁ ବୁଝାପଡ଼ିବ।

ସ୍ୱାଧୀନତା ଓ ସମାନତା ଉଭୟ ଏକା ସାଙ୍ଗରେ ତିଷ୍ଠି ରହିପାରିବେ ନାହିଁ, ଯଦି ପରସ୍ପର ପରସ୍ପରର ଅଂଶୀଦାର ହୋଇଯିବେ କିମ୍ବା ପରସ୍ପର ପରସ୍ପରର ଉପାଦାନ ହୋଇ ରହିବେ। ଫରାସୀ ବିପ୍ଳବକୁ ପ୍ରଶମିତ କରିବା ପାଇଁ ଲୋକମାନଙ୍କ ଅଜ୍ଞାନତାକୁ ବୁଝିପାରିଥିଲେ ନେପୋଲିୟନ, ଯେଉଁଥିପାଇଁ ଲୋକମାନଙ୍କ ଇପ୍ସିତ ଇଚ୍ଛାକୁ ପୂର୍ଣ୍ଣ କରିବାର ନୀତିଟିଏ ଘୋଷଣ କରି ନେପୋଲିୟନ୍ କହିଲେ, "ହେ ଫରାସୀ ଭାଇମାନେ, ମୁଁ ତୁମକୁ ସମାନତା, ସ୍ୱାଧୀନତା ଓ ପରସ୍ପର ପରସ୍ପରର ଭ୍ରାତୃତ୍ୱର ଅଭୟ ବର ପ୍ରଦାନ କଲି।" ଜନସାଧାରଣ ବୁଝି ନଥିଲେ ସ୍ୱାଧୀନତା ଓ ସମାନତା ପରସ୍ପର ପରସ୍ପରର ବିରୋଧାଚରଣ କରନ୍ତି। ଶବ୍ଦର ଯାଦୁକରରେ ମଣିଷମାନଙ୍କ ଭିତରେ ଏକ ଭରସାଟିଏ ସଞ୍ଚରି ଯାଉଥିବାରୁ, କୌଣସି ବ୍ୟକ୍ତି ଗଭୀରତାକୁ ଯିବାର ପ୍ରୟାସ ଜାରି ରଖୁନାହିଁ। ଗଭୀର ଅନୁଧ୍ୟାନ ନାହିଁ ମାନେ ବୁଝିବାକୁ ପଡ଼ିବ ଯେ, ନିଷ୍ପତ୍ତିଟି ନେବାରେ ମଧ୍ୟ ନିରପେକ୍ଷତାକୁ ବଜାୟ ରଖାଯାଇ ପାରିବ ନାହିଁ। ବୈଚିତ୍ର୍ୟତା ହିଁ ସବୁକଥାକୁ ଅସମାନତା କରିରଖିବ। ଏଇ ପର୍ଯ୍ୟାୟରେ ଆକସ୍ମିକ ଭାବରେ ଯେଉଁକଥା ମନକୁ ଆସିଯାଏ, ତାହା ହେଲା ଅଦୃଶ୍ୟ ଶକ୍ତିର ପରାକାଷ୍ଠା। ବୋଧହୁଏ ତାହା ହିଁ ଅନ୍ୱେଷଣ ସାପେକ୍ଷ।

■

ଅସନ୍ତୁଳିତ ସମ୍ପର୍କର ସ୍ୱର

ମଞ୍ଜି ଆଗ ନା ଗଛ ଆଗ ? ଅଣ୍ଡା ଆଗ ନା କୁକୁଡ଼ା ଆଗ ? ପୁରୁଷ ଆଗ ନା ନାରୀ ଆଗ ? ଏଇ ସବୁ ପ୍ରଶ୍ନ ଯେଉଁଠୁ ଆରମ୍ଭ ହେଇ ଯେଉଁଠି ଶେଷ ହୁଏ, ତା'ର ମଧ୍ୟଭାଗ ହେଲା ସନ୍ଧିକ୍ଷଣ। ଏକ ରହସ୍ୟ। ରହସ୍ୟକୁ ବୁଝିବା ପାଇଁ ପ୍ରୟାସ କରିବା ଭିତରେ ଆରମ୍ଭ ହୋଇଯାଇଥାଏ ଦର୍ଶନ, ତତ୍ତ୍ୱ, ମନସ୍ତତ୍ତ୍ୱ। ଡାରୱିନ୍‌ଙ୍କର 'Origin of species' କୁ ବାଦ୍‌ଦେଇ ଏଇ କଥାକୁ ବୁଝିହେବ ନାହିଁ। ଜଣେ ରହସ୍ୟକୁ ବୁଝିବା ପାଇଁ ଚେଷ୍ଟା କରୁଥିବା ସମୟରେ ଗୋଟେ ଅଦୃଶ୍ୟ ଶକ୍ତିର ଉପସ୍ଥିତିକୁ ଏଡ଼େଇ ଦେଇହେବ ନାହିଁ। ଡାରୱିନ୍‌ଙ୍କର ବିବର୍ତ୍ତନ ପ୍ରକ୍ରିୟାରେ ସବୁ ପରିବର୍ତ୍ତନ ଘଟୁଥାଏ। ମଣିଷ ଜେଲିଫିସ୍, ସରୀସୃପରୁ ଆରମ୍ଭ ହେଇ ଅତି ସୁନ୍ଦର ପ୍ରାଣୀଟିଏ ଧରାପୃଷ୍ଠରେ ହେବାଯାଏ, ବିବର୍ତ୍ତନକୁ ଏଡ଼େଇ ଦେଇ ହେବ ନାହିଁ, କିମ୍ବା ରହସ୍ୟକୁ ଏକପାଖିଆ କରି ଆଲୋଚନା କରିହେବ ନାହିଁ। ଅଧାପ୍ରାଣୀ ପୁଂଲିଙ୍ଗ ଆଉ ଅଧକ ସ୍ତ୍ରୀଲିଂଗ। କିଏ ବଡ଼ କିଏ ଛୋଟ, କିଏ ଆଗ କିଏ ପଛ, କିଏ ପାପ କିଏ ପୁଣ୍ୟ, ଏସବୁ କଥାକୁ ବିଚାରଟିଏ ରଖିଥିବା ମଣିଷଟି ହେଉଛି ପୁରୁଷ। ଏକଥାକୁ ଅସ୍ୱୀକାର କରାଯାଇ ପାରିବ ନାହିଁ। ବେଦଠାରୁ ଆରମ୍ଭ କରି, ଆଧୁନିକ କବିତା ଲେଖା ହେବାଯାଏ, କିମ୍ବା ଷ୍ଟିଫେନ୍ ହକିନ୍‌ସଙ୍କ Time and Space ତତ୍ତ୍ୱ-ବିଜ୍ଞାନ ପର୍ଯ୍ୟନ୍ତ ସବୁଠି ପୁରୁଷଙ୍କ ଶ୍ରୀଗଣେଶକୁ ଭେଟିବାକୁ ହେଇଥାଏ। ନାରୀମାନେ ଏଇସବୁ କାର୍ଯ୍ୟରେ କାହିଁକି ନିବୃତ୍ତ ରହିଲେ, ଏହାର କାରଣ ମଧ୍ୟ ଜାଣିବା ଦରକାର। ନାରୀମାନେ ଏଇସବୁ କାର୍ଯ୍ୟରେ ତଥା ଏଇସବୁ କଥାକୁ ଅଧ୍ୟୟନ କଲେ ଜଣାଯାଏ ଯେ, ନାରୀମାନଙ୍କ ସୃଜନଶୀଳ କାର୍ଯ୍ୟକ୍ରମରେ ମନଯୋଗ ଆଦୌ ନଥିବା ପରି ଅନୁଭୂତ ହୁଏ। ବାସ୍ତବରେ ସେମାନଙ୍କର ଏସବୁରେ ଶ୍ରଦ୍ଧା ନଥାଏ, ନା ସେମାନେ କେବଳ ସମସ୍ତ ସୃଜନର ସହାୟତ ହୋଇ ରହିଗଲେ ? ନା ସେମାନଙ୍କୁ, ଯେବେଠୁ ସମାଜ ବ୍ୟବସ୍ଥା ଆରମ୍ଭ ହେଲା, ସେବେଠୁ କୌଣସି କ୍ଷେତ୍ରରେ ସୁଯୋଗ ଦିଆଯାଇନାହିଁ ?

ସୃଷ୍ଟି ଆରମ୍ଭରୁ ସାମ୍ପ୍ରତିକ ସମୟଯାଏ, କିଏ କାହାକୁ ସୁଯୋଗ ଦେଇନାହିଁ। ସୁଯୋଗ ଜଣେ ନେବାକୁ ହେଇଥାଏ। ଇତିହାସରେ ମଧ୍ୟ ଉଦାହରଣ ଅଛି, କିଏ କାହାକୁ ସୁଯୋଗ ଦେବାକଥା। ଚାଣକ୍ୟ ଓ ଚନ୍ଦ୍ରଗୁପ୍ତ କଥା ଉଠିଲେ ଚାଣକ୍ୟ ନିଜେ ରାଜା ନ ହେଇ, ଏତେ କଷ୍ଟ କାହିଁକି କରୁଥିଲେ ଚନ୍ଦ୍ରଗୁପ୍ତଙ୍କୁ ତିଆରି କରିବା ପାଇଁ ? କିଛି ଲୋକ ଆଗକୁ ନ ଯାଇ ପଛରେ ରହି ଆଗ ଲୋକଟିକୁ ସାହାଯ୍ୟ କରିବାକୁ ଭଲ ପାଆନ୍ତି। ଅବଶ୍ୟ ଚାଣକ୍ୟ ରାଜା ହେଇଥିଲେ କୌଟିଲ୍ୟ ହେବା କିମ୍ବା ଚାରବାକ ହେବା ଆମମାନଙ୍କ ପାଇଁ ଏକ ପ୍ରଶ୍ନବାଚୀ ହେଇ ରହିଥାନ୍ତା। ଜଣେ ବ୍ରହ୍ମଜ୍ଞାନୀ ହେଇଥିବାରୁ ଶାସନ ପ୍ରଶାସନର ମାନସିକତା ଆଦୌ ନଥିଲା।

ନାରୀମାନଙ୍କୁ ଏ ସୁଯୋଗ ମିଳିନାହିଁ ନା ସେମାନେ ଦ୍ୱିତୀୟ ଶ୍ରେଣୀର ମଣିଷ ହେଇ ରହିବା ପାଇଁ ଚାହିଁଛନ୍ତି ? ନା ସେମାନଙ୍କ ମାନସିକତାକୁ ସେଇପରି କରିଦିଆଯାଇଛି ? ଏଇ ପ୍ରଶ୍ନ ନିଶ୍ଚୟ, ହଁ ଓ ନାହିଁର ଉତ୍ତର ଭିତରେ ସୀମିତ ନୁହେଁ। ନାରୀବାଦ ଆନ୍ଦୋଳନରେ ନାରୀମାନେ ପୁରୁଷର ସମକକ୍ଷ ହେବାପାଇଁ ସ୍ୱର ଉତ୍ତୋଳନ ହୋଇଥାଏ। ସାମାଜିକ କ୍ଷେତ୍ରରେ ନାରୀ ସ୍ୱାଧୀନତାର ଅଧିକାର କଥା ହିଁ ନାରୀବାଦ ଆନ୍ଦୋଳନର ମୁଖ୍ୟ ଆଧାର। ମାତ୍ର ଲିଙ୍ଗଗତ ଭାବେ ସମାନତା କିପରି ସମ୍ଭବ ? ଲିଙ୍ଗଗତ କଥା ହିଁ ବିଭାଜନ ଓ ବୈଷମ୍ୟର ମୁଖ୍ୟ କାରଣ। ଗର୍ଭଧାରଣ କରି ପିଲାଟିଏ ଜନ୍ମ ହେବାଯାଏ, ନାରୀର ସୁରକ୍ଷା ପୁରୁଷ କରିଥାଏ। ନଚେତ୍ ନାରୀମାନଙ୍କ ପ୍ରତିଥିବା ବିପଦକୁ ଏକତରଫା କରି ବିଚାର କରାଯାଇ ପାରିବ ନାହିଁ। ଗର୍ଭଧାରଣ ନାରୀ ଜୀବନ ପ୍ରତି ଏକ ବିପଦ ସମୟ। କୌଣସି ପ୍ରକାର ଅବହେଳା ଜୀବନ ପ୍ରତି ସତର୍କବାଣୀ ଶୁଣେଇଥାଏ। ଏଇ କଥାକୁ ଅସ୍ୱୀକାର ଏବଂ ଏଡ଼େଇ ଦିଆଯାଇ ପାରିବ ନାହିଁ। ଅବଶ୍ୟ, ନାରୀମାନେ ସାମାଜିକ, ଅର୍ଥନୈତିକ, ସାଂସ୍କୃତିକ ଇତ୍ୟାଦି କାର୍ଯ୍ୟକ୍ରମରେ ସମାନ ଭାବେ ପୁରୁଷ ସହିତ ଭାଗନେଇ, ନିଜ ଭିତରେ ଥିବା ବୁଦ୍ଧି ଓ ବିବେକର ସ୍ୱତନ୍ତ୍ର ପରିଚୟ ପ୍ରଦାନ କରିଛନ୍ତି। ପୁରୁଷମାନେ ଅନୁଭବ କରିଛନ୍ତି, ସମାଜରେ ପ୍ରତ୍ୟେକ କ୍ଷେତ୍ରରେ ସେମାନଙ୍କ ଯୋଗଦାନର ଆବଶ୍ୟକ ଅଛି। ସେମାନଙ୍କ ବିନା ସହଯୋଗରେ ସମାଜ ସମୃଦ୍ଧିର ପରିକଳ୍ପନା କରାଯାଇପାରିବ ନାହିଁ।

ସର୍ବଦା ସମସ୍ତଙ୍କୁ ଏକ ପ୍ରଶ୍ନ ଆନ୍ଦୋଳିତ କରେ। ପୁରୁଷମାନେ ନାରୀମାନଙ୍କୁ ଶକ୍ତି ରୂପରେ ବର୍ଣ୍ଣନା କରିଛନ୍ତି। ମାଟି ମା' ସହିତ ତୁଳନା କରିଛନ୍ତି। ଆଦ୍ୟାଶକ୍ତିର ଆଖ୍ୟା ଦେଇଛନ୍ତି। ନାରୀମାନଙ୍କୁ ନେଇ ଭୂୟସୀ ପ୍ରଶଂସା କରିଛନ୍ତି। ପ୍ରଶଂସା ଓ ପ୍ରଶସ୍ତିରୁ ବିଶ୍ୱବ୍ୟାପି ସୃଷ୍ଟିହେଇଛି ସାହିତ୍ୟ। ପୁରାଣ ଶାସ୍ତ୍ର ନୀତି ନିୟମ ଇତ୍ୟାଦି ଇତ୍ୟାଦି କଥା। ପରୋକ୍ଷରେ ସେଇପରି ସୃଜନଶୀଳ କଥା ପୁରୁଷମାନଙ୍କୁ ନେଇ ନାରୀମାନେ ଦୃଷ୍ଟାନ୍ତଟିଏ

ସୃଷ୍ଟିକରି ନାହାନ୍ତି । ଏହାର ମୁଖ୍ୟ କାରଣ ହେଲା, ସେମାନଙ୍କୁ କେବଳ ଯୌନ ସନ୍ତୋଷର ବସ୍ତୁରୂପେ ବିବେଚନା କରାଯାଇଛି । ଯଦ୍ଦ୍ୱାରା ଅନେକ ପିଲାଛୁଆଙ୍କୁ ଜନ୍ମଦେବା ଓ ସେମାନଙ୍କୁ ଲାଳନ ପାଳନ କରିବାର ଜୀବନର ସମସ୍ତ ସମୟ ଖର୍ଚ୍ଚ କରି ଶେଷରେ ମୃତ୍ୟୁକୁ ସାମ୍ନା କରିଛନ୍ତି । ଜୀବନର ଦୀର୍ଘପଥ ଯାତ୍ରାରେ ସେ ଘରୁ ବାହାରକୁ ଯିବାର ସୁଯୋଗ ମଧ୍ୟ ପାଇନାହାଁନ୍ତି । ପରିବାରର ସମସ୍ତ ଆଭ୍ୟନ୍ତରୀଣ ଦାୟିତ୍ୱ ଜୀବନର ସମସ୍ତ ସମୟ ତାଙ୍କ ପାଖରୁ କାଢ଼ିନେଇ ଯାଇଛି । ସଂଗଠନର କଥା ଆସିଲେ ପୁରୁଷମାନେ ସଂଗଠିତ ହେଇ ନାରୀମାନଙ୍କ ପାଇଁ ପରିବାର ଓ ସମାଜ ସୃଷ୍ଟିକରି ସମସ୍ତ ସୁରକ୍ଷାର ବଳୟ ତିଆରି କରିଛନ୍ତି । ସେମାନଙ୍କ ପ୍ରତି ଅବିଚାର ଅନ୍ୟାୟ କଲେ ପରିଣାମ ସ୍ୱରୂପ ଟ୍ରୟ ଯୁଦ୍ଧର ଇତିହାସ ଲେଖିଛନ୍ତି । ସୀତା ଓ ଦ୍ରୌପଦୀର ଉଦାହରଣ ସୃଷ୍ଟି ସମାଜ ଧ୍ୱଂସର କାରଣ ଦେଖାଇଛନ୍ତି । ପୁରୁଷ ଅନୁପସ୍ଥିତିରେ ଗୋଟିଏ ନାରୀର ଦୁର୍ଦ୍ଦଶାକୁ ମଧ୍ୟ ପୁରାଣରେ ବର୍ଣ୍ଣନା କରିଛନ୍ତି । ନାରୀମାନଙ୍କ ପ୍ରତି ପୁରୁଷଙ୍କ ବିଦ୍ୱେଷ ନାରୀ ସ୍ୱାଧୀନତାର ମୁଖ୍ୟ ପ୍ରସଙ୍ଗ ହେଇ ରହିଛି । ଯାହା ଆଦୌ ପ୍ରସଙ୍ଗ ରୂପେ ଧରାଯିବା କଥା ନୁହେଁ ।

ପୃଥିବୀରେ ଯେତେ ମହାପୁରୁଷମାନେ ଜନ୍ମ ନେଇଛନ୍ତି ସେମାନଙ୍କ ମଧ୍ୟରୁ ଶ୍ରୀକୃଷ୍ଣ ଚରିତ୍ରଟିଏ ନାରୀମାନଙ୍କ ପ୍ରତି ଥିବା ସମ୍ବେଦନଶୀଳ ସମ୍ପର୍କ ଆଲୋଚନା ହେବା ଦରକାର । ନାରୀମାନଙ୍କ ପାଖରୁ ପୃଥିବୀର ସମସ୍ତ ମହାପୁରୁଷମାନେ ଦୂରେଇ ଯାଇଥିବା ବେଳେ, କେବଳ ଏକମାତ୍ର ଶ୍ରୀକୃଷ୍ଣ ଚରିତ୍ର ଯିଏ କି ଜୀବନର ଶେଷ ପର୍ଯ୍ୟନ୍ତ ନାରୀମାନଙ୍କୁ ମାନବୋଚିତ୍ତ ବ୍ୟବହାର ପ୍ରଦର୍ଶନ କରିଛନ୍ତି । ନାରୀମାନଙ୍କୁ ଭଲ ପାଇବା, ସମ୍ମାନ ଦେବା ଓ ଦେବୀ ରୂପେ ପୂଜାକରିବା ପ୍ରସଙ୍ଗ କେବଳ କୃଷ୍ଣଙ୍କ ଜୀବନରେ ନ୍ୟାୟୋଚିତ୍ତୋ ଭାବେ ଦେଖାଯାଇଛି । ନାରୀମାନଙ୍କୁ ପୁଣ୍ୟବତୀ ବୋଲି ବିଚାର କରିବା କ୍ଷେତ୍ରରେ ଶ୍ରୀକୃଷ୍ଣଙ୍କ ଭୂମିକା ଅଗ୍ରଗଣ୍ୟ । ସେ ନାରୀଙ୍କୁ ମାୟା ବୋଲି କିମ୍ବା ପାପ ବୋଲି କହିନାହାନ୍ତି; ବରଂ ପ୍ରେମ ଦ୍ୱାରା ପୃଥିବୀକୁ ସର୍ବସମ କରିହେବ, ତା'ର ସେ ଉଦାହରଣ ସୃଷ୍ଟି କରିଛନ୍ତି । ଇଂରାଜୀରେ ଗୋଟିଏ ଶବ୍ଦ ଅଛି, ଯଦିଓ ତାହା ଇଂରାଜୀ ଭାଷାର ନୁହେଁ, ତାହା ଗ୍ରୀକ୍ ଭାଷା, ତାହାହେଲା : Unio Mystica ଯାହାର ମାନେ ହେଲା ଜୀବନର ସବୁ ସୁଖ ଏଇ ଶବ୍ଦ ପଛରେ ଲୁଚି ରହିଛି । ସମ୍ପୂର୍ଣ୍ଣ ଜୀବନ-ସୁଖମୟ ହେବାର ପରିଭାଷା ହେଲା, ବିପରୀତ ଶକ୍ତି ଦ୍ୱୟର ସଂଯୋଗ । ଏଇ ସଂଯୋଗରେ ଖୁସି ବା ସ୍ୱର୍ଗୀୟ ସୁଖପ୍ରାପ୍ତ ହୋଇଥାଏ । ଆନନ୍ଦ ଉଲ୍ଲାସରେ ସୃଷ୍ଟିକୁ ଉପଭୋଗ କରିହୁଏ । ଆକାଶରେ ବାଦଲମାନଙ୍କର ମିଳନରେ, ନାଚ ଗୀତରେ, ବିଜୁଳି ଶକ୍ତି ସୃଷ୍ଟିହୁଏ ଜଳଧାରା ସୃଷ୍ଟିହୁଏ; ନଈମାନେ ସାଗରରେ ମିଶିଯିବା ପର୍ବରେ କିମ୍ବା ଫୁଲଟିଏ ଫଳବତୀ ହେବାର ମୁହୂର୍ତ୍ତ, ଏସବୁକୁ ଯଦି ଅନୁଧ୍ୟାନ କଲେ ଜଣାହୁଏ ଯେ, କେମିତି ଏତେ ଆନନ୍ଦ ସମ୍ଭବ ହେଇପାରୁଛି ।

ପକ୍ଷୀ ମଣିଷ ପରି ଭାଷା କହିପାରେନାହିଁ; ମାତ୍ର ଆନନ୍ଦରେ ଗୀତ ବୋଲିବା, ଆକାଶରେ ଘୁରିବୁଲିବାର ସୁଖକୁ ବୁଝିବା ଏଥିରେ ଆଦୌ ଭାଷାର ଆବଶ୍ୟକ ଅନୁଭବ କରିନଥାଉ।

ଆଖିର ଭାଷା ଏତେ ତୀକ୍ଷ୍ଣ ଯେ, ଚାହାଣିରେ ହୃଦୟ ପାଖରେ ପହଞ୍ଚି ଯାଇହୁଏ; ମନକୁ ଆନ୍ଦୋଳିତ କରିପାରେ। ଯେଉଁଠି ଶବ୍ଦ ପରାସ୍ତ ହୁଏ ସେଇଠି ନାଚର ଆରମ୍ଭ ହୁଏ। ନୃତ୍ୟର ଭାବଭଙ୍ଗୀର ପରିପ୍ରକାଶ ପାଖରେ ଶବ୍ଦ ନତଜାନୁ ହୋଇ ଠିଆହୁଏ। ଭାଷା ଯାହା କରିପାରେ ନାହିଁ, ତାହା ନୃତ୍ୟର ଭଙ୍ଗୀ କହିପାରେ। ସାରା ବିଶ୍ୱରେ ହଜାର ହଜାର ଭାଷା ଥାଇପାରେ, ପୃଥିବୀରେ ହୁଏତ କେହି କାହାର ଭାଷାକୁ ବୁଝିନପାରୁ, ମଣିଷର ଭାଷା ଅନେକ, ମାତ୍ର ନୃତ୍ୟର ଭାଷା ଏକ। ମଣିଷ ପାଇଁ ନାଚ ଓ ଆନନ୍ଦକୁ ବୁଝିବା ପାଇଁ କୌଣସି ଭାଷାର ଆବଶ୍ୟକ ନାହିଁ। ଯେକୌଣସି ସ୍ଥାନରେ ଯେକୌଣସି ନାଚର ଭାବଭଙ୍ଗୀକୁ ଯେକୌଣସି ଭାଷା ଭାଷୀର ମଣିଷ ବୁଝିପାରେ। ନୃତ୍ୟ ହିଁ ବିଶ୍ୱଭାଷା। ସାରା ବିଶ୍ୱରେ ଗ୍ରହ ନକ୍ଷତ୍ରମାନଙ୍କ ନୃତ୍ୟକୁ ପୃଥିବୀର ସବୁ ମଣିଷ ବୁଝିପାରନ୍ତି। ନୃତ୍ୟ ହେଉଛି ଉଚ୍ଛୁଳା ଆନନ୍ଦର ପରିପ୍ରକାଶ। ଗୋଟେ ସ୍ଥିତିର କେନ୍ଦ୍ରରୁ ପ୍ରବାହମାନ ଦିବ୍ୟ ଆନନ୍ଦ। ଦୁଇଟି ବିପରୀତ ଦିଗର ଆକର୍ଷଣରେ ସୃଷ୍ଟିର ସ୍ଥିତି ଆରମ୍ଭ ହୁଏ। ପୁରୁଷ ଓ ସ୍ତ୍ରୀର ମିଳନରେ ଆନନ୍ଦର ଫଲଗୁ ପ୍ରବାହିତ ହେଇଥାଏ। ଯେଉଁ କାରଣରୁ ଜଣେ ନାରୀ ପୁରୁଷର ଉପସ୍ଥିତି ଓ ତା' ସହିତ ମିଶିବାରେ ଆନନ୍ଦ ପ୍ରାପ୍ତି ହେଇଥାଏ। ପୁରୁଷ ମଧ୍ୟ ନାରୀର ସାହଚର୍ଯ୍ୟରେ ଆସ୍ୱସ୍ତି ଅନୁଭବ କରିଥାଏ। ପରସ୍ପରଠୁ ଦୂରତ୍ୱରେ ମାନସିକ ପୀଡ଼ାର ଆରମ୍ଭ ହେଇଥାଏ। ସେଇ ପ୍ରକାର ଅପ୍ରକାଶିତ ପୀଡ଼ାକୁ ହାଲ୍‌କା କରିବା ପାଇଁ ପରସ୍ପର ପରସ୍ପରର ସାଙ୍ଗ ଖୋଜୁଥାନ୍ତି। ବିଭିନ୍ନ ଆଳରେ ପରସ୍ପର ପରସ୍ପରର ପାଖରେ ଯାଇ ପହଞ୍ଚି ଯାଉଥାନ୍ତି। ପ୍ରକୃତିର ନିୟମ ପାଖରେ ମଣିଷର ନୀତିନିୟମ ପରାହତ ହେଇଥାଏ। ତା' ପରେ ମଣିଷର ସୃଜନଶୀଳତାର ବିକଶିତ ହୁଏ।

ପୁରୁଷଟିଏ ପ୍ରବାହିତ ହେବାପାଇଁ ହେଲେ ଗୋଟେ ନାରୀର ଉପସ୍ଥିତି ଦରକାର କରେ। ସ୍ଥିର ଅବସ୍ଥାକୁ ଓ ଜଡ଼ତ୍ୱକୁ ପ୍ରାଣବନ୍ତ କରିବାକୁ ହେଲେ ନାରୀର ଆବଶ୍ୟକତା ଅଛି। ଠିକ୍ ଅନୁରୂପ ଭାବରେ ନାରୀର ସ୍ଥାଣୁତ୍ୱକୁ ଛଳ ଛଳ କରିବା ପାଇଁ ପୁରୁଷର ଭୂମିକା ଅତୁଳନୀୟ। ଉଭୟଙ୍କ ମିଳନରେ ପ୍ରବାହିତ ହେଇଥାଏ ଶକ୍ତିର ଉତ୍ସ। ଯାହାକୁ ପ୍ରେମ କୁହାଯାଏ। ଏହାକୁ ବୈଜ୍ଞିକ ଭାବେ ବିଚାର ନ କଲେ ଅଧ୍ୟାତ୍ମିକ କ୍ଷେତ୍ରରେ ଏହାର ତାତ୍ପର୍ଯ୍ୟ ଯେ ଖୁବ୍ ଗୁରୁତ୍ୱପୂର୍ଣ୍ଣ କଥାକୁ ଅନୁଭବ କରିହେବ ନାହିଁ। ନାରୀ ଏବଂ ପୁରୁଷ ପରସ୍ପର ପରସ୍ପର ପ୍ରତି ଥିବା ଆକର୍ଷଣରେ ପ୍ରବାହିତ ହୁଏ ପ୍ରେମ ଓ ତରଙ୍ଗାୟିତ ହୁଏ ଜୀବନ। ଉଭୟ ଆରାମ ଅନୁଭବ କରୁଥାନ୍ତି। ହାଲ୍‌କା ଅନୁଭବ କରୁଥାନ୍ତି ଉଭୟ। ଏହାର କାରଣ ହେଲା ଅତିସୂକ୍ଷ୍ମ ଭାବେ ଏକ ଶକ୍ତିର ପ୍ରବାହ ହେଉଥାଏ ଏବଂ ଖୁବ୍

ଜୀବନ୍ତ ହୋଇ ଗତି କରୁଥାଏ ଉଭୟଙ୍କ ଭିତରେ। ଉଭୟଙ୍କ ଉପସ୍ଥିତିରେ ପରସ୍ପର ପରସ୍ପରକୁ ଆପଣାର ଅନୁଭବ କରୁଥାନ୍ତି। କିନ୍ତୁ ବିବାହର ପଞ୍ଜୁରୀ ଭିତରେ ସେଇ ସୂକ୍ଷ୍ମଶକ୍ତିର ସ୍ରୋତଟିଏ ଶୁଷ୍କ ହୋଇପଡ଼ିଥାଏ। ପଞ୍ଜୁରୀ ଭିତରେ ପଡ଼ିଥିବା ଦୁଇଟି ପକ୍ଷୀପରି। ଶକ୍ତିର ସ୍ରୋତ, ପ୍ରେମ ଏକ ପ୍ରକାର ସ୍ଥିର ହୋଇଯାଏ। ଆକର୍ଷଣ ବିକର୍ଷଣରେ ପରିଣତ ହୋଇଯାଏ। ଯାହା ଶ୍ରୀକୃଷ୍ଣ ଭଲ ଭାବରେ ବୁଝିପାରିଥିଲେ। ଶ୍ରୀକୃଷ୍ଣ ଉଭୟ ପ୍ରେମ ଓ ଜୀବନର ଉତ୍ସଟିଏ। ରାସଲୀଳାରେ କୌଣସି ଭଲପାଇବାର ସମ୍ପର୍କ ଏକ ଆବଦ୍ଧତାକୁ ସ୍ୱୀକାର କରେ ନାହିଁ। ନୀତି, ନିୟମ, ପଦ୍ଧତି, ଅନୁଷ୍ଠାନ କିମ୍ବା ପାରିବାରିକ ବ୍ୟବସ୍ଥା ଭିତରେ ସୀମାବଦ୍ଧ ହୋଇନଥିଲା। ସ୍ୱାଧୀନ ରୂପେ ଏଇ କାର୍ଯ୍ୟକ୍ରମରେ ସମ୍ପୃକ୍ତ ନାରୀମାନେ ପ୍ରେମର ଜୀବନ ଜୀଉଥିଲେ।

ନିତ୍ସେଙ୍କ ଭାଷାରେ, ମହାପ୍ରଳୟର ତାଣ୍ଡବ ନୃତ୍ୟରୁ ସୃଷ୍ଟି ଆରମ୍ଭ ହୁଏ। ରାସଲୀଳା ଏକ ଆନନ୍ଦ ଉଲ୍ଲାସର ମହୋତ୍ସବ। ଯେଉଁ ସ୍ଥାନରେ ରାସ ହେଉଥିଲା। ହଜାର ବର୍ଷ ପରେ ସେ ସ୍ଥାନ ଅନ୍ୟ ଏକ ରୂପରେ ଥାଇପାରେ; ସେଠାରେ ଥିବା ଗଛବୃଛ, ନଦୀ ନାଳ, ପାହାଡ଼ ପର୍ବତ ଅଛି ବୋଲି କହିହେବ ନାହିଁ। ସମସ୍ତ କଥାର ଘଟାନ୍ତର ଘଟିଛି। ମାତ୍ର ରାସଲୀଳାର କଥା ଆମ ଭିତରେ ଦୀପଟିଏ ହୋଇ ଆମକୁ ରସମୟ କରି ରଖିଛି। ସାମ୍ପ୍ରତିକ ସମୟରେ କୌଣସି ବ୍ୟକ୍ତିର ପରକୀୟା ପ୍ରେମକୁ ଆମେ ପାପ ବୋଲି ବିଚାର କରୁଥିବା ବେଳେ, କୃଷ୍ଣଙ୍କର ରାସଲୀଳା ପୁଣ୍ୟ ରୂପରେ କାଳଜୟୀ ହୋଇ ରହିଛି। ଏକଦା ଆକାଶ, ମାଟି ଏଇ ରାସ ଲୀଳାରେ ବିଭୋର ହୋଇ ସେମାନଙ୍କ ପ୍ରତିକ୍ରିୟା ପ୍ରକାଶ କରୁଥିଲେ। ମନୁଷ୍ୟମାନଙ୍କ ଜନ୍ମ ମୃତ୍ୟୁର ଚକ୍ରାକୃତି ଭିତରେ ବି ସେମାନେ କରିଯାଇଥିବା କଥା ସ୍ମୃତି ହୋଇ ଉଜ୍ଜୀବିତ ରହେ। କୁହାଯାଏ ଯେ ଆଜି ଯଦି ବୃନ୍ଦାବନରେ ଠିଆ ହୋଇ କେହି ବଂଶୀବାଦନ କରେ, ପାହାଡ଼ ଖୋଲରୁ, ଜଙ୍ଗଲ ଭିତରୁ କୃଷ୍ଣଙ୍କର ବଂଶୀସ୍ୱନ ପ୍ରତିଧ୍ୱନିତ ହୋଇ ଫେରିଆସେ।

ପୁରୁଷ ଓ ନାରୀ ଭିତରେ ପ୍ରେମର ପ୍ରବାହିତ ଏକ ଫଲଗୁ ଧାରା ଭିତରୁ ସୃଷ୍ଟିହୁଏ ଶକ୍ତିର ଉତ୍ସ। ତା'ର ଚତୁଃପାର୍ଶ୍ୱରେ ଝଙ୍କୁରିତ ହୁଏ ବସନ୍ତର କୁହୁତାନ। କେବଳ ଆନନ୍ଦ ହିଁ ଆନନ୍ଦରେ ଶିହରିତ ହୁଏ ଗଗନ ପବନ। କୃଷ୍ଣଙ୍କର ଏହି କାର୍ଯ୍ୟ ସବୁ କାଳ ପାଇଁ ଏକ ବାର୍ତ୍ତା ଥିଲା। ଏଇ ବାର୍ତ୍ତା କହେ, ପ୍ରେମକୁ ନେଇ ପାପପୁଣ୍ୟର ମାପଚୁପ କରାଯାଏନାହିଁ। ଯାହା ଆନନ୍ଦ ଦିଏ ସେଥିରେ ପାପ ଆସିଲା କେଉଁଠି? ପାପ ଆଦୌ ଆନନ୍ଦ ସୃଷ୍ଟି କରିପାରିବ ନାହିଁ। ପ୍ରେମ ହିଁ ଆନନ୍ଦର ଉତ୍ସ ହୋଇପାରେ। ଯାହାର ପ୍ରାସଙ୍ଗିକତା ସର୍ବକାଳ ପାଇଁ ଉଦ୍ଦିଷ୍ଟ। ପାପ ଆନନ୍ଦ ଦେଇପାରେ ନାହିଁ। ପୁଣ୍ୟ ହିଁ ଆନନ୍ଦ ଦେଇପାରେ।

ଆଜି ମାନସିକ ଚାପରେ ସମସ୍ତେ ପୀଡ଼ିତ। ଯେତେ ଯେତେ ନୀତିନିୟମ

ଦୃଶ୍ୟବୋଧ

ଅନ୍ଧାର ଓ ଆଲୋକ ଉଭୟ କେତିକି ମାତ୍ରାରେ ପରସ୍ପର ଠାରୁ ଭିନ୍ନ, ଯଦି ଏଇ ଦୁଇଟି କଥାକୁ ଟିକେ ନିରପେକ୍ଷ ଓ ଗଭୀର ଅନୁଶୀଳନର ମାପକାଠିରେ ତର୍ଜମା କରାଯାଏ, ତେବେ ଏହାର ଫରକ ଆମେ ଜାଣିଥିବା କଥାଠାରୁ ନିଶ୍ଚୟ ଟିକେ ଅଲଗା ପରି ଲାଗିବ। ପୁରୁଣା କଥା ବାଦ୍ ଦେବା ପାଇଁ ନିଶ୍ଚୟ ଅବିଶ୍ୱାସ ଲାଗିବ। କାରଣ ସତ୍ୟ ସହଜରେ ଗ୍ରହଣୀୟ ହୁଏ ନାହିଁ। ଯଦି କୁହାଯାଏ ଯେ ଆଲୋକ ହେଉଛି ଅଳ୍ପ ଅନ୍ଧାର, ସମ୍ପୂର୍ଣ୍ଣ ଅନ୍ଧାରର ଅନୁପସ୍ଥିତି ନୁହେଁ। ତେବେ ପ୍ରଶ୍ନ ଉଠିବ, ଅନ୍ଧାରରେ ଯାହା ଦୃଶ୍ୟ ହୁଏନାହିଁ, ଆଲୋକ ପାଇଁ ସେଇ ବସ୍ତୁଟି ଦୃଶ୍ୟ ହୁଏ। ଆଲୋକରେ ଦୃଶ୍ୟ ହେଉଥିବା ବସ୍ତୁର ଚତୁଃପାର୍ଶ୍ୱରେ ଯଦି ଅଧିକ ମାତ୍ରାରେ ଆଲୋକ ଖଞ୍ଜିଦିଆଯାଏ, ପୂର୍ବରୁ ବସ୍ତୁଟି ଯେତିକି ଦେଖାଯାଉଥିଲା ତା'ଠୁ ଅଧିକ ସ୍ପଷ୍ଟ ଦେଖାଯାଉଛି। ଯଦି ଆଲୋକର ମାତ୍ରା ପର୍ଯ୍ୟାପ୍ତ ପରିମାଣରେ ବଢ଼େଇ ଦିଆଯାଏ ତେବେ ବସ୍ତୁରେ ଲୁଚି ରହିଥିବା ଆଉରି ଅନେକ କଥା ଆଖି ସାମ୍ନାକୁ ଚାଲିଆସିବ। ଏଥିରୁ କିଛି ପରିମାଣରେ କୁହାଯାଉଥିବା କଥା, 'ଆଲୋକ ହେଉଛି ଅଳ୍ପ ଅନ୍ଧାର', ଉକ୍ତ କଥାଟିକୁ କିଛି ପରିମାଣରେ ବିଶ୍ୱାସଯୋଗ୍ୟ ହେବ। ଠିକ୍ ଯେମିତି ସତ୍ୟ ଓ ଅସତ୍ୟ। କୌଣସି ବି କଥାଟି ପୂର୍ଣ୍ଣାଙ୍ଗ ନୁହେଁ ଅର୍ଥାତ୍ 'ସତ୍ୟ' କୁହାଯାଉଥିବା କଥାଟି ସମ୍ପୂର୍ଣ୍ଣ ସତ୍ୟ ନୁହେଁ, କିମ୍ବା 'ଅସତ୍ୟ' କୁହାଯାଉଥିବା କଥାଟି ସମ୍ପୂର୍ଣ୍ଣ ଅସତ୍ୟ ନୁହେଁ। କାରଣ ଅସତ୍ୟ ଭିତରେ ବି କିଛି ସତ୍ୟ ଲୁଚିରହିଥାଏ ଏବଂ ସତ୍ୟ କୁହାଯାଉଥିବା କଥା ଭିତରେ ମଧ୍ୟ କିଛି ଅସତ୍ୟ କାୟାବିସ୍ତାର କରି ବସିଥାଏ, ଏସବୁକୁ ପରଖି ପାରିବା ହେଉଛି ଦୃଶ୍ୟବୋଧର କଥା।

ପ୍ରତ୍ୟେକ ପ୍ରଥାରେ ନିହିତ ଥିବା ପ୍ରାର୍ଥନା, କିମ୍ବା ସବୁ ଧର୍ମୀୟ ବ୍ୟବସ୍ଥାକୁ ଅନୁଶୀଳନ କଲେ ସେଇ ବ୍ୟବସ୍ଥାମାନଙ୍କରେ ପ୍ରାୟ ସମସ୍ତେ ଜୀବନରୁ ଶାଶ୍ୱତ ଆଡ଼କୁ ଗମନ କରିବାର କାମନା କରିଥାନ୍ତି ବା ମୁକ୍ତି ପାଇଁ ନିବେଦନ କରିଥାନ୍ତି। କିନ୍ତୁ ଆମେ

ମଝିରେ ଥିବା 'ମୃତ୍ୟୁ' ଶବ୍ଦକୁ ଅତିକ୍ରମ କରି ଜନ୍ମ ଓ ମୃତ୍ୟୁର ମୁକ୍ତି ପର୍ଯ୍ୟାୟ ଆଡ଼କୁ ନିବେଦନ କରିଥାଉ। ମାତୃଗର୍ଭର ଅନ୍ଧକାରର କଳ୍ପନା, ଦିନର ଆଲୋକ ଦେଖୁଥିବା ଆମ୍ଭମାନଙ୍କୁ ଛଟପଟ ହେବା ପରି ଯନ୍ତ୍ରଣା ମନ ଭିତରକୁ ପଶିଆସି ଆମକୁ ବିବ୍ରତ କରିପକାଏ। ପୁନଶ୍ଚ ବାସ୍ତବ ଜୀବନଟି ଜୀଇବାର ଆରମ୍ଭରୁ ଶେଷଯାଏ, ଜୀବନ କେବଳ ମାୟା ଓ ଯନ୍ତ୍ରଣାସିକ୍ତ ଲାଗେ। ଏଥିରୁ ମୁକ୍ତି ପାଇଁ, ଆମ୍ଭେ ବିଭିନ୍ନ ଦୀକ୍ଷାରେ ଦୀକ୍ଷିତ ହେଇ, ଏଇ ସମସ୍ତ ଯନ୍ତ୍ରଣା ପଥରୁ ମୁକ୍ତି ପାଇ ଆଶ୍ୱାସନା ପାଉ। ଏଇପରି ଏକ ସମ୍ଭବ ଓ ଅସମ୍ଭବକୁ ନେଇ ଆମେ କେବେ କୌଣସି କଥାର ବିଶ୍ଳେଷଣ କରିନାହୁଁ। କାରଣ ପ୍ରାପ୍ତି କରିବାକୁ ଥିବା ମୁକ୍ତିର ଭାର ଗୋଟିଏ ଧର୍ମୀୟ ବ୍ୟବସ୍ଥାର ଆଶ୍ୱାସନା ଉପରେ ଛାଡ଼ି ଦେଇଥାଉ। ଜନ୍ମ ଓ ମୃତ୍ୟୁ ଉଭୟ ଉପଭାଷା ବିଶିଷ୍ଟ। ଦାନବର ଉପସ୍ଥିତି ହିଁ ଈଶ୍ୱର ଶବ୍ଦକୁ ସୃଷ୍ଟିକରିଛି। ଜଣକ ଅନୁପସ୍ଥିତିରେ ଅନ୍ୟଜଣକ ସ୍ଥିତି ଅସମ୍ଭବ। ଆମର କଳ୍ପନା ଶକ୍ତିରେ କୌଣସି ଗୋଟିଏ କଥା ତିଷ୍ଠି ରହିପାରିବ ନାହିଁ। କିମ୍ବା ଗୋଟିଏ କଥା ସୃଷ୍ଟି ହେଇପାରିବ ନାହିଁ। ଇଂରାଜୀରେ ଦାନବକୁ ଡେଭିଲ କୁହାଯାଏ ଓ ଈଶ୍ୱରଙ୍କୁ ଡିଭାଇନ୍ କୁହାଯାଏ। ତେବେ ଡିଭାଇନ୍ ଓ ଡେଭିଲ ପରସ୍ପର ପରସ୍ପରର ପରିପୂରକ। ମଣିଷ ବିଶ୍ୱାସର ଦୁଇଟି ଗୋଡ଼ ସଦୃଶ। ଗୋଟିଏ ଡେଣାରେ ପକ୍ଷୀଟିଏ ଆକାଶରେ ଉଡ଼ିପାରିବ ନାହିଁ। ଗାଡ଼ି ତିଆରି କରି ଥୋଇଦେଲେ ଆପଣାଛାଏଁ ଗାଡ଼ି ଚାଲିପାରିବ ନାହିଁ। ଜଣେ ଚାଳକ ଦରକାର। ଈଶ୍ୱରଙ୍କ ସଂସାରକୁ ଈଶ୍ୱରଙ୍କ ଅପେକ୍ଷା ଦାନବମାନେ ବେଶି ପରିଚାଳନା କରୁଛନ୍ତି। ଆମେ ସାଧାରଣତଃ ସେମାନଙ୍କୁ ସମ୍ପୂର୍ଣ୍ଣ ଅବଜ୍ଞା କରି ଅନ୍ୟକଥା ଉପରେ ବିଶେଷ ଗୁରୁତ୍ୱ ଦେଇଥାଉ। ଦେଶକୁ ପରିଚାଳନା କରୁଥିବା ମଣିଷ କିମ୍ବା ସମାଜକୁ ବ୍ୟବସ୍ଥିତ କରୁଥିବା ମଣିଷ କ'ଣ ଈଶ୍ୱରଙ୍କ ପ୍ରତିନିଧି ନା ସଇତାନଙ୍କ ପ୍ରତିନିଧି ? ଅଶୋକ ହୁଅନ୍ତୁ ଅବା ନାଦିର ଶାହା, ମୁସୋଲିନ ହୁଅନ୍ତୁ ବା ଜନ ବାଇଡ଼େନ୍, ଇତିହାସ ମଣ୍ଡନ କରିଥିବା ମଣିଷମାନେ ଅଥବା ରାମାୟଣର ରାମ ହୁଅନ୍ତୁ ଅବା କୃଷ୍ଣ, ବିପର୍ଯ୍ୟୟ ପରମ ମଣିଷମାନେ କରିଥିବା କାର୍ଯ୍ୟ ସବୁ କ'ଣ ଧର୍ମୀୟ ନା ଅଧର୍ମୀୟ ବିଚାର ବୋଲି ଗ୍ରହଣ କରାଯିବ ?

ମଣିଷର ଦୃଶ୍ୟବୋଧ ଯେତେବେଳେ ସ୍ୱାଧୀନଚେତା ହେବ, ତେବେ ଏକ ଅଣପାରମ୍ପରିକ ଏବଂ ନୂତନ ବିଚାରବୋଧର ନବ ଉନ୍ମେଷ ହେବ। ଫ୍ରେଡ୍ରିଚ ନିତ୍‌ସେ କୁହନ୍ତି God is dead and man is free କିନ୍ତୁ ନିତ୍‌ସେ ଦାନବଙ୍କ ଉପସ୍ଥିତି ଓ କାର୍ଯ୍ୟଧାରା ଉପରେ ନୀରବ ରହିଲେ। କିନ୍ତୁ ଏହା ଭୁଲିଗଲେ ଚଳିବନି ଯେ ଦାନବମାନେ ଯେପର୍ଯ୍ୟନ୍ତ ଉପସ୍ଥିତ ଥିବେ ସେଯାଏ ଈଶ୍ୱର ଶବ୍ଦ ବଞ୍ଚି ରହିବ। ସପ୍ତାହରୁ ଛ' ଦିନ ଦାନବଙ୍କ ଦ୍ୱାରା ପରିଚାଳିତ ହେବା ଓ ଗୋଟିଏ ଦିନ ଈଶ୍ୱରଙ୍କ କାର୍ଯ୍ୟ କରିବା କିମ୍ବା

ସକାଳ ଓ ସନ୍ଧ୍ୟାରେ ଈଶ୍ୱରଙ୍କୁ ସ୍ମରଣ କରିବା ମଝି ସମୟତକ ଦାନବୀୟ କାର୍ଯ୍ୟ କରିବା। ଏକ ଅଦ୍ଭୁତ ଭାବନାର ସମାହାର ହେଉଛି ମଣିଷ। ଜଣେ ଲୁଣ୍ଠନକାରୀ ଲୋକମାନଙ୍କ ସମ୍ମୁଖରେ ଯଦି କୌଣସି ଏକ ପଥର ମୂର୍ତ୍ତି ରଖି ଦିଆଯିବ, ତେବେ ଦେଖିବାକୁ ମିଳିବ, ସେ କିପରି କାନ୍ଦି କାନ୍ଦି ମୁର୍ତ୍ତିଟିକୁ ଦୁଃଖ ଜଣାଉଛି। ଏଇ ଦୃଶ୍ୟରେ ଲୁଣ୍ଠନକାରୀକୁ ଜଣେ ଭକ୍ତି ମାର୍ଗର ମଣିଷ ବୋଲି ଚିନ୍ତା କରୁଛି। ସେଇ ଅଭିନୟରେ ସାଧାରଣ ମଣିଷମାନଙ୍କ ମନ ଭୁଲିଯାଉଛି। ତେବେ ଏକ ପ୍ରଶ୍ନ ପଚରାଯାଇପାରେ, ଅଭିନୟ କରୁଥିବା ମଣିଷଟି ଈଶ୍ୱରୀୟ ଭାବନାର ପ୍ରତିନିଧିତ୍ୱ କରୁଛି ନା ଦାନବୀୟ ଭାବନାର ? ଗୋଟେ ଅଭାବିତ ଦୃଶ୍ୟବୋଧରୁ ଅଜ୍ଞତା ଜନ୍ମ ନିଏ। ଅଜ୍ଞତାର ଅମାଅନ୍ଧାରରେ ଧାରେ ଆଲୁଅ ପାଇଁ ମଣିଷ ଆଶ୍ରୟ ନିଏ ଗୋଟେ ପ୍ରତିଶ୍ରୁତି ଦେଉଥିବା ବ୍ୟବସ୍ଥାର। ଦାନବ ବା ଈଶ୍ୱର ଭାବନା କେବଳ ଧର୍ମୀୟ ବ୍ୟବସ୍ଥାର ଏକ ମତାମତ। ମତାମତ ଏକ ଶେଷ ସିଦ୍ଧାନ୍ତ ନୁହେଁ। ସମସ୍ୟା ହେଉଛି ମତାମତକୁ ଯେତେବେଳେ ପ୍ରଗାଢ଼ ବିଶ୍ୱାସର ସହିତ ଗ୍ରହଣ କରିନିଆଗଲା। ତେବେ ସେଇ ଗ୍ରହଣଶୀଳତାକୁ ଆମେ କେଉଁ ଆଧାରରେ ଗ୍ରହଣ କରିବା ? ଆମକୁ ବୁଝାଇ ଦିଆଯାଇଛି, ଈଶ୍ୱର ଏଇ ବିଶ୍ୱର ସ୍ରଷ୍ଟା। କିନ୍ତୁ ଯଦି ଆଉ ଏକ ପ୍ରଶ୍ନ ଏଥି ସହିତ ଯୋଡ଼ି ଦିଆଯାଏ, ତେବେ ସେଇ ପ୍ରଶ୍ନ ଆସିବ ଈଶ୍ୱରଙ୍କୁ କିଏ ସୃଷ୍ଟି କରିଛନ୍ତି ? ଏଇ ପ୍ରଶ୍ନର ଉତ୍ତରରେ ଆରମ୍ଭ ହୋଇଛି ପୁରାଣଶାସ୍ତ୍ର। ଏଇ ଗୋଟିକ କଥା ବୁଝେଇବାକୁ ଯାଇ ଆରମ୍ଭ ହୋଇଛି କୋଟି କୋଟି ପୁସ୍ତକ। ଏତେ ବିକ୍ଷିପ୍ତ ବିଚାରରେ ସମାଧାନର ସୂତ୍ରଟିଏ କ'ଣ ବାହାରି ସାରିଲାଣି କି ? ଏହା କେବଳ ସବୁ ଧର୍ମୀୟ ବ୍ୟବସ୍ଥା ଭିତରେ ପ୍ରଶ୍ନଟିଏ ହୋଇ ରହିଯାଇଛି।

ଜୀବନ ଅନ୍ତର୍ନିହିତ ଭାବରେ ଏକ ସ୍ୱତଃସ୍ଫୁର୍ତ୍ତ ପ୍ରକ୍ରିୟା, ଯାହା ଅବିରତ ଭାବେ ଗତି କରୁଛି ବିଭିନ୍ନ ପର୍ଯ୍ୟାୟ ଦେଇ। ଯାହା ନଷ୍ଟ ହେବାର ନାହିଁ। ଯାହା ନଷ୍ଟ ହେଉଛି, ତାହା ମାନବକୃତ କଥା। ମଣିଷ ବିଚାରରେ ତିଆରି ହେଇଚି ବିଭାଜନ। ବିଭାଜିତ ବ୍ୟବସ୍ଥାରେ ଈଶ୍ୱରଙ୍କୁ ମଧ୍ୟ ସ୍ତ୍ରୀ ଲିଙ୍ଗ ଓ ପୁଲିଙ୍ଗରେ ଅଲଗା କରିଛୁ। ନିଜ ବ୍ୟବସ୍ଥା ଅନୁସାରେ ଜୀବନରଥ ଆଗକୁ ଗଡ଼ିଚାଲେ। ଜଣେ ହିନ୍ଦୁଧର୍ମରେ ବଞ୍ଚୁଥିବା ମଣିଷ ତା' ସ୍ୱପ୍ନରେ କଦାପି ଯୀଶୁଙ୍କୁ ଦେଖିବ ନାହିଁ। ଠିକ୍ ସେଇପରି ଭାବେ, ଜଣେ ଇସଲାମ ଧର୍ମ ଗ୍ରହଣ କରିଥିବା ବ୍ୟକ୍ତି ହିନ୍ଦୁଧର୍ମର ଦେବାଦେବୀଙ୍କୁ ତା' ସ୍ୱପ୍ନରେ ଦେଖିବ ନାହିଁ। ଏଥିରୁ ସ୍ପଷ୍ଟ ଜଣାପଡ଼େ ଯେ ଆମ ଭିତରେ ଥିବା ବୌଦ୍ଧିକ ବିଚାର, ବ୍ୟବସ୍ଥାରୁ ମୁକ୍ତ ନୁହେଁ। ପୂର୍ବ ନିର୍ଦ୍ଧାରିତ ବିଚାରଧାରାରୁ ମୁକ୍ତ ନ ହେଲେ, ନୂତନ ବିଚାର ଜନ୍ମ ନେବ ନାହିଁ। ନିଜ ସ୍ଥିତି, ନିଜସ୍ୱ ବିଚାର ପାଇଁ ମଣିଷ ନିଜର ସ୍ଥିତିକୁ ହିଁ ଜାହିର କରିପାରିବ, ଗୋଟିଏ ସ୍ୱାଧୀନ ଜୀବନ ବଞ୍ଚି ପାରିବ। ସ୍ୱାଧୀନତା କୌଣସି ବ୍ୟବସ୍ଥା ଭିତରେ ରହି କରିହୁଏ

ନାହିଁ। ବ୍ୟବସ୍ଥା ଭିତରେ ଜଣେ କ୍ରୀତଦାସର ଜୀବନ ଥାଏ। ଏଇ କ୍ରୀତଦାସ ପୁନଶ୍ଚ ଦୁଇଟି ପର୍ଯ୍ୟାୟରେ ବିଚାର ହେବ। ଈଶ୍ୱରଙ୍କୁ ସମର୍ଥନ କରୁଥିବା ମଣିଷ ସନ୍ଥ ଏବଂ ଦାନବଙ୍କୁ ସମର୍ଥନ କରୁଥିବା ମଣିଷମାନେ ପାପୀ, ଦୁରାଚାରୀ ବୋଲି କୁହାଯାଏ। ଉଭୟ ଯଦି ଆମ ମନ ଭିତରୁ ପୋଛିହେଇ ନ ଯାନ୍ତି ତେବେ ଆମେ ଦାସତ୍ୱରୁ ମୁକ୍ତି ପାଇପାରିବା ନାହିଁ। ନିଜର ସ୍ଥିତିକୁ ଜାହିର କରିପାରିବା ନାହିଁ। ସମ୍ମାନର ସହ, ଆତ୍ମନିର୍ଭରତାର ସହ ବଞ୍ଚି ରହିପାରିବା ନାହିଁ। ନିତସେଙ୍କ ଭାଷାରେ କେବଳ ଈଶ୍ୱର ସମାପ୍ତ ହେଲେ ହେବ ନାହିଁ, ଆରଟା ମଧ୍ୟ ନିଃଶେଷ ହେବା ଦରକାର। ଉଭୟ ପକ୍ଷରୁ ଆମେ ବନ୍ଦୀ। ସେମାନଙ୍କୁ ଯଦି ଆମ ଭିତରେ ଆମେ ପ୍ରଭୁତ୍ୱ ଜାହିର କରିବାକୁ ଦେବା ତେବେ ଆମର ସ୍ଥିତିସ୍ଥାପକତା ହରେଇ ବସିବା। ଅର୍ଥାତ୍ ଆମ ନିଜତ୍ୱର ମୃତ୍ୟୁ ଘଟିବ। ଗୋଟିଏ ଅଦ୍ଭୁତ ଖେଳ ସାରା ଜୀବନ ଘଟିଚାଲିଛି। ସତେ ଯେପରି ସଇତାନ ଓ ଈଶ୍ୱରଙ୍କୁ ଖୁସି କରେଇବା ପାଇଁ ଆମେ ଠିକାନେଇଚୁ। ଉଭୟଙ୍କ ଖେଳ ଭିତରେ ଜୀବନ ହନ୍ତସନ୍ତ ହେଇ ନଷ୍ଟହେଇ ଚାଲିଚି।

ଏଠାରେ ଏକ ଉଦାହରଣ ନିଆଯାଇପାରେ। ଥରେ ଜଣେ ବୃଦ୍ଧଙ୍କ ମରିବା ପାଇଁ ଆଉ କେତେ ସମୟ ଥାଏ। ସେ ଯୀଶୁଙ୍କୁ ପ୍ରାର୍ଥନା କରୁଛି, ତତ୍ ସହିତ ଲୁସିଫରଙ୍କୁ ମଧ୍ୟ ଡାକୁଛି। ତାଙ୍କ ପ୍ରିୟଜନ ବିରକ୍ତ ହେଇ କହିଲେ, ତୁମେ କ'ଣ କରୁଛ ? ଈଶ୍ୱରଙ୍କୁ ଡାକୁନାହଁ କାହିଁକି ? ସେ ଉତ୍ତର ଦେଲେ। ପ୍ରକୃତରେ ସେ କେଉଁଠିକୁ ଯିବେ ସିଏ ନିଜେ ଜାଣିନାହାନ୍ତି। ସେ ଯଦି ଈଶ୍ୱରଙ୍କୁ ଡାକେ ତେବେ ନର୍କର ମାଲିକ କ୍ଷୁବ୍ଧ ହେବେ ଏବଂ ମୁଁ ଯଦି ତା' ରାଜ୍ୟକୁ ପ୍ରବେଶ କରିବି ତେବେ ମୋତେ ଅଧିକ ଦଣ୍ଡ ଦେବେ। ଯଦି ଈଶ୍ୱରଙ୍କୁ ନ ଡାକିବି ତେବେ ଈଶ୍ୱର ବି ରାଗିବେ ଏବଂ ମୋ ଆତ୍ମାକୁ ତାଙ୍କ ସାମ୍ରାଜ୍ୟ ଭିତରକୁ ପ୍ରବେଶ କରେଇ ଦେବେ ନାହିଁ। ସେଥିପାଇଁ ଉଭୟଙ୍କୁ ଡାକିଲେ ଯିଏ ଆସିବ ମୁଁ ତାଙ୍କ ସହିତ ଉପରକୁ ଯିବି। ଯଦି କେହି ନ ଆସିଲେ ତେବେ ବି ଭଲ ହେବ, ମୋ ଇଚ୍ଛା ଅନୁସାରେ ଯେଉଁଆଡ଼କୁ ଯିବାକଥା ସେ ଆଡ଼କୁ ଯିବି। ମୁଁ ଏବେ ହିସାବ କରୁଛି। ବାସ୍ତବରେ ଏଇ ଅବସ୍ଥା ଭିତରେ ସାନ୍ଦିହୋଇ ଯାଉଛି ଏକ ସୁନ୍ଦର ଜୀବନ। ଆମେ ସର୍ବଦା କାହାର ନା କାହାର ହେଇ ରହିବା, ନିଜର ହୋଇପାରିବା ନାହିଁ। ସ୍ୱାଧୀନ ନ ହେଲେ, ନିଜ ପରିଚୟ ପାଇବା ନାହିଁ। ପ୍ରତ୍ୟେକ ଧର୍ମୀୟ ବ୍ୟବସ୍ଥାର କିଛି ନୀତି କିଛି ନିୟମ ଅଛି। ସେଇ ବ୍ୟବସ୍ଥା ଭିତରେ ନ ରହିଲେ ତୁମକୁ ବିଧର୍ମୀ ବୋଲି ଘୋଷଣା କରାଯିବ। ଆମେମାନେ ତା'ର ଗରାଖ ପାଲଟି ଯାଇଚେ। ସେମାନେ କହୁଥିବା କଥାକୁ ଗ୍ରହଣ କଲେ ଆମେ ପୁଣ୍ୟବନ୍ତରେ ବିଚାରିତ ହେବା, ଗ୍ରହଣ ନ କଲେ ପାପୀରେ ପରିଗଣିତ ହେବା। ଗୋଟିଏ ବ୍ୟବସ୍ଥା ଭିତରେ ଥିବା ବିଚାର ଅନୁସାରେ ଜଣେ ପାପୀ

ବି ଅନ୍ୟ ବ୍ୟବସ୍ଥାରେ ପୁଣ୍ୟାତ୍ମାରେ ପରିଗଣିତ ହେବ। ତେବେ କେଉଁଟି ଠିକ୍ କେଉଁଟି ଭୁଲ ବୁଝିବା ପୂର୍ବରୁ ମଣିଷର ଆୟୁଷ ସରିଯାଇଥାଏ। ସ୍ଥିତିବାଦୀମାନେ ମଣିଷର ସଂକଟକୁ ଅତି ନିକଟରୁ ପଢ଼ିପାରିଛନ୍ତି। ମଣିଷ ଈଶ୍ୱର ଦ୍ୱନ୍ଦ୍ୱରୁ ମୁକ୍ତି ପାଇବା ପାଇଁ ସେମାନଙ୍କ ବକ୍ତବ୍ୟକୁ ବିଜ୍ଞାନ ସମ୍ମତ ଭାବେ ଉପସ୍ଥାପନା କରିଛନ୍ତି। ସେମାନଙ୍କ ମତରେ ମଣିଷ ନିଜର ସ୍ଥିତି ହରେଇ ବସିଛି। କାରଣ ସେ ଜୀବନର ପ୍ରତ୍ୟେକ ଗତିପଥରେ କାହା ଉପରେ ନିର୍ଭରଶୀଳ, ନିଜର ସ୍ୱତନ୍ତ୍ରତା ବୋଲି କିଛି ନାହିଁ। ନିଜର ସ୍ଥିତିକୁ ସ୍ୱୀକୃତି ଦେଉଚି ଅନ୍ୟ କେହି। ସର୍ବଦା ମଣିଷ ଗୋଟେ ସ୍ଥିତି ସଂକଟ ଦେଇ ଗତିକରୁଛି।

ପୃଥିବୀର ସର୍ବଶ୍ରେଷ୍ଠ ଧନୀ ବ୍ୟକ୍ତିଟିଏ ମଧ୍ୟ ସଚେତନ ଅବସ୍ଥାରେ ତା'ର ସ୍ୱାଧୀନତା ନାହିଁ ନିଜ ଇଚ୍ଛା ମୁତାବକ କୌଣସି କଥା କରିପାରିବା ନାହିଁ। ଧର୍ମୀୟ, ସାମାଜିକ, ସାଂସ୍କୃତିକ ନିୟମ ସବୁ ତା' ହାତଗୋଡ଼ ସବୁକୁ ବାନ୍ଧି ପକେଇଛି। ଲୋକମାନଙ୍କ ସ୍ୱୀକୃତିରେ ସାଧା ମଣିଷଟିବି ଅବତାର ପାଲଟିଯିବ। ଅଥବା ଭଲ ମଣିଷ ବି ଖରାପ ମଣିଷରେ ପରିଣତ ହେବ। ନିର୍ଭରଶୀଳତା ଓ ସ୍ୱୀକୃତି ସଂକଟରେ ମଣିଷ ପରାଧୀନତାକୁ ସ୍ୱୀକାର କରିଛି। ମଣିଷମାନଙ୍କ ବୁଝାମଣା ଯାହା ଥିବ ତାହାହିଁ ସେମାନଙ୍କ ଜ୍ଞାନ, ଯେଉଁ ଜ୍ଞାନ ସର୍ବସ୍ୱୀକୃତ। ଜ୍ଞାନଟି ଜ୍ଞାନ ହେଇଥାଉ ଅବା ଅଜ୍ଞାନ, ସମାଜର ପ୍ରମାଣପତ୍ର ହିଁ ତା'ର ପରିଚୟ ତିଆରି କରିଥାଏ। ଯେତେବେଳେ ଜଣେ ମହାପୁରୁଷ କିମ୍ବା ଅବତାରର ପରିଚୟ ପାଇଗଲା। ତା'ର ଅନୁଶାସନକୁ ସମସ୍ତେ ଗ୍ରହଣ କଲେ। ଗୋଟେ ଅହଂର ଭାବନାରେ ଅବତାରୀ ବୋଲି ସ୍ୱୀକୃତ ମଣିଷଟିଏ ଅନ୍ୟମାନଙ୍କ ପାଖରେ ତା' ଗ୍ରହଣଶୀଳତାକୁ ପ୍ରତ୍ୟାଶା ରଖିବ। ଏହାକୁ ପଲିଟିକ୍ସ ବୋଲି କୁହାଯାଏ। ରାଜନୈତିକ ବ୍ୟକ୍ତିମାନେ ନିଜର ପ୍ରାଧାନ୍ୟ ବିସ୍ତାର କରିବାରେ ସିଦ୍ଧହସ୍ତ ଅବତାର-ମହାପୁରୁଷ, ତ୍ରାଣକର୍ତ୍ତା ସମସ୍ତେ ନିଜର ଆଧିପତ୍ୟକୁ ବିସ୍ତାର କରନ୍ତି ବିଭିନ୍ନ କ୍ଷେତ୍ରରେ। ପାଲଟା ପ୍ରଶ୍ନକୁ ସେମାନେ ସହ୍ୟକରି ପାରନ୍ତି ନାହିଁ। ସେମାନେ କହୁଥିବା କଥାମାନଙ୍କୁ ଅନ୍ୟମାନେ ନିର୍ବିବାଦରେ ଗ୍ରହଣ କରନ୍ତୁ - ବିନାଯୁକ୍ତିରେ ସ୍ୱୀକାର କରନ୍ତୁ। ସେମାନଙ୍କ କଥାକୁ ମଣିଷମାନେ ଯେଉଁ ସମୟରେ ଗ୍ରହଣ କରିଯାନ୍ତି, ପରୋକ୍ଷରେ ଏବଂ ପ୍ରତ୍ୟକ୍ଷରେ ମଧ୍ୟ ସେମାନଙ୍କ ପ୍ରଭୁତ୍ୱକୁ ସ୍ୱୀକାର କରି, ନିଜେ ଦାସ ହୋଇଯାନ୍ତି। ଏଇ ଦାସହେବା ପଣରେ ମଣିଷ ସ୍ଥିତି ହରେଇ ବସେ। ସେମାନେ ଗ୍ରହଣ କରିଥିବା ପ୍ରଭୁଙ୍କର ଚିନ୍ତନ ବାହାରକୁ ବାହାରି କୌଣସି କଥା ଚିନ୍ତା କରିପାରନ୍ତି ନାହିଁ। କେବଳ ମଣିଷର ବାହାରକୁ ନୁହେଁ ଉଭୟ ବାହାର ଓ ଭିତରକୁ କବଳିତ କରି ମଣିଷକୁ କଣ୍ଢେଇଟିଏ କରିଦିଅନ୍ତି। ଗୋଟେ ସମାଜରେ ମଣିଷ କଣ୍ଢେଇ ପରି ଜୀବଟିଏ ଜୀବନ ଜୀଉଥାଏ। ମଣିଷ ତା' ପ୍ରଭୁପରି ହେବାକୁ ଚେଷ୍ଟା କରୁଥାଏ। ତା' ପ୍ରଭୁର ଆଚରଣରେ ସମ୍ପୂର୍ଣ୍ଣ ଅନୁପ୍ରାଣିତ

ହୋଇ ତା'ରି ପରି ବ୍ୟବହାର କରୁଥାଏ। ମଣିଷର ନୀତି ନୈତିକତା କହିଲେ ତା' ପ୍ରଭୁର ନୀତି ନୈତିକତା। ତା'ର ଚେତନା କହିଲେ, ତା' ପ୍ରଭୁର ଚେତନା। ଗୁରୁଙ୍କ ବିଚାରରେ ଯାହା ଭୁଲ, ଶିଷ୍ୟ ବିଚାରରେ ସେଇଟା ଭୁଲ୍‌ଟା ମଧ୍ୟ ଠିକ୍। ଯଦି ଶିଷ୍ୟ ମଣିଷଟିଏ ତାହା କରୁନଥାଏ। ତେବେ ସେ ପାପ କଲା ବୋଲି ବିଚାର କରେ। ନିଜକୁ ଦୋଷୀ ଦୋଷୀ ବୋଲି ଭାବେ। ଏବେ ନିଜକୁ ପ୍ରଶ୍ନଟିଏ ପଚାରିପାରିବା ଯେ ମୋର ଚିନ୍ତା ଚେତନାରେ ଯଦି ଗୁରୁଟିଏ ରହିଗଲା, ତେବେ ମୁଁ କେଉଁଠି ରହିଲି ? ମୋର ନିଜସ୍ୱ ଓ ନିଜତ୍ୱ କେଉଁଠିକି ଗଲା ? ତେଣୁ ପ୍ରତ୍ୟେକ ବ୍ୟବସ୍ଥାରେ ମଣିଷ ଦାସତ୍ୱକୁ ଗ୍ରହଣ କରି ନିଜ ମୁଣ୍ଡକୁ ଅନ୍ୟପାଖରେ ବିକ୍ରି କରିଦେଇଛି। ତେବେ ସେ କ'ଣ ନିଜ ଢଙ୍ଗର ଜୀବନଟିଏ ବଞ୍ଚିପାରିବ ?

ଗୋଟେ ଅନ୍ଧ ବୁଝାମଣା ଭିତରୁ ମଣିଷ ଯେବେ ନ ମୁକୁଳିବ, ତେବେ ସ୍ୱାଧୀନତା କିପରି ପାଇପାରିବ, ଜୀବନକୁ ଉପଭୋଗ କରିବା ପାଇଁ ? ଆମେ ଦେଖୁଥିବା ମଣିଷଟି ନିଶ୍ଚୟ କାହାର ବ୍ୟକ୍ତିତ୍ୱ ବା ଚିନ୍ତନର ପ୍ରତିନିଧିତ୍ୱ କରୁଛି। ଟି.ଏସ୍. ଇଲିୟଟଙ୍କ ଭାଷାରେ ମଣିଷ ଗୋଟେ ପାଳଭୂତ ସଦୃଶ। ଦେଖାଯାଉଥିବା ଗୋଟିଏ ଛବିଟିଏ। କାରଣ ସେ ଅନ୍ୟକାହା ଚିନ୍ତା ଓ ଚେତନାର ଛବିଟିଏ। ଅର୍ଥାତ୍ ସେ, ସେ ନୁହେଁ କିମ୍ବା ମୁଁ ମଧ୍ୟ ମୁଁ ନୁହେଁ। ମାନବୀୟ ଚେତନା ହିଁ, ଏକମାତ୍ର ମହୌଷଧୀ ମଣିଷ ମୁଣ୍ଡରୁ କାଳିସି ଛଡ଼େଇବା ପାଇଁ। ସୁଖ ନୁହେଁ ସମସ୍ତ ଦୁଃଖର କାରଣ ହେଉଛି ଧର୍ମୀୟ ବ୍ୟବସ୍ଥା। ସେଇମାନେ ଈଶ୍ୱର ଶବ୍ଦର ସଂସ୍ଥାପନା ମସ୍ତିଷ୍କରେ କରି, ମୃତ୍ୟୁର ଭୟରେ ଆତଙ୍କିତ କରି ରଖିଛନ୍ତି ସରଳ ମଣିଷମାନଙ୍କୁ। ଈଶ୍ୱର ମଣିଷ ପାଇଁ ଭୟ କିପରି ହେଇପାରିବେ ? ଈଶ୍ୱର ଏକ ଅନୁଭବ। ନିଜକୁ ନିଜ ଭିତରେ କେନ୍ଦ୍ରୀଭୂତ କରିବାର ଏକ ଅନ୍ୱେଷଣ। ଅନ୍ୱେଷଣ ହିଁ ମଣିଷକୁ ବାହ୍ୟ ଜଗତରୁ ଅନ୍ତର୍ଜଗତକୁ ନେଇଯିବାର ଏକ ମାର୍ଗ ସୃଷ୍ଟି କରିଥାଏ।

ବିଶ୍ୱର ପ୍ରତ୍ୟେକ ବସ୍ତୁ ସହିତ ପ୍ରତ୍ୟେକ ବସ୍ତୁର ଏକ ଅନ୍ତର୍ନିହିତ ସମ୍ପର୍କ ରହିଛି। ଯାହା ସଂଯୋଗର ଓ ସମ୍ପର୍କର ଅନ୍ତଃ ସ୍ରୋତଟିଏ। ଗୋଟିଏ ଛୋଟ ଘାସ ପତ୍ରର ସମ୍ପର୍କ ଗ୍ରହ ନକ୍ଷତ୍ରମାନଙ୍କ ସହିତ ରହିଛି। କେହି କାହାକୁ ନିର୍ଦ୍ଦେଶ ଦେଉନାହାଁନ୍ତି। କେହି କାହା ପାଇଁ ନିୟମ କାନୁନ ତିଆରି କରି ଧାରାଟିଏ ତିଆରି କରୁନାହାନ୍ତି। ଅଥଚ ସବୁଯାକ ପ୍ରକ୍ରିୟା ସ୍ୱତଃସ୍ଫୁର୍ତ୍ତ ଭାବେ ବିଜ୍ଞାନ ସୂତ୍ରରେ ଘଟିଚାଲିଛି। ସ୍ଥିତି ହିଁ ଏକ ଘଟଣା। କାହାର ନିର୍ଦ୍ଦେଶରେ ସୂର୍ଯ୍ୟ ଉଦୟ ଅସ୍ତ କିମ୍ବା ସ୍ଥିର ହୋଇ ରହିନାହିଁ। ଆପଣା ଛାଏଁ ଏକ ପ୍ରକ୍ରିୟାରେ ପରସ୍ପର ପରସ୍ପର ସହିତ ସହବନ୍ଧିତ। ଯେଉଁ ପ୍ରକ୍ରିୟାରେ ଅବତାର ପୁରୁଷ, ଧର୍ମଯାଜକ, ସର୍ବଶ୍ରେଷ୍ଠ ଶକ୍ତିଶାଳୀ ବ୍ୟକ୍ତିମାନଙ୍କ ଜୀବନର ଗତି ସହିତ ଘାସ ଗଛଟିଏ ମଧ୍ୟ ଜୀବନକୁ ଜୀଇଁ ଚାଲିଛି। ଏହାକୁ ଆମେ ରହସ୍ୟ ବୋଲି କହିପାରିବା। ରହସ୍ୟ

ଅର୍ଥ ଈଶ୍ୱର ନୁହଁନ୍ତି। ଯାହାକୁ ବୁଝିବା ପାଇଁ ଚେଷ୍ଟା କରିବା ପରିବର୍ତ୍ତେ ଈଶ୍ୱର ନାମରେ ସ୍ୱୀକୃତ ଅନୁଷ୍ଠାନମାନ ଫାଇଦା ଉଠାଉଛନ୍ତି। ବିଶ୍ୱ ରହସ୍ୟକୁ ବୁଝିବା ପାଇଁ କାହାର ସହାୟତା ଆମକୁ ଅସହାୟ କରିପକାଏ। ଯଦି କୌଣସି କଥା ବିନା ଅଘଟଣରେ ଘଟିଚାଲିଛି, ତେବେ ଏହା ସ୍ୱାଭାବିକ ପ୍ରକ୍ରିୟା ବୋଲି ନ ଧରି ଆଉ କାହାକୁ ମଝିରେ ରଖିନେବା କି ପ୍ରକାର ବୁଦ୍ଧିମାନର କଥା ?

ପୃଥିବୀର ପ୍ରତ୍ୟେକ ଜାତି କୌଣସି ନା କୌଣସି ଈଶ୍ୱରଟିଏ ନିଜ ଜାତି ପାଇଁ ତିଆରି କରିଛନ୍ତି। ସମଗ୍ର ଜାତିର ମଣିଷମାନଙ୍କୁ ଗୋଟିଏ ସୂତାରେ ବାନ୍ଧି ରଖିବାକୁ ଈଶ୍ୱର ରୂପକ କଥାଟିଏ ମେରି କରି ରଖିଛନ୍ତି। ତା' ଚାରିକଡ଼େ ବେଙ୍ଗଳା ସଦୃଶ ଗୋରୁଗାଈଙ୍କ ପରି ମଣିଷମାନେ ବୁଲି ଚାଲିଛନ୍ତି। ଏହା ହେଉଛି ଏକ ମନସ୍ତାତ୍ତ୍ୱିକ ଅବସ୍ଥା। ଏଥିରେ ଦର୍ଶନ କିମ୍ବା ମନସ୍ତତ୍ତ୍ୱର କୌଣସି ସମ୍ପର୍କ ନାହିଁ। ବିଶ୍ୱର ଏଇ ରହସ୍ୟକୁ ଏଇ ବିଶାଳତାକୁ ବୁଝିବା ପାଇଁ ମଣିଷ ତା'ର କାଳ୍ପନିକ ଶକ୍ତିକୁ ବିସ୍ତାରିତ କରି ନପାରି ଗୋଟିଏ ନିର୍ଦ୍ଦିଷ୍ଟ ଚିନ୍ତନ ବା ଈଶ୍ୱର ପାଖରେ ଅଟକି ରହିଯାଉଛି। କୌଣସି କଥାର ନିର୍ମାଣ ପଛରେ ଗୋଟିଏ ସ୍ରଷ୍ଟାଟିଏ ହାତ ଥାଏ। ତେବେ ଏତେବଡ଼ ବିଶ୍ୱକୁ ନିଶ୍ଚୟ କେହିଜଣେ ତିଆରି କରିଛନ୍ତି। ଏଇପରି ଭାବନାକୁ ଇଂରାଜୀରେ ଫରମୁଲା ବା ସୂତ୍ର ବୋଲି କୁହାଯାଏ। ଯାହାକୁ ଆଧାର କରି ଆମେ ବିଶ୍ୱନିୟନ୍ତା ବା ଈଶ୍ୱରଙ୍କ ପାଖରେ ପହଞ୍ଚି ଯାଉଛୁ। ଏଠି ଆମେ ଟ୍ରାଫିକ୍ ଭିଡ଼କୁ ରୋକିବା ପାଇଁ ପୋଲିସ ମୃତୟନ କରିଛୁ। ନଭମଣ୍ଡଳରେ କିଏ କାହା ସହିତ ପିଟି ହେଉଛି, କେତେ କେତେ ଧ୍ୱଂସ ଚାଲିଛି କେତେକେତେ ସୃଷ୍ଟି ହେଉଛି ତାକୁ କିଏ ଜଗିଛି ନା ଦେଖିଛି ? କୌଣସି ସ୍ୱାଭାବିକ ବା ସ୍ୱତଃସ୍ଫୂର୍ତ୍ତ ପ୍ରକ୍ରିୟାର ମାନେ କ'ଣ ଈଶ୍ୱର ? ଋତୁଚକ୍ରର ପରିବର୍ତ୍ତନ ଘଟୁଛି, ଆକାଶରେ ମେଘମାଳାମାନେ ଭାସୁଛନ୍ତି; ଗଛରେ ଫୁଲ ଫଳ ଆସୁଛି। ତା'ର ହିସାବପତ୍ର କେଉଁ ଖାତା ରଖୁଛି ? ସମ୍ପର୍କ ଓ ସଂଯୋଗ ଅନ୍ତଃସ୍ରୋତଟିଏ ସମସ୍ତଙ୍କୁ ସମସ୍ତଙ୍କ ସହିତ ବାନ୍ଧି ରଖିଛି। ଶାଶ୍ୱତରୁ ଶାଶ୍ୱତ। ଈଶ୍ୱର ଶବ୍ଦଟିଏ ମଣିଷ ତିଆରି କରିଛି, ସବଳମାନଙ୍କ ଦୌରାତ୍ମ୍ୟରୁ ପରାସ୍ତହେବା ପରେ କିମ୍ବା ସେମାନଙ୍କ ଶୋଷଣରୁ ନିଜକୁ ରକ୍ଷାକରିବା ପାଇଁ ବା ପ୍ରାର୍ଥନା ଦ୍ୱାରା ଭାଙ୍ଗିପଡ଼ିଥିବା ମନକୁ ଆଶ୍ୱସ୍ତି ପାଇଁ ବା ମନବାଞ୍ଛା ପୂର୍ଣ୍ଣ କରିବା ପାଇଁ। ମଣିଷର ସବୁ ଆବଶ୍ୟକତା ନିଜ ଇଚ୍ଛା ଅନୁସାରେ ହେଇଯାଉଥାନ୍ତା ତେବେ ଈଶ୍ୱର ଭରଷା ପ୍ରାୟତଃ ଆବଶ୍ୟକ ପଡ଼ନ୍ତା ନାହିଁ। କିମ୍ବା ମଣିଷ ଯଦି ଅନ୍ୟ ଜଣେ ମଣିଷର ଦୁଃଖକୁ ସମୟ ଦେଇ ଶୁଣିବା ପାଇଁ ଏବଂ ସମାଧାନ ପାଇଁ ଭରଷାଟିଏ ହେଉଥାନ୍ତା, ବୋଧହୁଏ ସେଇ ଶବ୍ଦର ବିଭିନ୍ନ ସ୍ୱରୂପ କିମ୍ବା ପର୍ଯ୍ୟାୟ ନଥାନ୍ତା। ଏଇ ବାସ୍ତବତାକୁ ଗ୍ରହଣ କରିପାରିବାର ସାମର୍ଥ୍ୟ ପାଇଁ ଆତ୍ମଅନୁଶୀଳନର ଗୁଣଟି ତୀକ୍ଷ୍ଣ ବିଚାର

ସମ୍ପନ୍ନ ହେବା ଦରକାର। ଏଇ ବିଶାଳ ପୃଥିବୀ ପୃଷ୍ଠରେ ସେଇ ଶବ୍ଦର ସାହାରା ବିନା ମଣିଷ ଶୂନ୍ୟତାକୁ ଅନୁଭବ କରିବ। ମଣିଷର ସ୍ଥିତି ଜାହିର କରିବାର ଭରଷା ମଧ୍ୟ ହଜିଯିବ। ଏଇପରି ଭରଷା ମଣିଷକୁ ବାସ୍ତବ ଓ ଲୁକ୍କାୟିତ ବିଶ୍ୱ ନିୟନ୍ତ୍ରଣ ଶକ୍ତି ପାଖରୁ ଦୂରକୁ ନେଇଯାଇ ଏକ ପ୍ରକାର ନିର୍ବାସନର ଦଣ୍ଡ ଦେଉଛି। ଧର୍ମୀୟ ଭାବନା ପ୍ରକୃତ ଆଧ୍ୟାତ୍ମିକ ଚିନ୍ତନ ଅନୁଭବରୁ ବଞ୍ଚିତ କରୁଛି। ଧର୍ମ ନାମରେ ମଣିଷ ଏକ ପ୍ରକାରର ମାନସିକ ଦୁଶ୍ଚିନ୍ତାର ଶିକାର ହେଉଛି। ପିଲାମାନେ ଯେମିତି ତାଙ୍କ ପଶମ ଲୋମାଂଶ କୁକୁର, ବିଲେଇ କିମ୍ବା ଭାଲୁ ଇତ୍ୟାଦି କଣ୍ଢେଇମାନଙ୍କୁ ଧରି ବୁଲୁଥାନ୍ତି। ବୟସ୍କମାନେ ମଧ୍ୟ ସେଇ ଭାବନାକୁ ନେଇ ଦିବାରାତ୍ର ଭାଳି ହେଉଥାନ୍ତି ତା'କୁ ଦିଆଯାଇଥିବା ଈଶ୍ୱର ରୂପକ ମୂର୍ତ୍ତିଟିକୁ ନେଇ। ପିଲାମାନଙ୍କ ହାତରେ ଥାଏ କଢ଼େଇ ବୟସ୍କ, ମୁଣ୍ଡରେ ଥାଏ ଧର୍ମୀୟ କଣ୍ଢେଇ।

ଏକ ପ୍ରକାର ପିଲାଳିଆମି ମାନସିକତା ଧର୍ମୀୟ ଭାବନାକୁ ନେଇ ସାରା ଜୀବନ ଆମକୁ ଦିବ୍ୟ ଚେତନାର ବିମୁଖ କରି ରଖିଛି। ସେଇ ମିଥ୍ୟା ଭାବନା ବିନା ମଣିଷ ବଞ୍ଚିପାରିବ ନାହିଁ। ଏଇ ଭାବନା ସହିତ ମଣିଷ ପିଲାଦିନରୁ ମୃତ୍ୟୁଯାଏ ବଞ୍ଚୁଥାଏ। ତାହା ପରିପକ୍ୱ ହେଇଯାଏ। ତାହା ମଞ୍ଜି ହେଇ ଚାରିଆଡ଼ ବୃକ୍ଷ ସଦୃଶ ମାଡ଼ିମାଡ଼ି ଚାଲିଥାଏ। ସବୁ ଧର୍ମୀୟ ବ୍ୟବସ୍ଥା ମଣିଷକୁ ନିଃସ୍ୱାର୍ଥପର ହେବା କଥା ଶିଖାଇଥାଏ। ଅର୍ଥାତ୍ ଅନ୍ୟମାନଙ୍କୁ ଦେଖ, ଅନ୍ୟମାନଙ୍କୁ ବିଚାରକୁ ନିଅ। ନିଜକୁ ବିଚାରକୁ ନେବା ଅର୍ଥ ସ୍ୱାର୍ଥପରତା, ଅନ୍ୟମାନଙ୍କୁ ସର୍ବଦା ଦେଖିବାର ଅଭ୍ୟାସ କରିବା ଅର୍ଥ ନିଜକୁ ଦେଖିପାରିବାର ସାମର୍ଥ୍ୟକୁ ନିଜ ପାଖରୁ ଦୂରେଇ ନେବା। ସକ୍ରେଟିସ କହୁଥିଲେ, "Know thyself, anything is secondary", ଅର୍ଥାତ୍ ନିଜେ ନିଜକୁ ଦେଖ, ନିଜକୁ ମୁଖ୍ୟ କରି ଅନ୍ୟ କଥାକୁ ଗୌଣକର। ଏହାର ଅର୍ଥ ଏମିତି ନୁହଁ କି ତୁମେ କେବଳ ନିଜକୁ ଜାଣିବ କିନ୍ତୁ ଅନ୍ୟକୁ ଜାଣିପାରିବ ନାହିଁ। କଥା ହେଉଛି ନିଜର ଚିତ୍ତକୁ ଚିହ୍ନିପାରୁଥିବା ଅନ୍ୟର କଥାକୁ ମଧ୍ୟ ଅନୁଭବ କରିପାରିବାର ଶତପ୍ରତିଶତ ସାମର୍ଥ୍ୟ ଆସିଯିବ। ସରଳ ଭାବରେ କହିଲେ ଯିଏ ନିଜକୁ ଚିହ୍ନିପାରିନାହିଁ, ସେ କିପରି ଅନ୍ୟମାନଙ୍କୁ ଚିହ୍ନିପାରିବ ? ଅର୍ଥାତ୍ ଅନ୍ୟର ଅନ୍ତରାତ୍ମାକୁ ଚିହ୍ନିପାରିବ ? Know thyself ଅର୍ଥ ଆତ୍ମସଞ୍ଜମୀ। ନିଜେ ନିଜକୁ ବୁଝିବା ସହିତ ଅନ୍ୟମାନଙ୍କୁ ମଧ୍ୟ ବୁଝିପାରିବା। କିନ୍ତୁ ପୃଥିବୀରେ ପ୍ରଚଳିତ ପ୍ରତ୍ୟେକ ବ୍ୟବସ୍ଥା ପ୍ରଥମେ ନିଃସ୍ୱାର୍ଥପର ହେବା ପାଇଁ ଶିକ୍ଷା ଦେଇଥାଏ। ସ୍ୱାର୍ଥକୁ ଫିଙ୍ଗିଦେବା ପାଇଁ ପରାମର୍ଶ ଦେଇଥାଏ। ଯାହା କୌଣସି ବ୍ୟକ୍ତିର ଜୀବନରେ ଆଦୌ ସମ୍ଭବ ହୁଏନାହିଁ। ନା ନିଜକୁ ଜାଣିପାରେ ନା ଅନ୍ୟ କାହାକୁ ? ଯେଉଁ ସମୟରେ ଜଣଙ୍କୁ କୁହାଯିବ ଯେ ତୁମେ ସ୍ୱାର୍ଥପର ହୁଅ, ଏହା ଅଆଧ୍ୟାତ୍ମିକ ପରି ଲାଗିବ। ସବୁଧର୍ମର ବିଚାର ଧାରାକୁ ଆଘାତ ଦେବ।

ଏଇପରି ପରାମର୍ଶ ଦେଉଥିବା ବ୍ୟକ୍ତି ବିଧର୍ମୀ ବା ନାସ୍ତିବାଦୀ ବିଶ୍ଳେଷଣରେ ବିଚାରିତ ହେବେ। ପ୍ରଥମକଥା ହେଉଛି ଜଣେ ସ୍ୱାର୍ଥପର ନ ହେଲେ ନିଃସ୍ୱାର୍ଥପର କିପରି ବା ହେଇପାରିବ? ଏହି ନିଃସ୍ୱାର୍ଥପର ଭାବନାର ପୂର୍ବବର୍ତ୍ତୀ କଥା ହେଉଛି ସ୍ୱାର୍ଥପରତା। ସ୍ୱାର୍ଥପର ଗୁଣଟି ଯଦି ସୁନ୍ଦର ପୃଷ୍ଠଭୂମିଟିଏ ତିଆରି ନ କଲା, ତେବେ ନିଃସ୍ୱାର୍ଥପର କିପରି ଦମ୍ଭହେଇ ଠିଆ ହେଇପାରିବ? ଗାଡ଼ି ସମ୍ମୁଖରେ ଡ୍ରାଇଭର ବସିଲେ ଗାଡ଼ି ଚାଲିପାରିବ ନାହିଁ। ଡ୍ରାଇଭରକୁ ଭିତରକୁ ଆସିବାକୁ ପଡ଼ିବ। ଡ୍ରାଇଭର ଜାଗାରେ ବସି ଗାଡ଼ି ଚାଲିବା ପାଇଁ ଅବଶିଷ୍ଟ କାର୍ଯ୍ୟ କରିବାକୁ ପଡ଼ିବ। ତେବେ ଗାଡ଼ି ଆଗକୁ ଚାଲିବ। ସେଇପରି ନିଃସ୍ୱାର୍ଥପର ଭାବନାକୁ ସ୍ୱାର୍ଥପରର ସାମ୍ନାରେ ରଖିଲେ କିଛି ବି ଘଟଣା ଘଟିବ ନାହିଁ, କିମ୍ବା ଜଣେ ନିଃସ୍ୱାର୍ଥପର ହେଇପାରିବ ନାହିଁ।

ସାରା ପୃଥିବୀରେ ଲୋକମାନେ ଦୁଃଖ ଯନ୍ତ୍ରଣାରେ ସଢ଼ୁଛନ୍ତି, ରୋଗବ୍ୟାଧିରେ ପ୍ରପୀଡ଼ିତ ହେଉଛନ୍ତି। ସେଇ ସମୟରେ ଠାକୁରଙ୍କୁ ପୂଜା କରିବା, ମନ୍ଦିରରେ ଆଳତି କରିବା, ସମୂହ ପ୍ରାର୍ଥନା କରିବା କିମ୍ବା ବସି ଧ୍ୟାନକରିବା କାର୍ଯ୍ୟକୁ କ'ଣ ନିଃସ୍ୱାର୍ଥପର ଗୁଣ ବୋଲି କହିବା ନା ସ୍ୱାର୍ଥପର ବୋଲି ବିଚାର କରିବା? ମଣିଷର ସ୍ୱଳ୍ପ ଆୟୁଷ ଭିତରେ ଅନ୍ତତଃ ଏହା କ'ଣ ବୁଝିବା ଉଚିତ୍ ହେବନାହିଁ କି, ମୁଁ ଯଦି ଅନ୍ୟ କାହାକୁ ସାହାଯ୍ୟ କରିବି, ତେବେ ଅନ୍ୟମାନେ ବି ମୋତେ ସାହାଯ୍ୟ କରିବେ। ଏଥିରେ ବେଶି ବେଶି କୋଳାହଳ ସୃଷ୍ଟିହେବ। ଅଯଥା ବ୍ୟସ୍ତ ଓ ବିବ୍ରତତା ବଢ଼ି ବଢ଼ି ଚାଲିବ? ଯଦି ମୁଁ ମୋ ନିଜକୁ ସାହାଯ୍ୟ କରିବି, ସମସ୍ତେ ସେଇ ପ୍ରକ୍ରିୟାରେ ନିଜେ ନିଜର ସେବା କରିବେ ତେବେ ନିଃସ୍ୱାର୍ଥପର କଥାର କ'ଣ ଆବଶ୍ୟକ ପଡ଼ିବ କି? ଏଥିରୁ ସ୍ପଷ୍ଟ ଅନୁମେୟ ହୁଏ ଯେ ମଣିଷ ଏଇପରି କଥାକହି ଗୋଟିଏ ଭିଡ଼, କୋଳାହଳର ଭିତରେ ରହିବାକୁ ପସନ୍ଦ କରେ, ନୀରବତାକୁ ନୁହେଁ। ମଣିଷ ନୀରବତା କଥା କହୁଥାଏ କିନ୍ତୁ କୋଳାହଳର ସମସ୍ତ କାର୍ଯ୍ୟକୁ ଆପଣାଉଥାଏ। ନିଜେ ପହଁରା ନ ଶିଖିଲେ ବୁଡ଼ିଯାଉଥିବା ମଣିଷକୁ କିପରି ଉଦ୍ଧାର କରାଯାଇ ପାରିବ? ପୃଥିବୀର ସମସ୍ତ ଧର୍ମୀୟ ବ୍ୟବସ୍ଥାରେ ଅନ୍ୟର ଉଦ୍ଧାର କରିବା କଥା କୁହାଯାଇଛି, କିନ୍ତୁ ଜଣେ ବ୍ୟକ୍ତି ନିଜେ ନିଜକୁ ଉଦ୍ଧାର କରିବାର କୌଶଳ ନ ଶିଖିଥିଲେ ନିଜେ ମରିବା ସହିତ ଅନ୍ୟମଣିଷଟିର ଜୀବନ ମଧ୍ୟ ନେଇଯିବ। ଗୋଟେ ଉଲ୍ଲସିତ ଥିବା ମଣିଷ ହୃଦୟରେ ହିଁ ବିଶ୍ୱନିୟନ୍ତାର ଶକ୍ତିଟିଏ ବିରାଜିଥାଏ। ନିଜେ ନିଜକୁ ଭଲପାଇବା କାର୍ପଣ୍ୟଭାବ ନିଜ ଭିତରେ ମୃତ୍ୟୁକୁ ସ୍ଥାନ ଦେଇଥାଏ। ନିଜ ଜୀବନକୁ ନିଜେ ମୂର୍ଚ୍ଛିଦେଲେ ହିଁ ଆତ୍ମହତ୍ୟା ପ୍ରବଣତା ସୃଷ୍ଟିହୁଏ।

ମଣିଷ ଭିତରର ଅର୍ଥନୀତି ବାହାର ଅର୍ଥନୀତି ଠାରୁ ଭିନ୍ନ। ଆମ ଧର୍ମୀୟ ବିଚାର କହୁଥାଏ ଯେ, କିଛି ଦାନ ଧ୍ୟାନ କରୁଥିଲେ ପୁଣ୍ୟ ବଢ଼ି ବଢ଼ି ଚାଲିବ। ଅର୍ଥନୀତି କହେ

ଦେଲେ କମି କମି ଚାଲିବ। ଏଇଠି ଦୃଶ୍ୟବୋଧର କଥା ଆସେ, ଆମକୁ ଶୁଣିବାକୁ ଭଲ ଲାଗୁଥିବା କଥାକୁ ଆମେ ମନଭରି ଆକଣ୍ଠ ପାନକରୁ। ଦୃଶ୍ୟବୋଧ ଅଭାବରୁ ଆମର ଗ୍ରହଣଶୀଳତା ପ୍ରଥମ ପର୍ଯ୍ୟାୟରୁ ଶୀର୍ଷ ସ୍ଥାନରେ ଯାଇ ପହଞ୍ଚେ। ସେଇ ଶେଷରୁ ଆମର ନିଃଶେଷ ହେବାର ପ୍ରକ୍ରିୟା ଆରମ୍ଭ ହେଇଯାଇଥାଏ। କାରଣ ଆମ ଦୃଶ୍ୟବୋଧ ଅଭାବରୁ ଆମେ ବୁଝିନଥାଉ ଯେ ବାହାରର କଥା ଏବଂ ଆମ ଭିତରର କଥା ପରସ୍ପର ପରସ୍ପରଠାରୁ ବିପରୀତ ମୁଖୀ ହୋଇ ଗତି କରୁଥାଏ। ଆମେ ବସ୍ତୁ ଦାନଦେଲା ବେଳେ ପ୍ରତ୍ୟାଶାରେ କୃତଜ୍ଞତା ଆଶା କରୁ, କିଛି ଦାନ କରିବାର କର୍ମରେ ନିଜ ଭିତରେ ଏକପ୍ରକାର ଉଲ୍ଲାସ ଭାବଟିଏ ଆସୁଥାଏ। ବାସ୍ତବରେ ଏହାକୁ ଯଦି ଦେଖାଯାଏ, ଦାନ ନେଉଥିବା ବ୍ୟକ୍ତିର ଖୁସି ଦେଉଥିବା ବ୍ୟକ୍ତିର ତୁଳନାରେ ଏକ ଦଶମାଂଶ। ହିସାବ କଲେ ଦେଖାଯିବ ଗୋଟିଏ ସମୟ ଉପନୀତ ହେବ, ଯେଉଁ ସମୟରେ ଗ୍ରହଣ କରୁଥିବା ବ୍ୟକ୍ତିର ଖୁସି ଠୁଳ ହେଇ ଚାଲିବ ଓ ଦେଉଥିବା ବ୍ୟକ୍ତିର ଉଲ୍ଲାସ କମି କମି ଆସି ଶୂନ୍ୟରେ ପହଞ୍ଚିଯିବ। ଏଇପରି ହିସାବକୁ ବିରୋଧ କରେ ଆମ ବ୍ୟବସ୍ଥା। ହାମଲେଟର To be and not be be ଭାବନାର ଚାପ ଭିତରେ ମଣିଷର ଦୃଶ୍ୟବୋଧ ଅଦୃଶ୍ୟ ହେଇଯାଉଥାଏ। ନିଜର ସ୍ଥିତିକୁ ଜାହିର କରିବା ପାଇଁ ପ୍ରୟାସ ଜାରି ରହେ ଅଥଚ ସ୍ଥିତି ବଜାୟ ରଖିପାରେ ନାହିଁ। ଦୃଶ୍ୟବୋଧର ଶାଣିତ ବୋଧ ପାଇଁ ଦୃଶ୍ୟବୋଧଟିଏ ତିଆରି ହେଲେ, ମଣିଷ ମୁକ୍ତ ବିଚାର ସ୍ତରରେ ପହଞ୍ଚିପାରିବ। ନିଜର ସ୍ଥିତିକୁ ଜାହିର କରିପାରିବ। ନିଜ ମନ ଭିତରର ସ୍ଥିତି ହିଁ ମଣିଷର ବାହ୍ୟ ସ୍ଥିତିକୁ ସୁଦୃଢ଼ କରିପାରିବ ଏକ ଦୃଶ୍ୟବୋଧ ମାଧ୍ୟମରେ।

■

ଯୁଦ୍ଧ ଏକ ଅବିରତ ପ୍ରକ୍ରିୟା

ମଣିଷ ପଶୁମାନଙ୍କ ଭିତରେ ଖୁବ୍ ଚାଲାଖ ଏବଂ ଚତୁର। ଚାଲାଖ ଶବ୍ଦଟିକୁ ସାଧାରଣତଃ ମଧ୍ୟମଓ ଉତ୍ତମ ସ୍ତରରେ ବିଚାର କରିଥାଉ। ଚାଲାଖକୁ ବୁଦ୍ଧି ପର୍ଯ୍ୟାୟରେ ଆଲୋଚନା କରାଗଲେ ତା'ର ଅର୍ଥ ଭିନ୍ନ ହେବ। ବୁଦ୍ଧିକୁ ଚେତନା ସମ୍ପର୍କିତ କୁହାଯାଉଥିବା ବେଳେ ଚାଲାଖ ଶବ୍ଦ ଅନ୍ତତଃ ସେଇ ପର୍ଯ୍ୟାୟର ନୁହେଁ। ଆମର ପୁରାଣ ଶାସ୍ତ୍ରରେ ଚିତ୍ରଣ କରାଯାଇଥିବା ଚରିତ୍ରମାନଙ୍କୁ ଆମେ ଚାଲାଖ ବା ଚତୁରତାର ସହକାରେ ଆଲୋଚନା କରିଥାଉ ମାତ୍ର ବୁଦ୍ଧି ବା ଜ୍ଞାନ ପ୍ରୟୋଗରେ ସମସ୍ତ ଚରିତ୍ରମାନଙ୍କୁ ଚିତ୍ରଣ କରିନଥାଉ। ବିଶେଷତଃ ସାମ୍ପ୍ରତିକ ସମୟ ସହିତ ସାମଞ୍ଜସ୍ୟତାକୁ ଆଦୌ ବିଜ୍ଞାନ ସମ୍ମତ ଭାବେ ବିଚାର କରିବାକୁ ଇଚ୍ଛା ପ୍ରକଟ କରିନଥାଉ। ଯଦ୍ଵାରା ସେଇ ମହତ ଚରିତ୍ରମାନଙ୍କର ସଠିକ୍ ମୂଲ୍ୟାୟନ ହୋଇନପାରି ଏକ ଭ୍ରମାତ୍ମକ ପ୍ରସଙ୍ଗ ଆଡ଼କୁ ଗତି କରିଥାଏ।

ମହାଭାରତ କିମ୍ବା ରାମାୟଣ ଯୁଗରେ ସାରା ପୃଥିବୀର ପରିସୀମା ଖୁବ୍ ଦୀର୍ଘ ଏବଂ ପ୍ରଶସ୍ତ ଥିବା ସମୟରେ ବର୍ତ୍ତମାନ ବିଜ୍ଞାନ ଯନ୍ତ୍ରପାତିର ବହୁଳ ପ୍ରଚାର ଏବଂ ପ୍ରସାର ସେଇପରି ସୀମାକୁ କିମ୍ବା ଦୂରତ୍ୱକୁ ସଂକୀର୍ଣ୍ଣ କରି ପକାଇଛି। ଯୁଦ୍ଧର ଅସ୍ତ୍ରଶସ୍ତ୍ର ପୃଥିବୀର ଯେକୌଣସି ସ୍ଥାନରେ କ୍ଷଣିକରେ ପହଞ୍ଚି ଯାଇପାରିବାର ମଣିଷ ସମସ୍ତ ଯୋଜନା ପ୍ରସ୍ତୁତ କରିସାରିଛି। ଯଦି କୌଣସି ଅଧ୍ୟାତ୍ମିକ ବ୍ୟକ୍ତି ଯୁଦ୍ଧକୁ ବନ୍ଦ କରିବାର ସ୍ୱପ୍ନ ଦେଖୁଥିବ ତାହା ନିଶ୍ଚୟ ନିରର୍ଥକ। ଏଇପରି ଗୋଟିଏ ସୁସ୍ଥ ମାନସିକତାକୁ ସ୍ୱପ୍ନ ଦେଖାଯାଇପାରେ; ମାତ୍ର ବାସ୍ତବାୟନରେ ଏହା ଅସମ୍ଭବ। କାରଣ ଯୁଦ୍ଧ ହେଉଛି ମଣିଷ ଜୀବନର ଏକ ଅଂଶ। ଗଭୀର ଅନୁଧ୍ୟାନ କଲେ ଆମେ ଜାଣିପାରିବା ଯେ, ଆମେ ଯେତେବେଳେ ପରସ୍ପର ପରସ୍ପର ସହାୟତା ପାଇଁ ଏକ ସାମୟିକ ଉଦ୍ୟମ କରିଥାଉ, ସେଇ ସାମୟିକ ହିଁ ଏକ ଯୁଦ୍ଧ ପାଇଁ ସଂଗଠିତ ହେବାର ଏକ ପ୍ରାରମ୍ଭିକ ପର୍ଯ୍ୟାୟ। ଏଇ ସଂଘଟନ କୌଣସି ଏକ କଥା ବା କାର୍ଯ୍ୟକୁ ହାସଲ କରିବାର ଏକ ମିଳିତ ଉଦ୍ୟମ। ଗୋଟିଏ

ସଂଗଠନ ଆଉ ଏକ ସଂଗଠନକୁ ସାମ୍ନା କରିବାର ଏକ ପ୍ରସ୍ତୁତି । ଯୁଦ୍ଧ ହିଁ ସଂଗଠନ ବା ଯୁଦ୍ଧର ପରିଭାଷାକୁ ଆମେ ସଂଗଠନ ଶବ୍ଦ ସହିତ ବୁଝିପାରିବା । ନେପୋଲିୟନ ବୋନାପାର୍ଟ କହୁଥିଲେ ଯେ, ଦେଶ ଯେତେବେଳେ ବିଶୃଙ୍ଖଳିତ ଅବସ୍ଥାରେ ଅଛି ବା ପରସ୍ପର ପରସ୍ପର ଭିତରେ ଗୋଷ୍ଠୀ କନ୍ଦଳ ଚାଲିଛି, ସେତେବେଳେ ଯୁଦ୍ଧର ଡାକରା ଦେଲେ, ପରିସ୍ଥିତିକୁ ସାମ୍ନା କରିବା ପାଇଁ ସମସ୍ତେ ସଂଗଠିତ ହୋଇଯିବେ । ଏଇପରି ଭାବନା ବା କାର୍ଯ୍ୟକୁ ଅଣଦେଖା କରାଯାଇ ପାରିବ ନାହିଁ । ଏଇପରି କଥା ଧ୍ରୁବସତ୍ୟ । ଯୁଦ୍ଧର ଭାବନା ନ ରହିଲେ ସଂଗଠିତ ହେବାର ମାନସିକତା ଆମ ଭିତରେ ସୃଷ୍ଟି ହେଇପାରିବ ନାହିଁ ।

ଏଇ ପରିପ୍ରେକ୍ଷୀରେ ଶ୍ରୀକୃଷ୍ଣଙ୍କ ଚରିତ୍ରକୁ ବିଚାର କରାଯାଉ । ଶ୍ରୀକୃଷ୍ଣ ନା ଶାନ୍ତିବାଦୀ ଥିଲେ ନା ଯୁଦ୍ଧପ୍ରତି ବିମୁଖ ଥିଲେ । ସେଇ ଚରିତ୍ର କୌଣସି ଇଜିମ୍ ବା 'ବାଦ' ବା ତତ୍ତ୍ୱ ସହିତ ସମ୍ପୃକ୍ତି ନଥିଲେ । ସତ କହିଲେ ଇଜିମ୍ ବା ବାଦ କହିଲେ ଏକ ପସନ୍ଦର କଥାକୁ ବୁଝାପଡ଼େ । ଯେଉଁ କଥା ଅନ୍ୟକୁ ବିରୋଧ କରିବା ପାଇଁ ସୃଷ୍ଟି କରାଯାଇଥାଏ । ବାଦ କହିଲେ ଆଉ ଏକ ଗୋଷ୍ଠିର ଭାବନାକୁ ସାମ୍ନା କରିବା ପାଇଁ ଏକ କ୍ଷେତ୍ରଟିଏ । କିନ୍ତୁ ଶ୍ରୀକୃଷ୍ଣ କୌଣସି ତତ୍ତ୍ୱ ଭିତରେ ନିଜକୁ ସୀମିତ ରଖି ନଥିଲେ । ଶ୍ରୀକୃଷ୍ଣ ଚରିତ୍ରଟି କୌଣସି ସପକ୍ଷ କିମ୍ବା ବିପକ୍ଷର ସୀମାରେଖାରେ ସୀମିତ ନଥିଲେ । ତାଙ୍କ ବିଚାରରେ ଯେତେ ଭଲକାର୍ଯ୍ୟ ମାଧ୍ୟମରେ ଶାନ୍ତି ପ୍ରତିଷ୍ଠା କରାଯାଇପାରୁଛି ତେବେ ସେଇ ପଦକ୍ଷେପକୁ ସ୍ୱାଗତ କରାଯାଉ; ଯଦି ଯୁଦ୍ଧ ମାଧ୍ୟମରେ ଶାନ୍ତି ହଜିଯାଇଛି ତେବେ ଶାନ୍ତି ଫେରେଇ ଆଣିବା ପାଇଁ ଯୁଦ୍ଧକୁ ସ୍ୱାଗତ କରାଯାଉ । ଯେକୌଣସି ଅବଲମ୍ବନରେ ଶାନ୍ତିର ପ୍ରତିଷ୍ଠା ହେଉଛି ଶ୍ରୀକୃଷ୍ଣ ଚରିତ୍ରର ଉଦ୍ଦେଶ୍ୟ ଆମେ ଭାରତୀୟମାନେ ଶ୍ରୀକୃଷ୍ଣଙ୍କର ଏଇପରି ବିଚାରଧାରାକୁ ସଠିକ୍ ମୂଲ୍ୟାୟନ କରିପାରି ନଥାଉ । ଆମେ ଯେଉଁ ସମୟରେ ସୌନ୍ଦର୍ଯ୍ୟ କଥା ବର୍ଣ୍ଣନା କରୁଥାଉ ସେଇ ସମୟରେ ଆମ ମନ ଭିତରେ ଯେବେ କଦର୍ଯ୍ୟ ଭାବନା ନ ଆସେ ତେବେ ସୌନ୍ଦର୍ଯ୍ୟକୁ ଆମେ ଶବ୍ଦରେ ରୂପଦେଇ ପାରିବୁ ନାହିଁ । କାରଣ ପ୍ରତ୍ୟେକ କଥା ବା କାର୍ଯ୍ୟପାଇଁ ଗୋଟିଏ ପୃଷ୍ଠଭୂମିଟିଏ ଦରକାର । ସେଇପରି ଆମେମାନେ ଯେତେବେଳେ ଅହିଂସାର କଥା କହୁଥାଉ ସେଇ ପରିପ୍ରେକ୍ଷୀରେ ହିଂସାର ଭାବନା ଆମ ଭିତରେ ପୂର୍ଣ୍ଣମାତ୍ରାରେ ଜଡ଼ିଭୂତ ହୋଇ ରହିଥାଏ । ଏଇ ଯୁଦ୍ଧ ଘଟଣା ପଛପଟେ ମୃତ୍ୟୁର ଭୟ ଲୁକ୍‌କାୟିତ ହେଇଥାଏ । ମାତ୍ର ଯୁଦ୍ଧର କେଭେ ପରିସମାପ୍ତି ହୁଏ ନାହିଁ । ଯୁଦ୍ଧ ପ୍ରତି ନକରାତ୍ମକ ଭାବନା ପରୋକ୍ଷରେ ଯୁଦ୍ଧକୁ ଆମନ୍ତ୍ରଣ କରିଥାଏ । ଆମେ ଯୁଦ୍ଧକୁ ଯଦି ଆଦୌ ଗ୍ରହଣ ନ କରୁ କିମ୍ବା ନାପସନ୍ଦ କରୁ ତେବେବି ଯୁଦ୍ଧ ଆମ ପିଛା ଛାଡ଼ିବ ନାହିଁ । ଯୁଦ୍ଧକୁ ଅସ୍ୱୀକାର ଅର୍ଥ ଦାସତ୍ୱକୁ ଗ୍ରହଣ କରିବା । ଭାରତ ଯୁଦ୍ଧକୁ

କେବେ ସ୍ୱୀକାର କରେ ନାହିଁ; ମାତ୍ର ଯୁଦ୍ଧ ଓ ଆକ୍ରମଣ ଆମ ପିଛା ଛାଡ଼େନାହିଁ। ଯୁଦ୍ଧ ବିମୁଖ ମନୋଭାବ, ପ୍ରତି ଯୁଗରେ ଆମକୁ ଦାସତ୍ୱ ଆଣିଦେଇଛି। ସେଇ ଦାସତ୍ୱରୁ ମୁକୁଳିବା ପାଇଁ ସାରା ଜୀବନ ଆମେ ନିଜକୁ ଯୁଦ୍ଧ ସହିତ ସମ୍ପୃକ୍ତି ରଖିଥାଉ, ତାହା ଅସ୍ୱୀକାର କରାଯାଇ ନପାରେ। ସଂଗ୍ରାମକୁ ଅବିରତ ଭାବେ ଚାଲୁ ରଖିଥାଉ। ଆମେ ବଞ୍ଚୁ ଯୁଦ୍ଧ ବି ବଞ୍ଚି ରହେ।

ମହାଭାରତ ଯୁଦ୍ଧ ଆମକୁ ଅନେକ ଶିକ୍ଷା ଦେଇଛି। ସେଇ ଗୋଟିଏ ଯୁଦ୍ଧର ପରଣାମକୁ ଭୁଲ୍ ଭାବରେ ବୁଝିଥିବାରୁ ଆମ ଭିତରେ ଭୀରୁତାର ପ୍ରବଣତା ଆମକୁ କାବୁ କରିପକେଇଛି। ମହାଭାରତ ପରି ଯୁଦ୍ଧଟିଏ ଲଢ଼ିବାର ସାହସ ଆମମାନଙ୍କ ଭିତରୁ ହଜିଯାଇଛି। ଏଇ ହୃତ ସାହସ ହିଁ ଆମ ଭିତରେ ଶ୍ରୀକୃଷ୍ଣ ଚରିତ୍ରଟିକୁ ବୁଝିବା ପାଇଁ ଅସହାୟ କରିପକାଉଛି। ଶ୍ରୀକୃଷ୍ଣ ସତ୍ୟପକ୍ଷକୁ ସମର୍ଥନ କରିଥିଲେ। ଯୁଦ୍ଧ ପିପାସୁ ହିଟଲର, ମୁସୋଲିନି, ଟାମ୍ବରଲେନ ମାନଙ୍କୁ ବୁଝିବା ଅତି ସହଜ। କାରଣ ଏଇ ଯୁଦ୍ଧମନସ୍କ ମଣିଷମାନେ ବୁଝିଥିଲେ ଯେ ଯୁଦ୍ଧକୁ ବାଦ୍ ଦେଇ ଜୀବନର ସ୍ଥିତି ମୂଲ୍ୟହୀନ। ଉଭୟ ଗାନ୍ଧି ଓ ରସେଲ ଶାନ୍ତି ସପକ୍ଷରେ କହୁଥିଲେ। ଜୀବନର ଶାନ୍ତି ହିଁ ଏକମାତ୍ର ଲକ୍ଷ୍ୟ। କିନ୍ତୁ ଶ୍ରୀକୃଷ୍ଣ ଏଇ ଦୁଇଜଣଙ୍କ ମତଠୁ ଭିନ୍ନ ଥିଲେ। ଯେଉଁ ଭିନ୍ନ ଭାବନା ପାଇଁ ସେଇ ଚରିତ୍ରଟିକୁ ବୁଝିପାରିବା କଷ୍ଟ ହେଇଥାଏ। ଯେଉଁ ମଣିଷ ଶାନ୍ତି ଚାହିଁବ ସେଇ ମଣିଷ ବା ଦେଶର ଯୁଦ୍ଧକରି ଅନ୍ୟମାନଙ୍କୁ ପରାସ୍ତ କରିପାରିବାର ଯଥେଷ୍ଟ ସାମର୍ଥ୍ୟ ଥିବା ଦରକାର। ଯୁଦ୍ଧ କରି ବିଜୟ ଲାଭ କରିବା ପ୍ରସ୍ତୁତି ଭିତରେ ଶାନ୍ତି ପ୍ରତିଷ୍ଠାର ପ୍ରବଣତା ରହିବା ଦରକାର।

ଯୁଦ୍ଧ ଓ ଶାନ୍ତି ଉଭୟ ହେଉଛି ଜୀବନର ଦୁଇଟି ଅବିଚ୍ଛେଦ୍ୟ ଅଙ୍ଗ। ଜଣକର ସ୍ଥିତି ଅନ୍ୟ ଜଣକର ଅନୁପସ୍ଥିତିରେ ସମ୍ଭବ ହୋଇ ନଥାଏ। ଏଇ ଦୁଇଟି ଅଙ୍ଗକୁ ସଠିକ୍ ପରିଚାଳନା କରିବାର ଆବଶ୍ୟକତା ଦରକାର ପଡ଼ିଥାଏ। ଉଭୟ କଥାର ସମାହାରରେ ପ୍ରଗତିର ସମ୍ଭାବନାକୁ ସ୍ୱପ୍ନ ଦେଖାଯାଇ ପାରେ। ଶ୍ରୀକୃଷ୍ଣ ଚରିତ୍ରଟି ତାଙ୍କ ଉଭୟ ଗୋଡ଼କୁ ସୁପରିଚାଳନା କରି ଜଣେ ବିଶେଷ ଚରିତ୍ରରେ ନିଜକୁ ପ୍ରତିପାଦିତ ହୋଇ ପାରିଛନ୍ତି। ଯୁଦ୍ଧ କରିପାରୁ ନଥିବା ବ୍ୟକ୍ତି ଜଣକ ଆଦୌ ଶାନ୍ତିରେ ବଞ୍ଚି ପାରିବ ନାହିଁ। ବିବ୍ରତ ମସ୍ତିଷ୍କ ଯୁଦ୍ଧ ପ୍ରତି ବିମୁଖ ଥାଏ। ଶ୍ରୀକୃଷ୍ଣ ଚରିତ୍ରଟି ଏଇ ପରିପ୍ରେକ୍ଷୀରେ ଜଣେ ନିଷ୍ପତ୍ତିଶୀଳ ଚରିତ୍ର। ଶାନ୍ତ ମସ୍ତିଷ୍କର ବ୍ୟକ୍ତିବିଶେଷ ଭବିଷ୍ୟତର ବାତାବରଣକୁ ଯୁଦ୍ଧମୁକ୍ତ ରଖିବା ପାଇଁ ହେଲେ ଯୁଦ୍ଧର ସମସ୍ତ ନିଷ୍ପତ୍ତି ଆମ ଆଗରେ ରହିବା ଦରକାର ଯାହା ଶ୍ରୀକୃଷ୍ଣ ଚରିତ୍ରଟି ଆମକୁ ପ୍ରଦାନ କରିଥାଏ। ସାରା ଜୀବନ ଯୁଦ୍ଧ ଆଉ ସଂଘର୍ଷରେ ବିତିଥିଲା। ଯେବେ ସେଇ ଚରିତ୍ରଟି ନିଜ ଇଚ୍ଛାରେ ବା କୌଶଳରେ କିମ୍ବା ଦୈବୀ ଶକ୍ତି ପ୍ରୟୋଗ କରି ଯୁଦ୍ଧ ପ୍ରକ୍ରିୟାଟିକୁ ବନ୍ଦ କରିବାରେ ବୁଦ୍ଧି ପ୍ରୟୋଗ କରିଥାନ୍ତେ, ତେବେ ତାଙ୍କ

ଉପସ୍ଥିତିକୁ ସର୍ବସ୍ୱୀକୃତ କରାଯାଇ ପାରିନଥାନ୍ତା । କାରଣ ଯାହା ବାସ୍ତବ ତାହା ହିଁ ସେ କରୁଥିଲେ । ଯଦି କୌଣସି ଦେଶ ଯୁଦ୍ଧ ରହିତ ସମୟର ପରିକଳ୍ପନା କରୁଥାଏ ତେବେ ସେଇ ସମୟଟି ନିଶ୍ଚୟ ନିର୍ଜୀବ ତଥା ତେଜହୀନ ସମୟ ହେବ । ଯାହାକୁ ଆମେ ଅସମ୍ଭବ ବୋଲି କହିପାରିବା । ଯେତେବେଳେ ଶାନ୍ତିର କପୋତ ଆକାଶରେ ଉଡୁଥାଏ, ସେଇ ସମୟରେ ଛଞ୍ଚାଣ ମଧ୍ୟ ଯୁଦ୍ଧ ପାଇଁ ପ୍ରସ୍ତୁତ ହେଉଥାଏ ।

ଶ୍ରୀକୃଷ୍ଣ ଚରିତ୍ର ହେଉଛି ସମୁଦାୟକୁ ଏକୀଭୂତ କରିବାର ପ୍ରତୀକ । ସେଇ ଚରିତ୍ରଙ୍କ ଦିବ୍ୟଦୃଷ୍ଟି ହେଉଛି ସମୁଦାୟର ସମୁଦାୟିତା । ଯଦି ଶ୍ରୀକୃଷ୍ଣ ଚରିତ୍ରର ଦିବ୍ୟଦୃଷ୍ଟିକୁ ବିଚାର କରାଯାଏ, ତେବେ ଆମ ଭିତରେ ପୁଞ୍ଜିଭୂତ ହୋଇଥିବା ଭ୍ରମାତ୍ମକ ଧାରଣାର ଦୂରୀଭୂତ ହେବ । ନିଜ ଭିତରେ ଚାଲୁ ରହିଥିବା ଏଇ ଦ୍ୱନ୍ଦ୍ୱର ଅବସାନ ଘଟିବ । ଶ୍ରୀକୃଷ୍ଣ ଯୁଦ୍ଧ ପିପାସୁ ନଥିଲେ କିମ୍ବା ଖୋଜି ଖୋଜି ଯୁଦ୍ଧ କରୁନଥିଲେ, କିମ୍ବା କାହାର ପ୍ରଭୁତ୍ୱରେ ଆଞ୍ଚ ପହଞ୍ଚେଇବା ପାଇଁ ଚେଷ୍ଟା କରିନଥିଲେ । ଯୁଦ୍ଧର ତରିକାକୁ ପ୍ରତି ସମୟରେ ବଦଳେଇବା ପାଇଁ ପ୍ରୟାସ କରିଛନ୍ତି । ଆମେ ଯଦି ଇତିହାସ ଦେଖିବା, ତେବେ ଆଖି ସାମ୍ନାକୁ ଗୋଟିଏ କଥା ଆସିଯିବ ତାହା ହେଲା, ମଣିଷ ଯେଉଁ ସମୟରେ ନିଜ ନିଜ ଭିତରେ ଯୁଦ୍ଧରୁ ବିରତ ହେବ ସେତେବେଳେ ମଣିଷ ପ୍ରକୃତି ବିରୋଧରେ ଯୁଦ୍ଧ ଚାଲୁ କରିବ । ବାସ୍ତବରେ ଦେଖିଲେ ବା ମଣିଷର ପ୍ରଗତିର ହିସାବ କଲେ ଆମେ ଦେଖିବା, ବିଜ୍ଞାନ ଓ ବୈଷୟିକ ଉନ୍ନତି, ଏଇସବୁ ଯୁଦ୍ଧ ପାଇଁ ପ୍ରସ୍ତୁତି କହିଲେ ଅତ୍ୟୁକ୍ତି ହେବନାହିଁ । ମନୁଷ୍ୟ ଯେତେବେଳେ କିଛି ଆବିଷ୍କାର କରେ, ସେତେବେଳେ ସେ ପୃଥିବୀକୁ ଏକ ଗୁପ୍ତ କଥାକୁ ବାହାରକୁ ଆଣେ । ପ୍ରକୃତି ବିରୋଧରେ ଯୁଦ୍ଧ କରି ପ୍ରଥମେ ଚନ୍ଦ୍ରପୃଷ୍ଠରେ ପହଞ୍ଚିଲା । ସେଇ ଯୁଦ୍ଧ ମଧ୍ୟ ଅବିରତ ଭାବେ ମଣିଷ କରିଚାଲିଛି ଏବଂ ଭୂପୃଷ୍ଠରେ ସେଇ ଆଧାରରେ ନିଜର ଶ୍ରେଷ୍ଠତାକୁ ଜାହିର କରୁଛି । ଏଇ ଯୁଦ୍ଧ ମଣିଷ ଯଦି କରୁନଥାନ୍ତା, ତେବେ ଆବିଷ୍କାର ଉଦ୍ଭାବନ ଠପ୍ ହୋଇ ଯାଇଥାନ୍ତା । ଶାନ୍ତିବାଦୀମାନେ କିମ୍ବା ଅହିଂସାକୁ ମହିଷାସୁର ବୋଲି ଭାବୁଥିବା ମଣିଷମାନେ କ'ଣ କୌଣସି କାଳରେ ଗ୍ରହ ପରେ ଗ୍ରହରେ ପହଞ୍ଚି ପାରିଥାନ୍ତେ ? ହୁଏତ ଏଇ ଚନ୍ଦ୍ରପୃଷ୍ଠ ଭବିଷ୍ୟତରେ ଆଉ ଏକ ଯୁଦ୍ଧକୁ ଅପେକ୍ଷା ରଖିଛି : ଯିଏ ଚନ୍ଦ୍ରପୃଷ୍ଠକୁ ଜିତିବ, ସିଏ ଏଇ ପୃଥିବୀରେ ପ୍ରଭୁତ୍ୱ ଜାହିର କରିବ, ନଚେତ୍ ଭୂପୃଷ୍ଠରେ କୌଣସି ଅଧିକାର ସାବ୍ୟସ୍ତ କରିବାର ଦାବି ରହିବ ନାହିଁ । ଏମିତି ବି ଚନ୍ଦ୍ରପୃଷ୍ଠ ଯୁଦ୍ଧର କ୍ଷେତ୍ର ପାଲଟିବ, ସେଇଠୁ ରହି ଯୁଦ୍ଧାସ୍ତ୍ର ପୃଥିବୀକୁ ପ୍ରେରିତ ହେବ । ଭୂପୃଷ୍ଠରେ ଚାଲିଥିବା ଯୁଦ୍ଧ ପିଲାମାନଙ୍କ ଯୁଦ୍ଧ ପରି ଘଟୁଛି । ସମୟ କ୍ରମେ ଯୁଦ୍ଧର ପରିଭାଷା ଭବିଷ୍ୟତରେ ବଦଳିଯିବ । କଥାରେ ଅଛି, 'ବୀରଭୋଗ୍ୟା ବସୁନ୍ଧରା' । ଜଣେ ବୀରହିଁ ଏଇ ବସୁଧାକୁ ଭୋଗିବାର ସାମର୍ଥ୍ୟ ରଖେ । ଅନ୍ୟମାନେ କେବଳ ଶାସିତ ହେଉଥାନ୍ତି । ଶକ୍ତିଶାଳୀ ଦେଶ ହିଁ ଚନ୍ଦ୍ରପୃଷ୍ଠକୁ

ଦଖଲ କରିବ। ଗ୍ରହ ଉପଗ୍ରହ ଦଖଲ ମାନସିକତା ରଖି ବିଜ୍ଞାନର ଅଗ୍ରଗତି ଜାରି ରହିଛି। ସେଇ ଅବିରତ ଉଦ୍ୟମରେ ଯାହାର ଯେତିକି ସଫଳତା ହାସଲ ହେବ। ମାଟିତଳୁ ଆଉ ଏକ ଦେଶର ମାଟିତଳକୁ ଯେମିତି ଥର୍ମୋ ନ୍ୟୁକ୍ଲିୟର ଡିଭାଇସର ପ୍ରେରଣରେ ସମସ୍ତେ ସଫଳ, ସେଇପରି ଭୂପୃଷ୍ଠରୁ ଭୂପୃଷ୍ଠକୁ, ଆକାଶରୁ ଆକାଶକୁ ଏବଂ ପରବର୍ତ୍ତୀ ପର୍ଯ୍ୟାୟ ଯୁଦ୍ଧପାଇଁ ଗ୍ରହରୁ ଗ୍ରହକୁ ଆକ୍ରମଣ ଚାଲିବ। ଚନ୍ଦ୍ରକୁ ଅଧିକରଣ ପାଇଁ ବର୍ତ୍ତମାନ ଦେଶ ଦେଶ ଭିତରେ ପ୍ରତିଯୋଗିତା ଜାରି ରହିଛି। ତାହା ଆଦୌ ବନ୍ଦ ହେବ ନାହିଁ। ତାହା ଏକ ଗତିଶୀଳ ପ୍ରକ୍ରିୟା। ଆମେରିକା ଜଣେ ବ୍ୟକ୍ତିକୁ ଚନ୍ଦ୍ରପୃଷ୍ଠରେ ପହଞ୍ଚାଇବା ପାଇଁ ଦୁଇ ବିଲିୟନ୍ ଡଲାର ଖର୍ଚ୍ଚ କରୁଛି। ଏଥିରେ ପହଞ୍ଚିବାର ସାର୍ଥକତା ହୋଇନାହିଁ ବରଂ ଏହା ପଛରେ ଅନେକ ଗୁପ୍ତ ଉଦ୍ଦେଶ୍ୟ ରହସ୍ୟାତ୍ମକ ଭାବେ ଛପି ରହିଛି। ଆମେ ଯଦି ତିନିଶହ ବର୍ଷ ପୂର୍ବକୁ ଫେରିଯିବା, ତେବେ ଆମ ଆଖିସାମ୍ନାରେ ସ୍ପଷ୍ଟ ଭାବେ ଏକ ଛବି ଉଙ୍କିମାରିବ, ତାହା ହେଲା ଯେତେବେଳେ ୟୁରୋପର ଦେଶଗୁଡ଼ିକ ଏସିଆ ମହାଦେଶ ଭିତରକୁ ଜଳଯାତ୍ରା କରୁଥିଲେ, ଠିକ୍ ସେଇ ସମୟରେ ପର୍ତ୍ତୁଗାଲ, ସ୍ପେନ୍, ଫ୍ରାନ୍ସ ଓ ବ୍ରିଟେନ୍‌ର ବାଣିଜ୍ୟ ପୋତମାନ ଏସିଆ ମହାଦେଶର ରାଜ୍ୟମାନଙ୍କ ଆଡ଼କୁ ଯାତ୍ରା କରୁଥିଲେ। ସାମ୍ରାଜ୍ୟବାଦୀମାନଙ୍କ ଆଖିରେ ଏସିଆ ମହାଦେଶର ସମସ୍ତ ଦେଶମାନଙ୍କୁ ଅଧିକାର କରିବା ସେମାନଙ୍କର ଏକମାତ୍ର ଲକ୍ଷ୍ୟ ଥିଲା। ଏଇ ଜଳପଥରେ ଯାତ୍ରା ଦ୍ୱାରା ପରସ୍ପର ପରସ୍ପରକୁ ଠାବ କରିବାରେ ସଫଳ ହେଲେ।

ଦ୍ୱିତୀୟ ବିଶ୍ୱଯୁଦ୍ଧ ପରେ ସେମାନେ ଯେଉଁ ସମୟରେ ଏସିଆର ଦେଶମାନଙ୍କୁ ଛାଡ଼ି ପଳେଇଗଲେ, ସେତେବେଳେ ଏସିଆ ମହାଦେଶର ଲୋକମାନେ କହିବାକୁ ଲାଗିଲେ ଯେ, ଆମେ ସ୍ୱାଧୀନତା ହାସଲ କଲୁ। ଏହା ପୂର୍ଣ୍ଣ ସତ୍ୟ ନୁହେଁ; ମାତ୍ର ଅର୍ଦ୍ଧ ସତ୍ୟ। ଅନ୍ୟ ଅର୍ଦ୍ଧେକ ସତ୍ୟ ଆଉ କିଛି। ସେଇ ଆଉକିଛି ହେଲା, ମଣିଷ ଅର୍ଥାତ୍ ବୁଦ୍ଧିଆ ୟୁରୋପର ମଣିଷମାନେ ସେମାନଙ୍କ ଆଖି ମାଟି ଉପରୁ ଉଠେଇ ଉପରକୁ ଚାହିଁଲେ। ଅର୍ଥାତ୍ ଗ୍ରହ ନକ୍ଷତ୍ର ମୁହାଁ ହେଇ ସେଇସବୁକୁ ଅକ୍ତିଆର କରାଯିବାରେ ମନଯୋଗ ଦେଲେ। ଦୃଷ୍ଟିଭଙ୍ଗୀ ମାଟିରୁ ଆକାଶମୁହାଁ ହେଲା । ଜୀବନ ହେଉଛି ଏକ ଦୁଃସାହାସିକ କାର୍ଯ୍ୟରେ ହାତଦେବା ଏବଂ ଗୋଟିଏ ମହାନ ଶକ୍ତିକୁ ହାତେଇବା। ମହାଭାରତ ଯୁଦ୍ଧ ସତର ଓ ଅଧେଦିନ ହେଇଥିଲା; ମାତ୍ର ଏଇ ଯୁଦ୍ଧ ଯୁଝିବା ପାଇଁ ଯେଉଁସବୁ ଅସ୍ତ୍ରଶସ୍ତ୍ର ବୀରମାନଙ୍କୁ ହାସଲ କରିବାକୁ ପଡ଼ିଥିଲା, ତାହା ସେମାନଙ୍କ ପାଇଁ ସାରା ଜୀବନର ସଂଗ୍ରାମ ପରେ ସେଇସବୁ ଶକ୍ତିମାନଙ୍କୁ ହାସଲ କରିଥିଲେ। ଯେଉଁ ମଣିଷ ସାମ୍ପ୍ରତିକ ସମୟ ଆବଶ୍ୟକ କରୁଥିବା ଶକ୍ତି ହାସଲ କରିପାରିବ ନାହିଁ, ତାହା ନିଶ୍ଚିତ ସତ୍ୟ ଯେ ତା'ର ଅସ୍ତିତ୍ୱ ଏଇ ଧରାପୃଷ୍ଠରେ ରହିବ ନାହିଁ। ସମସ୍ତଙ୍କ ଦୃଶ୍ୟପଟରୁ ହଜିଯିବ।

ଏଇ ପରିପ୍ରେକ୍ଷୀରେ ଶ୍ରୀକୃଷ୍ଣଙ୍କ ଚରିତ୍ର ପଠନ କରିବାର ଆବଶ୍ୟକତା ଅଛି। ମହାଭାରତ ଯୁଦ୍ଧ ପାଇଁ ଏକ ଭୂମିକୁ ଚୟନ କରାଯାଇଥିଲା, ଯାହା ଜନବସତି ଠାରୁ ଦୂରରେ ଥିଲା, ଯୁଦ୍ଧ ଭୂମି। ଏବେ ଯଦି ପୃଥିବୀ ପୃଷ୍ଠରେ ସେଇପରି ଘମାଘୋଟ ଲଢ଼େଇ ଚାଲେ, ତେବେ ଉଭୟ ଆକ୍ରମଣକାରୀ ଓ ସେଥିରେ ଆଘାତ ପାଉଥିବା ଉଭୟ ଦେଶ ଏବଂ ତତ୍ ସହିତ ଭୂପୃଷ୍ଠରେ ଥିବା ଦେଶମାନେ ମଧ୍ୟ ପାଉଁଶରେ ପରିଣତ ହେଇଯିବେ। ସେଥିପାଇଁ ଅନ୍ୟ ଗ୍ରହ ଓ ଉପଗ୍ରହରୁ ଯଦି ଯୁଦ୍ଧର ଆକ୍ରମଣ ଭୂପୃଷ୍ଠରେ ଥିବା ଦେଶ ପାଇଁ ହୁଏ, ତେବେ ସମଗ୍ର କ୍ଷତିରୁ ଅନ୍ତତଃ ପାର୍ଶ୍ୱ ରାଜ୍ୟମାନେ ବଞ୍ଚିଯିବେ। ମହାଭାରତ ଯୁଦ୍ଧ ଦୁଇ ପ୍ରକାର ମାନସିକତାର ବ୍ୟକ୍ତିମାନଙ୍କ ପାଇଁ ଆରମ୍ଭ ହୋଇଥିଲା ଯଥା: ଗୋଟିଏ ଗୋଷ୍ଠି କେବଳ ପାର୍ଥିବ ବସ୍ତୁକୁ ହାତେଇବା ପାଇଁ ଦ୍ୱୈବତ୍ୱ ପ୍ରତି ଅନ୍ଧ ହୋଇ ଆରମ୍ଭ କରିଥିଲେ। ସେଇମାନଙ୍କ ପାଇଁ ଜୀବନ ଏକ ଖେଳପଡ଼ିଆ, ଜୀବନ ହେଉଛି କଠୋର ଭାବେ ଉପଭୋଗର ଭୂମି। ଦେହ ବାହାରେ ସେମାନଙ୍କ ପାଇଁ ଜୀବନର ଅର୍ଥ କିଛି ନାହିଁ। ଅନ୍ୟପକ୍ଷରେ ଦଣ୍ଡାୟମାନ ଥିଲେ ପୁଣ୍ୟ ଓ ଉତ୍ତମ ମଣିଷମାନେ, ସାମ୍ନା କରି ପାର୍ଥିବ ମଣିଷମାନଙ୍କୁ। ଶ୍ରୀକୃଷ୍ଣ ପାର୍ଥିବ ମଣିଷମାନଙ୍କୁ ସାମ୍ନାକରି ଠିଆ ହେଲେ ଏଇଥିପାଇଁ ଯେ, ଭଲ ମଣିଷମାନେ ନିର୍ବଳ ନୁହଁନ୍ତି କି ଅସାମର୍ଥ୍ୟ ନୁହଁନ୍ତି। ସାରା ପୃଥିବୀ ବ୍ୟାପି ରାଜ୍ୟମାନଙ୍କରେ ଏଇ ପରିସ୍ଥିତି ଉପୁଜିଛି। ଗୋଟିଏ ପକ୍ଷରେ ପାର୍ଥିବ ବସ୍ତୁକୁ ଅକ୍ତିୟାର କରିବା ପାଇଁ ଠିଆ ହେଇଥିବା ଦେଶ ଏବଂ ତା'ର ସାମ୍ନାରେ ସତ୍ୟ ଏବଂ ନ୍ୟାୟ ପାଇଁ ବା ଶାନ୍ତି ନିମିତ୍ତ ସେମାନଙ୍କୁ ପ୍ରତିହତ କରିବାକୁ ଚାହୁଁଥିବା ଦେଶର ମଣିଷ। ଦୁର୍ବଳତାର ଯନ୍ତ୍ରଣାରେ ଭଲକଥା ହିଁ ପୀଡ଼ିତ ହେଉଥାଏ। ଏଇ ଭଲମାନେ ଯୁଦ୍ଧରୁ ବିରତି ରହିବା ପାଇଁ ପ୍ରୟାସ କରୁଥାନ୍ତି। ଅର୍ଜ୍ଜନ ହେଉଛନ୍ତି ସେଇ ଚରିତ୍ରମାନଙ୍କ ମଧ୍ୟରୁ ଅନ୍ୟତମ। ଅର୍ଜ୍ଜୁନର ଅର୍ଥ ଶାନ୍ତ, କମନୀୟ, ସ୍ପଷ୍ଟବାଦୀ, ପରିଚ୍ଛନ୍ନ। ଅର୍ଜ୍ଜୁନଙ୍କ ପରି ଶ୍ରୀକୃଷ୍ଣ ମଧ୍ୟ ଅନୁରୂପ ଗୁଣର ଅଧିକାରୀ; ମାତ୍ର ଶ୍ରୀକୃଷ୍ଣ ଦୁର୍ବଳତାକୁ ପସନ୍ଦ କରୁନଥିଲେ କିମ୍ବା ପଳାୟନପନ୍ଥୀ ନଥିଲେ। ଶ୍ରୀକୃଷ୍ଣ ସେଇ ପକ୍ଷକୁ ସ୍ୱୀକାର କରିଥିଲେ ଯେଉଁ ପକ୍ଷ ନ୍ୟାୟ ପାଇଁ ଯୁଦ୍ଧକୁ ସାମ୍ନା କରି ଠିଆ ହେଇଥିଲେ। ଯୁଦ୍ଧ ଅବଶ୍ୟମ୍ଭାବୀ ଥିଲା। ନ୍ୟାୟ ପ୍ରାପ୍ତି ପାଇଁ କୌଣସି ବିକଳ୍ପ ହିଁ ନଥିଲା। ଶ୍ରୀକୃଷ୍ଣ ଯେମିତି ଶାନ୍ତ ସରଳ, ଅର୍ଜ୍ଜୁନ ମଧ୍ୟ ଅନୁରୂପ। ଶ୍ରୀକୃଷ୍ଣଙ୍କ ସରଳତାର କୌଣସି ସୀମା ନଥିଲା ଏବଂ ଶ୍ରୀକୃଷ୍ଣ ଦୁର୍ବଳତାକୁ ସ୍ୱୀକାର ନ କରିବା ସଙ୍ଗେସଙ୍ଗେ ପଳାୟନକୁ ମଧ୍ୟ ଅସ୍ୱୀକାର କରୁଥିଲେ। ଶ୍ରୀକୃଷ୍ଣ ହେଉଛନ୍ତି ବାସ୍ତବବାଦୀ। ସେଇଥିପାଇଁ ଅର୍ଜୁନକୁ ଖସି ପଳାଇବା ପାଇଁ ଦେଇ ନଥିଲେ।

ପୃଥିବୀକୁ ଯଦି ଦୁଇଭାଗ କରି ଦିଆଯାଏ ଏବଂ ସଠିକ୍ ନିଷ୍ପତ୍ତି ନେବାର କଥା ଆସେ, ସେତେବେଳେ ଯୁଦ୍ଧ ହିଁ ନିଷ୍ପତ୍ତି ନେବାପାଇଁ ଏକମାତ୍ର ବିକଳ୍ପ। ଗାନ୍ଧି ହୁଅନ୍ତୁ

ଅବା ରସେଲ ଏମାନେ ଅର୍ଜୁନ ପରି ଶାନ୍ତି ପ୍ରିୟ । ଏଇ ମହାମାନବମାନେ ଆଉ କଥାଟିକୁ ସ୍ୱୀକୃତି ଦେବେ ନାହିଁ । ତେଣୁ କୌଣସି ପରିଣତିର ପର୍ଯ୍ୟାୟ ଉପୁଜିବ ନାହିଁ । ଏମାନେ ନିଜେ ମରିଯିବାକୁ ପସନ୍ଦ କରିବେ ଅନ୍ୟ କାହାକୁ ମାରିବା ଅପେକ୍ଷା । ଏଇ ନିଷ୍ପତ୍ତି ନ ନେଇପାରିବା ସମୟରେ ଶ୍ରୀକୃଷ୍ଣ ଚରିତ୍ରର ଆବଶ୍ୟକତା ପଡ଼ିବ । ଶ୍ରୀକୃଷ୍ଣ ନିଶ୍ଚୟ କହିବେ, ଶାନ୍ତି ପାଇଁ ଯୁଦ୍ଧର ଆବଶ୍ୟକତା ଅଛି । ଯେମିତିକି ଜର୍ଜ ଅରୱେଲ କହିଥିଲେ 'ୱାର୍ ଇଜ୍ ପିସ୍' । ଅର୍ଥାତ୍ ଯୁଦ୍ଧ ପରେ ହିଁ ଶାନ୍ତି ପ୍ରତିଷ୍ଠା ହୋଇପାରିବ । ଭଲ କଥା ଚିନ୍ତା କରୁଥିବା ମଣିଷ ବା ଦେଶ ଯେତେବେଳେ ଯୁଦ୍ଧରେ ଦଣ୍ଡାୟମାନ ହେବ, ତେବେ ସବୁ ଭଲକଥାର ସ୍ରୋତ ହିଁ ପ୍ରବାହିତ ହେବ ଯୁଦ୍ଧକ୍ଷେତ୍ରକୁ । ଭଲ ମଣିଷମାନେ ଶ୍ରୀକୃଷ୍ଣଙ୍କ ଭାଷାରେ ଯୁଦ୍ଧ ଅସ୍ତ୍ରଶସ୍ତ୍ର ପରିଚାଳନା କରିବାର କଳା ଶିଖିବା ଉଚିତ୍ । ମନ୍ଦ ବୁଦ୍ଧି ବିରୋଧରେ ଭଲ ମଣିଷଙ୍କ ଯୁଦ୍ଧ । ଏଠି ପାପ ପୁଣ୍ୟର ବିଚାରରେ, ଯୁଦ୍ଧର ପୁଣ୍ୟତା ଭଲ ସପକ୍ଷରେ ରହୁଥିବା ସ୍ଥଳେ, ଖରାପ ପକ୍ଷକୁ ପାପହିଁ ଯିବ, ମହାଭାରତର ଶେଷ ପରିଣାମ ସଦୃଶ । ଏକଦା ପୃଥିବୀ ଦୁଇଭାଗରେ ବିଭକ୍ତ ହେଇଯିବ । ଗୋଟିଏ ପକ୍ଷ ବସ୍ତୁବାଦୀକୁ ଭିତ୍ତିକରି ଯୁଦ୍ଧରେ ଅବତୀର୍ଣ୍ଣ ହେଉଥିବା ସ୍ଥଳେ ଅନ୍ୟ ପକ୍ଷର ମଣିଷମାନେ ସ୍ୱାଧୀନତା, ଗଣତନ୍ତ୍ର ଓ ସାର୍ବଭୌମତ୍ୱ ତଥା ମାନବୀୟ ମୂଲ୍ୟବୋଧକୁ ହାସଲ କରିବା ପାଇଁ ଯୁଦ୍ଧର ସାମ୍ନା କରୁଥିବ । କଥା ହେଲା ଶ୍ରୀକୃଷ୍ଣ ପରି ଚରିତ୍ରର ଲୋଡ଼ା ପଡ଼ିବ ନ୍ୟାୟ ପାଇଁ, ଯୁଦ୍ଧକୁ ମୁହଁକରି ଠିଆ ହେଇଥିବା ମଣିଷମାନଙ୍କ ପାଇଁ । ସେଇ ଚରିତ୍ର ହିଁ ସର୍ବକୌଶଳକୁ ଆପଣେଇ ଅମାନବୀୟତାକୁ ପରାସ୍ତ କରିପାରେ । ଶ୍ରୀକୃଷ୍ଣଙ୍କ ପରି ଚରିତ୍ରଙ୍କ ଆବଶ୍ୟକ ହୁଏ କୌଣସି ଏକ ସିଦ୍ଧାନ୍ତରେ ପହଞ୍ଚିବା ପାଇଁ ।

ସର୍ବଦା ଭଲ ମଣିଷ, କିମ୍ବା ଭଲ କଥାର ସ୍ୱର କ୍ଷୀଣ ହୋଇଯାଇଥାଏ, ଦୁଷ୍ଟ ମଣିଷଙ୍କ ସ୍ୱର ପାଖରେ । ଦୁଷ୍ଟ ମଣିଷଙ୍କ ବିଚାର ସର୍ବାଗ୍ରେ ସ୍ଥାନ ପାଇଥାଏ । ସମୟର ଲଗାମ ସେଇ କ୍ରୂର ମଣିଷ ମଣିଷଙ୍କ ହାତରେ ଥାଏ । ସବୁକଥାକୁ ସେଇମାନେ ହିଁ ନିୟନ୍ତ୍ରଣ କରିଥାନ୍ତି । ଯେତେବେଳେ ଜଣେ ଜଣକୁ ଚାପଡ଼ାଟିଏ ମାରିଲା, ତା'ର ପ୍ରତିକ୍ରିୟାର ଉତ୍ତର ଅପେକ୍ଷା ରଖେ ଚାପୁଡ଼ା ଖାଇଥିବା ମଣିଷର ପ୍ରତିକ୍ରିୟା ଉପରେ । ଜଣେ ଯେତେବେଳେ ଏଇପରି ଅମାନବୀୟ ବ୍ୟବହାର କରୁଥିବା ମଣିଷ ବା ଦେଶ ବିପରୀତ ପକ୍ଷର ଦୁର୍ବଳତାକୁ ବୁଝିଥାଏ । ଯେଉଁ ଦୁର୍ବଳତାର ଅନ୍ୟନାମ ଭଦ୍ରାମୀ ବୋଲି କୁହାଯାଇପାରେ । ଯେଉଁ ଘଟଣା ଭାରତୀୟମାନଙ୍କର ପ୍ରତି ଅନ୍ୟ ଦେଶମାନଙ୍କର ଅଛି । ଖଣ୍ଡେ ବାଡ଼ିଧରି ଆସି ସେମାନେ ଭାରତୀୟମାନଙ୍କୁ ଶାସନ କରିବାର ଇତିହାସ ଆମେ ସମସ୍ତେ ଦେଖିଛନ୍ତି । ଦେଖିଛନ୍ତି ଭାରତୀୟମାନଙ୍କ ଭଦ୍ରାମୀ, ସହନଶୀଳତା, ଅତିଥିମାନଙ୍କ ସତ୍କାର କରିବାର ମାନବୀୟତା । ଯେଉଁସବୁ ଦୈବ ପ୍ରତିମ ଭାବନାକୁ ସେମାନେ ଦୁର୍ବଳତା

ବୋଲି ଭାବି ଆଜି ପର୍ଯ୍ୟନ୍ତ ଆକ୍ରମଣ କରି ଚାଲିଛନ୍ତି । ଭାରତୀୟମାନଙ୍କ ମାନସିକତାକୁ ସତ୍ ପଥରେ ନେବା ପାଇଁ ଶ୍ରୀକୃଷ୍ଣଙ୍କ ନୀତି ହିଁ ଏକମାତ୍ର ବିକଳ୍ପ । ଗୋଟିଏ ସମୟରେ ସେଇ ମହାନ୍ ଶ୍ରୀକୃଷ୍ଣ ଚରିତ୍ରଟି ସୀମିତ ନ ରହି କାଳଜୟୀ ଚରିତ୍ର ରୂପେ ଦଣ୍ଡାୟମାନ । ସେଇ ଦୈବୀ ଚରିତ୍ରଙ୍କ ପଥର ପଥିକ ହେବା ଆଜିର ସମୟ ଦାବିକରେ । ସେଇ ଏକମାତ୍ର ଚରିତ୍ରକୁ ଅବଲମ୍ବନ ହିଁ ବ୍ୟକ୍ତି ଓ ଦେଶକୁ ତଥା ବିଶ୍ୱକୁ ସୁଧାରି ପାରିବ । ଶ୍ରୀକୃଷ୍ଣ ଚରିତ୍ରଟି ହୁଏତ ପୁନଶ୍ଚ ଏଇ ମାଟିକୁ ଆସି ନପାରନ୍ତି ବା ଆସିବାର ଆବଶ୍ୟକତା ପଡ଼ିବ ନାହିଁ, ଯେବେ ଆମ୍ଭେ ସମସ୍ତେ ସେଇ ଚରିତ୍ରର ଗୁଣ ଚରିତ୍ରକୁ ଗଭୀର ଅନୁଶୀଳନ କରିବା, ତେବେ ସେଇ ପଥର ଅନୁଶୀଳନକାରୀ ମଣିଷମାନେ ପ୍ରତ୍ୟେକ ଗୋଟିଏ ଗୋଟିଏ ଶ୍ରୀକୃଷ୍ଣଙ୍କ ଚିନ୍ତନର ପ୍ରତିନିଧିତ୍ୱ କରିବେ ଓ ଦେଶର ଶାନ୍ତି ପ୍ରତିଷ୍ଠା କରିବାରେ ସହାୟକ ହୋଇ ପାରିବେ । ଯୁଦ୍ଧ ଓ ଶାନ୍ତି ମଣିଷର ଦୁଇ ହାତରେ ଦୁଇଟି କଥା; ମାତ୍ର ଗୋଟିଏ ମଣିଷ ହିଁ ଏଇ ଦୁଇଟି କଥାକୁ ନିୟନ୍ତ୍ରଣ କରିବ, ଯେମିତି ଶ୍ରୀକୃଷ୍ଣ ଚରିତ୍ରଟି ମହାଭାରତ ଯୁଦ୍ଧରେ କୌରବ ଓ ପାଣ୍ଡବ ସେନାମାନଙ୍କୁ ନିୟନ୍ତ୍ରଣ କରିଥିଲେ ।

■

ପ୍ରେମ ଏକ ସଂଯୋଗ ସମ୍ପର୍କ ନୁହେଁ

ସ୍ୱଚ୍ଛ ଆୟୁର ଆସନରେ ଆସୀନ ଯିଏ, ବୋଧହୁଏ ତା'ର ନାମ 'ପ୍ରେମ'। ସୀମା ସରହଦ ସଂକ୍ଷିପ୍ତ ପରିସୀମାର ପାର ହେଇ ଅସୀମତାକୁ ପରିବ୍ୟାପ୍ତ ଯାହାର ଧର୍ମ ତାହା ହେଉଛି ପ୍ରେମ। କିନ୍ତୁ ଏହାର ଗତିପଥ ଖୁବ୍ ସଂକୀର୍ଣ୍ଣ। ଏତେ ସଂକୀର୍ଣ୍ଣ ଯେ ବୋଧହୁଏ ଏକାବେଳକେ ଦୁଇଜଣ ସେଇ ରାସ୍ତାରେ ପ୍ରବେଶ କରିପାରିବେ ନାହିଁ। ଆରମ୍ଭ ସଂକୀର୍ଣ୍ଣ ଶେଷ ଅସୀମ ଓ ଶାଶ୍ୱତ। ପ୍ରେମ ଅଧିକାରକୁ ଅସ୍ୱୀକାର କରେ। ବନ୍ଧନରେ କର୍ପୂର ପରି ଉଡ଼ିଯାଏ। କନା ସଦୃଶ ଯାହା ରହିଥାଏ ତାହା ପରିବାର। ଗୋଟିଏ ଶୃଙ୍ଖଳ ଓରଫ୍ ଶୃଙ୍ଖଳା। କୌଣସି ପ୍ରକାର ଦାବିଦାର ବିରୋଧରେ ପ୍ରେମ ସ୍ୱର ଉତ୍ତୋଳନ କରେ। ପ୍ରେମ ଓ ପରିବାର ପରସ୍ପର ପରସ୍ପରର ବିରୋଧୀ। ଗୋଟିଏ ଦାୟିତ୍ୱବୋଧ ଓ କର୍ତ୍ତବ୍ୟର ଅନ୍ୟନାମ ହେଉଛି ପରିବାର। ପ୍ରେମ ଏକ ଆଟୋପ। କର୍ତ୍ତବ୍ୟକୁ ପ୍ରେମ ବୋଲି ଅଭିହିତ କରିବା ଅର୍ଥ, ପ୍ରେମର ହତ୍ୟା କରିବା ସହିତ ସମାନ। କର୍ତ୍ତବ୍ୟକୁ ସାକାରିନ ସହିତ ତୁଳନା କରାଯାଉଥିବା ବେଳେ, ପ୍ରେମର ସଂଜ୍ଞାକୁ ଖୋଜାଯାଏ ମଧୁରେ। ଉଭୟଙ୍କ ଧର୍ମ ଗୋଟିଏ ହେଲେ ମଧ୍ୟ ସ୍ୱାଦ ଭିନ୍ନ ଭିନ୍ନ। ଆଜି ଯିଏ ଭଲପାଉଛି ବୋଲି କୁହେ ଆସନ୍ତାକାଲି ସେ ସ୍ୱୟଂ ସେଇ ପ୍ରେମର ଶତ୍ରୁହୋଇ ଠିଆହୁଏ। ଶତ୍ରୁର ଦୃଷ୍ଟିଭଙ୍ଗୀ ଆସିବାର ମୂଳକାରଣ ହେଲା, ଏହା କୌଣସି ଏକ ନିର୍ଦ୍ଦିଷ୍ଟ ବ୍ୟକ୍ତି ସହିତ ସ୍ଥିର ହୋଇଗଲେ ଏଇ ପରିଣତି ହୁଏ। ଗତିଶୀଳତାକୁ ବନ୍ଦକରିଦେବା ଫଳରେ ଈର୍ଷା, ଅହଂ, ପ୍ରତିଶୋଧପରାୟଣ ଭାବ ଉଦ୍ରେକ ହୋଇଥାଏ। 'ପ୍ରତିଶ୍ରୁତି', ପ୍ରତିଜ୍ଞା ପରିସୀମାରେ ପରିଭ୍ରମଣ କରେ। ମାତ୍ର 'ପ୍ରେମ' ମୁକ୍ତ ଆକାଶର ବିହଙ୍ଗ ପରି ଘୂରିବୁଲିବାକୁ ପସନ୍ଦ କରେ। ବାଧ୍ୟ ବାଧକତାର କଥାଉଠିଲେ ଏହା ଉଭାନ ହୋଇଯାଏ। ମହୁମାଛି ସ୍ୱାଧୀନ ଭାବେ ଫୁଲରୁ ଫୁଲକୁ ଉଡ଼ି ମଧୁ ସଂଗ୍ରହ କରେ। ଫୁଲର ପ୍ରତୀକ୍ଷା ଓ ମଧୁମକ୍ଷୀର ଫୁଲପାଖରେ ପହଞ୍ଚି, ମଧୁ ସଂଗ୍ରହ କରିବାର ମୁହୂର୍ତ୍ତ ଏକ ମହାର୍ଘ ମୁହୂର୍ତ୍ତ। ପ୍ରେମର ମୁହୂର୍ତ୍ତ। ମୁହୂର୍ତ୍ତ ହିଁ ବୋଧହୁଏ ପ୍ରେମର ଆୟୁଷ।

ଆଖି ସବୁବେଳେ ଭୋକିଲା ଥାଏ। ସବୁବେଳେ କିଛି ନା କିଛି ଖୋଜୁଥାଏ। ଖୋଜି ପାଇଲା ପରେ ବି ସେଠାରେ ଫେରି ଆସୁଥାଏ। ପୁନଶ୍ଚ ଆଉକିଛି ଖୋଜେ। ଅନ୍ୱେଷଣର ଉଦ୍ଦେଶ୍ୟ ବିଷୟରେ ଯେଉଁ ସମୟରେ ଆଖି ଅଜ୍ଞ ଥାଏ ତେବେ ପ୍ରାପ୍ତିକୁ କିପରି ଶେଷ ବୋଲି ଧରାଯାଇପାରିବ ? ଜଣେ ସର୍ବୋଚ୍ଚ ଆସନରେ ଆସୀନ ହେବା ପରେ ବି ସ୍ଥିର ହୋଇପାରେ ନାହିଁ। ବସିବାର ଆନନ୍ଦକୁ ଅନୁଭବ ନ କରି ଆଉ ଅନ୍ୟ କେଉଁ କଥାର ଅନ୍ୱେଷଣ କରୁଥାଏ। ଜୀବନ ଆରମ୍ଭରେ ପ୍ରେମ ଥାଏ, ପରେ ପରେ ଏହା ଜୀବନ ପାଖରୁ ଦୂରେଇ ଯାଉଥାଏ। ସେଇ ଆରମ୍ଭ ସମୟକୁ ଖୋଜା ଚାଲିଥାଏ। ଆମ ଶିକ୍ଷା, ସଂସ୍କୃତି, ସମାଜ, ଜୀବନର ମୁଖ୍ୟ ଭୂମିକାରେ ଅବତୀର୍ଣ୍ଣ ହୋଇଯାନ୍ତି, ଫଳତଃ ମୁଖ୍ୟଟି ଗୌଣ ହେଇଯାଏ ଏବଂ ଗୌଣ କଥାଟି ଜୀବନର ପ୍ରସଙ୍ଗ ମୁଖ୍ୟ ହୋଇଯାଏ। ହଜିଯାଇଥିବା କଥାକୁ ଆଖି ସର୍ବଦା ଅନ୍ୱେଷଣ କରୁଥାଏ। ଫଳତଃ ଜୀବନ ଅନ୍ୱେଷଣ ମୁଖୀ ହେଇପଡ଼େ।

ଅନ୍ୱେଷଣର ପର୍ଯ୍ୟାୟକୁ ଚାଲିଆସନ୍ତି ଜଣେ ନାରୀ ଏବଂ ଜଣେ ପୁରୁଷ, କିମ୍ବା କୌଣସି ବସ୍ତୁ ବା ଜୀବଜନ୍ତୁ। ପରସ୍ପରକୁ ଭଲପାଇବା ତାହା ସ୍ୱୀକୃତ ହେଇପାରେ. ମାତ୍ର ସ୍ୱୀକୃତ ସ୍ୱାଧୀନତା ହରେଇଲେ ଭିନ୍ନ ଏକ ଇଲାକାର ଆବିର୍ଭାବ ହୁଏ। ପ୍ରଥମତଃ କୌଣସି ସୁସ୍ୱାଦୁ ଖାଦ୍ୟକୁ ଚାଖିଲେ ସେଥିରେ ଯେଉଁ ତୃପ୍ତି ମିଳେ ଯଦି ସେଇ ଖାଦ୍ୟକୁ ବାରମ୍ବାର ଖିଆଯାଏ, ତେବେ ତାହା ଘୃଣାରେ ପରିଣତ ହେଇଯାଏ। ପ୍ରେମ ପ୍ରତି ପ୍ରତିଶ୍ରୁତି ରହିଲେ କ୍ଷତି ନାହିଁ, ମାତ୍ର ଯେଉଁ ସମୟରେ ବ୍ୟକ୍ତି ସହିତ ଏହା ସଂଯୋଗ ହେଇ ସମ୍ପର୍କ ପ୍ରତିଷ୍ଠା କରିବା ପାଇଁ ପ୍ରୟାସ ରଖେ, ସେତେବେଳେ ସୁଖ କଥାଟି ଦୁଃଖରେ ପରିଣତ ହୋଇଯାଏ। ଆରୋପ ପ୍ରତିଆରୋପରେ ପରିବାର ଚାଲେ। ସମ୍ପର୍କ ପରିଚାଳନା ଓ ସାଲିସର କେନ୍ଦ୍ରବିନ୍ଦୁ ପାଲଟିଯାଏ। ପ୍ରେମ, ଖୁସି ବା ଶାନ୍ତିର ପ୍ରତିଶ୍ରୁତି ଧରି ଚାଲିଥାଏ, ଯେଉଁ ସମୟରେ ସେଇ ଖୁସି ଟିକକ ଅପସରି ଯାଏ, ସେତେବେଳେ ଆମେ ସେଇ ପର୍ଯ୍ୟାୟରୁ ଆଗକୁ ଗତିକରୁ। ପ୍ରଥମ ପର୍ଯ୍ୟାୟର ଆନନ୍ଦ, ଦ୍ୱିତୀୟ ଦିନ, ତୃତୀୟ ଦିନକୁ କମି କମି ଆସେ ଏବଂ ଏହା ଯଦି ନିୟମିତ ଭାବେ ଗତିକରେ ତେବେ ବିରକ୍ତିର ଭାବ ଓ ତିକ୍ତତାର ଭାବ ଆପଣାଛାଏଁ ଆସି ପହଞ୍ଚି, ମନକୁ ଖିନ୍‌ଭିନ୍ କରିପକାଏ। ଏକାପ୍ରକାରର କାର୍ଯ୍ୟ ଖୁସିଦେବା ବଦଳରେ ବିରକ୍ତ ଦେଇଥାଏ। କୌଣସି ଏକ ନିର୍ଦ୍ଦିଷ୍ଟ କାର୍ଯ୍ୟ ବା ବେଉସା ଆର୍ଥିକ ସହାୟତା ପ୍ରଦାନ କରିବା ସହିତ ସାମାଜିକ ପ୍ରତିଷ୍ଠାରେ ସହାୟକ ହୋଇଥାଏ; ମାତ୍ର ତାହା ମାନସିକ ଓ ମନସ୍ତାତ୍ତ୍ୱିକ ଅବସ୍ଥାର ଅବକ୍ଷୟ ଘଟେଇଥାଏ। ଧୀରେ ଧୀରେ ଏକ ପ୍ରକାର ଆତ୍ମହତ୍ୟା ଶରୀର ଓ ମନ ଭିତରେ ଆରମ୍ଭ ହେଇଯାଇଥାଏ।

ଜଣେ ବ୍ୟକ୍ତି ସେ ଯେଉଁ ସମୟରେ ଅନ୍ୟ କାହାକୁ ଭଲ ପାଉଛି, ସେଇ

ଭଲପାଇବା ପଛରେ କୌଣସି ଏକ ଉଦ୍ଦେଶ୍ୟ ଅନ୍ତର୍ନିହିତ ଅଛି। ନିଜେ ନିଜକୁ ଯେତେବେଳେ ଭଲପାଉଛି, ସେତେବେଳେ ବୁଝିବାକୁ ହେବ ଯେ ସେ ତା'ର ବ୍ୟକ୍ତିତ୍ୱକୁ ଭଲପାଉଛି। ନିଜ ଭିତରେ ଥିବା ଅହଂ ଗୁଣକୁ ଭଲ ପାଉଛି। ସେଇ ଅହଂ କହିଲେ ସମାଜ, ପରିବାର, ସଂସ୍କୃତି ନିର୍ମାଣ କରିଥିବା ବ୍ୟକ୍ତିତ୍ୱ, ଅହଂରେ ପରିଣତ ହେଇଥାଏ। ଅହଂକୁ ଭଲପାଇବା ଅର୍ଥ ନିଜକୁ ଭଲପାଇବା ପରି ଏକାକଥା ନୁହଁ। କାରଣ ଆମେ ଯେଉଁ ବ୍ୟକ୍ତିତ୍ୱକୁ ଭଲପାଉ ତାହା ଆମ ନିଜସ୍ୱ ନୁହଁ। ତାହା ପରପ୍ରଦତ୍ତ ସମ୍ପତ୍ତି, ଯାହା ବ୍ୟକ୍ତି ଭିତରେ ଠୁଳ ହେଇ ରହିଛି। ସେଇ ଠୁଳ ଗୁଣକୁ ଆମେ ଭଲପାଇ ବସୁ, ନିଜକୁ ନୁହଁ। ନିଜକୁ ଭଲ ପାଇପାରିଲେ ଯାଇ ଅନ୍ୟଜଣକୁ ଭଲପାଇହେବ। ସେଇଥିପାଇଁ ଆମେ ଯେହେତୁ ନିଜକୁ ଭଲ ନ ପାଉଁ ନିଜ ଭିତରେ ଲଦାଯାଇଥିବା ଚରିତ୍ରଗୁଡ଼ିକୁ ଭଲପାଉ, ସେଥିପାଇଁ ଯାହାକୁ ଆମେ ଭଲପାଉ, ସେଇ ଭଲପାଇବା ପଛରେ ସେଇ ବ୍ୟକ୍ତିଙ୍କର ପରିବାର, ତା'ର ସ୍ଥିତି, ତା'ର ବ୍ୟକ୍ତିତ୍ୱ, ତତ୍‌ସହିତ ତା' ଚେହେରାରେ ଉଜ୍ଜ୍ୱଳ ଦେଖାଯାଉଥିବା ସୌନ୍ଦର୍ଯ୍ୟମାନଙ୍କ ପୃଷ୍ଠଭୂମିଟିଏ ଦଣ୍ଡାୟମାନ ଥାଏ, ଆମ ଭଲପାଇବା ପଛରେ। ଅନ୍ୟ ପକ୍ଷରେ ଯେଉଁ ସବୁ ଗୁଣ ମଣିଷ ଅନ୍ୟମାନଙ୍କୁ ଶିକ୍ଷାକରି, ବ୍ୟକ୍ତିତ୍ୱ ନିର୍ମାଣ କରିଥାଏ, ସେଇସବୁ ଗୁଣ ଚରିତ୍ରମାନ ପରବର୍ତ୍ତୀ ସମୟରେ ବଦଳି ଚାଲେ। ଯେଉଁସବୁ ଗୁଣକୁ ଆଧାର କରି ଭଲପାଇବା ଗଢ଼ି ଉଠିଥାଏ, ସେଇସବୁ ଗୁଣ ବଦଳି ବଦଳି ଚାଲୁଥିବା କାରଣରୁ ଭଲପାଇବାଟା ମଧ୍ୟ ଅସ୍ଥିର ଧରେ, ଅର୍ଥାତ୍ ବାରମ୍ବାର ବଦଳି ଚାଲୁଥାଏ। ସେଥିପାଇଁ ପ୍ରେମ ଯେତେବେଳେ ଗୁଣ ରହିତ ହେବ ଏବଂ ବ୍ୟକ୍ତି ସମ୍ପନ୍ନ ହେବ ସେତେବେଳେ ପ୍ରେମ ଆଉ ଏକ ବ୍ୟକ୍ତି ପାଖରେ ପହଞ୍ଚି ପାରିବ।

ପ୍ରେମକୁ ଅଭିଜ୍ଞତା ଓ ଅନୁଭୂତିର ସାମର୍ଥ୍ୟକୁ ବୁଝାଯାଏ। ଏହା ଖୁବ୍ ସମ୍ବେଦନଶୀଳତା, ଏହା ଏତେ ଶକ୍ତିଶାଳୀ ଯେ ସମସ୍ତ ଅସୁସ୍ଥତାକୁ ସୁସ୍ଥ କରିଦିଏ। ଅପବିତ୍ରତାକୁ ପବିତ୍ର କରିଦିଏ। ସମସ୍ତ ବନ୍ଦଥିବା ଦ୍ୱାର ସବୁ ଖୋଲିଯାଏ। ଇଏ ଏକ ଉଚ୍ଚସ୍ତରର କଥା। ସେଇପରି ସ୍ଥିତିରେ ପହଞ୍ଚିବା ପାଇଁ ଯେଉଁ ମାନସିକତାର ଆବଶ୍ୟକ ହେବ, ସେଥିପାଇଁ ପ୍ରସ୍ତୁତି ଏତେ ସହଜ ନୁହେଁ, ତାହା ନିଶ୍ଚୟ ସାଧନାର ପ୍ରସ୍ତୁତି। ପ୍ରେମର ପ୍ରାପ୍ତିରେ କୌଣସି ଏକ ନିର୍ଦ୍ଦିଷ୍ଟ ପ୍ରେମିକା ବା ପ୍ରେମିକ ରହିବ ନାହିଁ। ବରଂ ପ୍ରେମିକ ଓ ପ୍ରେମିକା ରୂପରେ ଯେକୌଣସି ବ୍ୟକ୍ତି ଆସି ସାମ୍ନାରେ ଠିଆ ହେଇଗଲେ ସେ ପାଲଟିଯିବ ପ୍ରେମର ସ୍ୱରୂପ। ଆମେ ଯାହାକୁ ପ୍ରେମର ଆବିଷ୍କାର ବୋଲି କହିଥାଉ ସେଇ ପ୍ରେମ ପାଖରେ ପୃଥିବୀର ସବୁକିଛି ତୁଚ୍ଛ ପରି ଅନୁଭବ ହେବ। ପ୍ରେମର ପ୍ରାପ୍ତି ପ୍ରେମ ଦ୍ୱାରା ହିଁ ହୋଇଥାଏ। ଯୀଶୁଖ୍ରୀଷ୍ଟ କହୁଥିଲେ ଈଶ୍ୱର କହିଲେ ପ୍ରେମକୁ ବୁଝାଏ। ମଣିଷ ସାରାଜୀବନ ଯେବେ ଈଶ୍ୱରଙ୍କୁ ଖୋଜାଚାଲେ ତେବେ ଜୀବନ ବ୍ୟର୍ଥ ହେଇଯିବ।

ସ୍ଥିତିବାଦୀମାନେ ଈଶ୍ୱର ଶବ୍ଦକୁ ବିଶ୍ୱାସ କରନ୍ତି ନାହିଁ। କେବଳ ସ୍ଥିତିବାଦୀ ମାନେ କାହିଁକି ପୃଥିବୀର ଅଧାରୁ ଅଧିକ ବ୍ୟକ୍ତିମାନେ ଈଶ୍ୱରଙ୍କ ସ୍ଥିତିକୁ ସ୍ୱୀକାର କରନ୍ତି ନାହିଁ। ଈଶ୍ୱର ହେଉଛନ୍ତି ସତ, ଚିତ୍, ଆନନ୍ଦ। ତେବେ ଭଲ କାରିଗର କିପରି ଖରାପ କଥା ସୃଜନ କରିବ? ଭଲ ଆଦୌ ଖରାପ ସୃଷ୍ଟି କରିପାରିବ ନାହିଁ। ଈଶ୍ୱରଙ୍କ ଉପସ୍ଥିତିରେ ତାଙ୍କୁ କୌଣସି ଭଲଲାଗୁ ନଥିବା କଥା ଘଟିପାରିବ ନାହିଁ। କେବଳ ଭଲ ହିଁ ଭଲ ହେଇଥାନ୍ତା। ଖରାପ, ପାପ, ଅକାର୍ଯ୍ୟର ସ୍ଥାନ ଆଦୌ ନଥାନ୍ତା। ଈଶ୍ୱରଙ୍କୁ ନେଇ ତର୍କ ଚାଲେ; ମାତ୍ର ପ୍ରେମକୁ ନେଇ ପ୍ରସଙ୍ଗ ଆସେ ନାହିଁ। କାରଣ ଏହା ଏକ ଅନୁଭବ।

ଯଦି କୁହାଯାଏ ଜୀବନର ଆରମ୍ଭ ହିଁ ପ୍ରେମ। ପରବର୍ତ୍ତୀ ସମୟରେ ଏହା ଅପହରଣ ହେଇଥାଏ। ତେବେ କେଉଁବାଟ ଦେଇ ଏହା ଅପହରଣ ହେଲା। ହେଉଛି ତ ନିଶ୍ଚୟ। ହଁ ଯେଉଁ ଯେଉଁ ବାଟଦେଇ ଏଇ ଦିବ୍ୟ ଅନୁଭବ ଟିକକ ଅପହରଣ ହେଇଯାଇଛି, ସେଇ ବାଟରେ ପୁନଶ୍ଚ ଫେରିଆସିବ। ଯେଉଁବାଟ ବା ଯେଉଁ କଥା ଦ୍ୱାରା ଏହା ଆମ ପାଖରୁ ଦୂରେଇ ଯାଇଛି, ସେଇ ବାଟଗୁଡ଼ିକୁ ଆମେ ଅଭ୍ୟାସ ବୋଲି କହିଥାଉ। ସେଇ ଅଭ୍ୟାସ ଆମକୁ ବାହାର ଆଡୁ ଶିଖେଇ ଦିଆଯାଉଛି। ତାହା ଶୃଙ୍ଖଳା ହେଇପାରେ, ହେଇପାରେ ନୀତି ବା ଆଦର୍ଶ, କିମ୍ବା ଆଉ କିଛି, ମାତ୍ର ଏହା ପ୍ରେମ ଅନୁଭବର ପ୍ରତ୍ୟେକଟି ଗୋଟିଏ ଗୋଟିଏ ପ୍ରତିବନ୍ଧକ। ପ୍ରେମକୁ ଆଲିଙ୍ଗନ କଲେ ସବୁକିଛି ଉର୍ଦ୍ଧ୍ୱଗାମୀ ହୁଏ। ନଚେତ୍ ବିପରୀତଗାମୀ ହେବା ଥୟ।

ଏଇ ବ୍ୟକ୍ତିତ୍ୱର ବାଡ଼ ସବୁ ଆମକୁ ଆମ ନିଜ ପାଖରେ ପହଞ୍ଚିବା ପାଇଁ ପ୍ରତିବନ୍ଧକ ସୃଷ୍ଟି କରୁଛି। ସେଥିରୁ ମୁକ୍ତି ନ ମିଳିଲେ ପ୍ରେମର ସ୍ୱରୂପକୁ ସାକ୍ଷାତ କରି ହେବନାହିଁ। ଯେଉଁ ସମୟରେ ଜଣେ ଉଚ୍ଚାରଣ କରେ, "ମୁଁ ତୁମକୁ ଭଲପାଏ।" ସେଇ ସମୟରେ ଜଣକ ଭଲପାଇବା ଗୋଟିଏ ବ୍ୟକ୍ତି ଉପରେ ସନ୍ନିବେଶିତ ହେଇଗଲା, ଜଣଙ୍କ ପାଇଁ ପ୍ରଯୁଜ୍ୟ ହେଲା, ଅର୍ଥାତ୍ ସମୁଦାୟଟି ଆଡ଼େଇ ହେଇଗଲା। ଏଇ ବ୍ୟକ୍ତି ସମ୍ମୁଖରେ ଅବଶିଷ୍ଟ ବ୍ୟକ୍ତି ଏକ ପ୍ରକାର ଭାଷାର ପାତ୍ର ହେଇଗଲେ। ଏଠାରେ ଭଲପାଇବା ଏକ ସଂକୀର୍ଣ୍ଣତା ଭିତରକୁ ପ୍ରବେଶ କଲା। ମହାତ୍ମାଗାନ୍ଧୀ ସେଇ ଭଲପାଇବା ଶବ୍ଦ ସଠିକ୍ ବୁଝିପାରିଥିଲେ। ସଂକୀର୍ଣ୍ଣତାର ମନୋଭାବରେ ଭଲପାଇବା ଅର୍ଥ ଏକ ବନ୍ଦୀ ଆଡ଼କୁ ଅଗ୍ରସର ହେବା। ବ୍ୟାପକତାକୁ ବାଦ୍ ଦେଇ ଦେବା। ଗାନ୍ଧିଜୀ ତାଙ୍କର ପ୍ରେମକୁ କୌଣସି ପାଚେରୀ ପରିସରରୁ ବାହାରକୁ ନେଇଯାଇଥିଲେ। ପଞ୍ଜୁରୀ ଭିତରେ ଥିବା ପ୍ରେମ ଏବଂ ପଞ୍ଜୁରୀ ବାହାରେ ଥିବା ପ୍ରେମ ଏକାପ୍ରକାରର ନୁହଁନ୍ତି। ଯେମିତି ପଞ୍ଜୁରୀର ପକ୍ଷୀ ଓ ମୁକ୍ତ ଆକାଶର ଆନନ୍ଦରେ ରହୁଥିବା ପକ୍ଷୀ ଏକା ପକ୍ଷୀ ନୁହଁନ୍ତି।

'ପ୍ରେମ' ସମ୍ପର୍କରେ ଯୋଡ଼ି ହେଇଗଲେ ପ୍ରେମର ମୃତ୍ୟୁ ହୋଇଯାଏ। ଏଠାରେ

ଏକ ସାଧାରଣ କଥାକୁ ଲକ୍ଷ୍ୟ କରାଯାଇପାରେ । ଦୁଇଜଣ ପ୍ରେମୀଯୁଗଳ ସ୍ୱାଧୀନ ଭାବରେ ଘୂରାଫେରା କରୁଥିବା ବେଳେ ସେମାନଙ୍କ ଅନୁଭବକୁ ଆସୁଥିବା ଆନନ୍ଦ, ଯେତେବେଳେ ସମ୍ପର୍କରେ ବାନ୍ଧି ହେଇଯାଏ, ସେତେବେଳେ ପରସ୍ପର ପରସ୍ପରକୁ ଅଧିକାର ସାବ୍ୟସ୍ତ କରିବାରେ ଲାଗିପଡ଼ନ୍ତି, ସେଇଠୁ ଆରମ୍ଭ ହୁଏ ଦ୍ୱନ୍ଦ୍ୱ । ପ୍ରେମର ମୃତ୍ୟୁ ନ ହେଲେ ତିକ୍ତତା ଆସେ ନାହିଁ । ଯେଉଁଠି ସ୍ୱାଧୀନତା ନଷ୍ଟ ହୋଇଯାଏ, ସେଇଠି ବନ୍ଧନ ଆରମ୍ଭ ହୋଇଯାଏ । ପରିବାର ପ୍ରେମର ବିରୋଧୀ । କେବଳ ବିରୋଧ କରେ ନାହିଁ ତାକୁ ବିଲୁପ୍ତ କରିବାକୁ ଚାହେଁ । କାରଣ ପ୍ରେମ ରହିଲେ ଶୃଙ୍ଖଳା ରହିବ ନାହିଁ । ମାପଚୁପ ରହିବ ନାହିଁ । ପ୍ରଥା ପରମ୍ପରା ତିଷ୍ଠିପାରିବ ନାହିଁ । ପରିବାର ଉର୍ଦ୍ଧ୍ୱ ଉଡ଼ାଣକୁ ଭଲପାଏନା । ପରିବାର ପରିସୀମାର ଉର୍ଦ୍ଧ୍ୱକୁ ଯାଉଥିବା ବ୍ୟକ୍ତିକୁ, ପରିବାର ଶୁଭ ଦୃଷ୍ଟିରେ ବିଚାର କରେନାହିଁ । କାରଣ ପରିବାରର ଶୃଙ୍ଖଳା ଉର୍ଦ୍ଧ୍ୱ ଉଡ଼ାଣକୁ ବିରୋଧ କରେ । ପରିବାର ବିଚାରଧାରାକୁ ଉଲ୍ଲଂଘନ କଲେ, କୌଣସି ବ୍ୟକ୍ତି ସ୍ୱାଧୀନତା ସ୍ୱାଦ ଚାଖିପାରିବ ନାହିଁ । ସିସିଫସ୍ ଯେମିତି ପଥରକୁ ତ୍ୟାଗ କରିପାରେ, ସବୁ ଗୋଟେ ଫ୍ରେମ ଭିତରେ ଚାଲୁଥାଏ । ଶୃଙ୍ଖଳା ଭିତରେ ଜୀବନ ସଢ଼ିଯାଏ । କୌଣସି ଉଚ୍ଚତର ଭାବନାର ଉଦ୍ରେକ ହୁଏ ନାହିଁ । ସିସିଫସ ପ୍ରତିନିଧିତ୍ୱ କରେ ମଣିଷର ଭାବନାକୁ, ମଣିଷର ସମୃଦ୍ଧିକୁ, ମଣିଷର ବ୍ୟସ୍ତ, ବିବ୍ରତ, ବ୍ୟର୍ଥତାକୁ ଓ ଶୃଙ୍ଖଳା ଭିତରେ ଜୀଇଥିବା ଜୀବନକୁ । ଗୋଟିଏ ଉଦ୍ଭଟତାକୁ ଉପଲବ୍ଧି କରିନପାରି ସମାଜ ପାଲଟି ଯାଇଛି ସିସିଫସ । ସିସିଫସ୍ ଏକ ପୁନରାବୃତ୍ତି । ଏକ ବୃତ୍ତର ପରିଧି ଭିତରେ ପରିକ୍ରମଣ କରୁଥିବା ଏକ ଅଦ୍ଭୁତ ଜୀବଟିଏ ।

ସାହିତ୍ୟ ପ୍ରେମକୁ ନେଇ ଯାହା ବ୍ୟାଖ୍ୟା କରେ, ତାହା କୌଣସି ଏକ ନିର୍ଦ୍ଦିଷ୍ଟତାକୁ ପ୍ରଶଂସା କରିବା କଥା କୁହେ । ଏକ ପ୍ରକାର ବ୍ୟକ୍ତିଟିକୁ ସ୍ତୁତି କରାଯାଇଥାଏ । ଈଶ୍ୱରଙ୍କୁ ପ୍ରାର୍ଥନା ଗାନ କରି ନିଜେ ଆତ୍ମତୃପ୍ତି ପାଇବା ପରି କଥା । ପ୍ରେମ ପ୍ରତୀକ ମାଧ୍ୟମରେ ଆକାଶିଆ ଲାଗେ । ପ୍ରଶଂସିତ ହେଉଥିବା ବ୍ୟକ୍ତି ଯେତେବେଳେ ହାତ ପାହାନ୍ତାକୁ ଚାଲିଆସେ, ସେତିକି ଭାବରେ ଦୂରକୁ ଯାଇ ପୁଣି ଉଭାନ ହେଇଯାଏ । ସେତେବେଳେ ଆରମ୍ଭ ହେଇଯାଏ ବିଚ୍ଛେଦ । ପ୍ରେମ ଯେତିକି ମନକୁ ଉଚ୍ଛୁଳେଇଥାଏ ସେତିକି ଶୁଷ୍କକରି ମାଟି ଫଟାଇଦିଏ । ଛାତି ବି । ସୃଜନ ସାହିତ୍ୟର ଭିତ୍ତିଭୂମି ପଡ଼େ । ସେଇପରି କବି ବିରହରୁ ଉତ୍ପନ୍ନ ହୁଅନ୍ତି । ବିରହ ନ ଥିଲେ ସାହିତ୍ୟ ନଥାନ୍ତା । ଯଦି ଥା'ନ୍ତା ତେବେ ଏତେ ରସାଣିତ ହେଇ ନଥାନ୍ତା । ସାହିତ୍ୟ ପ୍ରେମର ଉପସ୍ଥିତିରେ ରସାଣିତ ନୁହଁ ବରଂ ବିଚ୍ଛେଦରେ ଜୀବନ୍ତ ଲାଗେ । ତେବେ ଆଲୋଚିତ ହେଉଥିବା ପ୍ରେମ ଶବ୍ଦ ସଂକୀର୍ଣ୍ଣ ପରିସରରେ କିପରି ହନ୍ତସନ୍ତ ହେଉଥାଏ, ତାହା ଅନୁଭବ କରିହୁଏ । ଏକଦା କବି ହରପ୍ରସାଦ ଦାସଙ୍କ ସହିତ ଏକାଠି ବସି କିଛି କଥା ଆଲୋଚନା କରୁଥିବା ସମୟରେ,

ହରବାବୁ ଅତୀତକୁ ଫେରିଯାଇ ତାଙ୍କର ଏକ ଭୁବନେଶ୍ୱରରେ ରହୁଥିବା ଏବଂ କଲେଜରେ ଏକା ଶ୍ରେଣୀରେ ପାଠ ପଢୁଥିବା ବନ୍ଧୁଙ୍କ ସୃଜନଶୀଳତା ବିଷୟରେ କହୁଥିଲେ। ତାଙ୍କର ସେଇ ବନ୍ଧୁ ଜଣଙ୍କର କୌଣସି ସୁନ୍ଦରୀ ସହପାଠିନୀଙ୍କ ସହ ପ୍ରେମ ହୋଇଗଲା। ସେଇ ପ୍ରେମକୁ ନେଇ ଅନେକ ସୁନ୍ଦର କବିତାମାନ ଲେଖୁଥିଲେ। ହରବାବୁ ତାଙ୍କର ସେଇ ବନ୍ଧୁଙ୍କ ସୃଜନଶୀଳତାକୁ ପରିଣତ ବୟସରେ ମଧ୍ୟ ଉଚ୍ଚପ୍ରଶଂସା କରୁଥିଲେ। ମାତ୍ର ତାଙ୍କ ବନ୍ଧୁଙ୍କ ସେଇ ଭଲପାଉଥିବା ସୁନ୍ଦରୀ ସହିତ ବିଭାଘର ହୋଇଗଲା। ହରବାବୁ ଦୁଃଖ ପ୍ରକାଶ କରି କହୁଥିଲେ ଯେ, ବିବାହ ପରେ ବନ୍ଧୁଜଣଙ୍କ ଉଚ୍ଚପଦସ୍ଥ ଅଧିକାରୀ ହୋଇ ସ୍ତ୍ରୀଙ୍କୁ ଧରି ସଂସାର କଲେ ଏବଂ ସୃଜନର ସେଇ ଗଜୁରୁଥିବା ସାହିତ୍ୟ ଟିକକ ସେଇଠି ମରିଗଲା। ତାଙ୍କର ବନ୍ଧୁଙ୍କୁ ତାଙ୍କ ଘର ଆମ୍ବଗଛର ବହଳ ଅନ୍ଧାରରୁ, ଆଉ ଶୁଣାଗଲାନି କୋଇଲିର କଣ୍ଠସ୍ୱର। ଏହା ଗପପରି ଲାଗୁଥିଲେ ବି ବାସ୍ତବ ଘଟଣାର ଏକ ରୂପରେଖ।

ଯେବେ ପ୍ରେମ ସଂଯୋଗର ପରିସୀମାକୁ ଅତିକ୍ରମ କରେ, ସେତେବେଳେ ସମ୍ପର୍କ ନିଶେଷ ହେଇଯାଏ। ଆମ ଜ୍ଞାତସାରରେ ଥିବା ପ୍ରେମର ସଂଜ୍ଞା, ଏକ ଦିଶାହୀନ ବାଦଲ ସଦୃଶ। ପ୍ରେମ ବ୍ୟକ୍ତିର ଗୁଣକୁ ବଦଳିଗଲେ, ତାହା ବ୍ୟକ୍ତିତ୍ୱରେ ପରିଣତ ହେଇଯାଏ। ରକ୍ତର ପ୍ରତ୍ୟେକଟି କଣିକା ତଲ୍ଲୀନ ହେଇଯାଏ। ଚେହେରାରେ ଔଜଲ୍ୟତା ଉଦ୍‌ଭାସିତ ହୁଏ। ସୂର୍ଯ୍ୟଙ୍କୁ ପାଣି ତର୍ପଣ କରି ଆମେ କୃତଜ୍ଞତା ଜଣାଉଛନ୍ତି। ଆମେ ସୂର୍ଯ୍ୟପାଖରୁ ଉପକାର ପାଉଛୁ। ସେଇ ଉପକାରକୁ ଆମେ ସ୍ୱୀକାର କରୁଛେ ଜଳତର୍ପଣରେ। ନିଜ ଭିତରେ କୃତଘ୍ନତାର ଗୁଣଟିକକୁ ଅସ୍ୱୀକାର କରି ସୂର୍ଯ୍ୟଙ୍କ ଉପକାରିତାକୁ କୃତଜ୍ଞତା ଜ୍ଞାପନ କରୁ। ଯଦି ଏଇ କଥାଟିକୁ ଏଇପରି ପଚରାଯାଏ, ତେବେ ଏଇକଥା ମନକୁ ଆସିବ ଯେ, ସୂର୍ଯ୍ୟ କ'ଣ ଆମ ପାଇଁ ଉଇଁଛନ୍ତି ? ଆମକୁ ଶକ୍ତି ଦେବାକୁ ? ନା ଆମକୁ ଆଲୋକିତ କରିବାକୁ ? ନା ଆମ ଜୀବନକୁ ଭରପୁର ଆନନ୍ଦ ଦେବାକୁ ? ସୂର୍ଯ୍ୟ ତାଙ୍କ ଭିତରେ ଘଟୁଥିବା ବିସ୍ଫୋରଣର ଏକ ପ୍ରତୀକ। ସେଇ ସ୍ୱାଭାବିକ ପ୍ରକ୍ରିୟା ନିଜ ଭିତରେ ଘଟୁଥିବା କାରଣରୁ ସେଥିରୁ କିଏ କିଏ ଉପକାର କି ଅପକାର ପାଉଛନ୍ତି, ସେଥିରେ ସୂର୍ଯ୍ୟ ବସ୍ତୁର କିଛି ପ୍ରତିକ୍ରିୟା ନଥାଏ। କାହାର ନିନ୍ଦା, କାହାର ପ୍ରଶଂସା, କାହାର କୃତଜ୍ଞତା କିମ୍ବା କାହାର କୃତଘ୍ନତା, କିଛି କଥା ବି ତାଙ୍କ ଭିତରେ ଘଟୁଥିବା ବିସ୍ଥାରିତ ଆଲୋକ ଉତ୍ସକୁ ଅଭିବୃଦ୍ଧି କିମ୍ବା ଅବକ୍ଷୟ କରେ ନାହିଁ। ଦିନ ଆସିବ ଆଲୋକର ଉତ୍ସ ନ୍ୟୁଟ୍ରନ୍, ପ୍ରୋଟନ୍, ଇଲେକ୍‌ଟ୍ରୋନ୍‌ମାନେ ନିସ୍ତେଜ ହୋଇଯିବେ। ଧୀରେ ଧୀରେ ସୂର୍ଯ୍ୟ ସମ୍ପୂର୍ଣ୍ଣ ବିଲୁପ୍ତ ହେଇ ଏକ ଆକାଶବ୍ୟାପୀ ଗର୍ଭରେ ପରିଣତ ହେବ। କୌଣସି ସ୍ତୁତି, କୌଣସି ତର୍ପଣ ଏହାର ଅବକ୍ଷୟକୁ ଅଟକାଇ ପାରିବ ନାହିଁ। ସୂର୍ଯ୍ୟ ସ୍ୱୟଂ ନିଜ ପାଇଁ ବଞ୍ଚିଛନ୍ତି। ଅନ୍ୟ କାହା ପାଇଁ।

ଭଲପାଇବା ଯେତେବେଳେ ନିଜକୁ ଅନ୍ୱେଷଣ କରିବାରେ ନିୟୋଜିତ ହୋଇଯାଏ, ସେତେବେଳେ ନିଜ ଆତ୍ମସତ୍ତା ସହିତ ପ୍ରେମଭାବ ଉତ୍ପନ୍ନ ହୁଏ। ପ୍ରେମ ହିଁ ଈଶ୍ୱର। କୌଣସି ବ୍ୟକ୍ତି, କୌଣସି ସଂସ୍ଥା ବା ଅନୁଷ୍ଠାନ କଦାଚିତ ପ୍ରେମ ପ୍ରାପ୍ତିର ସହାୟକ ହୋଇପାରିବ ନାହିଁ। ଯେଉଁମାନେ ଭରସା ଦେଉଥାନ୍ତି ଏପରି ଏକ ମହାର୍ଘ ମୁହୂର୍ତ୍ତ ସହିତ ସାକ୍ଷାତ୍ କରେଇଦେବା ପାଇଁ ସେମାନଙ୍କ ଭଣ୍ଡ ପ୍ରତାରଣାରେ, ଅଜ୍ଞ ମଣିଷଟିଏ ସାରାକାଳ ହନ୍ତସନ୍ତ ହେଉଥାଏ। ମଣିଷ ସେଇମାନଙ୍କ ପାଖରେ ବନ୍ଧାପଡ଼ିଥାଏ। ମୁକ୍ତି ହୁଏ ନାହିଁ କିମ୍ବା ପ୍ରେମର ସ୍ଫୁରଣଟିଏ ସୃଜନ ହୋଇପାରେ ନାହିଁ। ଈଶ୍ୱର ଓ ମଣିଷ ଭିତରେ ମଧ୍ୟସ୍ଥତା କରୁଥିବା ଦ୍ୱିତୀୟ ଈଶ୍ୱରମାନେ ପ୍ରାରବ୍ଧର କଥା କହି ବର୍ତ୍ତମାନ ସମୟକୁ ମୂଲ୍ୟହୀନ କରିପକାଉଥାନ୍ତି। ବର୍ତ୍ତମାନ ଜୀଉଁଥିବା ଜୀବନକୁ ପ୍ରତ୍ୟେକ ଧର୍ମୀୟ ଗୋଷ୍ଠୀମାନେ ଅତୀତର କର୍ମଫଳ କଥାରେ ବାନ୍ଧିପକାନ୍ତି ଏବଂ ବର୍ତ୍ତମାନ ଜୀବନର ଜୀବନକୁ ଉପଭୋଗ କରିବାର ସୁଯୋଗ ଦେଇନଥାନ୍ତି। ଏଇଠାରେ ପ୍ରେମରେ ଗୁରୁତ୍ୱ ଖୁବ୍ ଗୁରୁତ୍ୱପୂର୍ଣ୍ଣ। ମଣିଷ ଯେତେବେଳେ ନିଜେ ନିଜକୁ ପ୍ରେମ କରିବା ଆରମ୍ଭ କରିଦେବ, ସେତେବେଳେ ପ୍ରଥା, ପରମ୍ପରା ପଣ୍ଡିତମାନେ ତା' ଭିତରକୁ ପ୍ରବେଶ କରିପାରିବେ ନାହିଁ। ଜୀବନ ପରିପୃଷ୍ଟ ହୋଇଯିବ। ପ୍ରେମ ଦ୍ୱାରା ହିଁ ଏହା ସମ୍ଭବ ହୋଇପାରିବ। ଜୀବନକୁ ଉପଭୋଗ କରିହେବ। ପ୍ରେମର ସ୍ଫୁରଣରେ ଜୀବନରେ ପ୍ରତ୍ୟେକଟି ଦିଗଟିର ନୂଆପଥ ଉନ୍ମୋଚନ କରିପାରିବ। ବିଶ୍ୱର ସବୁଦ୍ୱାର ଉନ୍ମୁକ୍ତ ହୋଇଯିବ। ବିଷ ଜାତୀୟ ପଦାର୍ଥର ନାମ ଅନେକ; ମାତ୍ର କାର୍ଯ୍ୟ ଏକ। ଏଇ ଏକତ୍ୱ ହିଁ ପ୍ରେମ। ଦୃଷ୍ଟିଭଙ୍ଗୀ ଭିନ୍ନ ହେଲେ ମଧ୍ୟ ଅନୁଭବ ଗୋଟିଏ। ଫୁଲ ସବୁ ଭିନ୍ନ ଭିନ୍ନ। ରଙ୍ଗ, ଆକୃତି, ଆକର୍ଷଣ ସବୁକିଛି ଅଲଗା। ମାତ୍ର ମଧୁମକ୍ଷୀ ଆହରଣ କରୁଥିବା ପ୍ରେମର ସ୍ୱାଦ ଏକ। ସବୁକିଛି ବଦଳିବାରେ, ପ୍ରେମର ଅନୁଭବ ବଦଳେ ନାହିଁ। ଯାହାକୁ ଆମେ ଐଶ୍ୱରୀୟ ପ୍ରେମର ନାମକରଣ କରିପାରିବା। ପ୍ରେମ ଶାରୀରିକ ସମ୍ବେଦନଶୀଳତା ଉର୍ଦ୍ଧ୍ୱରେ ରହେ। ଶରୀର ଏକ ମାଧ୍ୟମ। ଏଇ ମାଧ୍ୟମକୁ ମଧ୍ୟସ୍ଥତା କରି ମନକୁ ପଙ୍ଗୁ କରିଦିଏ ଆମ ଧର୍ମୀୟ ବ୍ୟବସ୍ଥା। ମଣିଷ ଭୁଲ ଠିକ୍‌କୁ ବିଚାର କରୁଛି, ଆମକୁ ପଢ଼େଇ ଦିଆଯାଇଥିବା ପାଠ ଅନୁସାରେ। ଯେଉଁ ସମୟରେ ଧର୍ମୀୟ ବିଚାର ଧାରାରୁ, ମନକୁ ଉନ୍ମୁକ୍ତ କରିପାରିବା ବା ମୁକ୍ତ କରିବା ପାଇଁ ସମର୍ଥ ହେବା, ସେଇ ସାମର୍ଥ୍ୟର ଶେଷ ପର୍ଯ୍ୟାୟରୁ ଆରମ୍ଭ ହେବ ପ୍ରେମର ଇଲାକା। ଏହା ଏକ ସ୍ଥାନ ନୁହେଁ ବରଂ ଏକ ସ୍ୱତନ୍ତ୍ର ସ୍ୱାଦର ଅନୁଭବ। ଭଲପାଇବା। ପ୍ରେମର ପରିଣତି। ସର୍ବବିଦ୍ୟମାନ। ଆନନ୍ଦ ଧାମ।

ମଣିଷ ସର୍ବଦା କୌଣସି ଏକ ଶକ୍ତିକୁ ନିଜ ଅକ୍ତିଆରରେ ରଖିବାକୁ ଚାହେଁ। କାରଣ ପାୱାର ବା ଶକ୍ତି ଅନ୍ୟମାନଙ୍କୁ ପାଖକୁ ଟାଣିଆଣି ନିଜର ଆଧିପତ୍ୟକୁ ଜାହିର

କରିବାର ସୁଯୋଗ ଦିଏ । ଆଧିପତ୍ୟକୁ ଅଧିକାର କରିବାର ପ୍ରୟାସ ପାଇଁ ଆମେ ସ୍ୱୟଂ ନିଜେ ନିଜ ପାଖରେ ରହିପାରୁନାହିଁ । ଆଧିପତ୍ୟକୁ ହାତେଇବାର ଯୋଜନାରେ ଆମେ ଯୋଜନ ଯୋଜନ ଉଡୁଥାଉ । ହାରିବା ଆଉ ଜିତିବା, ସଫଳ, ଅସଫଳ ଫଳକୁ ଭୋଗି ଭୋଗି, ବିପର୍ଯ୍ୟୟକୁ ହାସଲ କରିଥାଉ । କାହାକୁ ହରେଇଦେବାର ଆନନ୍ଦ ହେଉଛି ଗୋଟିଏ ଅହଂର ବିଜୟ । ସେଇ ବିଜୟ ଅନେକ ବିପର୍ଯ୍ୟୟକୁ ନିମନ୍ତ୍ରଣ କରେ । ପ୍ରେମରେ ମତୁଆଲା ଥିବା ମହୁମାଛି, ଫୁଲ ସୌନ୍ଦର୍ଯ୍ୟ ଅପେକ୍ଷା ମହକରେ ହଜିଥାଏ । ମହକକୁ ବୁଝିଥିବା ପ୍ରେମିକ କଦାଚିତ ରଙ୍ଗବେରଙ୍ଗର ଭ୍ରମରେ ପଡ଼େନାହିଁ । ପ୍ରେମରେ ତଲ୍ଲୀନଥିବା ମଣିଷଟିଏ ବିଜୟ ପରାଜୟକୁ ଦେଖିବାକୁ ଚାହେଁ ନାହିଁ । କାହାକୁ ଆଧିପତ୍ୟ ଅଧୀନରେ ରଖି ଆମେ ଅହଂକୁ ଖୁସି କରେଇଥାଉ । ଅହଂର ଅନ୍ୟନାମ ଆଧିପତ୍ୟ । ଅହଂ ଚାଲିଗଲେ ଆଧିପତ୍ୟ ଚାଲିଯାଏ । ଆଧିପତ୍ୟ ଅହଂକାର ଚାଲିଗଲା ପରେ ମଣିଷ ନିଃସ୍ୱ ହେଇଯାଏ । ଆଧିପତ୍ୟ ଓ ଅହଂର ଅନୁପସ୍ଥିତିରେ କେବଳ ଦୁଃଖ ଓ ଯନ୍ତ୍ରଣା ସ୍ଥାନ ଅଧିକାର କରିନିଏ । ଅହଂ ଏତେ ଶକ୍ତିଶାଳୀ ଯେ, ଅହଂ ଧାରେ ହସକୁ ବି ସହ୍ୟ କରିପାରେ ନାହିଁ । ହସିବା ପାଇଁ ଏବେ ସାରା ପୃଥିବୀରେ କ୍ଲବ୍‌ମାନ ଖୋଲାଗଲାଣି । ହସିବା ପାଇଁ ଆମେ ଉକ୍ତ ସ୍ଥାନକୁ ଯାଇଥାଉ କୃତ୍ରିମ ହସ ହସିବା ପାଇଁ । ହସିଲେ ଉତ୍ତମ ସ୍ୱାସ୍ଥ୍ୟ ଜୀଇଁହୁଏ । ଆମ ଜୀବନରୁ ବସ୍ତୁବାଦ ହସଖୁସି ଅପହରଣ କରିଛି । ଆମେ ନିଜେ ହସୁନାହୁଁ । ଅନ୍ୟ କେହି ହସିଲେ ଆମେ ସହ୍ୟ କରିପାରୁ ନାହିଁ । ପିଲାଟିଏ ଯେବେ ହସୁଚି, ତେବେ ବଡ଼ମାନେ ସେଇ ହସକୁ ଗ୍ରହଣ କରିପାରୁ ନାହାଁନ୍ତି । କାରଣ ନଥାଇ ଯଦି କେହି ହସିଲା ତେବେ ଆମ୍ଭେ ତାକୁ ଫାଜିଲାମି କିମ୍ବା ଥଟ୍ଟାମଜା ବୋଲି ଧରିଥାନ୍ତି । କାହାର ଖୁସି ଦେଖି ସହିପାରିବା ଅବସ୍ଥା ବର୍ତ୍ତମାନ ମଣିଷ ସମାଜ ହରେଇ ବସିଛି । ପ୍ରେମ କାହାର ଜଗତରୁ ପ୍ରାପ୍ତ ହୁଏନାହିଁ । ଏହା ମନ ଭିତରର କଥା । ବାହାର ଜଗତ ଆମକୁ ସୂଚନା ପ୍ରଦାନ କରେ । କୌଣସି ଏକ ମୌଳିକ ଧାରଣା ବସ୍ତୁ ବିଷୟରେ ସୃଷ୍ଟିକରେ । ପ୍ରକୃତ ଧାରଣା ମନ ଭିତରୁ ସୃଜନ କରାଯାଏ କେବଳ ସଠିକ୍ ବୁଝାମଣା ମାଧ୍ୟମରେ । ଜ୍ଞାନୀମାନେ ବାହ୍ୟ ସୂଚନାରୁ ଜ୍ଞାନ ଆହରଣ କରିଥାନ୍ତି । ଭିତରର ଅନୁଭବ ହିଁ ପ୍ରକୃତ ପ୍ରେମର ଭାବନା ଉଦ୍ରେକ କରିଥାଏ । କିନ୍ତୁ ବିଜ୍ଞାନୀମାନେ ଭିତର ଅନୁଶୀଳନ ଅନୁଧ୍ୟାନରୁ ଏକ ସ୍ୱତନ୍ତ୍ର ଜ୍ଞାନପ୍ରାପ୍ତ ହେଇଥାନ୍ତି ।

ବସ୍ତୁଟିଏ ହିଁ ଭାବନାଟିଏ ତିଆରି କରିଥାଏ । ବସ୍ତୁ ରହିତ ଭାବନା ଏକ ପ୍ରକାରର ଅସମ୍ଭବ କଥା । କୌଣସି ବସ୍ତୁ ବା ବ୍ୟକ୍ତିକୁ ମନରେ ନ ରଖି ପ୍ରେମର ଭାବନାଟିଏ ମନ ଭିତରେ ସୃଜନ କରାଯାଇ ପାରିବ ନାହିଁ । ପ୍ରେମିକା କିମ୍ବା ପ୍ରେମିକଟିଏ ନାହିଁ ମାନେ ପ୍ରେମ ଭାବନା କିପରି ସୃଜନ ହେଇପାରିବ ? ଆମ ଭିତରେ ଯେଉଁ ଜ୍ଞାନସବୁ ଅଛି, ସେଇ ସବୁ ଜ୍ଞାନ ବସ୍ତୁରୁ ହିଁ ସୃଷ୍ଟି । ବସ୍ତୁ ବା ବ୍ୟକ୍ତିକୁ କାଳ୍ପନିକ ସ୍ତରରେ ରଖି ମଧ୍ୟ

ପ୍ରେମଭାବନାର ଉଦ୍ରେକ ହୋଇପାରିବ। ଏହାର ଅର୍ଥ ଆମେ ବସ୍ତୁ ବା ବ୍ୟକ୍ତି ପାଖରେ ବନ୍ଧାପଡ଼ି ପ୍ରେମକୁ ଫଳସ୍ୱରୂପ ପାଇଚେ। ଦାସତ୍ୱକୁ ସ୍ୱୀକାର କରିଚେ ଆମ ସ୍ଥିତି ମଧ୍ୟ ଉଧାର ସୂତ୍ରରେ ଅନ୍ୟପାଖରୁ ଆସିଲା। ଏଇ ପ୍ରକ୍ରିୟା ଅବିରତ ଭାବେ ଚାଲିଥିବା କାରଣରୁ ଆମେ ଅନ୍ୟପାଖରେ ବନ୍ଧା ପଡ଼ିଥାଉ। ବନ୍ଦୀ ଜୀବନ କଟେଇ ଥାଉ। କୌଣସି କଥାକୁ ନେଇ ଆମ୍ଭେ ପ୍ରେମ ଆରମ୍ଭ କରୁ। ଯଦି କୌଣସି ମାଧ୍ୟମ ନ ରହିଲା, ଆମର ଜ୍ଞାନ ଆହରଣ ହୁଏନାହିଁ। ପ୍ରେମ ବି କରିହୁଏ ନାହିଁ। ସେଇ ବସ୍ତୁ କିମ୍ବା ବ୍ୟକ୍ତି ଯଦି ନ ରୁହନ୍ତି ଆମର ଜ୍ଞାନ ମଧ୍ୟ ଶୂନ୍ୟ ହୋଇଯାଏ। ଶୂନ୍ୟ ଅବସ୍ଥାରେ ମଣିଷ ରହିଯାଏ। ମେସିନ୍ ଯେପରି ବିଭିନ୍ନ ଛୋଟବଡ଼ ଯନ୍ତ୍ରମାନଙ୍କର ସମାହାର, ସେଇପରି ପଣ୍ଡିତମାନେ ପୁସ୍ତକରୁ ଜ୍ଞାନ ଧାର ଆଣି ନିଜ ମସ୍ତିଷ୍କରେ ରଖନ୍ତି। ଯେଉଁ ସମୟରେ ଜ୍ଞାନଟିଏ ବସ୍ତୁ ଆଧାରରେ ସୃଜନ ହେଲା ତେବେ ଆମେ ଏହାକୁ ସମ୍ପର୍କ ବୋଲି କହିଥାଉ। କାରଣ ଏଇ ଜ୍ଞାନ ଅନ୍ୟ ଉପରେ ନିର୍ଭର କରି ପ୍ରାପ୍ତ ହୋଇଛି। ନିଜେ ତୁରୀୟ ଅବସ୍ଥାରେ ରହିହୁଏ ନାହିଁ। ଆମେ ଅନ୍ୟ କାହାକୁ ଭଲପାଇବା କଥା କହୁଛେ ମାନେ ଆମେ ସମ୍ପର୍କ କଥା କହୁଛେ। ସମ୍ପର୍କଟା ଦୁଇଟି ବସ୍ତୁ ଭିତରେ ହୋଇପାରିବ। ସମ୍ପର୍କ ଏକ ସେତୁ ଦୁଇଦିଗରୁ ଆସିଥିବା ରାସ୍ତାକୁ ସେତୁ ମାଧ୍ୟମରେ ସଂଯୋଜିତ କରିଥାନ୍ତି। ପ୍ରେମ ସମ୍ପର୍କକୁ ଗତିକରି ସେତୁ ସଦୃଶ କାର୍ଯ୍ୟକରିଥାଏ। ବୁଦ୍ଧ ପ୍ରାପ୍ତ ହୋଇଥିବା ପ୍ରେମ ଏହା କୌଣସି ବସ୍ତୁ ସମ୍ପର୍କିତ ଜ୍ଞାନ ନୁହେଁ। ବସ୍ତୁବାଦରୁ ଅତିକ୍ରମଣ କରିଯାଇ, ନିଜେ ଗୋଟିଏ ସତ୍ୟ ପାଲଟି ଯାଉଥିଲେ। ଯାହା ସଚେତନ ଅବସ୍ଥାରେ ଗତି କରୁଥାଏ।

ସମ୍ପର୍କ ତିଆରି ହୁଏ, ସମ୍ପର୍କର ମୃତ୍ୟୁ ମଧ୍ୟ ଘଟେ। ପ୍ରେମର ଜନ୍ମ ହୁଏ କାରଣ ଏଇ ପ୍ରେମ ଗତକାଲି ନଥିଲା, ଆଜି ବର୍ତ୍ତମାନରେ ଅଛି। ଭବିଷ୍ୟତରେ ରହିବ କିମ୍ବା ନାହିଁ ତା'ର କୌଣସି ଠିକଣା ନଥାଏ। ମୃତ୍ୟୁ ଜନ୍ମ ହୋଇଛି ବୋଲି ମୃତ୍ୟୁ ମରଣକୁ ସମ୍ମୁଖୀନ ହୋଇଥାଏ। କୌଣସି ଜୀବର ଜନ୍ମ ଅର୍ଥ, ଗୋଟିଏ ମୃତ୍ୟୁର ଜନ୍ମ। ବସ୍ତୁ ସହିତ ସମ୍ପର୍କ ରଖି ଯେଉଁ ପ୍ରେମ ସୃଷ୍ଟି ହୁଏ ତା'ର ଆୟୁ ସ୍ୱଳ୍ପ ସମୟ। କାରଣ ମୃତ୍ୟୁ ପରି ସେଇ ପ୍ରେମ ବା ଖୁସିର ଜନ୍ମ ଯାହା ଶେଷ ହେବା ସ୍ୱାଭାବିକ। ଆମେ ଯେଉଁଥିରୁ ଆନନ୍ଦ ପାଉଛୁ ତାହା ଯଦି ଆମ ପାଖରୁ ଚାଲିଥାଏ, ତେବେ ତା' ସହିତ ଆମ ଆନନ୍ଦ ମଧ୍ୟ ଚାଲିଯିବ। ପ୍ରେମକୁ ଭାଷଣରେ ବୁଝାଇ ହୁଏ ନାହିଁ। ଆମକୁ ଭୋକ କରୁଛି, ଯଦି ସେଇ ସମୟରେ ଜଣେ ଖାଦ୍ୟ ବିଷୟରେ ଅଭିଭାଷଣ ରଖିବ, ତେବେ ଖାଦ୍ୟ ଖାଇବାକୁ ଦେବା ପରିବର୍ତ୍ତେ, କେମିତି ଲାଗିବ ଭୁଭୁକ୍ଷୁଙ୍କୁ? ନଈରେ ବୁଡ଼ିଯାଉଥିବା ମଣିଷକୁ ଯଦି ସେଇ ମୁହୂର୍ତ୍ତରେ ପହଁରିବାର କଳା ଶିଖାଯାଏ, ତେବେ ତାହା ବୁଡ଼ିଯାଉଥିବା ମଣିଷର କି କାମରେ ଆସିବ? ଏଇସବୁ କଥାକୁ ଅଭିଜ୍ଞତାରୁ ଶିଖାଯାଏ ଭାଷଣରୁ ନୁହଁ। ଆନନ୍ଦ

କୌଣସି କାରଣରୁ ସୃଷ୍ଟି ହୋଇଥିଲେ ତାହା କେତେ ସମୟ ବା ରହିପାରିବ ? କୌଣସି କାରଣ ନଥାଇ ଯଦି ଆନନ୍ଦର କଥାଟିଏ ମନକୁ ଆସିଗଲା, ତେବେ ତାହା ପ୍ରେମର ପ୍ରକୃତ ମୂଳଦୁଆ ପଡ଼ିଗଲା । ସେଇ ଅଭିଜ୍ଞତାକୁ ଆମେ ପରମାନନ୍ଦ ବୋଲି କହିପାରିବା । ଏହା କୌଣସି ସମ୍ପର୍କରୁ ସୃଷ୍ଟି ହେଇନାହିଁ । ଏହା କୌଣସି କାରଣର କାରଣ ନୁହେଁ ବରଂ ଅକାରଣରୁ ସୃଷ୍ଟି ହେଇଥିବା କାରଣରୁ ଏଇ ମୁହୂର୍ତ୍ତକୁ ମହାର୍ଘ ମୁହୂର୍ତ୍ତ ବୋଲି କହିପାରିବା । କାରଣ ଏହାର କାରଣ ରହିବ ପ୍ରେମ । 'ସମ୍ପର୍କ' ଏକ କାରଣରୁ ସୃଷ୍ଟି । ସଂଯୋଗ ପ୍ରତ୍ୟାଶା ରହିତ । ଯେବେ ପୁରାଣରୁ ସୃଷ୍ଟି ହୋଇଥିବା ରାଧା ଓ କୃଷ୍ଣଙ୍କ ସହିତ ସମ୍ପର୍କକୁ ଦେଖିବା, ତେବେ ଅନୁଶୀଳନରୁ ଜାଣିପାରିବା ଯେ, ଉଭୟଙ୍କ ଭିତରେ ଥିବା ଘଟଣା ହେଉଛି ସଂଯୋଗ ମାତ୍ର, ସମ୍ପର୍କ ନୁହେଁ । ଯେତେବେଳେ କୌଣସି ପର୍ଯ୍ୟାୟରେ ଗଢ଼ି ଉଠିଥିବା ସମ୍ପର୍କ, ସଂଯୋଗରେ ପରିଣତ ହୋଇଗଲା, ତାହା ଶାଶ୍ୱତ ପାଲଟିଯାଏ । ଯେଉଁ ସମୟରେ ପ୍ରେମର ମୁହୂର୍ତ୍ତ ସହିତ ରାଧା ସଂଯୋଜିତ ହୋଇଯାନ୍ତି, ସେତେବେଳେ ପ୍ରେମର ସ୍ରୋତ ବିପରୀତ ଦିଗକୁ ପ୍ରବାହିତ ହୁଏ । କୃଷ୍ଣଙ୍କର ଉପସ୍ଥିତି ବା ଅନୁପସ୍ଥିତି ସହିତ ଭଲପାଇବାର ସମ୍ପର୍କ କିଛି ରହେନାହିଁ । ପ୍ରେମ ଯେତେବେଳେ ସଂଯୋଗ ହୋଇଥାଏ, ସେତେବେଳେ ନିକଟ କିମ୍ବା ଦୂରତ୍ୱ ବା କୌଣସି କଥାର ସ୍ଥିତି ରହେନାହିଁ । କୃଷ୍ଣଙ୍କର ମୃତ୍ୟୁ ମଧ୍ୟ ତାଙ୍କୁ ଅବିଚଳିତ କରେ ନାହିଁ । କାରଣ ପ୍ରେମ ପରିଣତିକୁ ସେ ପରମାନନ୍ଦ ସହିତ ସଂଯୋଜିତ କରିଥିବା କାରଣରୁ ସମ୍ପର୍କ ମୂଲ୍ୟହୀନ ହୋଇଯାଏ । ରାଧା ଧାରାରେ ପରିଣତ ହୋଇଯାନ୍ତି । ସମୁଦ୍ରାଏ ପ୍ରେମ ସଂଯୋଜିତ ହେଇ ରହେ । କାହାକୁ ହରେଇବା ବା ପାଇବା ସହିତ ପରମାନନ୍ଦର କୌଣସି ସମ୍ପର୍କ ନଥାଏ । ଡାୟୋଜେନ୍‌ସ ଜଣେ ଭିକାରୀ । ଆଲେକଜାଣ୍ଡରଙ୍କୁ କହିଲେ, ମୁଁ ହେଉଛି ଖୁସିର ଉତ୍ସ । କୌଣସି ବସ୍ତୁକୁ ପ୍ରାପ୍ତ ହେଇ ଖୁସି ହୁଏ ନାହିଁ । ସାରା ପୃଥିବୀକୁ ଜୟ କଲେ ମଧ୍ୟ ଆପଣ ଖୁସିରେ ରହିପାରିବେ ନାହିଁ । ମୃତ୍ୟୁପରେ ଜଣେ ସମ୍ରାଟ କବର ପାଇଁ ଯେତିକି ସ୍ଥାନ ଦରକାର କରିବେ, ମୁଁ ଭିକାରୀ ହେଇ ମଧ୍ୟ ସେତିକି ଜାଗା ନେଇ ବିଦାୟ ନେବି । ଯଦି ଶେଷ ପରିଣତି ଜଣେ ଭିକାରୀ ଓ ଜଣେ ସମ୍ରାଟଙ୍କର ଏକା, ତେବେ ଆପଣ ଓ ମୋ ଭିତରେ ଫରକ୍ କ'ଣ ଏଇ ସମୟ ? ମୋ ଖୁସିର କୌଣସି କାରଣ ନାହିଁ, କିନ୍ତୁ ମୁଁ ଖୁସି, କାରଣ ଖୁସି ସହିତ ନିଜକୁ ସଂଯୋଗ କରିଛି, ସମ୍ପର୍କ ରଖିନାହିଁ । ଶାନ୍ତି ପାଇବା ପାଇଁ ଯଦି ସମ୍ରାଟ ଆପଣ ଚାହାନ୍ତି, ମୋ ପାଖରେ କିଛିଦିନ ଶୋଇପଡ଼ନ୍ତୁ । ପ୍ରେମର ପରିଭାଷାକୁ ବୁଝିସାରିବା ପରେ ଆଲେକଜାଣ୍ଡାର କହିଲେ, ମୁଁ ଆର ଜନ୍ମରେ ଡାୟୋଜେନସ ହେବାକୁ ଚାହେଁ, ଆଲେକଜାଣ୍ଡାର ନୁହେଁ ।

■

ଶବ୍ଦର ଶିରୋନାମା ଶତ୍ରୁତା

ଦୃଶ୍ୟ କିମ୍ବା ଶ୍ରବଣ ମାଧ୍ୟମରେ ମସ୍ତିଷ୍କ କ୍ରିୟାଶୀଳ ହୋଇ ପ୍ରତିକ୍ରିୟା ସ୍ୱରୂପ ଚିନ୍ତନର ଉଦ୍ରେକ ହୋଇଥାଏ । ଉକ୍ତ ପ୍ରତିକ୍ରିୟା ଗଭୀର ଅନୁଶୀଳନ ମାଧ୍ୟମରେ ସଂସ୍କାରିତ ହେଲେ ଭାବନାର ଓଜନ ଭାରି ହୁଏ । ପ୍ରତିକ୍ରିୟା ପରିପ୍ରକାଶ ପାଇଁ ଆବଶ୍ୟକ କରେ ଶବ୍ଦ । ଯେଉଁ ଶବ୍ଦ ପାରିପାର୍ଶ୍ୱିକ ପରିବେଶର ସନ୍ତୁଳନକୁ ନିୟନ୍ତ୍ରଣ କରୁଥାଏ । ତାହା ମୌଖିକ ହେଉ ଅବା ଲିଖିତ । ତା'ର ପ୍ରଭାବରେ ପ୍ରଭାବିତ ହେଇଥାନ୍ତି ବ୍ୟକ୍ତି ଓ ବ୍ୟକ୍ତିତ୍ୱ । ଭାବନା ଯେଉଁ ସମୟରେ ପ୍ରବଣତାରେ କବଳିତ ହୋଇଯାଏ, ସତେବେଳେ ଶବ୍ଦମାନେ ଲାଳିତ୍ୟପୂର୍ଣ୍ଣ ହୋଇପାରନ୍ତି କିମ୍ବା ତାହା ବିପରୀତ ଧର୍ମୀ ହେବାର ସମ୍ଭାବନାକୁ ମଧ୍ୟ ଏଡ଼େଇ ଦିଆଯାଇ ନପାରେ, ମାତ୍ର ସେଇ ଶବ୍ଦ କଦାପି ଭାବଗମ୍ଭୀର ହେଇପାରିବ ନାହିଁ । କାରଣ ତାହା ତତ୍କ୍ଷଣାତ୍ ପରିପ୍ରକାଶ ହେଇଥିବା କାରଣରୁ ତର୍କ ସମ୍ବଳିତ ହୋଇଯାଏ । ଗୋଟିଏ ଶବ୍ଦର ପିଠିରେ ଗୋଟିଏ ଦେଶ ଏବଂ ଜାତିର ଭାର ଲଦି ହେଇଥାଏ । ଶବ୍ଦର ମାଧ୍ୟମରେ ବ୍ୟକ୍ତିଠାରୁ ବ୍ୟକ୍ତିଙ୍କୁ ସବୁକିଛି ସଞ୍ଚରିତ ହେଇଥାଏ । ଜଣେ ଦାର୍ଶନିକ କହୁଥିଲେ, "ମୁଁ କୌଣସି ଶବ୍ଦଟିଏ ଲେଖିବା ପୂର୍ବରୁ ଦଶହଜାର ଥର ଚିନ୍ତା କରିଥାଏ, ସେଇ ଶବ୍ଦ ବିଷୟରେ ଏଇଥିପାଇଁ କି ଯେ, ମୁଁ ଏଇପରି କଥା ଲେଖିବି ନା ଲେଖିବି ନାହିଁ । କାରଣ ମୁଁ ଏକ ବିପଦପୂର୍ଣ୍ଣ ପଦକ୍ଷେପ ନେବାକୁ ଯାଉଅଛି ।"

କୌଣସି ଶବ୍ଦଟିଏ ଲିପିବଦ୍ଧ ହେବାର ହଜାର ହଜାର ବର୍ଷ ପୂର୍ବରୁ କଥାବାର୍ତ୍ତା ମାଧ୍ୟମରେ ହିଁ ଜ୍ଞାନର ଆଦାନପ୍ରଦାନ ଚାଲୁ ରହିଥିଲା । କୌଣସି କଥାଟିକୁ ଲିଖିତ ଆକାରରେ ସାଇତିଦେବା ଅର୍ଥ ଲେଖିଥିବା ବ୍ୟକ୍ତିର ହାତରେ ଆଉ କିଛି ନଥାଏ ଯାହା ଥାଏ ତାହା ପାଠକର ହାତରେ । ପାଠକଟି ଯେଉଁ ପରିମାପକର ହେଇଥାଏ, ଶବ୍ଦଟି ସେଇ ପରିମାପକରେ ବିତରିତ ହୋଇଥାଏ । ଶବ୍ଦର ଅର୍ଥଗତ ଭାବ ପାଠକର ଗ୍ରହଣଶୀଳତାରେ ତା'ର ଭବିତବ୍ୟ ନିର୍ମାଣ କରିଥାଏ । ସେଇଥିପାଇଁ ଲିଖିତ ଶବ୍ଦର ଅର୍ଥ

ନିଶ୍ଚୟ ଗୁରୁତ୍ୱପୂର୍ଣ୍ଣ ବ୍ୟାପାର । ଲେଖାଯାଇଥିବା କଥାର ଅର୍ଥ ଅନୁସାରେ ସମାଜ ନିର୍ମାଣ ହୋଇଥାଏ, ଅର୍ଥାତ୍ ମଣିଷମାନଙ୍କ ବୌଦ୍ଧିକତା ସୃଜନ ହେଇଥାଏ । ଗୋଟିଏ ଶବ୍ଦକୁ ଉଚ୍ଚାରଣ କରିବା ପାଇଁ ବୁଦ୍ଧଙ୍କୁ ସାତଦିନ ଏକାଗ୍ରତାରେ ରହିବା ପାଇଁ ପଡ଼ିଥିଲା । ପ୍ରଜ୍ଞାପ୍ରାପ୍ତି ପରେ ବୁଦ୍ଧ ଚିନ୍ତା କରୁଥିଲେ, ମୁଁ କିଛି କହିବି ନା କହିବି ନାହିଁ । ଶବ୍ଦଟିଏ ପାଟିରୁ ବାହାରିଯିବ ମାନେ ଶ୍ରୋତାମାନେ ଯଦି ଭୁଲ ଭାବେ ବୁଝିବେ, ତେବେ ସବୁକିଛି ଅନର୍ଥ ହୋଇଯିବ । ସବୁ ଅନର୍ଥର କାରଣ ସେ ନିଜେ ହୋଇଯିବେ । ଶ୍ରୋତାମାନେ ପାରମ୍ପରିକ, ସେମାନେ ଜ୍ଞାତଥିବା ଜ୍ଞାନର ବିଚାରରେ କୁହାଯାଇଥିବା କଥାର ବିଚାର କରିବେ । ଗୋଟିଏ ଶବ୍ଦ ଅନ୍ତତଃ ପରିବେଶକୁ ପ୍ରଦୂଷିତ ନକରୁ ।

ଏକଦା ଜଣେ ଦୁଷ୍ଟ, ଖଳ ପ୍ରକୃତି ଗୁରୁଙ୍କର ଛାତ୍ରଟିଏ ଆସି ପହଞ୍ଚିଗଲା ତା'ର ଗୁରୁଙ୍କ ପାଖରେ ଏବଂ କହିବାକୁ ଆରମ୍ଭ କଲା, ଗୁରୁଜୀ ଆପଣ ଏଠାରେ ବସି କ'ଣ ଚିନ୍ତା କରୁଛନ୍ତି, ଆପଣ ଶୁଣିଲେଣି ନା ନାହିଁ ? ଜଣେ ବ୍ୟକ୍ତି ସତ୍ୟର ଆବିଷ୍କାର କରିଛି । ଯଦି ସମାଜ ସେଇ ସତ୍ୟକୁ ଗ୍ରହଣ କରିଯିବ ତେବେ ଆମର ସମସ୍ତ ଯୋଜନା ପଣ୍ଡ ହୋଇଯିବ । ଜାଣ, ଆମ ବ୍ୟବସ୍ଥାର ସବୁପ୍ରକାର ମୂଳୋତ୍ପାଟନ ହେବ । ସେଥିପାଇଁ ଜରୁରୀ ଭାବେ ଆମେ କିଛି କରିବା ଦରକାର ।" ଶିଷ୍ୟ ଜଣକ ବ୍ୟସ୍ତ ହେଇ ଗୁରୁଙ୍କ ଆଗରେ କହିପକେଇଲେ । ଗୁରୁ ଏକଥା ଶୁଣି ଠୋ ଠୋ ହୋଇ ହସିଲେ ଏବଂ କହିଲେ, "ତୁମେ ଆଦୌ ବ୍ୟସ୍ତ ହୁଅନାହିଁ । ତୁମ ପରି ମୋର ଅନେକ ମଣିଷମାନେ ଅଛନ୍ତି, ଯେଉଁମାନେ ସେମାନଙ୍କ କାର୍ଯ୍ୟକ୍ରମ ଆରମ୍ଭ କରିଦେଲେଣି ।" "କାହିଁ ମୁଁ ତ ଆମ ଲୋକମାନଙ୍କୁ କାହାକୁ ସେଠାରେ ପାଇଲି ନାହିଁ ।" ଶିଷ୍ୟ ଆଶ୍ଚର୍ଯ୍ୟ ହୋଇ ଗୁରୁଙ୍କ କହିଲେ । ଶିଷ୍ୟର ଆଶ୍ଚର୍ଯ୍ୟାନ୍ୱିତରେ ଗୁରୁ ସରଳ ଭାବରେ ବୁଝାଇଦେଲେ । ମୋର କ'ଣ ଗୋଟିଏ ସରବରାହ କାମ କରୁଛି । ମୋର ଉଦ୍ଦେଶ୍ୟ ସାଧନ କରିବା ପାଇଁ ମୁଁ ଅନେକ ତରିକାକୁ ଆପଣେଇଛି । ସେଇ କାର୍ଯ୍ୟକୁ ସାର୍ଥକ କରିବା ପାଇଁ ମୋତେ ଶତକଡ଼ା ଅନେଶୋତ ଭାଗ ଲୋକମାନେ ସେମାନଙ୍କ ସହାୟତାର ହାତ ବଢ଼େଇଛନ୍ତି । ସେଇ ଗୁରୁତ୍ୱପୂର୍ଣ୍ଣ ବ୍ୟକ୍ତିମାନେ ହେଉଛନ୍ତି ଗବେଷକ, ପଣ୍ଡିତ, ଦାର୍ଶନିକ, ଧର୍ମତତ୍ତ୍ୱବିତ୍ । ଏଇ ସମସ୍ତେ ବରେଣ୍ୟମାନେ ସେମାନଙ୍କ ଯୁକ୍ତିସବୁ ଏପରି ଭାବରେ ଉପସ୍ଥାପନ କରିବେ ଯେ, ଏତେ ଯୋର ହୋ ହଲ୍ଲା ଚିତ୍କାର କରିବେ ଯେ, ଶବ୍ଦର ପ୍ରାବଲ୍ୟରେ, ଚାତୁରୀରେ ସେମାନଙ୍କ ଉପସ୍ଥାପନାର ପ୍ରାବଲ୍ୟରେ, ଆପଣା ଛାଏଁ 'ସତ୍ୟ' ନୀରବି ଯିବ । ଆଉ ଯେଉଁଠି ଯେଉଁଠି ସତ୍ୟ ପିଲ କଲି ଦେଇ ଗଜୁରୀ ଉଠିବ, ସେଇଠି ଅଧ୍ୟାପକ, ପ୍ରଶାସକ, ଓକିଲ ଏମାନେ ସମସ୍ତେ ଏକଜୁଟ ହୋଇ ତା'କୁ ସମାଧିସ୍ଥ କରିପକାଇବେ । ମୁଁ ସେଇମାନଙ୍କ ମାଧ୍ୟମରେ ମୋର ଖଳଧର୍ମ ସାଧିତ କରେ । ତେବେ ତୁ କାହିଁକି ବ୍ୟସ୍ତ

ହେଉଛୁ । ତୁ କେବଳ ମୁଁ କହିଥିବା ପ୍ରତିଷ୍ଠିତ ବ୍ୟକ୍ତିମାନଙ୍କୁ ନଜର ରଖ୍, ସେମାନେ କିପରି ମୋର ଭାବନାକୁ ବାସ୍ତବରେ ରୂପାୟନ କରୁଛନ୍ତି । ମୁଁ ପ୍ରତ୍ୟକ୍ଷ ଭାବରେ ସେଠାରେ ଉପସ୍ଥିତ ନଥାଏ, ମୋର ଏଜେଣ୍ଟମାନଙ୍କ ଦ୍ୱାରା ମୋର କାର୍ଯ୍ୟ ସମ୍ପାଦିତ ହୋଇଥାଏ । ତେଣୁ 'ସତ୍ୟ' ଆବିଷ୍କାର କରିଥିବା ବ୍ୟକ୍ତି ମୁହଁ ତଳକୁ କରି ଠିଆହେବା ଛଡ଼ା ତା'ର ଅନ୍ୟକିଛି ଉପାୟ ନଥିବ । ତେବେ ତୁ ନିଶ୍ଚିତ ଥା' ଯେ, ସିଏ ଆମ ସାମ୍ରାଜ୍ୟର କୌଣସି କ୍ଷତି ପହଞ୍ଚାଇ ପାରିବ ନାହିଁ । ଶବ୍ଦ ଅଛି ମାନେ ମୁଁ ଅଛି । ମୁଁ ଅଛି ମାନେ ତର୍କ ଅଛି । ତର୍କ ଅଛି ମାନେ ଅନିଶ୍ଚିତତା ବାଟ ସୁଗମ ହେଇକି ଅଛି ।

ବାସ୍ତବତଃ ପଣ୍ଡିତମାନେ, ଈଶ୍ୱରଙ୍କ କାର୍ଯ୍ୟ ଅପେକ୍ଷା ସଇତାନମାନଙ୍କ ସେବାରେ ଅହରହ କାର୍ଯ୍ୟ କରୁଥାନ୍ତି । ଈଶ୍ୱରଙ୍କୁ ଅନୁଭବ କରିବା ପାଇଁ କୌଣସି ପଣ୍ଡିତଙ୍କ ସହାୟତାର ଆବଶ୍ୟକ ନଥାଏ । ସେମାନେ ସେମାନଙ୍କ ପାଣ୍ଡିତ୍ୟପୂର୍ଣ୍ଣ ଯୁକ୍ତିମାନଙ୍କୁ ଥାକଥାକ କରି ବୁଝେଇ ଜନସାଧାରଣଙ୍କ ପାଖରେ ଥିବା ସରଳତା ଓ ନିଷ୍କପଟ ଭାବକୁ ଲୁଟପାଟ କରି ମୁଣ୍ଡରେ ଭୂତ ଭର୍ତ୍ତିକରି ଦେଇଥାନ୍ତି । ଫଳତଃ ଈଶ୍ୱର ନାମରେ ପ୍ରଶଂସିତ ହେଉଥାନ୍ତି ସଇତାନମାନେ ।

'ଶବ୍ଦ'ଟିଏ ଲେଖିନେବା ଅର୍ଥ ସେମାନଙ୍କ ପାଇଁ ଏକ ବିପୁଳ ସୁଯୋଗ ସୃଷ୍ଟି କରିବ । ପଣ୍ଡିତ, ଗବେଷକ, ତତ୍ତ୍ୱବିତ୍‌ମାନେ ସମସ୍ତେ ଲମ୍ଫପ୍ରଦାନ କରିବେ । ସଳଖ ଭାବେ କୁହାଯାଇଥିବା ଶବ୍ଦଟିକୁ ଜଟିଳ କରିବା ପାଇଁ ଲାଗିପଡ଼ିବେ । ସେଇପରି କାର୍ଯ୍ୟ କରିବାରେ ସେମାନେ ସିଦ୍ଧହସ୍ତ । ତେବେବି କୁହାଯାଇପାରେ ଯେ, ଅନ୍ଧକାର ଯେତେ ଲମ୍ବା ହେଉନା କାହିଁକି ଧାରେ ଆଲୁଅ ବି ପ୍ରଶସ୍ତ ଅନ୍ଧକାର ପରିସୀମାକୁ ସଂକୀର୍ଣ୍ଣ କରିଦେଇ ପାରିବ । ଯେଉଁ ଶବ୍ଦ ସତ୍ୟର ଧର୍ମକୁ ବହନ କରିଥାଏ ତାହା ନିଶ୍ଚୟ ଶକ୍ତିଶାଳୀ । ସେଇ ଶବ୍ଦ, ଗବେଷକ, ଦାର୍ଶନିକ, ପଣ୍ଡିତମାନଙ୍କ ପରିସୀମାକୁ ଅତିକ୍ରମ କରି ରହିଥାଏ । 'ଶବ୍ଦ'ର ସୌନ୍ଦର୍ଯ୍ୟକୁ ନଷ୍ଟ କରିପାରିବେ ନାହିଁ, ମାତ୍ର କିମ୍ଭୂତ କିମ୍ଭାକାର କରି ବର୍ଣ୍ଣନା କରିପାରିବେ । ସତ୍ୟର ଉପାଦାନ ବହନ କରୁଥିବା ଶବ୍ଦ ସୂଚନା ବିରୋଧାଭାସ ରୂପେ ପ୍ରକୀର୍ତ୍ତିତ ଥାଏ । ଗବେଷକ, ପଣ୍ଡିତମାନେ ସେଇ ଶବ୍ଦର ଅର୍ଥକୁ ଯୌକ୍ତିକ ରୂପେ ପରିବେଷଣ କରିଥାନ୍ତି । ସେମାନେ ବିପରୀତ ଦିଗକୁ ଆଲୋଚନା କରୁଥାନ୍ତି ମାତ୍ର ସତ୍ୟକୁ ପରିପ୍ରକାଶ କରୁଥିବା ଶବ୍ଦ, ଯୁକ୍ତିର ବାହାରେ ରହିଥାଏ । ରହସ୍ୟବାଦୀ ମାନେ ଶବ୍ଦର ପ୍ରୟୋଗକୁ ପ୍ରତ୍ୟକ୍ଷ ରୂପେ ନ କରି ବିପରୀତ ଭାବେ ଏବଂ ପ୍ରତୀକାତ୍ମକ ଭାବେ କରିଥାନ୍ତି । ବୁଦ୍ଧିଦୀପ୍ତ ମଣିଷମାନେ କେବଳ ଏହାର ସଠିକତାକୁ ନିରୂପିତ କରିପାରନ୍ତି । ଯେଉଁମାନେ ମସ୍ତିଷ୍କ ଭିତରେ ଚିନ୍ତନର ପରିସୀମାରେ ପରିକ୍ରମଣ କରୁଥାନ୍ତି ସେଇ ମଣିଷମାନେ ଏଇ ବିପରୀତାତ୍ମକ ଶବ୍ଦର ପ୍ରୟୋଗକୁ ବୁଝିପାରନ୍ତି ନାହିଁ, ଯେଉଁମାନେ ମସ୍ତିଷ୍କର ସୀମାକୁ

ଅତିକ୍ରମ କରି, ନିଜ ଚିନ୍ତନର ପରିବର୍ଦ୍ଧିତ ପରିସୀମାକୁ ବିଚରଣ କରୁଥାନ୍ତି, ସେଇ ବ୍ୟକ୍ତି ହିଁ ପ୍ରତୀକାତ୍ମକ ଶବ୍ଦ ପ୍ରୟୋଗର ବିପରୀତ ଭାବେ ପ୍ରାୟୋଗିକ ଅର୍ଥର ସଠିକ୍ ମୂଲ୍ୟ ଆବିଷ୍କାର କରିପାରନ୍ତି। ସାହିତ୍ୟ ହେଉ ଅବା ଦର୍ଶନ କୌଣସି ଉଦ୍ଦେଶ୍ୟକୁ ବର୍ଣ୍ଣନା କରିବା ପାଇଁ ଯେଉଁ ଶବ୍ଦର ପ୍ରୟୋଗ ଆବଶ୍ୟକତା କରେ, ତାହା ବିପରୀତାତ୍ମକ ହେଲେ ଖୁବ୍ ଅର୍ଥପୂର୍ଣ୍ଣ ଲାଗେ ଏବଂ ଉଦ୍ଦେଶ୍ୟ ଥିବା କଥାର ସତ୍ୟତାକୁ ପ୍ରତିପାଦିତ କରିଥାଏ। ତର୍କ କୌଣସି ଶବ୍ଦର ଅର୍ଥକୁ ଅର୍ଦ୍ଧେକ କହୁଥାଏ, ପୂର୍ଣ୍ଣତାକୁ ଛୁଇଁପାରେ ନାହିଁ।

ଜୀବନ, ଦୁଇ ମେରୁ ସଦୃଶ ଆକର୍ଷିତ ହେଇ ରହିଥାଏ, ଯେମିତି ବିଜୁଳିବତୀ ଦୁଇ ବିପରୀତାତ୍ମକ ଗୁଣକୁ ନେଇସ୍ଥିତି ସମ୍ପନ୍ନତାକୁ ପ୍ରମାଣ କରେ। ଜୀବନ ମଧ୍ୟ ଦୁଇଟି ବିରୋଧାତ୍ମକ ଉପାଦାନକୁ ଆଧାର କରି ଦଣ୍ଡାୟମାନ ଥାଏ। ବାହାରକୁ ଦୁଇ ବିପରୀତ ପରି ଥିଲେ ମଧ୍ୟ, ଗଭୀର ଭାବେ ଅନୁଶୀଳନ କଲେ ଜଣାଯାଏ ଯେ, ଏମାନେ ଦ୍ୱୟ ଭିନ୍ନ ଭିନ୍ନ ନୁହଁନ୍ତି ବରଂ ପରସ୍ପର ପରସ୍ପରର ପରିପୂରକ। ଭାରଣ୍ଡି ପକ୍ଷୀ ସଦୃଶ। ଆରମ୍ଭ ପର୍ଯ୍ୟାୟରେ ଦୁଇଟି ଅଲଗା, ଶେଷ ପର୍ଯ୍ୟାୟରେ ଏକ। ମସ୍କିଷ୍କ ପରିସୀମା ଭିତରେ ରହି ଚିନ୍ତା କରୁଥିବା ମଣିଷମାନଙ୍କୁ, ଏଇସବୁ କଥା ଦୁଇ ଦୁଇଟି ଜଣାପଡୁଥିବା ବେଳେ, ମସ୍ତିଷ୍କ ବାହାରେ ରହି ଏହାକୁ ଦେଖିଲେ ଚିନ୍ତନରୁ ଏହାକୁ ଏକକ ବୋଲି ଆବିଷ୍କାର କରିବାକୁ ପଡୁଥାଏ। ରହସ୍ୟବାଦୀମାନେ ଶବ୍ଦକୁ ଅଣୁ ପରି ବ୍ୟବହାର କରିଥାନ୍ତି, ଯାହା ଭିତରେ ନ୍ୟୁଟ୍ରନ୍, ପ୍ରୋଟନ୍, ଇଲେକ୍ଟ୍ରନ୍ ଇତ୍ୟାଦି ଲୁଚି ରହିଥାଏ। ବିସ୍ଫୋରିତ ହେଲେ ଏମାନଙ୍କ ଉପସ୍ଥିତିକୁ ଅନୁଭବ କରିହୁଏ। ଯାହା ସତ୍ୟ, ତାହା ସମୟ ବଦଳାଇ ପାରେନାହିଁ। ମସ୍ତିଷ୍କ ମଧ୍ୟ ବଦଳେଇ ପାରେନାହିଁ। ଯେଉଁଥି ପାଇଁ ବର୍ଷ ବର୍ଷ ଧରି ଶବ୍ଦର ଅମାରରେ ସଂରକ୍ଷିତ ରହିଛି ସତ୍ୟ।

ବାସ୍ତବରେ ଶବ୍ଦ ଆମକୁ ଅନେକ ସମୟରେ ଦ୍ୱନ୍ଦ୍ୱରେ ପକେଇଥାଏ। ଶବ୍ଦ କେବଳ ଯଦି ଶୁଣାଯାଏ, ତେବେ ପ୍ରୟୋଗ କରୁଥିବା ବ୍ୟକ୍ତିଙ୍କୁ ବୁଝିହେବ ନାହିଁ। ବୁଝିବା ପାଇଁ ତାଙ୍କର କାର୍ଯ୍ୟକ୍ରମକୁ ଅନୁଶୀଳନ କରିବାକୁ ପଡ଼ିଥାଏ। ଅନେକ ଦିନ ପୂର୍ବରୁ ବ୍ୟବହୃତ ହେଇଥିବା ଶବ୍ଦଟିଏ ସାମ୍ପ୍ରତିକ ସମୟରେ ବ୍ୟବହାର କରୁଥିଲେ ମଧ୍ୟ ସେଇ ଶବ୍ଦର ପୁରାତନତାକୁ ଜାଣିହୁଏ ନାହିଁ। କାରଣ ସେଇ ଶବ୍ଦର ପାରମ୍ପରିକ ଅର୍ଥ ସାମ୍ପ୍ରତିକତାରେ ଅନ୍ୟ ଅର୍ଥରେ ବ୍ୟବହୃତ ହୋଇଥାଏ। ଶବ୍ଦକୁ ଆଧାର କରି ବ୍ୟକ୍ତିକୁ ବୁଝିହେବ ନାହିଁ। ଆମେ ବ୍ୟବହାର କରୁଥିବା ଶବ୍ଦ ଆମ ଜ୍ଞାନ ପରିହତ, ବ୍ୟକ୍ତିତ୍ୱର ପରିହତ। ଯାହାର ସଠିକତାକୁ ନେଇ ଆମେ ପ୍ରଶ୍ନର ଶରଶଯ୍ୟାରେ ଶୟନ କରିବାକୁ ପଡ଼େ। ଶବ୍ଦ ହୃଦୟରୁ ଆସୁଥିଲେ ତା'ର ଅର୍ଥ ଓ ଅନୁଭବ ସ୍ୱତନ୍ତ୍ର; ମାତ୍ର ମସ୍ତିଷ୍କରୁ ଆସୁଥିଲେ ତାହା ଚତୁରତାର ପ୍ରାବଲ୍ୟତାକୁ ବହନ କରୁଥାଏ। ଯେଉଁ ଶବ୍ଦ ପ୍ରୟୋଗ ସହିତ ବ୍ୟକ୍ତିତ୍ୱର କୌଣସି

ତାଳମେଳ ରହେ ନାହିଁ। ବିଜ୍ଞାନ କହେ ଶବ୍ଦ ହେଉଛି ଜୈବ-ବୈଦ୍ୟୁତିକ ଶକ୍ତି, ଏହାର ଗଭୀର ଅର୍ଥ ହେଉଛି, ଯାହା ବକ୍ତାର ବ୍ୟକ୍ତିତ୍ୱ। ଗଭୀରତାର ଆନୁପାତିକ। ଯଦି ବକ୍ତା ଜଣେ ହୃଦୟଗ୍ରାହୀ ବ୍ୟକ୍ତିଟିଏ ହେଇଥିବ, ତେବେ ତା'ର ପ୍ରାୟୋଗିକ ଶବ୍ଦ ସ୍ୱଳ୍ପ ସମ୍ବଳିତ ହେବ, ଏବଂ ଅର୍ଥପୂର୍ଣ୍ଣ ହେବ। ଅବଶିଷ୍ଟ କହିବାକୁ ଥିବା କଥାଗୁଡ଼ିକୁ ଶାରୀରିକ ଭାବଭଙ୍ଗୀ ମାଧ୍ୟମରେ ପରିପ୍ରକାଶ କରିଦେଇଥାଏ। ଆଖି, ହାତ ଇତ୍ୟାଦିର ପ୍ରୟୋଗ କରି ଜଣେ ସ୍ୱତସ୍ଫୂର୍ତ୍ତ ଭାବେ ବ୍ୟକ୍ତି ଆଡ଼କୁ ଆକର୍ଷିତ ହୋଇଯାଉଥାଏ। ଅଧିକ ଶବ୍ଦ ପ୍ରୟୋଗ କରି କୁହାଯାଉଥିବା କଥା ପଛରେ ଆଉ ଏକ ଶବ୍ଦ ଲୁଚିରହିଥାଏ, ଯାହାକୁ ଆମେ କହିପାରିବା, ଆଖି ଯାହା ଇସାରା ଦେଉଥାଏ ପାଟି ତାହା କହୁ ନଥାଏ କିମ୍ବା ଓଠ ଯାହା କହୁଥାଏ ଆଖି ତାହା ସ୍ୱୀକାର କରୁନଥିବାର ସୂଚନା ମିଳିଯାଉଥାଏ। ଯାହାକୁ ଆମ୍ଭେ ଶବ୍ଦ ପଛରେ ଆଉ ଏକ ଶବ୍ଦ ଲୁଚି ରହିଛି ବୋଲି କହିପାରିବା। କିମ୍ବା ଭାଷା ପଛରେ ଭାଷା ବା ଅର୍ଥ ପଛରେ ଅର୍ଥ ବୋଲି କହିପାରିବା। ଇଂରାଜୀରେ ଯାହାକୁ କୁହାଯାଏ, ଲାଙ୍ଗୁଏଜ୍ ବିହାଇଣ୍ଡ ଦ ଲାଙ୍ଗୁଏଜ୍। ଶବ୍ଦରେ ଧୃତାମୀ ଅଧିକ ଥାଏ। ପ୍ରକାଶ୍ୟରେ ଶ୍ରୋତାକୁ ଆକର୍ଷିତ କରି ନିଜ ପାଖରୁ ନିଜକୁ ହଜେଇ ଦେଉଥାଏ। ଶବ୍ଦର ପ୍ରାଚୁର୍ଯ୍ୟରେ ବ୍ୟକ୍ତିର ଭିତରକଥା ଲୁଚି ରହିଯାଏ। ବାହାର ଆଧୁନିକ ପରି ଜଣାପଡୁଥିଲେ ବି ଭିତରଟା ସେଇପରି ପୁରାତନ ହୋଇ ରହିଥାଏ। ତା'ର ସଂସ୍କରଣର ଆବଶ୍ୟକ ପଡ଼େ। ଅର୍ଥଗତ ଭାବେ ମଧ୍ୟ ଏହାକୁ ବଦଳେଇବାକୁ ପଡ଼େ। ଶବ୍ଦର ପ୍ରୟୋଗରେ ମସ୍ତିଷ୍କର ଏଣ୍ଡୋକ୍ରାଇନ ଗ୍ରନ୍ଥୀରୁ ଏନ୍‌ଜାଇମ୍ ଝରି ବ୍ୟକ୍ତିକୁ ପ୍ରତିକ୍ରିୟାଶୀଳ କରିପକାଏ। ସେଥିପାଇଁ ଶବ୍ଦକୁ ବ୍ରହ୍ମ ବୋଲି କୁହାଯାଏ। ସଂରଚନାବାଦରେ ଶବ୍ଦକୁ ବିଘଟନ କରି କୁହାଯାଇଛି ଯେ, ଶବ୍ଦଟିଏ ସ୍ୱତନ୍ତ୍ର ରୂପେ ସ୍ଥିରୀକୃତ ନଥାଏ। ଗୋଟିଏ ବା ସ୍ୱତନ୍ତ୍ର ଭାବରେ ଏହା ଅର୍ଥ ପ୍ରକଟ କରେ ନାହିଁ। ଗୋଟିଏ ଶବ୍ଦର ଉପସ୍ଥିତି ଅନ୍ୟ ଏକ ବିପରୀତ ଶବ୍ଦର ଉପସ୍ଥିତି ପାଇଁ ଥାଏ। କୌଣସି ଶବ୍ଦ ସ୍ୱତନ୍ତ୍ର ଭାବେ ଅର୍ଥ ପ୍ରକଟ କରିପାରିବ ନାହିଁ। ଉଦାହରଣ ସ୍ୱରୂପ 'ଦିନ' ଶବ୍ଦର ଅର୍ଥ ପରୋକ୍ଷରେ 'ରାତି' ଶବ୍ଦକୁ ସୂଚନା ଦେଉଥାଏ। ସେଇପରି ଭଲ ଶବ୍ଦଟି ମନ୍ଦ ଶବ୍ଦର ଅର୍ଥକୁ ସୂଚନା ଦେଇଥାଏ ଯାହାକୁ ଦ୍ୱିଅଂଶକ ବୋଲି କୁହାଯାଏ।

ଫର୍ଡ଼ିନାଣ୍ଡ ଡି ସସ୍‌ର ସଂରଚନାବାଦର ପ୍ରବକ୍ତା, ଯିଏ କି ଶବ୍ଦକୁ ଏକ ସଂକେତ ରୂପେ ବ୍ୟବହାର କରିଛନ୍ତି। ଉଦାହରଣ ସ୍ୱରୂପ 'ଈଶ୍ୱର' ଶବ୍ଦଟି ଉଚ୍ଚାରଣ କଲେ ଏହା ଏକ ସଂକେତକୁ ବୁଝାପଡ଼େ, ଯିଏ କି ବିଶ୍ୱସ୍ରଷ୍ଟାକୁ ଅର୍ଥ ପ୍ରକଟ କଲା, ଯେତେବେଳେ ଏଇ ଈଶ୍ୱର ଶବ୍ଦଟି ସୂଚକ ବା ସିଗ୍ନିଫାଇଅରରେ ପରିଣତ ହେଲା। ସେତେବେଳେ ଏହା ପରମ୍ପରାଗତ ଅର୍ଥକୁ ବୁଝାଇଲା। ଯଥା- ଈଶ୍ୱର କହିଲେ ହିନ୍ଦୁମାନଙ୍କ ପାଇଁ ଯାହା ତାହା ଅନ୍ୟ ପ୍ରଥା ପାଇଁ ସମାନ ନୁହଁ। ଈଶ୍ୱର କାହା ପାଇଁ ଆଲ୍ଲା, କାହା ପାଇଁ ଯୀଶୁ ଇତ୍ୟାଦି

ଇତ୍ୟାଦି । ପୁନଶ୍ଚ ସିଗ୍ମିଫାଏଡ କହିଲେ ହିନ୍ଦୁ ଧର୍ମର ଭିନ୍ନ ଭିନ୍ନ ପ୍ରଥା - ବୌଦ୍ଧ, ଶିଖ୍ ଇତ୍ୟାଦି । ଏଣୁ ଶବ୍ଦର ଉଚ୍ଚାରଣ ଏକକ ଅର୍ଥକୁ ପ୍ରକଟନ କରି ଅନେକ ଅର୍ଥକୁ ବୁଝାପଡ଼େ ।

ଶବ୍ଦର ବ୍ୟାଖ୍ୟାନ ଭିନ୍ନ ସ୍ତରରେ ଭିନ୍ନ ଭିନ୍ନ କରାଯାଇଅଛି । କିନ୍ତୁ ଶବ୍ଦ ପ୍ରୟୋଗରେ ଯେଉଁ ଅର୍ଥ ସୂଚନା ଦେଉଥାଏ, ସେଇ ଅର୍ଥ କିପରି ଭାବରେ ପ୍ରତିକ୍ରିୟା ସୃଷ୍ଟି କରୁଛି, ତାହା ସତର୍କତାର ସହିତ ଅନୁଧ୍ୟାନ କଲେ ତାହା ଜଣାପଡ଼େ । ଶବ୍ଦ ପ୍ରୟୋଗ କରୁଥିବା ବ୍ୟକ୍ତି ଜଣକ ସତର୍କତା ଅବଲମ୍ବନ କରିବା ଦରକାର ଏବଂ ଏହାର ପରିଣାମକୁ ଲକ୍ଷ୍ୟ କରିବା ଉଚିତ୍ । କାରଣ ଶବ୍ଦର ସମାହାରରେ ମଣିଷର ମନ ତିଆରି ହୋଇଥାଏ । ସେଇ ମନ ମଧ୍ୟ ପ୍ରତ୍ୟେକ ଘଟଣାକୁ ଶବ୍ଦ ମାଧ୍ୟମରେ ବୁଝିଥାଏ । ଯାହାସବୁ ବୁଝିଥାଏ, ଯେଉଁ କ୍ରିୟା ଓ ପ୍ରତିକ୍ରିୟାକୁ ନେଇ ସମୟ ସହିତ ମଣିଷର ଆୟୁଷ ଗତିକରେ, ତାହାହିଁ ଆତ୍ମାର ଉପାଦାନ ରୂପେ ଚେତନ ଶକ୍ତିକୁ ନିର୍ମାଣ ହେଇଥାଏ । ଦେହର ନଷ୍ଟ ପରେ ଯେଉଁ ଗତାନୁଗତିକ ଚେତନ ଶକ୍ତି ନିର୍ମାଣ କରିଥାଏ ତାହା ଅବିନାଶ, ଅକ୍ଷୟ, ଅପୁରୁଷେୟ । ସେହି ଚେତନର ସମସ୍ତ କଥା ପରବର୍ତ୍ତୀ ପର୍ଯ୍ୟାୟରେ ଆତ୍ମା ହେଇ ଘଟରେ ପ୍ରବେଶ କରିଥାଏ । ଶବ୍ଦକୁ ବ୍ରହ୍ମ କୁହାଯିବା ଯେତିକି ଅଧ୍ୟାତ୍ମିକ ତା'ଠୁ ଅଧିକ ବୈଜ୍ଞାନିକ ।

ମଣିଷ ଶବ୍ଦଟିକୁ ଉଚ୍ଚାରଣ କରିବା ଅର୍ଥ ଦେହ ମନ ସେଇ ଅନୁସାରେ ସୁସଂଯୋଜିତ ହେଇଯାଏ । ଯାହାକୁ ମନସ୍ତତ୍ତ୍ୱବିତ୍‌ମାନେ କଣ୍ଡିସନିଂ ବୋଲି କହିଥାନ୍ତି । ଉଚ୍ଚାରଣ କରି ଦେହ ମନକୁ ଏକାଠି କରାଯାଉଥାଏ । ସେଥିପାଇଁ ଅଭ୍ୟାସ ଚାଲିଥାଏ ସାରା ଜୀବନ; ସେଇ ଅଭ୍ୟାସ କିନ୍ତୁ ଅନୁଶୀଳନ ରହିତ ହେଇଥିବା କାରଣରୁ ମାନସିକ ବିକାଶରେ ସହାୟକ ହୋଇପାରେ ନାହିଁ । ଶୁଆପକ୍ଷୀକୁ ଶବ୍ଦ ଉଚ୍ଚାରଣ ଶିଖାଇବା ପରି ମଣିଷମାନେ ଶବ୍ଦ ଶିଖୁଥାନ୍ତି । ବାପା, ମାଆଙ୍କ ପାଖରୁ, ଆତ୍ମୀୟ ପରିଜନ, ଶିକ୍ଷକ, ସମାଜ, ମଠ, ମନ୍ଦିର, ମସ୍‌ଜିଦ୍, ଗୀର୍ଜା, ଧର୍ମଯାଜକ, ପୁରୋହିତ, ଦାର୍ଶନିକ, ବୈଜ୍ଞାନିକ, ପଣ୍ଡିତମାନଙ୍କ ପାଖରୁ । ସମସ୍ତେ ଲାଗିପଡ଼ନ୍ତି ସବୁକଥା ନିଜ ନିଜ ଢଙ୍ଗରେ ଶିକ୍ଷାଦେବା ପାଇଁ । ଶୁଆ ଗୋଟିଏ ଗୋଟିଏ ଶବ୍ଦ ଶିଖୁଥିବା ସମୟରେ, ମଣିଷ କୋଟିଏ ଶବ୍ଦ ଶିଖୁଥାଏ । ହଁ କେବଳ ଶିଖୁଥାଏ । ଭାବିବା କମ୍ ଶିଖିବା ବେଶି । ସାରା ମଣିଷ ସମାଜର ଦେହ ମନକୁ ନିଜସ୍ୱ ଢଙ୍ଗରେ ନିର୍ମାଣ କରିବା ଶିଖାଉଥାଏ । ଅନ୍ୟ ଶବ୍ଦରେ କହିଲେ ଆମେ ଶବ୍ଦର ମଣିଷ । ଶବ୍ଦ ସହିତ ବସ୍ତୁର ତାଳମେଳରେ ଆମେ ବସ୍ତୁବାଦୀ ଭାବନାର ମଣିଷ । ସେଥିପାଇଁ ଆମର ଆକର୍ଷଣ ବସ୍ତୁ ପ୍ରତି ଗଢ଼ିଉଠେ । ଯେଉଁ ଶବ୍ଦ ଆମକୁ ଦୃଶିତ ହେଉଥିବା ବସ୍ତୁ ସହିତ ପରିଚୟ ଦେଉଥାଏ, ଆମେ ତାହା ସତ୍ୟ ବୋଲି ମଣିଥାଉ । ମାତ୍ର ଶବ୍ଦ ଆମକୁ ଯେଉଁ ଅଦୃଶ୍ୟ କଥାର ବର୍ଣ୍ଣନା କରୁଥାଏ, ତାହା ଆମେ ଚେତନାଶକ୍ତି ସହିତ ତଉଲୁଥାଉ । ଗ୍ରହଣ କରିବା ବା ନ କରିବା, ଚେତନା ଉପରେ ନିର୍ଭର କରୁଥାଏ ।

ବସ୍ତୁଟିଏ ମଣିଷକୁ ଆକର୍ଷିତ କରୁଛି ମାନେ, ଏଠି ବସ୍ତୁଟିଏ ଜୀବନ ପାଇଗଲା ଆଉ ମଣିଷ ବସ୍ତୁ ପାଲଟି ଗଲା । ସେଇଥିପାଇଁ ମଣିଷକୁ ବସ୍ତୁବାଦୀ କୁହାଯାଏ ।

ଶବ୍ଦରେ ତିଆରି ହେଉଥାଏ ପାପ ଆଉ ପୁଣ୍ୟ । ଶବ୍ଦ ନିର୍ମାଣ କରୁଥାଏ ନର୍କ ଆଉ ବୈକୁଣ୍ଠ । ତିବତର ଲୋକମାନେ ସେମାନେ ସେମାନଙ୍କ ନର୍କକୁ ବରଫର ସ୍ଥାନ ଭାବୁଥିବା ବେଳେ, ଭାରତୀୟମାନଙ୍କ ଶବ୍ଦରେ ନର୍କ ହେଉଛି ଅଗ୍ନିପିଣ୍ଡ, ତତଲା ତେଲ କଡ଼େଇ ସଦୃଶ ବିଚାର ହେଉଥାଏ । ଇସଲାମ, ମଦର ଭଣ୍ଡାରରେ ଦେଖୁଥାନ୍ତି ସେମାନଙ୍କ ନର୍କ । ଗୋଟିଏ ପୃଥିବୀ, ଗୋଟିଏ ପ୍ରକାର ମଣିଷ । ମାତ୍ର ଶବ୍ଦ ଓ ଭାଷାରେ ନିର୍ମାଣ ହେଇଛି ଧର୍ମ ଓ ପ୍ରଥାର ପ୍ରାଚୀର । ଶବ୍ଦର ପ୍ରାଚୀର ଭିନ୍ନ ଭିନ୍ନ କରିଛି ଐକ୍ୟ ଭାବନାକୁ । ଗୋଟିଏ ଅସମାନତା ଭିତ୍ତିରେ ଗଢ଼ିଉଠିଛି ବୈଚିତ୍ର୍ୟତା । ବୈଚିତ୍ର୍ୟ ଭିତରେ ଶବ୍ଦ ଖୋଜେ ସତ୍ୟ । ଅନୁସନ୍ଧାନ ଚାଲେ । ସତ୍ୟ ହେଉଚି ଏକ ଉପହାର ପ୍ରାପ୍ତି । ଏହା କୃତିତ୍ୱ ମଧ୍ୟ ନୁହେଁ । କୃତିତ୍ୱ, ଈର୍ଷା ବା ଅହଂର ଏକ ଅଂଶ; ମାତ୍ର ସତ୍ୟ ହେଉଛି ଅହଂରହିତ । ସତ୍ୟକୁ ଗ୍ରହଣ କରିବା ପାଇଁ ହେଲେ ଗ୍ରହଣଶୀଳତା ସହିତ, ରଖିବାର ପାତ୍ରଟିଏ ମଧ୍ୟ ଦରକାର । ଭିତରର ପାତ୍ର । ବାହାରେ ଏହାକୁ ସ୍ଥାନ ଦେଇହେବ ନାହିଁ । ଏହାକୁ କେବଳ ଗୋଟିଏ ନାରୀର କୋମଳ ମନ ନେଇ ଗ୍ରହଣ କରାଯାଇ ପାରିବ । ଗ୍ରହଣଶୀଳତାହିଁ ନାରୀ ମାନସିକତା । ଜରାୟୁର ଆବଶ୍ୟକତା, ପିଲାଟିଏ ସୁଗଠିତ ହେବା ପାଇଁ । ପୂର୍ଣ୍ଣ ଶରୀର ନେଇ ବାହାରକୁ ଆସିବା ପାଇଁ । ନାରୀ କହିଲେ କୋମଳ ମାନସିକତାର କଥା । କୋମଳ ମାନସିକତାରେ ସତ୍ୟ ଶବ୍ଦର ସନ୍ଧାନ କରାଯାଇପାରିବ । ଶବ୍ଦର ଭିଡ଼ ଭିତରେ ମସ୍ତି. ସ୍ଥିତି ସ୍ଥାପକତାକୁ ହରେଇ ବସିଥାଏ । ଶବ୍ଦ ଶୂନ୍ୟ ନ କଲେ ବା ମସ୍ତିଷ୍କ ଶୂନ୍ୟ ନ ହେଲେ, ଶବ୍ଦ ସହିତ ସତ୍ୟର ଆବିର୍ଭାବ ହେବ ନାହିଁ ।

ଈଶ୍ୱର ଏକ ବ୍ୟକ୍ତି ନୁହଁନ୍ତି । ଈଶ୍ୱର ଏକ ଚିନ୍ତନ । ଏକ ଦ୍ୱାର । ସ୍ଥିତି ଆଡ଼କୁ ଆକର୍ଷଣ । ମସ୍ତିଷ୍କ ଶବ୍ଦ ଶୂନ୍ୟ ହେଲେ ଆଉ ଏକ ଦୁନିଆର ସନ୍ଧାନ ମିଳିଯିବ । ଶବ୍ଦ ସୃଷ୍ଟି କରିଥିବା ଅହଂ ଆମକୁ ସତ୍ୟ ପାଖରେ ପହଞ୍ଚେଇ ଦେଇନଥାଏ । ଶବ୍ଦ ସଭ୍ୟତାର ଅଗ୍ରଗତି କରିଛି । ମାତ୍ର ଶବ୍ଦର କୋଳାହଳରେ ମସ୍ତିଷ୍କ ସର୍ବଦା ଅସ୍ତବ୍ୟସ୍ତ ହେଇ ରହିଥାଏ । ଜନ୍ମରୁ ଜୁଇଯାଏ ଶବ୍ଦର ଏକ ଦୀର୍ଘ ଚେନ୍ ମଣିଷକୁ ନିଜ ପାଖରୁ ଦୂରେଇ ରଖୁଥାଏ । ଚେତନ ହେଉ ଅବା ଅବଚେତନ ବା ସଚେତନ କୌଣସି ସମୟରେ ଏହା ମନକୁ ବାଦ୍‌ଦେଇ ରହିନାହିଁ । ମଣିଷ ଖାଉଚି ଅଥଚ ଏଇ ଶବ୍ଦର କୋଳାହଳରେ ତାହା ବାହାରର ହେଉ ଅବା ଭିତର, ଉଭୟ ପାର୍ଶ୍ୱରେ ମଣିଷ ଅସ୍ଥିର ହୋଇ ରହୁଥିବାରୁ ଖାଦ୍ୟ ସ୍ୱାଦର ଆନନ୍ଦ ନେଇପାରୁ ନାହିଁ । ଖଟା ମିଠା, ତିକ୍ତ ଯେମିତି ଅନ୍ୟମନସ୍କ ଭାବରେ ଗିଳି ପକାଉଚି; ଶୋଉଚି ଅଥଚ ଶୋଇବାର ଆନନ୍ଦ ନେଇପାରୁନାହିଁ । ପ୍ରେମ କରୁଛି ଅଥଚ ପ୍ରେମର

ଭାବନାରେ ପ୍ରବଣିତ ହେଇପାରୁନାହିଁ। ପ୍ରକୃତିକୁ ଉପଭୋଗ କରିବା ପାଇଁ ବସିଛି ଅଥଚ ସହରର ଚାକଚକ୍ୟ ତା' ଆଖିରେ ଭାସି ଉଠୁଚି। ମଣିଷକୁ ଶବ୍ଦ ସଭ୍ୟତା ଦେଇଛି। ଗ୍ରହରୁ ଗ୍ରହକୁ ନେଇପାରୁଛି। କିନ୍ତୁ ସେଥିରୁ ସେ ଭରପୁର ଆନନ୍ଦ ନେଇପାରୁନାହିଁ। ମଣିଷ ସଭ୍ୟତା ପାଇଛି, ସମୃଦ୍ଧି ପାଇଛି ମାତ୍ର ଶାନ୍ତି ଟିକକ ଶବ୍ଦ ତା' ପାଖରୁ ଅପହରଣ କରିନେଇଛି। ଶବ୍ଦରେ ତିଆରି ହେଇଛନ୍ତି ଈଶ୍ୱର, ହିନ୍ଦୁ, ମୁସଲମାନ, ଖୀରସ୍ତାନୀ। ସମସ୍ତେ ଅଲଗା, ସମସ୍ତଙ୍କ ଦର୍ଶନ, ଚିନ୍ତନ, ପ୍ରାପ୍ତିର ମାର୍ଗ ଇତ୍ୟାଦି ସବୁକିଛି ଅଲଗା। ଶବ୍ଦର ସହାୟତାରେ ଆମ୍ଭେ ଭଲରେ ଅଛୁ ବୋଲୁ ଭାବୁଥିବା ମଣିଷ, ପଶୁ, ପକ୍ଷୀ ପାଖରୁ କିଛି ବି ଶିଖିପାରୁନାହାନ୍ତି। ସେମାନଙ୍କ ଆନନ୍ଦ ମଣିଷକୁ ଆନନ୍ଦ ଦେଉନାହିଁ। ସେମାନଙ୍କ ପାଖକୁ ଆସୁଥିବା ବିପର୍ଯ୍ୟୟରେ ସେ ଦୁଃଖପ୍ରକାଶ କରୁଛି। ଗୋଟିଏ ଯାଦୁକରୀ କାର୍ଯ୍ୟ ପାଖରେ ସମସ୍ତ ବୁଦ୍ଧି ପରାସ୍ତ ହେଇଯାଏ। ଶବ୍ଦ ପଇଟେ ନାହିଁ କିଛି ଚିନ୍ତା କରିବା ପାଇଁ। କାରଣ ଶବ୍ଦ ନ ହେଲେ ଚିନ୍ତନର ସ୍ଥିତି ନାହିଁ। ଶବ୍ଦ ନ ହେଲେ ଇଚ୍ଛା ପରେ ଇଚ୍ଛା ଆସି ଭିଡ଼ କରନ୍ତେ ନାହିଁ।

ଶବ୍ଦମାନଙ୍କ ଗହଣରୁ ବୁଦ୍ଧ ଦୂରରେ ରହି ନିଜ ଭିତରେ ଶବ୍ଦଶୂନ୍ୟ କରିଦେଲେ। ଶବ୍ଦ ଶୂନ୍ୟର ଅନ୍ୟନାମ ଶାକ୍ୟମୁନି ସିଦ୍ଧାର୍ଥ। ଶବ୍ଦ ଶୂନ୍ୟତାର ଭାବନା ହିଁ ପୂର୍ଣ୍ଣ ପ୍ରଜ୍ଞାତ୍ୱ ପ୍ରାପ୍ତି। ସେଇଥି ପାଇଁ ବୁଦ୍ଧ ବୁଦ୍ଧିପ୍ରାପ୍ତି ପରେ ନା ଶବ୍ଦଟିଏ ଉଚ୍ଚାରଣ କରିବାକୁ ଚାହିଁଥିଲେ ନା ଶବ୍ଦଟିଏ ଲେଖିଥିଲେ। ଗୋଟିଏ ଶବ୍ଦ ଉଚ୍ଚାରଣ ପାଇଁ ଚିନ୍ତା କରୁଥିଲେ, ସେଇ ଶବ୍ଦଟି ପୃଥିବୀକୁ ସୃଜନ କରୁ। ଶବ୍ଦର ପ୍ରାର୍ଥନାରେ ପ୍ରଜ୍ଞାର ପ୍ରାପ୍ତି ହୁଏନାହିଁ। କେହି ଶବ୍ଦକୁ ଶୁଣି କାହାର ଇଚ୍ଛାକୁ ପୂରଣ କରେ ନାହିଁ। ଶବ୍ଦର ପ୍ରାଚୁର୍ଯ୍ୟ ପାଇଁ ମଣିଷର ଇଚ୍ଛାଶକ୍ତି ହ୍ରାସ ହେଇଯାଏ। ଏକାଗ୍ରତା ଆସିପାରେ ନାହିଁ। ଶବ୍ଦ ନିଜକୁ ଜାଣିବାରେ ସହାୟକ ହୁଏ ନାହିଁ ବୋଲି ଶବ୍ଦପୁରୁଷମାନେ ଶବ୍ଦ କୋଳାହଳର ଅପର ପାଖ ଦୁନିଆକୁ ଧ୍ୟାନ ନାମରେ ଅଭିହିତ କରିଛନ୍ତି। ଶବ୍ଦ ଶୂନ୍ୟରେ ସିଦ୍ଧିପ୍ରାପ୍ତି ହେଉଥାଏ ବୋଲି ବୁଦ୍ଧ ଆଖିର ଭାଷାରେ ସାମ୍ନା ମଣିଷମାନଙ୍କୁ ଇସାରା ଦେଉଥିଲେ। ଶବ୍ଦ ଶତ୍ରୁତାକୁ ଦୂରରେ ରଖିବା ପାଇଁ, ଚରୁ ଚୀବର ଚର୍ଯ୍ୟା ଧାରଣ କରିଥିଲେ।

■

ସର୍ବଧର୍ମାନ ପରିତେଜ୍ୟ ମାମେକଂ ଶରଣଂ ବ୍ରଜ

ଗୀତାର ଏକ ଶ୍ଲୋକରେ ଶ୍ରୀକୃଷ୍ଣ ଅର୍ଜୁନଙ୍କୁ ଏଇ ପଂକ୍ତିଟିକୁ କହିଛନ୍ତି। ଅନେକ ସମାଲୋଚକମାନେ ଏହାର ଅର୍ଥକୁ ଭିନ୍ନଭିନ୍ନ ଭାବରେ ଅନ୍ୱୟ କରିଛନ୍ତି। ଯଦି ଏହାର ଅର୍ଥ ଏଇଆ ହୁଏ : ସମସ୍ତ କଥା ପରିତ୍ୟାଗ କରି ତୁମେ ଅର୍ଜୁନ ମୋ ପାଦରେ ଶରଣ ପଶ, ତେବେ ସାଧାରଣତଃ ଏଇପରି କଥାଟିକୁ ଶ୍ରୀକୃଷ୍ଣଙ୍କର ଅହଂ ଭାବର ପରିପ୍ରକାଶ କରିଛନ୍ତି ବୋଲି କୁହାଯିବ। ଅର୍ଥାତ୍ ଶ୍ରୀକୃଷ୍ଣ ହେଉଛନ୍ତି ବିଶ୍ୱର ସବୁକିଛି, ଅନ୍ୟମାନେ ସମସ୍ତେ ନିମିତ୍ତ ମାତ୍ର। ଶ୍ରୀକୃଷ୍ଣ ଚରିତ୍ର ପୃଥିବୀ ପୃଷ୍ଠରେ ଗ୍ରହଣୀୟ ହୋଇଥିବା ଚରିତ୍ରମାନଙ୍କଠୁ ଭିନ୍ନ ବୋଲି ବିଚାର କରାଯାଇ ପାରିବ ନାହିଁ। ଶ୍ରୀକୃଷ୍ଣ ଚରିତ୍ରଟି ଜୀବନକୁ ଅନ୍ୟ ଅବତାରୀ ପୁରୁଷମାନଙ୍କଠୁ ସ୍ୱତନ୍ତ୍ର ରୂପେ ଗ୍ରହଣ କରିଛନ୍ତି। ଆଧାତ୍ମିକ ଚରିତ୍ରମାନେ ଈଶ୍ୱରଙ୍କ ସୃଷ୍ଟିକୁ ତ୍ୟାଗକରି ଈଶ୍ୱରଙ୍କୁ ଗ୍ରହଣ କରିଛନ୍ତି। ସ୍ପଷ୍ଟଭାବେ କହିଲେ ଶ୍ରୀକୃଷ୍ଣ ବ୍ୟତିରେକେ ଅନ୍ୟ ଅଧାତ୍ମିକ ଚରିତ୍ରମାନେ ସଂସାରକୁ ଦୁଃଖ ଓ ମିଥ୍ୟା ଭାବେ ଗ୍ରହଣ କରି ସଂସାର ତ୍ୟାଗ କରିଛନ୍ତି। ମାତ୍ର ଶ୍ରୀକୃଷ୍ଣ ସଂସାରକୁ ନିତ୍ୟ ବୃନ୍ଦାବନ ରୂପେ ଗ୍ରହଣ କରିଛନ୍ତି। ସାଧାରଣ ମଣିଷମାନଙ୍କ ଗହଣରେ ରହି ସେମାନଙ୍କ ସୁଖ ଓ ଦୁଃଖକୁ ନିଜେ ଗ୍ରହଣ କରିଛନ୍ତି। ଅନ୍ୟମାନେ ପ୍ରେମ ପ୍ରଣୟକୁ ପାପବୋଲି ବିଚାର କରି ନାରୀମାନଙ୍କୁ ଏକ ନର୍କକୁଣ୍ଡ ସହିତ ତୁଳନା କରିଛନ୍ତି। ଏପରିକି ଜଗନ୍ନାଥ ଦାସ ଭାଗବତରେ ନାରୀମାନଙ୍କୁ ଏକ ଦ୍ୱିତୀୟ ଶ୍ରେଣୀର ଚେତନାଶୂନ୍ୟ ମଣିଷ ବୋଲି ବିଚାର କରି କହିଛନ୍ତି : "ସ୍ୱଭାବେ ନାରୀ ଜନ୍ମହେଇ – ଧର୍ମ ଅଧର୍ମ ନ ଜାଣଇ।" ନାରୀମାନେ ପାପକୁଣ୍ଡ ପୁରୁଷମାନେ ଅମୃତକୁଣ୍ଡ ପରି ବିଚାର କରିଛନ୍ତି। ପୁରୁଷମାନଙ୍କ ସ୍ୱାଧୀନ ଚିନ୍ତନ ମଣିଷମାନଙ୍କୁ ପାପ ଆଡ଼କୁ ଭଡ଼କେଇ ଥା'ନ୍ତି। ବାଇବେଲରେ ମଧ୍ୟ ଇଭ୍‌କୁ ସମସ୍ତ

ଦୁଃଖର କାରଣ ବୋଲି ଅଭିହିତ କରାଯାଇଛି । ଆଦାମଙ୍କୁ ଉସ୍‌କେଇ ପଥଭ୍ରଷ୍ଟ କରାଇଛି । ଈଶ୍ୱରଙ୍କ କଥାକୁ ଅବମାନନା କରିଛି । ନାରୀ ମାନେ ସମସ୍ତ ଦୁଃଖର କାରଣ । ନିମ୍ନ ମାନସିକତାର ଦ୍ୱିତୀୟ ଶ୍ରେଣୀର ମଣିଷ । ଇସଲାମ ଧର୍ମ ମଧ୍ୟ ନାରୀମାନଙ୍କୁ ନିମ୍ନ ଦୃଷ୍ଟିରେ ବିଚାର କରେ ।

ଶ୍ରୀକୃଷ୍ଣ ନାରୀମାନଙ୍କର ମହତ୍ତ୍ୱକୁ ଯଥେଷ୍ଟ ସମ୍ମାନୋଚିତ୍ତ ଭାବେ ଗ୍ରହଣ କରିଛନ୍ତି । ନାରୀ ଜାତିର ମାନରକ୍ଷା କରିବା ପାଇଁ ଯାଇ, ପୁରୁଷଙ୍କ ଆଧିପତ୍ୟ ବିରୋଧରେ ସ୍ୱର ଉଠେଇଛନ୍ତି । ନାରୀମାନଙ୍କୁ ସମସ୍ତ ସୁଖ ପ୍ରଦାନ କରିଛନ୍ତି ଏବଂ ସେମାନଙ୍କ ମନରେ ସୁଖ ପ୍ରଦାନ ପାଇଁ ସତେ ଯେମିତି ତାଙ୍କର ଜନ୍ମ ଧରାପୃଷ୍ଠରେ ହେଇଛି । ସମଗ୍ର ମାନବ ସମାଜର ଆଧ୍ୟାତ୍ମିକ ଚିନ୍ତନର ଏକ ସଂସ୍କାର ଆଣିଛନ୍ତି । ତେଣୁ ଶ୍ରୀକୃଷ୍ଣ କ'ଣ ଅର୍ଜୁନଙ୍କୁ କହିଛନ୍ତି ତାଙ୍କ ପାଦରେ ଶରଣ ପଶିବା ପାଇଁ ନା ଆଉ କିଛି କଥା କହିବାକୁ ଚାହିଁଛନ୍ତି ? ବରଂ ସେ କହିବାକୁ ଚାହିଁଛନ୍ତି ଯେ, ମୃତ୍ୟୁର ଭାବନାକୁ ପରିତ୍ୟାଗ କରି ଜୀବନକୁ ଗ୍ରହଣ କରିବା ପାଇଁ । ବାହାରର ସମସ୍ତ ମଣିଷମାନଙ୍କୁ ପରିତ୍ୟାଗ କରି ନିଜେ ପାଖରେ ନିଜ ଶରଣ ପଶିବା ପାଇଁ । ବାହାର ସମ୍ପର୍କ ପରିତ୍ୟାଗ କରି ନିଜ ସହ ନିଜେ ସମ୍ପର୍କ ସ୍ଥାପନ କରିବା ପାଇଁ । ଯେପର୍ଯ୍ୟନ୍ତ ଜଣେ ବାହାର ଜଗତ ସହିତ ନିଜକୁ ସଂଯୋଜିତ କରି ରଖିଥିବ, ସେଯାଏ ଦୁଃଖ ସୁଖ, ପ୍ରିୟଜନ ଇତ୍ୟାଦିର କଥା ସହିତ ସମୟକୁ ବିତାଉଥିବ । କିନ୍ତୁ ଅନ୍ୟପକ୍ଷରେ ନିଜ ସହିତ ନିଜର କୌଣସି ସମ୍ପର୍କ ନଥିବ । ଶ୍ରୀକୃଷ୍ଣଙ୍କ ଏଇ ବାକ୍ୟରେ ଏକ ଯୋଗ ସାଧନାର କଥା କହିଛନ୍ତି । ଅର୍ଜୁନଙ୍କ ମୋହଭଙ୍ଗ କରିବା ପାଇଁ ଏଇ ବାକ୍ୟଟି ଉଦ୍ଦିଷ୍ଟ ଥିଲା । ମାତ୍ର ତାଙ୍କ ଚରଣରେ ସମର୍ପିତ ହେବା କଥା କୁହାଯାଇନାହିଁ । ନିଜ ଭିତରେ ଥିବା ଅହଂଭାବ, ଯେ ମୁଁ ମାରିବି, ମୋ ସମ୍ପର୍କୀୟ, ମୋ ସାମ୍ରାଜ୍ୟ ଇତ୍ୟାଦି ଇତ୍ୟାଦି ଭାବରେ ଅର୍ଜୁନ ମୋହଗ୍ରସ୍ତ ହୋଇଥିବା ବେଳେ ଶ୍ରୀକୃଷ୍ଣ ସେଇ 'ମୋ' ଓ 'ମୁଁ' ଭାବକୁ ପରିତ୍ୟାଗ କରିବା ପାଇଁ ପରାମର୍ଶ ଦେଉଥିଲେ । 'ମୁଁ' ଓ 'ମୋର' ସମ୍ପର୍କ ମଣିଷକୁ ଅନ୍ଧ କରିପକାଏ । ଯେଉଁ କାରଣ ପାଇଁ ସଂସାର ଦୁଃଖମୟ ବୋଲି ଦେଖାଯାଏ । ଯେଉଁ ମହାପୁରୁଷମାନେ ସମାଜକୁ ଛାଡ଼ି, ଜଙ୍ଗଲକୁ ଗମନ କରି, ଧ୍ୟାନବଳରେ ନିଜକୁ ପାଇପାରିଛନ୍ତି । ସେମାନେ ସମ୍ପର୍କକୁ ତ୍ୟାଗକରି 'ମୁଁ' ଓ 'ମୋର' ଭାବକୁ ତ୍ୟାଗକରି ନିଜ ପାଖରେ ନିଜକୁ ସମର୍ପଣ କରିଛନ୍ତି । ସେଇକଥା କୃଷ୍ଣ ଅର୍ଜୁନଙ୍କୁ ଗ୍ରହଣ କରିବା ପାଇଁ କହିଛନ୍ତି । ନିଜ ଚେତନାକୁ ଜାଗ୍ରତ କରି ଅସ୍ତ୍ର ଉଠେଇବା ପାଇଁ ପ୍ରେରଣା ଦେଇଛନ୍ତି । ଜନ୍ମ ଓ ମୃତ୍ୟୁ ଏକ କ୍ରମାନ୍ୱୟ ଘଟଣା, ଯାହା ସ୍ୱାଭାବିକ ଭାବରେ ଆଗକୁ ଗତି କରିଥାଏ । ଏକ ସ୍ୱାଭାବିକ ପ୍ରକ୍ରିୟାକୁ କେହି ଅଟକାଇ ପାରିବେ ନାହିଁ । ସ୍ୱୟଂ ଶ୍ରୀକୃଷ୍ଣ ମଧ୍ୟ ସ୍ୱୀକାର କରିଛନ୍ତି ଯେ, ପ୍ରାକୃତିକ ପ୍ରକ୍ରିୟାକୁ ବନ୍ଦ କରି ହେବନାହିଁ ।

ଆମେ ସମସ୍ତେ ମୃତ୍ୟୁକୁ ଅପେକ୍ଷା କରିଛେ କିନ୍ତୁ ଏଇ ଅପେକ୍ଷା ଏତେ ଅଭ୍ୟାସଗତ ହେଇଯାଇଛି ଯେ, ଏହାର ଉପସ୍ଥିତିକୁ ଆମେ ଗ୍ରହଣ କରିପାରୁନାହୁଁ। ମୃତ୍ୟୁକୁ ଭୟ କରି କିଏ ସନ୍ନ୍ୟାସୀ ହେଇ ଯାଉଛି ତ, କିଏ ଦୀକ୍ଷା ଗ୍ରହଣ କରି ଏଥିରୁ ମୁକ୍ତି କାମନା କରୁଛି। ଯେତେ ଯାହା ପଦକ୍ଷେପ ଆମେ ନେଲେ ବି ସେଥିରୁ ନିବୃତ୍ତି ନାହିଁ। ଏହାକୁ ସ୍ୱୀକାର କରିବା ପରିବର୍ତ୍ତେ, ଏହାକୁ ଦୂର କରିବା ପାଇଁ ଆମ ଜୀବନର ସମସ୍ତ ସମୟ ଠାକୁର ମା' କାଳ, ପ୍ରଥା ସଂସ୍କାରେ ବିତିଯାଉଛି। ଆମେ ଗ୍ରହଣ କରିଥିବା କଥାସବୁ ଦୁଃଖର କାରଣ ନ ଦେଖି ସଂସାର ଦୁଃଖମୟ ବୋଲି କହିଚାଲିଛେ। ଜୀବନକୁ ଉପଭୋଗ କରିପାରୁନାହୁଁ। ଶ୍ରୀକୃଷ୍ଣ ଚରିତ୍ର ହେଉଛନ୍ତି ଏକମାତ୍ର ଚରିତ୍ର ଯିଏ ବର୍ତ୍ତମାନକୁ ଗୁରୁତ୍ୱ ଦେଇଥାନ୍ତି। ବର୍ତ୍ତମାନକୁ ଭୋଗିବାପାଇଁ ସମସ୍ତ କଥା କରିଥାନ୍ତି। ବର୍ତ୍ତମାନକୁ ସଜାଡ଼ିବା ପାଇଁ ସମସ୍ତ ବ୍ୟବସ୍ଥା କରିଥାନ୍ତି।

ଆମେ ସମସ୍ତେ ଗୋଟିଏ କଥାକୁ ଏକତରଫା ଭାବେ ବୁଝିଥାଉ, ଯେ ଅର୍ଜ୍ଜୁନଙ୍କର ଯେଉଁ ବିଷାଦ ହେଲା ତା'ର ପ୍ରିୟ ପରିଜନମାନଙ୍କୁ, ତାଙ୍କ ସମ୍ମୁଖରେ ଦେଖିଲା ପରେ। ଯଦି ତାଙ୍କର ପ୍ରିୟଜନମାନେ ଯୁଦ୍ଧକ୍ଷେତ୍ରରେ ତା' ସମ୍ମୁଖରେ ନ ଥାଇ କେବଳ ବାହାର ଅର୍ଥାତ୍ ଅର୍ଜ୍ଜୁନଙ୍କ ଜ୍ଞାତି ସମ୍ପର୍କୀୟମାନେ ନଥାଇ ଅସମ୍ପର୍କୀୟମାନେ ଥାନ୍ତେ, ତେବେ ଅର୍ଜୁନ ସେମାନଙ୍କୁ ମାରିବା ପାଇଁ ପଶ୍ଚାତ୍‌ପଦ ହେଇନଥାନ୍ତେ। ସମସ୍ତ ସୈନ୍ୟ ସାମନ୍ତଙ୍କୁ ଅଚିରେ ଧ୍ୱଂସ କରିପକାଉଥାନ୍ତେ। ଅର୍ଜୁନଙ୍କ ଏପରି ମନୋଭାବକୁ କ'ଣ ଦୟା କରୁଣା ଓ ଅହିଂସାର କଥା କହିପାରିବା ? ଅର୍ଜୁନ ଅନ୍ୟମାନଙ୍କ ପାଇଁ ହିଂସ୍ର ଥିଲେ, କେବଳ ରକ୍ତ ସମ୍ପର୍କୀୟମାନଙ୍କ ପାଇଁ ବ୍ୟଗ୍ର ଥିଲେ। ଅର୍ଜୁନଙ୍କ ଏପରି ମନୋଭାବକୁ ଶ୍ରୀକୃଷ୍ଣ ବୁଝିପାରିଥିଲେ। ତାଙ୍କ ଭିତରୁ ହିଂସ୍ରଭାବ ଦୂରକରି, ସମୋଚିତ ବ୍ୟବହାର ପ୍ରଦର୍ଶନ ପାଇଁ ବୁଝାଇଥିଲେ। କିନ୍ତୁ ଆମେ ସାଧାରଣତଃ ଭାବରେ ବୁଝିଲେ, ଅର୍ଜୁନଙ୍କୁ, କୃଷ୍ଣ ଯୁଦ୍ଧକରିବା ପାଇଁ ଏକପ୍ରକାର ପ୍ରେରଣା ଦେଉଥିଲେ। ଅର୍ଜୁନ କଦାପି କହୁନାହାନ୍ତି ଯେ, ଯୁଦ୍ଧ ହେଉଛି ହିଂସ୍ରକଥା, ଅମାନବୀୟ କାର୍ଯ୍ୟ। ମୁଁ ଏଇ କାର୍ଯ୍ୟରୁ ନିବୃତ୍ତ ହେବାକୁ ଚାହେଁ। ଏଇପରି ବାକ୍ୟ ଅର୍ଜ୍ଜୁନଙ୍କ ମୁଖରୁ ଶୁଣିବାକୁ ମିଳିନାହିଁ। ଅନ୍ୟଜଣକ ପରିବାରରୁ ଯଦି କାହାର ମୃତ୍ୟୁହୁଏ, ସେଇ ପରିବାରର ମଣିଷମାନେ ମ୍ରିୟମାଣ ହେଇନଥାନ୍ତି। ସେଥିରେ ପଡ଼ୋଶୀମାନେ କେବଳ ଦୁଃଖପ୍ରକାଶ କରିଥାନ୍ତି, କିନ୍ତୁ ଶୋକ ସନ୍ତପ୍ତ ହେଇନଥାନ୍ତି। ଏହା ଆମମାନଙ୍କ ପରି ସାଧାରଣ ବ୍ୟକ୍ତିମାନଙ୍କର ଦୈନନ୍ଦିନ ଆଚରଣ। କିନ୍ତୁ ଅର୍ଜୁନ ପରି ମାନବ ପାଖରୁ ଏଇପରି ସ୍ୱାର୍ଥପର କଥା ପାଠକମାନେ ଆଶା ବୋଧହୁଏ କରିବେନାହିଁ ? କୌଣସି ବ୍ୟକ୍ତି ସହିତ ଜଣେ ଗଭୀର ଭାବେ ଜଡ଼ିତ ଥିଲେ ଯଦି ସେଇ ବ୍ୟକ୍ତିଙ୍କର ମୃତ୍ୟୁହୁଏ, ତା' ସହିତ ଆମର ମଧ୍ୟ ମୃତ୍ୟୁହୁଏ। ଅର୍ଥାତ୍ ଆମ ସମ୍ପର୍କରେ

ଆମ ଜୀବନ ସହିତ ଛନ୍ଦି ହେଇଥିବା ମଣିଷର ମୃତ୍ୟୁ କେବଳ ଦେହର ମୃତ୍ୟୁ ନୁହେଁ, ସମ୍ପର୍କର ମୃତ୍ୟୁ ଏକ ପରିଚୟର ମୃତ୍ୟୁ ବୋଲି ଧରିବାକୁ ପଡ଼େ।

ଜଣେ ଝିଅ ବିବାହ ହେଲେ ସେ ସ୍ତ୍ରୀ ହୋଇଥାଏ। ଯାହାକୁ ବିବାହ କଲା ସେ ପୁରୁଷଟି ପରିଚୟରେ ସ୍ୱାମୀ ରୂପେ ପରିଚିତ ହୋଇଥାଏ। ସେମାନଙ୍କ ଭିତରୁ ଜଣକର ମୃତ୍ୟୁରେ, ଅନ୍ୟଜଣକର ପରିଚୟର ମୃତ୍ୟୁ ହୋଇଥାଏ। ସ୍ତ୍ରୀଲୋକଟିର ପିଲା ଜନ୍ମହେଲେ, ସେଇ ସ୍ତ୍ରୀଲୋକର ମାତୃତ୍ୱର ଜନ୍ମହୁଏ। ପିଲାଟି ଯେତେବେଳେ ମରିଗଲା ତା'ର ମାତୃତ୍ୱ ମଧ୍ୟ ମରିଗଲା। ଅର୍ଥାତ୍ ତା'ର ମଧ୍ୟ ମୃତ୍ୟୁ ହେଲା। ସେଥିପାଇଁ ଅର୍ଜୁନ ଯୁଦ୍ଧର ଅପର ପକ୍ଷରେ, ତାକୁ ମାରିବାକୁ ଠିଆ ହେଇଥିବା ମଣିଷମାନଙ୍କ ମୃତ୍ୟୁ ପ୍ରତି ଯେତିକି ଭୟାତୁର ନଥିଲା, ନିଜ ମୃତ୍ୟୁପ୍ରତି ବିଶେଷ ସଚେତନ ଥିଲା। ନିଜର ପରିଚୟ ପ୍ରତି ବେଶି ବେଶି ସଚେତନ ଥିଲା। 'ମୁଁ'ତ୍ୱର ମୃତ୍ୟୁ ହେବ, 'ମୋ' ଭାବର ମୃତ୍ୟୁ ହେବ। ସମ୍ମୁଖରେ ଦଣ୍ଡାୟମାନ ଥିବା ଯୋଦ୍ଧାମାନଙ୍କ ପାଇଁ ଅର୍ଜୁନଙ୍କ ବୀରତ୍ୱର ପରିଚୟ ଅଛି। ସେମାନେ ମରିଗଲେ ଅର୍ଜୁନଙ୍କ ବୀରତ୍ୱର ମୃତ୍ୟୁହେବ। ଅର୍ଥାତ୍ ଅର୍ଜୁନଙ୍କ ଅସ୍ତିତ୍ୱର ମୃତ୍ୟୁ ହେଇଯିବ। ଶ୍ରୀକୃଷ୍ଣ ଅର୍ଜୁନଙ୍କର ଏଇ ଭୟାତୁର ହିଂସ୍ର ଭାବନା ପାଇଁ ଅର୍ଜୁନ ଭବିଷ୍ୟତ ସମୟରେ ବେଶି ରହିଗଲେ, ବର୍ତ୍ତମାନ ସମୟକୁ ସମ୍ପୂର୍ଣ୍ଣ ଭୁଲିଗଲେ। ଶ୍ରୀକୃଷ୍ଣଙ୍କର ପ୍ରୟାସ ଜାରି ରହିଲା, କିପରି ଅର୍ଜୁନଙ୍କ ମନ ଭିତରୁ ହିଂସ୍ର ଓ ଭୟ ଭାବନାକୁ ଦୂରେଇ, ବର୍ତ୍ତମାନ ସମୟରେ ଉପସ୍ଥିତ କରେଇବା। ଅର୍ଜୁନଙ୍କ ପାଖରେ ଥିବା ସ୍ୱତନ୍ତ୍ର ପୁରୁଷ ପୁଙ୍ଗବ ଭାବନା ଅପସରି ଯାଇ କୌଣସି ଏକ ସାଧାରଣ ସ୍ତରର ମଣିଷମାନଙ୍କ ପରି ବ୍ୟବହାର ପ୍ରଦର୍ଶନ କରିବା କଥା ଶ୍ରୀକୃଷ୍ଣଙ୍କୁ ଚକିତ କରିଥିଲା। ଅର୍ଜୁନଙ୍କ ମନ ଭିତରେ ଲୁଚି ରହିଥିବା ହିଂସ୍ରଭାବନା ଜାଗ୍ରତ ହେବା ପରେ ବିଷାଦ ଆସିଥିଲା। 'ମୋର' କହିବା ଅର୍ଥ ନିଜ ସହିତ କାହାକୁ ଯୋଗକରି ରଖିବା। ନିଜ ସହିତ ଅନ୍ୟ କାହାକୁ ନିଜ ଅକ୍ତିୟାରରେ ରଖିବା ଅର୍ଥ, ଅକ୍ତିୟାରରେ ରହିଥିବା ମଣିଷର ମୃତ୍ୟୁହେଲା। ସମ୍ପର୍କ, ଜଣଙ୍କର ଅସ୍ତିତ୍ୱକୁ ମାରିଦିଏ। ଆର ଜଣକର ଅସ୍ତିତ୍ୱ ସଜାଗ ଥାଏ। ସମ୍ପର୍କ ଦୁଇଟି ଦେହ ଓ ଦୁଇଟି ଆତ୍ମାକୁ ଯୋଡ଼ି ରଖିଥାଏ। ଅର୍ଥାତ୍ ସମ୍ପର୍କ ନିଜେ ଗୋଟେ ଅସ୍ତିତ୍ୱ ହେଇଗଲା। ଉଭୟ ଦେହର କୌଣସି ଅର୍ଥ ରହିଲା ନାହିଁ। ଜଣକର ମୃତ୍ୟୁରେ ଅନ୍ୟଜଣକର ମୃତ୍ୟୁ ହୁଏ। ଏଇ ସଂଯୋଜିତ ପ୍ରକ୍ରିୟା ହିଁ ଜଣଙ୍କ ଭିତରେ ହିଂସ୍ରଭାବନା ଜାଗ୍ରତ କରାଏ। ଯେଉଁଥିରେ ମଣିଷର ଚେତନା ଅନ୍ଧ ହେଇଯାଏ। ଯେଉଁ ଅବସ୍ଥା ଅର୍ଜୁନଙ୍କର ହେଇଥିଲା ଯୁଦ୍ଧ କ୍ଷେତ୍ରରେ। ଅର୍ଜୁନ କେବଳ ଦେଖୁଥିଲେ ତାଙ୍କ ପ୍ରିୟଜନମାନଙ୍କୁ। ମାତ୍ର ଅନ୍ୟ ସୈନ୍ୟସାମନ୍ତ ତାଙ୍କ ସମ୍ମୁଖରେ ଉପସ୍ଥିତ ଥିଲେ ମଧ୍ୟ ଅର୍ଜୁନଙ୍କ ଦୃଷ୍ଟି ସେମାନଙ୍କ ଉପରେ ନଥିଲା। ସେମାନଙ୍କ ପାଇଁ ଅନ୍ଧ ହେଇଯାଇଥିଲା। ସମଭାବାପନ୍ନର ଚିନ୍ତନ, ସମ୍ପୂର୍ଣ୍ଣ ରୂପେ ନିଜ

ପାଖରୁ ଦୂରେଇ ଯାଇଥିଲା। ଦୁର୍ଯ୍ୟୋଧନର ଏପରି ଭାବନା ଆଦୌ ନଥିଲା। ଯୁଦ୍ଧ କରିବା ବ୍ୟତୀତ ତାଙ୍କ ମନରେ କୌଣସି ଭାବନା ନଥିଲା। ଦୁର୍ଯ୍ୟୋଧନ ପାଇଁ ସମ୍ମୁଖ ଦଣ୍ଡାୟମାନ ବ୍ୟକ୍ତିମାନେ ଶତ୍ରୁ ବ୍ୟତିରକେ ଆଉକିଛି ସମ୍ପର୍କରେ ଦୃଶ୍ୟ ହେଉନଥିଲେ।

ନିତ୍‌ସେ, ଜଣେ ମହା ଦାର୍ଶନିକ ସେ କୁହନ୍ତି : ମଣିଷ ହେଉଚି ଗୋଟିଏ ସେତୁ ସଦୃଶ, ଯିଏ ନଦୀର ଦୁଇ କୂଳକୁ ସଂଯୋଗ କରେ। ମଣିଷ, ପଶୁ ସ୍ତରକୁ ଖସିଗଲେ ସେ ଯାତନା ପାଏ ଏବଂ ସିଏ ଖୁସିହୁଏ ଓ ଶାନ୍ତି ପାଏ ଯଦି ତା' ଭିତରେ ଦୈବତ୍ୱ ଅନୁଭବ ହୁଏ। ଯଦି ମଣିଷ ତଳକୁ ନ ଖସେ କିମ୍ବା ଉପରକୁ ନଯାଏ, କେବଳ ମଣିଷ ହୋଇ ରହିଯାଏ ତେବେ ସେ ଅସ୍ଥିର ବିଚଳିତ ହେଇଯାଏ। ସେଥିପାଇଁ ମଣିଷ ଅବିରତ ଭାବେ ପ୍ରୟାସ ଜାରିରଖେ ପଶୁତ୍ୱକୁ ଆପଣେଇ ଖୁସି ପାଇବା ପାଇଁ ନଚେତ୍ ଦୈବତ୍ୱ ପ୍ରାପ୍ତି ହେଇ ପ୍ରଶାନ୍ତି ପାଇବା ପାଇଁ। କିନ୍ତୁ ତଳକୁ ଖସିବା କିମ୍ବା ଉପରକୁ ଯିବା ପ୍ରକ୍ରିୟା ତାକୁ ବିବ୍ରତ ଓ ଚାପଗ୍ରସ୍ତ କରି ରଖେ। କିନ୍ତୁ ସର୍ବଦା ପଶୁପରି ବଞ୍ଚିବାକୁ ଚାହୁଁଥାଏ। ଅର୍ଜୁନ ଯଦି ପଶୁ ମାନସିକତାରେ ଥା'ନ୍ତେ, ତେବେ ଯୁଦ୍ଧ କରିବାର ଦ୍ୱିଧା ତାଙ୍କ ପାଖରେ ନଥାନ୍ତା। ବିଷାଦ ମଧ୍ୟ ଆସିନଥାନ୍ତ। ପଶୁମାନେ, ନିଦ୍ରାଜନିତ ରୋଗ, ମାନସିକ ଦୁର୍ଶ୍ଚିନ୍ତା, ଚାପଗ୍ରସ୍ତ ରୋଗରେ ପୀଡ଼ିତ ହୁଅନ୍ତି ନାହିଁ, କିମ୍ବା ଆତ୍ମହତ୍ୟା କରନ୍ତି ନାହିଁ। ମାତ୍ର ଅର୍ଜୁନ କୃଷ୍ଣଙ୍କ ବ୍ୟକ୍ତିତ୍ୱରେ ଗଭୀର ମାତ୍ରାରେ ପ୍ରଭାବିତ ହେଇ ଔଦ୍ଧତ୍ୟ ପର୍ଯ୍ୟାୟକୁ ଉନ୍ନତି ହେବା ଇଚ୍ଛାରେ ପ୍ରପୀଡ଼ିତ ଥିଲେ। ଯେଉଁ କାରଣ ପାଇଁ ବିଷାଦଗ୍ରସ୍ତ ଥିଲେ। ଆନନ୍ଦ ପ୍ରାପ୍ତିର ଅନ୍ୱେଷଣ ତାଙ୍କୁ ବିଷାଦଗ୍ରସ୍ତ କରିଥିଲା। ଶ୍ରୀକୃଷ୍ଣଙ୍କ ପ୍ରଭାବ ଅର୍ଜୁନକୁ ଏଇପରି କରି ରଖିଥିଲା। ସର୍କସରେ ଥିବା ପଶୁମାନେ ମଣିଷ ପରି ବ୍ୟବହାର କରନ୍ତି, ଠିକ୍ ତା'ର ବିପରୀତ ରୂପେ ଦେଖିଲେ, ସର୍କସରେ ଥିବା ମଣିଷମାନେ ପଶୁପରି ବ୍ୟବହାର କରନ୍ତି। ଅର୍ଜୁନଙ୍କ ବ୍ୟକ୍ତିତ୍ୱ ଦୁର୍ବଳ ଥିବା କାରଣରୁ, କୃଷ୍ଣଙ୍କ ବଳିଷ୍ଠ ବ୍ୟକ୍ତିତ୍ୱକୁ ପ୍ରଭାବିତ କରିପାରି ନଥିଲା। ବରଂ କୃଷ୍ଣଙ୍କର ପ୍ରଭାବ ଗଭୀର ଭାବେ ଅର୍ଜୁନକୁ ଆନ୍ଦୋଳିତ କରିଥିଲା। ଯେଉଁଥି ପାଇଁ ଅର୍ଜୁନ ଭିତରେ ଅସ୍ଥିରତା ଭାବ ତାଙ୍କୁ ଦ୍ୱନ୍ଦ୍ୱରେ ପକେଇଥିଲା ନା ଅର୍ଜୁନ ଦୁର୍ଯ୍ୟୋଧନ ପରି ପଶୁତ୍ୱକୁ ଆପଣେଇ ପାରୁଥିଲେ ନା କୃଷ୍ଣଙ୍କ ପରି ଦୈବତ୍ୱକୁ ଆପଣେଇ ପାରୁଥିଲା। ପଶୁତ୍ୱ ଓ ଦୈବତ୍ୱର ସେତୁ ହେଇ ଦଣ୍ଡାୟମାନ ହେଇଥିଲେ ଅର୍ଜୁନ। ପଶୁତ୍ୱକୁ ପରିହାର କରି ଦୈବତ୍ୱ ପାଖରେ ଶରଣ ପଶିବା କଥା କହୁଥିଲେ ଶ୍ରୀକୃଷ୍ଣ, ସଖା ଅର୍ଜୁନଙ୍କୁ।

ଆମମାନଙ୍କର ମନ, ଅର୍ଥାତ୍ ଆମ ସମୟର ମଣିଷମାନଙ୍କ ଭାବନା ଠିକ୍ ଅର୍ଜୁନଙ୍କ ପରି ମାନସିକତା। ଗୋଟିଏ ପେଣ୍ଡୁଲମ୍ ପରି ମଝିରେ ଦୋଳାୟମାନ। ଆମେ ପଶୁ ସ୍ତରକୁ ଯାଇ ଖୁସିହେବା ପାଇଁ ଇଚ୍ଛା ପ୍ରକଟ କରୁଛେ ପୁଣି ପ୍ରଶାନ୍ତି ପ୍ରାପ୍ତ ପାଇଁ। ମଣିଷ ସଚେତନ ନ ହେଲେ ପଶୁସ୍ତରକୁ ଖସି ଖୁସି ହେଇ ପାରିବ ନାହିଁ। କୃଷ୍ଣ ଅର୍ଜୁନଙ୍କୁ

ତଳସ୍ତରରୁ ଟାଣି ଉପରକୁ ଉଠାଇବା କ୍ରମରେ ଅର୍ଜୁନ ନିସ୍ତେଜ ହୋଇପଡୁଛନ୍ତି। ଅବଶ ଅନୁଭବ କରୁଛନ୍ତି। ଯୁଦ୍ଧକ୍ଷେତ୍ରରେ ଦୁର୍ଯ୍ୟୋଧନ ଦଣ୍ଡାୟମାନ ହେଇ ଖୁସି ହେଉଛନ୍ତି। କିନ୍ତୁ ଅର୍ଜୁନଙ୍କ ପରି ବିଷାଦ ଗ୍ରସ୍ତ ହେଇନାହାଁନ୍ତି। ପଶୁ ସେମାନଙ୍କ ଇଚ୍ଛାକୁ ଦମନ କରନ୍ତି ନାହିଁ। ତାକୁ ତତ୍‌କ୍ଷଣାତ୍ ପ୍ରୟୋଗ କରିଦିଅନ୍ତି। ମଣିଷମାନଙ୍କ ପରି ସମ୍ପର୍କକୁ ଆଖି ଆଗରେ ରଖି ବିଚାରବିମର୍ଷ କରନ୍ତି ନାହିଁ। ରତିକ୍ରୀଡ଼ା ପାଇଁ ଇଚ୍ଛାହେଲେ ବି ସେ ସମ୍ପର୍କକୁ ବିଚାର କରେ ନାହିଁ। ମଣିଷ ପରି ମା' ଓ ଭଉଣୀର କଥା ମୁଣ୍ଡକୁ ଆସେ ନାହିଁ। ତତ୍‌କ୍ଷଣାତ୍ ଖୁସି ପାଇଁ ସେ କାହା ସହିତ ବି ସମ୍ପର୍କ ରଖିପାରେ। ଯେଉଁ ସ୍ଥିତି ଓ ସଂକଟ ସମ୍ପର୍କକୁ ନେଇ ଅର୍ଜୁନଙ୍କ ପାଖରେ ଉପୁଜିଥିଲା, ତାହା ଦୁର୍ଯ୍ୟୋଧନ ପାଖରେ ନଥିଲା। ଗୋଟିଏ ମଞ୍ଜି ଯେପରି ଖୋଳର ଅନ୍ଧାର ଭିତରେ ନିବୁଜ ହେଇଥାଏ ଦୁର୍ଯ୍ୟୋଧନ ଠିକ୍ ଅନ୍ଧପରି ପଶୁତ୍ୱର ଖୋଳ ଭିତରେ ଥିଲା, ମାତ୍ର ଅର୍ଜୁନ ମଞ୍ଜିର ଚୋପା ଆସ୍ତରଣରୁ ମୁହଁ କାଢ଼ି ପୃଥିବୀର ଆଲୋକ ଦେଖିସାରିଥିଲା। ଯେଉଁଥି ପାଇଁ ସେ ସଂକଟର ସାମ୍ନାରେ ନିଜକୁ ଆବିଷ୍କାର କଲା। ଶ୍ରୀକୃଷ୍ଣ ଅର୍ଜୁନଙ୍କ ମାନସିକ ଅବସ୍ଥାରୁ ବୁଝିପାରିଥିଲେ। ତାଙ୍କୁ ବାରମ୍ବାର ବିଭିନ୍ନ ବିଷୟରେ ଆଲୋଚନା କରି ମନ ଭିତରୁ 'ମୁଁ ଓ ମୋର' ସମ୍ପର୍କର ଭାବନା କାଢ଼ିନେବା ପାଇଁ ପ୍ରୟାସ କରୁଥିଲେ। 'ମୋର'ର କଥାକୁ ବୁଝାଉଥିଲେ। ଅର୍ଥାତ୍ Possessionର କଥାକୁ ମନରୁ ନ କାଢ଼ିଲେ 'ମୁଁ'ତ୍ୱକୁ ବାଦ୍ ଦେଇହେବ ନାହିଁ। ଜଣେ ଧର୍ମୀୟ ଭାବନାର ମଣିଷର, ପୃଥିବୀରେ ସବୁଠୁ ଯନ୍ତ୍ରଣା, ଜେଲ ଭିତରେ ଆବଦ୍ଧ କୋଠରି ଭିତରେ ବଞ୍ଚିଥିବା ମଣିଷର ଦୁଃଖ ଅପେକ୍ଷା। ନଦୀର ଗୋଟିଏ କୂଳରେ ଠିଆ ହୋଇଛି। ସେ ସେତୁଟିଏ ହେଲେ ଯାଇ ଆରପଟ ନଈକୂଳକୁ ବୁଝିପାରିବ। କେବଳ ଜଣେ ମଣିଷ ପରି ମଣିଷଟିଏ ହେଲେ ଯାଇ ଦୈବତ୍ୱର ଦ୍ୱାର ତା' ପାଇଁ ଖୋଲିପାରିବ। ଅର୍ଜୁନ ଭିତରେ ଜିଜ୍ଞାସାର ପ୍ରଖର ସ୍ରୋତଟିଏ ଦୈବତ୍ୱ ସହିତ ସଂଯୋଜିତ ହୋଇ ରହିଥିବା କାରଣରୁ ତାଙ୍କ ଭିତରେ ଏତେ ସମସ୍ୟା ଉପୁଜିଥିଲା। ଯାହାଙ୍କ ମନରେ ପ୍ରଶ୍ନଟିଏ ନାହିଁ, ବ୍ୟଗ୍ରତା ନାହିଁ, ସନ୍ଦେହ ନାହିଁ, ଅନୁସନ୍ଧିତ୍ସୁର ମନୋଭାବ ନାହିଁ ସେ ଦୈବତ୍ୱ ଭାବନାକୁ ରୂପାନ୍ତରିତ ହୋଇପାରିବ ନାହିଁ।

ଅର୍ଜୁନଙ୍କର ଏଇ ସମସ୍ତ ଗୁଣମାନ ସଂଗଠିତ ହୋଇ ଏକ ସନ୍ଧିକ୍ଷଣରେ ଛଟପଟ ହେଉଥିଲା ଆଲୋକ ଦର୍ଶନ ପାଇଁ। ଏଇ ଛାଇ ଅନ୍ଧାର ଖୋଳ ଭିତରୁ ଅର୍ଜୁନଙ୍କୁ ଉଦ୍ଧାର କରୁଥିଲେ କୃଷ୍ଣ। ସମସ୍ତ ବିବ୍ରତତା ଗୁଡ଼ିକ ଅର୍ଜୁନଙ୍କ ଭିତରେ ଧର୍ମ ହୋଇ ପରିଚାଳିତ କରୁଥିବା ମାନସିକ ବିବ୍ରତ ଓ ବିଷାଦକୁ ତାଙ୍କ ନିଜ ପାଖରେ, ନିଜ ଭିତରେ ସମର୍ପିତ କରିଦେଲେ, ସେ ଯାଇ ଯୁଦ୍ଧ ପାଇଁ ପ୍ରସ୍ତୁତ ହେଇ ପାରିବେ। ଅନ୍ୟ କାହା ପାଦତଳେ ସମର୍ପଣ କରିଦେଲେ, ଜଣଙ୍କର ନିଜ ଭିତରେ କୌଣସି ରୂପାନ୍ତରିତ ହେଇପାରିବ

ନାହିଁ। ରୂପାନ୍ତରଣ ପାଇଁ ନିଜର ପ୍ରୟାସ ନିଜର ବୁଝାମଣା ହିଁ ନିଜକୁ କୌଣସି ଅବସ୍ଥାରେ ପହଞ୍ଚିଯିବା ପାଇଁ ସହାୟକ ହୋଇପାରିବ। କୃଷ୍ଣ କେବଳ ସହଯୋଗର ହାତ ବଢ଼େଇ ପାରନ୍ତି; ମାତ୍ର ଜଣକ ଭିତରର ରୂପାନ୍ତରଣ ପାଇଁ ସେ କୌଣସି କାରଣ ହୋଇପାରିବେ ନାହିଁ।

ଅର୍ଜୁନଙ୍କ ପରି ଯେଉଁ ମଣିଷମାନେ, ସଁବାଳୁଆରୁ ପ୍ରଜାପତି ହେବା ପାଇଁ ଜିଜ୍ଞାସା ରଖନ୍ତି କେବଳ ସେଇ ମଣିଷମାନଙ୍କର ଅର୍ଜୁନଙ୍କ ପରି ସମଦଶା ଭୋଗ କରନ୍ତି। ଅବଶ୍ୟ ଏଇ ପ୍ରକାର ଦ୍ୱନ୍ଦ୍ୱ ପ୍ରାକୃତିକ। ବ୍ୟଗ୍ରତା ବଢ଼ିଗଲେ ଆମେ ପଶୁତ୍ୱକୁ ଖସି ପଡ଼ିଥାଉ। ବ୍ୟଗ୍ରତାକୁ ପ୍ରତ୍ୟୁତ୍ପନ୍ନମତୀ ସହ ବିଚାର କଲେ ପ୍ରାପ୍ତି ହେବାର ସମ୍ଭାବନା ପାଖେଇ ଆସେ। ମାତ୍ର କୌଣସି ଅନୁଷ୍ଠାନ ବା ସମ୍ପ୍ରଦାୟ ବୈକ୍ତିକ ଆଧ୍ୟାତ୍ମିକ ଉନ୍ନତିର ସହାୟକ ହୋଇପାରି ନାହିଁ। ଶିଘ୍ର ଶିଘ୍ର ପାଇବାର ଲାଳସାରେ ପଥଭ୍ରଷ୍ଟ ହେବାର ସମ୍ଭାବନାକୁ ଏଡ଼େଇ ଦିଆଯାଇ ନପାରେ। ଶ୍ରୀକୃଷ୍ଣ, ଅର୍ଜୁନଙ୍କୁ ଏଇ ସନ୍ଧିକ୍ଷଣରୁ ଉଦ୍ଧାର କରିବା ପାଇଁ ବାଟ କଢ଼ାଉଥିଲେ। କୃଷ୍ଣ ଚାହୁଁଥିଲେ ଅର୍ଜୁନ ନିଜେ ନିଜର ସମସ୍ୟାକୁ ଦୂରକରୁ। କେବଳ ଏତିକି କହୁଥିଲେ, ତୁମେ ବ୍ୟସ୍ତ ହୁଅନାହିଁ, ତୁମେ ସବୁକଥାକୁ ସାମ୍ନା କରିପାରିବ।

ମଣିଷର ଗୋଟିଏ ଭ୍ରମାତ୍ମକ ଧର୍ମୀୟ କଥାରେ ମଣିଷମାନଙ୍କ ଜୀବନ ଦୁର୍ବିସହ ହେଇଯାଉଛି। ସବୁ ଧର୍ମୀୟ ଆଲୋଚନାରେ କୁହାଯାଏ ଯେ, ଏ ଜନ୍ମ ଯଦି ଦୁଃଖରେ କଟିବ, ତେବେ ଆସନ୍ତା ଜୀବନଟି ସୁଖରେ କଟିଯିବ। ଜୀବନରେ ବିଭିନ୍ନ କ୍ଷେତ୍ରରେ ପରାସ୍ତ ହେଇ ଦୁଃଖକୁ ଭୋଗୁଥିବା ମଣିଷଟି ମନରେ ଭାଗ୍ୟ ଭଗବାନର ଦ୍ୱାହିରେ ଭବିଷ୍ୟତର ସମୟ ସୁଖପ୍ରଦ ହେବ ବୋଲି ଆଶା ଓ ଭରସା ପ୍ରକଟ କରାଯାଇଥାଏ। ଅର୍ଥାତ୍ ମଣିଷର ପ୍ରୟାସ ଶିଥିଳ ହୋଇଯାଏ। ଈଶ୍ୱର ଭରସା ହେବେ। ଈଶ୍ୱର ସମସ୍ତ ଦୁଃଖର ଅବସାନ ଘଟାଇବେ। ଏଇପରି କଥାର ବିଚାର ଭିତରେ ମଣିଷ ଜୀବନ ଏକ ଅଣଅଧ୍ୟାତ୍ମିକ ହେଇଯାଉଥାଏ। ମଣିଷର ନୈତିକତାକୁ ଦୁଇଭାଗରେ ବିଭକ୍ତ କରିଦେଇଥାଏ ଏଇ ଚିନ୍ତନ। ଗୋଟିଏ ଦ୍ୱନ୍ଦ୍ୱ ଭିତରେ ମଣିଷର ସମୟ କଟୁଥାଏ। ନୈତିକତାକୁ ଆଧାର କରି ମଣିଷ ଖୁବ୍ ଆନନ୍ଦ ପାଉଥାଏ ପାପ, ଦୁର୍ନୀତିକୁ ଘୃଣା କରି। ନିଜକୁ ମହାନ ଆଦର୍ଶ ଓ ନୀତିବାଦୀ ବୋଲି ବିଚାର କରୁଥାଏ। କିନ୍ତୁ ଏଇପରି ଭାବନା ଏକ ନକାରାତ୍ମକ ଭାବନା। ନକାରାତ୍ମକ ଭାବନାରୁ ଏଇ ନୈତିକତା କଥାର ସୃଷ୍ଟି ହେଇଥାଏ। ଗୋଟିଏ ଘୃଣା ଭାବରୁ ସୃଷ୍ଟି ହେଇଥାଏ। ସାଧୁ ସନ୍ଥମାନେ ପାପକୁ ଘୃଣାକରି ପୁଣ୍ୟକୁ ପ୍ରଶଂସା କରୁଥାନ୍ତି। ଏଇପ୍ରକାର ଭାବନା ଏକ ଆତ୍ମସନ୍ତୋଷର ଭାବନା। ସୁଖକୁ ନକାରାତ୍ମକ ଦୃଷ୍ଟିକୋଣରୁ ବିଚାର କରାଯାଏ। ସୁଖକୁ ଘୃଣାଦୃଷ୍ଟିରେ ଦେଖନ୍ତି। ସେମାନେ ଘୃଣାରୁ ସୁଖ ପ୍ରାପ୍ତି ହୁଅନ୍ତି। ମର୍ତ୍ତ୍ୟରେ ସମସ୍ତ ଦୁଃଖ ସ୍ୱର୍ଗପାଇଁ ସବୁ ସୁଖର କାରଣ ବୋଲି

ସେମାନେ ବିଚାର କରନ୍ତି । ଧନୀ ମଣିଷମାନଙ୍କର ସୁଖ, ଗରିବମାନଙ୍କ ଦୁଃଖରୁ ରସ ସଂଗ୍ରହ କରିଥାଏ । ଭଲ ମଣିଷମାନଙ୍କର ସୁଖ ଖରାପ ମଣିଷମାନଙ୍କ ପାପରୁ ସୃଷ୍ଟି ହେଇଥାଏ । ସାଧାରଣତଃ କଥା ହେଲା ଯେ, ଉପରକୁ ଦେଖାଯାଉଥିବା କଥା ଭିତରର ଚେର ତା'ର ବିପରୀତ ଦିଗକୁ ବ୍ୟାପିଥାଏ । ପୃଥିବୀରେ ଯଦି ସମସ୍ତେ ଭଲହେବେ, ତେବେ ପୃଥିବୀରୁ ଧର୍ମ ବ୍ୟବସ୍ଥା ସବୁ ସମ୍ପୂର୍ଣ୍ଣ ଉଠିଯିବ । ସାଧୁ ସନ୍ଥମାନଙ୍କର ଆବଶ୍ୟକତା ଲୋକମାନେ ଲୋଡ଼ିବେ ନାହିଁ ।

ପୃଥିବୀ ବା ବିଶ୍ୱର ତାତ୍ପର୍ଯ୍ୟ ବିପରୀତରୁ ଆରମ୍ଭ ହୋଇଥାଏ । ଭଲ ଓ ମନ୍ଦ ପରସ୍ପର ପରସ୍ପରର ପରିପୂରକ । ଅତି ଭଲ ହେଉଛି ଅତି ଖରାପର ଶେଷ ବିନ୍ଦୁ ଓ ଅତି ଖରାପ ହେଲା ଅତି ଭଲର ଶେଷବିନ୍ଦୁ । ଶ୍ରୀକୃଷ୍ଣ ଚରିତ୍ରଟି ହେଉଛି କୌଣସି ବାଛବିଚାରର ବାହାରେ । କୌଣସି ପରିସୀମା ଭିତରର ଚରିତ୍ର ନୁହଁନ୍ତି । ପସନ୍ଦ ଓ ନାପସନ୍ଦର ବାହାରେ ଥିବା ଚରିତ୍ର ହେଉଛନ୍ତି ଶ୍ରୀକୃଷ୍ଣ । କୌଣସି ଗୋଷ୍ଠି ଭିତରେ ଆମେ ସେଇ ଚରିତ୍ରକୁ ନେଇପାରିବା ନାହିଁ । ଆମେ ଯେକୌଣସି ଦୃଷ୍ଟିଭଙ୍ଗୀରେ ଆମେ ତାଙ୍କୁ ବିଚାର କରିପାରୁ । ଭଲ ଦୃଷ୍ଟିଙ୍ଗୀରେ ଦେଖିଲେ ଅନେକ ଭଲକଥା ଦେଖିପାରିବା, ଯଦି ଖରାପ ଦୃଷ୍ଟିରେ ଦେଖିଲେ ଅନେକ ଖରାପ କଥା ସେଇ ବ୍ୟକ୍ତିତ୍ୱରେ ଆଖିଆଗକୁ ଆସିବ । ଉଭୟ ଗୁଣକୁ ସମାୟିତ କରି ରଖିଛନ୍ତି ଶ୍ରୀକୃଷ୍ଣ । ଜଣେ ପାପୀଟିଏ ତାଙ୍କୁ ପାପୀ ବୋଲି କହିବ ଏବଂ ଜଣେ ପୁଣ୍ୟବନ୍ତ ମଧ୍ୟ ତାକୁ ପୁଣ୍ୟଶ୍ଳୋକ ବ୍ୟତିରେକେ ଅନ୍ୟକଥା କିଛି ଖୋଜି ପାଇବ ନାହିଁ । ଏଇପରି ଗୁଣକୁ ଯଦି ଆମେ ବୁଦ୍ଧ, ମହାବୀରଙ୍କ ପାଖରେ ଖୋଜିବା ତେବେ ଭଲ ବ୍ୟତିରେକେ ଅନ୍ୟକିଛି ପାଇପାରିବା ନାହିଁ । ରାମଙ୍କ ଚରିତ୍ରରେ ମଧ୍ୟ ଏକାପରି ଘଟଣା ଦେଖିବାକୁ ମିଳିବ । ଜଣେ ମହତ୍ ପୁରୁଷ ପାଖରେ ଯଦି କେବଳ ଭଲଗୁଣ ରହେ ମାତ୍ର କୌଣସି ଖରାପଗୁଣ ଦେଖାନଯାଏ, ତେବେ ସେଇ ଚରିତ୍ରଟି ଜଣେ ଅସମ୍ପୂର୍ଣ୍ଣ ଚରିତ୍ର । ପୂର୍ଣ୍ଣାଙ୍ଗ ହେବାପାଇଁ ହେଲେ ଉଭୟ କଥାର ଆବଶ୍ୟକତା ଅଛି : ଖରାପ ଏବଂ ଭଲ । ସେଇ ଦୃଷ୍ଟିକୋଣରୁ ଶ୍ରୀକୃଷ୍ଣ ଚରିତ୍ରଟି ଏକ ପୂର୍ଣ୍ଣାଙ୍ଗ ଚରିତ୍ର । ଶ୍ରୀକୃଷ୍ଣ ଚରିତ୍ରରେ ସନ୍ନିବେଶିତ ହୋଇଥିବା ଏକ ତର୍କ ଓ ସନ୍ଦେହର ସମ୍ମିଶ୍ରିତ ଗୁଣମାନ ଦୃଶ୍ୟମାନ ହେବେ । ସେ ସ୍ୱଚ୍ଛ ସ୍ଫଟିକ ପରି ଦୃଶ୍ୟମାନ ହେବା ସହିତ ପୃଥିବୀର ଯେକୌଣସି କଂସ କିମ୍ବା ରାବଣ ଚରିତ୍ରମାନଙ୍କ କଥା ମଧ୍ୟ ଦୃଶ୍ୟମାନ ସେଇ ଚରିତ୍ର ଭିତରେ ହେଇଥାନ୍ତି । କୌଣସି ଯୁଦ୍ଧ ଅସ୍ତ୍ର ଧରି ରଣକ୍ଷେତ୍ରରେ ଶ୍ରୀକୃଷ୍ଣଙ୍କ ବ୍ୟତିରେକ ଆମେ ବୁଦ୍ଧ କିମ୍ବା ମହାବୀରଙ୍କୁ ଆମେ ଦେଖିନାହୁଁ । ବୁଦ୍ଧ ଓ ମହାବୀର ଅହିଂସ ପ୍ରିୟ । ସେଇକଥା ଶ୍ରୀକୃଷ୍ଣଙ୍କ ଚରିତ୍ରରେ ଦେଖିବାକୁ ପାଇବା; ମାତ୍ର ତରବାରୀ ଧଣି ଯୁଦ୍ଧକ୍ଷେତ୍ରରେ ଦଣ୍ଡାୟମାନ ହେଇଥିବାର ମଧ୍ୟ ଦେଖିପାରିବା । ଅନ୍ୟପାଖରେ

ଯାହା ସମ୍ଭବ ନୁହଁ କୃଷ୍ଣଙ୍କ ପାଖରେ ତାହା ସମ୍ଭବ । କୌଣସି ମାନଦଣ୍ଡ କୃଷ୍ଣଙ୍କ ଚରିତ୍ରକୁ ମାପିପାରିବ ନାହିଁ ।

କେଶବ ଚରିତ୍ରରେ ଥିବା ଗୁଣମାନଙ୍କରେ କୌଣସି ପ୍ରକାର ସମ୍ପର୍କ କୃଷ୍ଣ ଚରିତ୍ରରେ ପାଇବା ନାହିଁ । ଜୀବନର ପ୍ରତ୍ୟେକ ପର୍ଯ୍ୟାୟ ପରସ୍ପର ପରସ୍ପର ଠାରୁ ଅଲଗା ରୂପେ ଦେଖିବାକୁ ମିଳିଥାଏ କୃଷ୍ଣଙ୍କ ଚରିତ୍ରରେ । ପିଲାଦିନର କଥା ଆଲୋଚନା କରିବା ସମୟରେ ଆମେ ଭେଟିଥାଉ କୃଷ୍ଣ ଚରିତ୍ରକୁ । ଯେଉଁ ଚରିତ୍ରରେ ସେ ଭରପୁର ଆନନ୍ଦ ଉଲ୍ଲାସରେ ନାଚକୁଦ କରୁଥାନ୍ତି । ପିଲାମାନଙ୍କ ସହିତ ଖେଳୁଥାନ୍ତି । ଲବଣି ଚୋରି କରୁଥାନ୍ତି । ଦୁଷ୍ଟାମୀ କରୁଥାନ୍ତି, ଯାହା ସାଧାରଣତଃ ପିଲାମାନେ କରୁଥାନ୍ତି । ଦୁଷ୍ଟାମୀ କରି ଗୋପୀମାନଙ୍କର ବସ୍ତ୍ରହରଣ କରୁଥାନ୍ତି । ଗଛ ଉପରେ ରହି ନଗ୍ନତାକୁ ଉପଭୋଗ କରୁଥାନ୍ତି । ଏହାର ମାନେ ନୁହେଁ ଯେ କେଶବ କୃଷ୍ଣଙ୍କ ଚରିତ୍ରକୁ ବୁଝିପାରୁନାହିଁ । କାରଣ ପିଲାଦିନର ସମୟ ମଧ୍ୟ ବୟସ ଓ ପରିଣତ ବୟସ ସହିତ ସଂଶ୍ଲିଷ୍ଟ । ପିଲାଦିନ ମନ ସହିତ ବୟସ୍କର ମାନସିକତା ଯଦି ଯୋଡ଼ି ଦିଆଯାଏ, ତେବେ ସେଇଠୁ ଆରମ୍ଭ ହୋଇଯାଏ ଦ୍ୱନ୍ଦ୍ୱ । ବୟସ୍କମାନେ ପିଲାମାନଙ୍କ ଠାରୁ ତାଙ୍କ ଭିତରେ ଥିବା ଦୁଷ୍ଟାମୀକୁ ହଟେଇ ଦେଇ ବୟସ୍କମାନଙ୍କ ପରି ହେବାପାଇଁ ବାଧ୍ୟ କରେଇଥାନ୍ତି । ଅବଶ୍ୟ ପିଲାମାନଙ୍କର ପ୍ରାକୃତିକ ଚରିତ୍ରଟି ବୟସ୍କମାନଙ୍କ ଚାପ ପ୍ରୟୋଗରେ ବଶତା ସ୍ୱୀକାର କରିବା ପାଇଁ ବାଧ୍ୟ ହେଇଥାଏ । ପିଲାଳିଆମି ବେଶି ସମୟ ତିଷ୍ଠିପାରେ ନାହିଁ । ପିଲାଟି ବୟସ୍କ ହେଇ ସମସ୍ତ ପ୍ରକାର ଦ୍ୱନ୍ଦ୍ୱ ଓ ପ୍ରତିଦ୍ୱନ୍ଦ୍ୱର ଜୀବନ ଭିତରକୁ ପଶିଆସେ । ବୈକୁଣ୍ଠରୁ ନର୍କ ଆଡ଼କୁ ଚାଲିଆସେ । ବୟସ୍କ ଅବସ୍ଥାରୁ ସେମାନେ ବିତେଇଥିବା ପିଲାଦିନକୁ ଦୁଷ୍ଟାମୀକୁ ମନେପକାଇ ଆନନ୍ଦିତ ହେଉଥାନ୍ତି । କେଶବ ଚରିତ୍ର କୃଷ୍ଣଙ୍କ ଦୁଷ୍ଟାମୀକୁ ସ୍ମରଣ କଲାବେଳେ ତାଙ୍କୁ ଚକିତ ହେବାକୁ ପଡ଼ିଥାଏ ଯେ, ସେ ଦିନେ ଏଇ ପରି ଦୁଷ୍ଟ ସ୍ୱଭାବର ପିଲା ଥିଲେ ବୋଲି । ତେଣୁ ଆମେ ଗୀତାରେ ଭେଟୁଥିବା କୃଷ୍ଣ ଓ ଗୋପପୁରର କୃଷ୍ଣ ଭିତରେ ଥିବା ଗୋଟେ ଆକାଶ ପାତାଳର ଫରକକୁ ଆମେ ବୁଝିବା ପାଇଁ କଷ୍ଟ ହେଇଥାଏ । ବାଳକୃଷ୍ଣଙ୍କୁ ଭଲପାଉଥିବା ମଣିଷମାନେ ଅସ୍ତ୍ର ଧରିଥିବା ମହାଭାରତ ଯୁଦ୍ଧର କୃଷ୍ଣଙ୍କୁ ଗ୍ରହଣ କରିପାରନ୍ତି ନାହିଁ । ଆମମାନଙ୍କର ରୁଚି ଅନୁସାରେ ଆମେ ଜଣେ ବ୍ୟକ୍ତିର ବିଭିନ୍ନ ଗୁଣକୁ ପସନ୍ଦ ନାପସନ୍ଦ କରିଥାଉ । କିନ୍ତୁ ଆମେ ଭୁଲିଯାଇଥାଉ ଯେ ଆମେ ଆମ ରୁଚି ଅନୁସାରେ ଜଣେ ବ୍ୟକ୍ତିର ବ୍ୟକ୍ତିତ୍ୱର ଗୋଟିଏ ପର୍ଯ୍ୟାୟରେ ରହିଯାଇଥାଉ ବା ଗୋଟିଏ ସମୟରେ ଅଟକି ଯାଇଥାଉ । ଆଗକୁ ଗତି କରିଥିବା ସେଇ ବ୍ୟକ୍ତିର ପରବର୍ତ୍ତୀ ସମୟକୁ ବୁଝିପାରିବାରୁ ନିବୃତ ରହିଥାଉ । କିନ୍ତୁ ଆମେ ଭୁଲିଯାଇଥାଉ, ଯାହାଙ୍କୁ ଆମେ ଭଲପାଉଚୁ ବା ଭଲପାଉନାହୁଁ, ଆମ ଭଲପାଇବା ଅସମ୍ପୂର୍ଣ୍ଣ ତାହା ପୂର୍ଣ୍ଣାଙ୍ଗ ନୁହେଁ । ଗୋଟିଏ ବ୍ୟକ୍ତିର

ସମସ୍ତ ସମୟକୁ ବୁଝିବା କଥାକୁ ପୂର୍ଣ୍ଣତା କୁହାଯାଏ । ଶ୍ରୀକୃଷ୍ଣ ଚରିତ୍ରର ପିଲାଦିନଟି ଭଲ ଥିଲା, ଯୁବକ ଅବସ୍ଥା ଅଗ୍ରହଣୀୟ ଥିଲା । ବୋଧହୁଏ ତାହା ଆମ ବିଚାରର ବିଚାରଗତ ତ୍ରୁଟି ବୋଲି ଧରିନେବାକୁ ପଡ଼ିବ । ସେଥିପାଇଁ ଚରିତ୍ରକୁ ଭାଗ ଭାଗ କରି ବୁଝିଲେ ଆମେ ବ୍ୟକ୍ତିଟିର ସମ୍ପୂର୍ଣ୍ଣ ବ୍ୟକ୍ତିତ୍ୱକୁ ବୁଝିବା ପାଇଁ ସକ୍ଷମ ହୋଇପାରିବା ନାହିଁ । ଆଂଶିକ ଜ୍ଞାନ ଆମକୁ ଅର୍ଦ୍ଧଜ୍ଞାନ ଅବସ୍ଥାରେ ରଖିଦେବ । ଆମେ କହିପାରିବା ନାହିଁ ଯେ ବାଳକୃଷ୍ଣ ସ୍ୱର୍ଗ ଓ ବୟସ୍କ କୃଷ୍ଣ ନର୍କ । କିନ୍ତୁ କୃଷ୍ଣଙ୍କ ଚରିତ୍ରର ଉଭୟ, ଯାହା ଆମେ ବିଚାର କରୁ, ନର୍କ ଓ ସ୍ୱର୍ଗର ଏକ ପୂର୍ଣ୍ଣାଙ୍ଗ ଚରିତ୍ର । କୃଷ୍ଣ ଚରିତ୍ର, ପ୍ରତ୍ୟେକ ମଣିଷର ବ୍ୟକ୍ତିତ୍ୱକୁ ପ୍ରତିନିଧିତ୍ୱ କରିଥାଏ । ଅର୍ଥାତ୍ କୌଣସି ମଣିଷ ସମ୍ପୂର୍ଣ୍ଣ ଖରାପ ବା ସମ୍ପୂର୍ଣ୍ଣ ଭଲ ନୁହଁ । ବରଂ ଭଲ ଓ ମନ୍ଦର ସମାହାର ହେଉଛି ମଣିଷ । ଆମେ ପୁଷ୍କରିଣୀକୁ ଦେଖି ସମୁଦ୍ରକୁ ପରିକଳ୍ପନା କରିପାରିବା ନାହିଁ କିମ୍ବା ଗୋଟିଏ ନଦୀକୁ ଦେଖି ସମୁଦ୍ରର ଆକାରକୁ ମାପିପାରିବା ନାହିଁ ବା ଏହା ଧାରଣ କରିଥିବା ଜଳରାଶିକୁ କଳନା କରିପାରିବା ନାହିଁ । ସମଗ୍ର ଘଟଣାକୁ ଯେବେ ସଂଗଠିତ ନ କରିବା ତେବେ ମହାନ୍ ଚରିତ୍ର କୃଷ୍ଣଙ୍କୁ ବୁଝିହେବ ନାହିଁ । ବିଭାଜିତ ବୁଝାମଣାକୁ ସଂଯୋଗ କରି ଗୋଟିଏ ଚରିତ୍ରରେ ବୁଝିବା କଥାକୁ ଯୋଗ କୁହାଯାଏ । କୃଷ୍ଣ ଚରିତ୍ର ଆମକୁ କହେ ଯେ, ତାଙ୍କ ସାମଗ୍ରିକ ଜୀବନ ଧାରାକୁ ଏକାଗ୍ରତ କରି ତାଙ୍କୁ ବୁଝିବା । କୃଷ୍ଣଙ୍କୁ ମହାଯୋଗୀ କୁହାଯାଏ । ସେଇ ମହାଯୋଗୀ ଚରିତ୍ରକୁ ବୁଝିବା ପାଇଁ ହେଲେ, ଆମ ଭିତରେ ଥିବା ଭିନ୍ନ ଭିନ୍ନ ଧାରଣାକୁ ପରସ୍ପର ପରସ୍ପର ସହିତ ସଂଯୋଗ କରି ଗୋଟିଏରେ ପରିଣତ କରିବା । ଗୋଟିଏ ୟୁନିଟିରେ ପରିଣତ କରିବା ପ୍ରକ୍ରିୟାକୁ ଯୋଗ କୁହାଯାଏ ।

ମଣିଷର ବିଚାର କଦାପି ସଂଗଠିତ କରି ବୁଝିବାକୁ ସୁଯୋଗ ଦିଏ ନାହିଁ । ପ୍ରତ୍ୟେକ କଥାକୁ, ପ୍ରତ୍ୟେକ ଘଟଣାକୁ ଭାଗଭାଗ କରି ବୁଝିବା ପାଇଁ ଚେଷ୍ଟାକରେ । ସାଧାରଣତଃ ମଣିଷର ବୁଦ୍ଧି ବସ୍ତୁକୁ ଦୁଇଟି ପର୍ଯ୍ୟାୟରେ ବିଭକ୍ତ କରିଥାଏ । ଯଥା: ବସ୍ତୁ, ବ୍ୟକ୍ତି ଓ ଘଟଣାମାନଙ୍କ ଏଗୁଡ଼ିକର ଗତିଶୀଳତାକୁ, ଯାହାକୁ ଆମେ କହିପାରିବା ଭଲ ଓ ଖରାପ । ଏଇ ଦୁଇଟି କଥା ପରିପୂରକ ବୋଲି ଏହା ଆମେ ବୁଝିନଥାଉ । ଭାଗ କରିଦେଲେ ବୁଝିବାକୁ ସହଜ ହୋଇଥାଏ ।

ଅର୍ଜୁନଙ୍କର ଏକାଗ୍ରତରେ ଅଭାବ ଥିଲା । ଭଲ ଓ ମନ୍ଦ, ଜନ୍ମ ଓ ମୃତ୍ୟୁ, ପ୍ରିୟ ଓ ଅପ୍ରିୟ, ପରିବାର ଓ ଜ୍ଞାତି, ନିଜର ଓ ପର ଏଇ ଭାବନା ଭିତରେ ଗତି କରୁଥିଲା ଅର୍ଜୁନ ଚରିତ୍ର । ଆଂଶିକ ଭାବରେ ନିଜର ଚେତନାକୁ ବିନିଯୋଗ କରୁଥିଲେ । ଗୋଟେ ତୋର ଓ ମୋର ସୀମିତ ବୃତ୍ତ ଭିତରେ ଘୂରି ବୁଲୁଥିଲେ । ଶ୍ରୀକୃଷ୍ଣ ଗୋଟିଏ ପକ୍ଷରେ ଠିଆ ହୋଇଥିଲେ; ମାତ୍ର ଅପରପକ୍ଷରେ ଠିଆ ହୋଇଥିବା ମଣିଷମାନଙ୍କୁ ତାଙ୍କ ନିଜର ମଣିଷ

ବୋଲି ଭାବୁଥିଲେ। ସେମାନଙ୍କ ପ୍ରତି ତାଙ୍କର ଶ୍ରଦ୍ଧା ଓ ସମ୍ମାନ ବି ଥିଲା। ଦୁଇ ଭାବରେ ଭାଗ ହୋଇଥିବା ମଣିଷମାନଙ୍କୁ ଏକାଠି କରି ଠିଆ କରେଇଥିବା କୃଷ୍ଣ, ଦୁଇ ପକ୍ଷର ବାହାରେ ଥିଲେ। କେହି ବି ତାଙ୍କର ନିଜର ବା ପର ନଥିଲେ। ସମସ୍ତଙ୍କ ମନର ସଂକୀର୍ଣ୍ଣ ଚେତନାକୁ ପଢ଼ିପାରୁଥିବା ଏକ ମନସ୍ତତ୍ତ୍ୱବିତ। ସିଏ ସ୍ରଷ୍ଟାଙ୍କୁ ଭଲପାଆନ୍ତି। ସୃଷ୍ଟିକୁ ବି ଭଲପାଆନ୍ତି। ସେ ଈଶ୍ୱରଙ୍କୁ ପାଇବା ପାଇଁ ସଂସାରକୁ ଛାଡ଼ନ୍ତି ନାହିଁ। କିମ୍ବା ଈଶ୍ୱରଙ୍କୁ ବାଦ୍ ସଂସାରକୁ ଆବୋରି ଧରିବାକୁ ଚାହାଁନ୍ତି ନାହିଁ। ଏତେ ବୁଦ୍ଧିମାନ, ଚତୁର ଏବଂ ମନସ୍ତତ୍ତ୍ୱବିଦ୍ ହେଇ ମଧ୍ୟ ଅର୍ଜୁନଙ୍କୁ ତାଙ୍କ ଦ୍ୱନ୍ଦ୍ୱରୁ ମୁକୁଳେଇ ପାରିଲେ ନାହିଁ। ନିଜକୁ ପରସ୍ତ ପରସ୍ତ କରି ଖୋଲିବାକୁ ଉଚିତ୍ ମନେକଲେ। ସହସ୍ର ଗୁଣକୁ ରୂପ ମାଧ୍ୟମରେ ପ୍ରଦର୍ଶିତ କଲେ।

କୃଷ୍ଣ ଅର୍ଜୁନଙ୍କ ଦ୍ୱନ୍ଦ୍ୱକୁ ବୁଝିପାରିଥିଲେ। ସେ ପଚାରୁଥିବା ପ୍ରଶ୍ନ ଖୁବ୍ ଯୁକ୍ତିସଂଗତ ଥିଲା। କୃଷ୍ଣ ଗୋଟିଏ ସମୟରେ ପ୍ରେମ ଓ କରୁଣାର କଥା କହୁଥିବା ବେଳେ, ଅନ୍ୟ ପକ୍ଷରେ ଯୁଦ୍ଧ କରିବା ପାଇଁ ପ୍ରବର୍ତ୍ତାଉଥିଲେ। ସେଠାରେ ଜୀବନ ଅଛି, ମୃତ୍ୟୁ ମଧ୍ୟ ସାମ୍ନାରେ ଠିଆ ହୋଇଛି। ଜଣେ କିପରି ଉଭୟ ଜୀବନ ଓ ମୃତ୍ୟୁକୁ ଏକାସାଙ୍ଗରେ ଗ୍ରହଣ କରିପାରିବ? କିନ୍ତୁ କୃଷ୍ଣ ପ୍ରମାଣ କରିବା ପାଇଁ ଚାହିଁଛନ୍ତି ସେ ଅର୍ଜୁନ ଯେଉଁ ଜୀବନ ଓ ମୃତ୍ୟୁ ଭିତର ଦ୍ୱନ୍ଦ୍ୱରେ ଦଣ୍ଡାୟମାନ। ତାଙ୍କରି ଭିତରେ ଉଭୟ ସ୍ଥିତି ଉପସ୍ଥିତ ଅଛି। କୃଷ୍ଣ ନିଜେ ମୃତ୍ୟୁ ଓ ଜୀବନର କାରଣ। କୃଷ୍ଣ ବନାମ ବିଶ୍ୱରୂପ ଏଇ ଦୁଇଟି ସ୍ଥିତିରେ କେଉଁଟି ସତ କେଉଁଟି ମିଛ, ସ୍ଥିତି ସଙ୍କଟରେ ଦଣ୍ଡାୟମାନ ହେଇଛନ୍ତି ଅର୍ଜୁନ। ଆମ ବାସ୍ତବ ଜୀବନ କ୍ଷେତ୍ରରେ ଜନ୍ମରୁ ମୃତ୍ୟୁର ଦୂରତ୍ୱ ଅନେକ ସମୟର ବ୍ୟବଧାନ ଥାଏ। କିନ୍ତୁ ଦୁଇଟି ଯାକ ଅତି ନିକଟରେ ଠିଆ ହେଇଥିବା କଥାକୁ ସହଜରେ ଗ୍ରହଣ କରିହୁଏ ନାହିଁ। ଏଇ ଦୂରତ୍ୱ ପାଇଁ ଜନ୍ମ ଓ ମୃତ୍ୟୁକୁ ଆମେ ଅଲଗା କରି ଗ୍ରହଣ କରିଥାଉ। କୃଷ୍ଣଙ୍କର ଏଇ ରୂପରେ ମୃତ୍ୟୁ ଓ ଜୀବନର ଦୂରତ୍ୱ ଆଦୌ ନାହିଁ। ଯେଉଁଠି ସୃଷ୍ଟି ହେଉଛି, ସେଇଠି ଧ୍ୱଂସ ହେଉଛି। ଯେଉଁଠି ଗଛ ଉଠୁଛି ସେଇଠି ଗଛ ମଧ୍ୟ ନଷ୍ଟ ହେଇ ଯାଉଛି। ଅର୍ଜୁନ ବୁଝିପାରିଲେ ଆମେ ମନୁଷ୍ୟମାନେ ଯାହା ବୁଝିଥାଉ, ଯାହା ଦେଖିଥାଉ, ସମୟର ଯେଉଁ ବ୍ୟବଧାନକୁ ପରିଲକ୍ଷିତ କରିଥାଉ, ସେସବୁର କିଛି ଅର୍ଥ ନଥାଏ। ସେସବୁ ଆମର ବାହ୍ୟଚକ୍ଷୁର ଦୃଶ୍ୟ; ମାତ୍ର ଅନ୍ତର୍ଦୃଷ୍ଟିରେ ଏହାର ଅର୍ଥ ସମ୍ପୂର୍ଣ୍ଣ ଅଲଗା। ଗୋଟିଏ ଅସଂଗତି ଓ ବିରୋଧାଭାଷର କଥା। ଏବେ ଅର୍ଜୁନ ବୁଝିପାରିଲା ଯେ ଉଭୟ ଜନ୍ମ ଓ ମୃତ୍ୟୁ ଗୋଟିଏ କଥା, ଦୁଇଟି ନୁହଁ। ଉଭୟ ଜନ୍ମ ଓ ମୃତ୍ୟୁ ଗୋଟିଏ ଜାଗାରେ, ଗୋଟିଏ ଦେହରେ ସଂଗଠିତ ହେଇ ରହିଛି। ଆମ ଦୃଶ୍ୟବୋଧ ଅଭାବରୁ ଆମେ ଗୋଟିଏ ବ୍ୟକ୍ତି ପାଖରେ ଏଇ ଦୁଇଟି କଥାକୁ ଦେଖିପାରୁ ନାହିଁ। ଏକଥା ଅନୁଭବ କରିବା ପରେ ଅର୍ଜୁନ

ବାସ୍ତବ କଥାକୁ ବୁଝିପାରି ଆତ୍ମତୃପ୍ତି ଲାଭକରି ପାରିଛି। ତା' ପରେ ଯୁଦ୍ଧ କରିବା ପାଇଁ ଆଗଭର ହୋଇଛନ୍ତି। କୃଷ୍ଣ ନିଜେ ବି ବୁଝିପାରି ନାହାଁନ୍ତି ଯେ, ବିଶ୍ୱରୂପ ଦର୍ଶନରେ କିପରି ଭାବେ ଅର୍ଜୁନ ଦ୍ୱନ୍ଦ୍ୱରୁ ମୁକ୍ତି ପାଇପାରିଲା ! କାରଣ ସମସ୍ତଙ୍କ ମସ୍ତିଷ୍କର ବୁଝାମଣାର ପଥ ଅତି ସଂକୀର୍ଣ୍ଣ। କୃଷ୍ଣଙ୍କର ଯାତ୍ରା ବିଚାରଶୀଳରୁ ଅବିଚାରଶୀଳକୁ ଯାତ୍ରା ଗତିକରି ଉଭୟ କଥାର ବାହାରକୁ ବାହାରି ଯାଇଥାନ୍ତି। ମସ୍ତିଷ୍କ ସଂକୀର୍ଣ୍ଣ ପରିସରରୁ ବାହାରକୁ ବାହାରି ଯାଇଥାଏ। ଯାହାକୁ ସୁପର ଚେତନା ବୋଲି କହିଥାଉ। ଧୈର୍ଯ୍ୟ ଓ ସମୟର ଅପେକ୍ଷାରେ ହୁଏତ ଏହା ମଣିଷକୁ ପ୍ରାପ୍ତି ହୋଇଥାଏ। ଅଜଣା ପୃଥିବୀ ଭିତରକୁ ଯେତେବେଳେ ଚେତନାର ପ୍ରବେଶ ହେଇଥାଏ, ସେତେବେଳେ ଅଳ୍ପ ଆଲୋକିତ ପୃଥିବୀର ଆମ ଜୀବନର ପରିସମାପ୍ତି ହୋଇଥାଏ। ତା' ଭିତରୁ ବାହାରିବା ପାଇଁ ବାହ୍ୟ ପୃଥିବୀକୁ ଦେଖିବା ପାଇଁ ହୁଏତ କୌଣସି ପଥଟିଏ ନଥିବ।

ଯଦି ପ୍ରବନ୍ଧର ଶିରୋନାମାକୁ ଅନୁଧ୍ୟାନ କରିବା ତେବେ ଆମେ ଗୋଟିଏ ସିଦ୍ଧାନ୍ତରେ ଉପନୀତ ହେବା ଯେ, କୃଷ୍ଣଙ୍କ କଥୋପକଥନର ଆଭିମୁଖ୍ୟ ଥିଲା ନିଜ ଭିତରେ ନିଜକୁ ସମର୍ପଣ କଲାପରେ ଯେଉଁ ଜ୍ଞାନର ଅଭ୍ୟୁଦୟ ହେବ, ତାହା ହେବ ଈଶ୍ୱର ଦର୍ଶନ। ବିଭିନ୍ନ ଧର୍ମୀୟ ଭାବନାର ସଂସ୍ଥାମାନ ମଣିଷମାନଙ୍କୁ ବିଭିନ୍ନ ବାଟରେ, ଅର୍ଥାତ୍ ନିଜସ୍ୱ ବିଚାରରେ ନେଇ ନିଜେ ନିଜକୁ ଅନୁଭବ କରିବାରୁ ପ୍ରତିବନ୍ଧକ ସାଜୁଛନ୍ତି। ଜଣେ ଯେତେ ଜ୍ଞାନୀ ବା ପଣ୍ଡିତ ହେଲେ ମଧ୍ୟ, ଅନ୍ୟ ଜଣକ ଭିତରେ ଦିବ୍ୟ ଭାବନାଟିଏ ସୃଷ୍ଟି କରିପାରିବ ନାହିଁ। ଯାହା ନିଜସ୍ୱ ବିଚାରରେ ଆସିଥାଏ ତାହା ଅନ୍ୟ କାହାର ବିଚାର ମାଧ୍ୟମରେ ଫଳପ୍ରଦ ହୋଇପାରେ ନାହିଁ। ସର୍ବଧର୍ମାନ ପରିତେଜ୍ୟଙ୍କ ଅର୍ଥ କୌଣସି ପ୍ରକାର ଧର୍ମୀୟ ବିଚାର ଆତ୍ମାନୁଭୂତି ପାଇଁ ସହାୟକ ହୋଇପାରିବ ନାହିଁ। କେଉଁ ଧର୍ମଟା ଭଲ କେଉଁଟି ଖରାପ, କେଉଁଟି ସହଜ କେଉଁଟି କ୍ଲିଷ୍ଟ ଏଇପରି ରୁଚିର ଆଧାରରେ ଆମେ ଆଦୌ ନିଜସ୍ୱ ବିଚାରକୁ ସଂସ୍କାର ଦେଇ ପାରିବା ନାହିଁ। ତାହା ବାହ୍ୟ ପରିପାଟୀର କଥା ଉପରେ ନିର୍ଭର କରେ ନାହିଁ। ସଂସ୍କାର କହିଲେ ଗୋଟିଏ ଚିତ୍ତ ଶୁଦ୍ଧି କଥା କୁହାଯାଏ। ଆମେ କଥା କହୁ, କାହାକୁ ଶୁଣେଇବା ପାଇଁ; ଆମେ ଏହାକୁ ସଭ୍ୟତା ବା ସଂସ୍କାର ବୋଲି କହିପାରିବା କିନ୍ତୁ ଏଥି ସହିତ ଚିତ୍ତଶୁଦ୍ଧି ହେଇନଥାଏ। ମନକୁ ଖାଦ୍ୟ ଯୋଗାଇବା ପାଇଁ ହେଲେ ଅନୁଧ୍ୟାନ, ଅନୁଶୀଳନ ଓ ନିଷ୍ପତ୍ତି ଇତ୍ୟାଦିର ଭୂମିକା ଗୁରୁତ୍ୱପୂର୍ଣ୍ଣ ବୋଲି ଧରିବାକୁ ପଡ଼ିବ। ସେଇ ପ୍ରକ୍ରିୟା ମାଧ୍ୟମରେ ମନର ସଂସ୍କରଣ ହେଇଥାଏ। କୃଷ୍ଣ କେବଳ ତାଙ୍କୁ ବାଟ ବତାଉଥିଲେ, ସିଏ କହୁଥିବା କଥାକୁ ବିନାଯୁକ୍ତିରେ ଗ୍ରହଣ କରିବା କଥା କହୁନଥିଲେ। ବାହାରକୁ ସେଇପରି ଜଣାପଡୁଥିଲେ ମଧ୍ୟ ବିଶ୍ଳେଷଣରେ ତାହା ସେଇପରି ନୁହଁ। ବାଧ୍ୟବାଧକତାରେ କୌଣସି କଥାକୁ ଗ୍ରହଣ କରାଯାଇ ପାରିବ ନାହିଁ। ଯେପର୍ଯ୍ୟନ୍ତ

ମନ ବୁଝିନାହିଁ। ଯେପର୍ଯ୍ୟନ୍ତ ନିଜ ଭିତରେ ଗୋଟେ ଆତ୍ମ ପ୍ରତ୍ୟୟଟିଏ ସୃଷ୍ଟି ହେଇନାହିଁ, ସେଯାଏ କୌଣସି କଥାକୁ ସହଜରେ ଗ୍ରହଣ କରାଯାଇ ପାରିବ ନାହିଁ। ବାଛ ବିଚାର ନ କରି ଆତ୍ମସମର୍ପଣ କରୁଥିବା ବ୍ୟକ୍ତି ଜୀବନରେ ବାସ୍ତବ ମୂଲ୍ୟବୋଧକୁ ଜାଣିପାରି ନଥାଏ। ସମର୍ପିତ ହେଉଥିବା ବ୍ୟକ୍ତିର ଦାସତ୍ୱକୁ ଗ୍ରହଣ କରୁଥାଏ। ଅନ୍ୟଜଣଙ୍କର ମାନସିକତାକୁ ନିଜ ଭିତରକୁ ଆଣି ନିଜକୁ କଦାପି ସ୍ୱାଧୀନ କରେଇପାରିବ ନାହିଁ। ଶ୍ରୀକୃଷ୍ଣ ଏଇକଥା ବୁଝିବାରେ ସାମାନ୍ୟ ତ୍ରୁଟି ଥିଲାବୋଲି ଭାବିବା ମଧ୍ୟ ଭୁଲ। ସେଥିପାଇଁ ବାହାରର ସମସ୍ତ କଥାକୁ ପରିତ୍ୟାଗ କରି ନିଜ ଭିତରେ ନିଜକୁ ସମର୍ପଣ କରି ଗୋଟିଏ ଶୂନ୍ୟ ଅବସ୍ଥାଟିଏ ସୃଷ୍ଟି କରିବା ପାଇଁ ଅର୍ଜୁନଙ୍କୁ କହୁଥିଲେ। ଶୂନ୍ୟତାରୁ ଯେଉଁ ଚେତନାର ଉଦ୍ରେକ ହେବ, ତାହାହିଁ ନିଜେ ନିଜକୁ ଆବିଷ୍କାର ବୋଲି କହିପାରିବା। ତେବେ ସ୍ୱାଧୀନ ଭାବେ ନିଜ ବିବେକ ଓ ଚେତନାକୁ ଆଧାର କରି ଆଗକୁ ଯାଇପାରିବା। କାହା ପାଖରେ ଶରଣ ପଶିବା, କାହାକୁ ସମ୍ପୂର୍ଣ୍ଣ ଗ୍ରହଣ କରିବା କଥା ଶ୍ରୀକୃଷ୍ଣ ଆଦୌ କହିନାହାନ୍ତି। ଅନ୍ୟ ପାଖରେ ବିକ୍ରି ହୋଇଯିବା କଥାକୁ ଶ୍ରୀକୃଷ୍ଣ ଆଦୌ ସମର୍ଥନ କରିବେ ନାହିଁ। ବାସ୍ତବ ବିଚାରଧାରାରୁ ପଥଚ୍ୟୁତ ହେଲେ ସାରା ଜୀବନର ସମୟ ସରିଯାଏ, ଅଥଚ ଜୀବନକୁ ଜାଣିହୁଏ ନାହିଁ। ଅର୍ଜୁନଙ୍କର ମୋହ ଓ ଭ୍ରମକୁ ତୁଟାଇବା ପାଇଁ ଶ୍ରୀକୃଷ୍ଣଙ୍କର ସମସ୍ତ ପ୍ରୟାସ ଥିଲା। 'ମୁଁ' ପାଖରେ 'ମୁଁ'କୁ ସମର୍ପଣ କରିବା ପରେ ଅର୍ଜୁନଙ୍କ ଦୃଷ୍ଟିଭଙ୍ଗୀ ବଦଳି ଯାଇଥିଲା। ପିଣ୍ଡ ଭିତରେ ବ୍ରହ୍ମାଣ୍ଡକୁ ଦେଖିପାରିଥିଲେ ନିଜ ଭିତର ଓ ନିଜ ବାହାର ଭିତରେ କୌଣସି ଫରକ ଥିବା କଥା ପାଇପାରି ନଥିଲେ। ସେଇ ଅବସ୍ଥାକୁ ଅର୍ଜୁନଙ୍କୁ ଆଣିବା ପାଇଁ ଶ୍ରୀକୃଷ୍ଣଙ୍କ ଅଠର ଅଧ୍ୟାୟ ଗୀତା। ସମୟର ସନ୍ଧିକ୍ଷଣରେ ଗୋଟିଏ ଅଠର ମିନିଟ୍‌ର ଅବଧିରେ ଆଖି ସହ ଆଖିର ଭାଷାରେ ଅର୍ଜୁନଙ୍କ ଭିତର ଅବସାଦ-ବିସାଦକୁ ପରିଷ୍କାର କରିଦେଇଥିଲେ। ପ୍ରୟାସ ଥିଲା କୃଷ୍ଣଙ୍କର। ପ୍ରକ୍ରିୟା ଥିଲା ଅର୍ଜୁନଙ୍କର। ମଝିରେ ସାକ୍ଷୀ ଥିଲା ସମୟ।

■

ଶ୍ରୀପୁରୁଷ

ଆଲବର୍ଟ ଶେୱ୍ଜେର ଥରେ ତାଙ୍କ ବକ୍ତବ୍ୟରେ କହିଲେ, ପୃଥିବୀର ଧର୍ମୀୟ ବ୍ୟବସ୍ଥାରେ ଯେତେ ସବୁ ଅବତାର ଚରିତ୍ର ପ୍ରତ୍ୟୟମାନ ହୁଅନ୍ତି, ପ୍ରାୟ ସମସ୍ତେ ନାସ୍ତିବାଚକ ଅବତାର। ନିଶ୍ଚୟ ଏଇ କଥାର ସତ୍ୟତା ଅଛି। କାରଣ ଯୀଶୁଖ୍ରୀଷ୍ଟ କଦାଚିତ ମୁହଁରେ ହସ ଉକୁଟେଇ ପାରିନାହାନ୍ତି। ସର୍ବଦା ପ୍ରେମ ଶାନ୍ତିର କଥା ସେଇ ଦୁଃଖପୂର୍ଣ୍ଣ ମୁହଁରୁ ନିସୃତ ହେଇଛି। ତାଙ୍କର ଦୁଃଖପୂର୍ଣ୍ଣ, ଯନ୍ତ୍ରଣାଶିକ୍ତ କ୍ରୁଶକାଠ ଉପରେ ଅବତୀର୍ଣ୍ଣ ହେଇଥିବା ଚେହେରା ଜନସାଧାରଣଙ୍କୁ ଆକୃଷ୍ଟ କରିଛି। ଦୁଃଖ, ବୋଧହୁଏ ଆକର୍ଷଣର କେନ୍ଦ୍ରବିନ୍ଦୁ। ସୁଖ ସହ୍ୟ କରିହୁଏ ନାହିଁ। ପିଲାମାନେ ହସିଲେ ଆମେ ବଡ଼ମାନେ ସେମାନଙ୍କୁ ନ ହସିବା ପାଇଁ ତାଗିଦ୍ କରୁ। କାହାର ଦୁଃଖ ଯନ୍ତ୍ରଣାକୁ ଆମେ ଯେତିକି ଯେତିକି ଆକର୍ଷିତ ହେଇଥାଉ, ସୁଖପ୍ରତି ସେତିକି ବିମୁଖ ହେଇଥାଉ। କାହାର ଦୁଃଖରେ ଦୁଇଟୋପା ଲୁହ ଗଡ଼େଇ ପକାଉଥିବା ବେଳେ କାହାର ସୁଖରେ ସେତିକି ଛାତିଖୋଲି ହସିପାରୁ ନାହୁଁ। ଏଇ ବାସ୍ତବତାକୁ ଆମେ ସ୍ୱୀକାର କରିବା ସପକ୍ଷରେ ନ ଥାଉ। ବରଂ ଏଇପରି ଭାବନାକୁ ସମାଜ ବିରୋଧୀ କଥା କହିବା ପାଇଁ ପଶ୍ଚାତପଦ ହେଇନଥାଉ। ଯୀଶୁଖ୍ରୀଷ୍ଟଙ୍କର ଯନ୍ତ୍ରଣା ଅନ୍ୟମାନଙ୍କ ଛାତିକୁ କରୁଣାର୍ଦ୍ର କରିପକାଉଛି। କୋଟି କୋଟି ଜନମାନସର ହୃଦୟ ନିବାରଣ କରୁଛି ଏବଂ ସେମାନଙ୍କୁ ସେଇ ଅମାନବୀୟ ଘଟଣାପ୍ରତି ଆକର୍ଷିତ କରୁଛି। ହସିକି ସାହାଯ୍ୟ ମାଗିଲେ, ଯେତେ ଜରୁରୀ ଥିଲେ ବି କେହି ସାହାଯ୍ୟ କରିବେ ନାହିଁ, ମିଛ କାନ୍ଦଣାଟିଏ କାନ୍ଦି ହାତ ପତେଇଲେ ସହାୟତା ହାତ ପ୍ରସରି ଆସିବ।

ଅବତାରମାନଙ୍କ ଦୁଃଖ ଯନ୍ତ୍ରଣାସିକ୍ତ ଘଟଣା ସର୍ବଦା ଦୃଷ୍ଟିଗୋଚର ହେଇଥାଏ। ଯଦି ଗଭୀର ଭାବେ ଚିନ୍ତାକରିବା ତେବେ ଗୋଟିଏ କଥା ମନ ଭିତରକୁ ଆସିବ ଯାହା ହେବ ସେମାନେ ଜୀବନର ବିପକ୍ଷରେ। ଏପିରିକି ମହାବୀର ଏବଂ ବୁଦ୍ଧ ଜୀବନର ସପକ୍ଷବାଦୀ ନ ଥିଲେ। ବରଂ ସେମାନଙ୍କ ଆଭିମୁଖ୍ୟ ଆଉ ଏକ ପୃଥିବୀ ଓ ଅନ୍ୟ ଏକ

ଜୀବନ କଥା ସେମାନେ କହିଛନ୍ତି। ଗୋଟିଏ ବାସ୍ତବ ଅବସ୍ଥାରୁ ଅବାସ୍ତବ, ଅପ୍ରାକୃତ ଆଡ଼କୁ ଆକର୍ଷିତ କରିବାର ପ୍ରଚେଷ୍ଟା କରିଛନ୍ତି। ଜୀବନରୁ ପଳାୟନ କରି ମୁକ୍ତିର ଦିଗ ବିଷୟରେ ଆଲୋକପାତ କରିଛନ୍ତି। କେବଳ ମହାବୀର ବୁଦ୍ଧ କିମ୍ବା ଯୀଶୁ ନୁହଁନ୍ତି ପ୍ରାୟତଃ ସେଇପରି ବ୍ୟତିକ୍ରମ କଥା ପ୍ରତ୍ୟେକ ଅସାଧାରଣ ଲୋକମାନେ କହିଛନ୍ତି। ଜୀବନକୁ ଦୁଇଟି ଭାଗରେ ବିଭାଜନ କରିଛନ୍ତି। ଗୋଟିଏ ଭାଗକୁ ଗ୍ରହଣ କରୁଥିବା ବେଳେ ଅନ୍ୟ ଭାଗଟିକୁ ଅସ୍ୱୀକାର କରିଛନ୍ତି। କିନ୍ତୁ ଜୀବନକୁ ଦୁଇଭାଗ କରି ନ କରି ଜୀବନକୁ ପୂର୍ଣ୍ଣାଙ୍ଗ ରୂପେ ଗ୍ରହଣ କରିଛନ୍ତି ଅନ୍ୟମାନଙ୍କୁ ମଧ୍ୟ ସେଥିରୁ ବଞ୍ଚିତ କରିନାହାଁନ୍ତି। ଯେଉଁଥିପାଇଁ କୃଷ୍ଣଙ୍କୁ ଏକ ପୂର୍ଣ୍ଣାଙ୍ଗ ଅବତାର ରୂପେ ଗ୍ରହଣ କରାଯାଏ। ରାମଙ୍କ ଅବତାର ମଧ୍ୟ ଅସମ୍ପୂର୍ଣ୍ଣ ଜୀବନ।

ଜୀବନ ଯେମିତି, ସେଇପରି ଭାବେ ଜୀବନକୁ ସାମ୍ନା କରିଛନ୍ତି କୃଷ୍ଣ। ଆଲବର୍ଟ ଶ୍ୱେଓ୍ୱେଜରଙ୍କ ମତାମତ କୃଷ୍ଣଙ୍କ କ୍ଷେତ୍ରରେ ସ୍ୱୀକୃତ ନୁହେଁ। କୃଷ୍ଣ ଦୁଃଖ ଦୈନ୍ୟର ସମୁଦ୍ରରେ ବଂଶୀବାଦନ କରନ୍ତି। ଗୋଟିଏ ପ୍ରେମର ଫଲଗୁ ଧ୍ୱନିରେ ସଞ୍ଚରାଇଛନ୍ତି। ପୃଥିବୀର ସମସ୍ତ ଦୁଃଖ, ଯନ୍ତ୍ରଣାର ମରୁଭୂମିରେ କୃଷ୍ଣ ହେଉଛନ୍ତି ମୁନ୍ଦେପାଣି। ଜୀବନକୁ ବୁଝିବାର ଏକ ଭରସା। ସେଇ ଚରିତ୍ରକୁ ବୁଝିବା ପାଇଁ ଅଧ୍ୟାତ୍ମିକ କଥା କହୁଥିବା ମଣିଷମାନଙ୍କର ସେତିକି ସାମର୍ଥ୍ୟ ନାହିଁ। ଆତ୍ମା ଓ ଦେହ ପରସ୍ପର ପରସ୍ପରକୁ ବିରୋଧାଭାସରେ ଅଧ୍ୟାତ୍ମିକତାରେ ଗତି କରିଥାଏ। ଯାହାକୁ କୃଷ୍ଣଙ୍କ ମତରେ ଅଦ୍ୱୈତ। ଦେହରେ ସବୁକିଛି ଅଛି। ଦେହକୁ କୃଷ୍ଣ ପୂର୍ଣ୍ଣ ରୂପେ ସ୍ୱୀକାର କରିଛନ୍ତି। ଗୋଟିଏ ରସପୂର୍ଣ୍ଣ ଶରୀରକୁ ବାଦ୍ ଦେଲେ କୌଣସି ସୁଖ କି ଅନୁଭବ ନାହିଁ। ଯାହା ଅନ୍ୟ ଅବତାରମାନେ ଅସ୍ୱୀକାର କରିଛନ୍ତି। କିନ୍ତୁ ଏକମାତ୍ର କୃଷ୍ଣ ଦେହକୁ ସର୍ବସ୍ୱ ରୂପେ ଗ୍ରହଣ କରିଛନ୍ତି, ଉପଭୋଗ ମଧ୍ୟ କରିଛନ୍ତି। ଦେହକୁ ବାଦ୍ ଦେଲେ ଅଧ୍ୟାତ୍ମିକତା ଶୁଷ୍କ ପାଲଟିଯାଏ। ଶୁଷ୍କ ପତ୍ରପରି ଗଛରୁ ଝରିପଡ଼େ। ଯେଉଁ ମଣିଷମାନେ ସେଇ ପରି ଧର୍ମକୁ ଗ୍ରହଣ କରିଛନ୍ତି, ସେମାନେ ସେଇ ଶୁଖିଲା ପତ୍ରପରି ତଳକୁ ଝଡ଼ିପଡ଼ିଛନ୍ତି।

କୃଷ୍ଣ ହିଁ ସମ୍ପୂର୍ଣ୍ଣ ରୂପେ ଦେହକୁ ଗ୍ରହଣ କରିଛନ୍ତି। ହସୁଥିବା ମଣିଷ କୃଷ୍ଣଙ୍କୁ ଗ୍ରହଣ କରିପାରିବ। ପୃଥିବୀର ସମସ୍ତ ପିଲାମାନେ ଜନ୍ମହେବା ସମୟରେ କାନ୍ଦିକରି ଜନ୍ମ ହେଉଛନ୍ତି। ମାତ୍ର ଜୋରାଷ୍ଟ୍ର ଜନ୍ମସମୟରେ ହସିକରି ଜନ୍ମ ହେଉଛନ୍ତି। ଫ୍ରଏଡ଼ଙ୍କ ପରେ ଅଧ୍ୟାତ୍ମିକତାର ପରିଭାଷା ବଦଳିଗଲା। ଫ୍ରଏଡ଼ ଅତୀତରେ ବିଶ୍ୱାସ କରାଯାଉଥିବା ଅଧ୍ୟାତ୍ମିକତା ଓ ଭବିଷ୍ୟତକୁ ପ୍ରବାହିତ ହେବାକୁ ଥିବା ଅଧ୍ୟାତ୍ମିକ ବ୍ୟବସ୍ଥାର ଏକ ଜଳବିଭାଜିକା ହେଇ ଦଣ୍ଡାୟମାନ ହେଲେ। ଏକ ନୂତନ ଧରଣର ଚେତନାର ଉଜ୍ଜାଗ୍ରତ ହେଲା। ଜୀବନର ମୂଲ୍ୟବୋଧକୁ ନୂଆ ଭାବରେ ବୁଝାଗଲା। ଏକ ନୂତନ ଦିଶାର ଶୁଭ

ଉଦ୍‌ଘାଟନ ହେଲା। ପୂର୍ବ ଅଧ୍ୟାତ୍ମିକ ବିଚାରାଧାରାରେ ରାଗ, କ୍ରୋଧ, ଦ୍ୱେଷ, ରତିକ୍ରୀଡ଼ା, ଲୋଭ, ଆସକ୍ତି ଅବଦମିତ କରି ଅର୍ଥାତ୍ ଇନ୍ଦ୍ରିୟ ବା ଦେହ ଜନିତ ପ୍ରତ୍ୟେକ ଅନୁଭବର ଆକର୍ଷଣକୁ ଅବହେଳା କରି ଆତ୍ମା ପାଖରେ ପହଞ୍ଚିହେବ। ଈଶ୍ୱର ପାଖରେ ପହଞ୍ଚି ହେବ। ନିଜ ବିରୋଧରେ ନିଜର ଯୁଦ୍ଧ ଅନେକ କାଳରୁ ଅଧ୍ୟାତ୍ମିକ ଅଭ୍ୟାସ ଆମକୁ ଶିକ୍ଷା ପ୍ରଦାନ କରିଛି। ପରାର୍ଦ୍ଧ ପରାର୍ଦ୍ଧ ମଣିଷମାନେ ନିଜ ସହ ନିଜେ ଯୁଦ୍ଧକରି ଆତ୍ମାର ସାକ୍ଷାତ୍ ନ କରି ଜୀବନକୁ ବିଶେଷ କରି ଦେଇଛନ୍ତି। ଈଶ୍ୱର ବ୍ୟକ୍ତିଙ୍କୁ ମଧ୍ୟ ଖୋଜି ଖୋଜି ହତାଶ ହେଇଛନ୍ତି। ନିଜର ବାମହାତ ଯେବେ ଦକ୍ଷିଣ ହାତ ସହିତ ଯୁଦ୍ଧ କରିଚାଲେ ତେବେ ଜୟ କାହାର ନା ପରାଜୟ କାହାର ? ଉଭୟଙ୍କ ଯୁଦ୍ଧରେ ବ୍ୟକ୍ତି ନିଜେ ହିଁ ନଷ୍ଟ ହେଇଥାଏ।

ଫ୍ରଏଡ଼ ଏବଂ କୃଷ୍ଣଙ୍କ ଭାବନାର ତାଳମେଳ ଏକ ନୂତନ ଅଧ୍ୟାତ୍ମିକତାର ବାତାବରଣ ପୃଥିବୀ ପୃଷ୍ଠରେ ତିଆରି କରିଛି। ମାନବ ଜାତିର ଇତିହାସରେ କୃଷ୍ଣ ହିଁ ଏକମାତ୍ର ବ୍ୟକ୍ତି ଯିଏ 'ଦମନ' ପ୍ରକ୍ରିୟାର ବିରୋଧରେ ମତ ରଖନ୍ତି। କୌଣସି ସର୍ତ୍ତ ରଖି ଜୀବନ ଜୀଇଁବା କଥା କୃଷ୍ଣ କହିନାହାନ୍ତି। ଜୀବନର ଚତୁଃପାର୍ଶ୍ୱରେ ରତ୍ନଖଚିତ ସମୟ ଏବଂ ରଙ୍ଗ ରୋଷଣିର ମୁହୂର୍ତ୍ତମାନ ଘେରି ରହିଛନ୍ତି। କୃଷ୍ଣ ଏକମାତ୍ର ପୁରୁଷ ଯିଏ ନାରୀମାନଙ୍କ ପାଖରୁ ପଳାୟନ କରିନାହାନ୍ତି। କିମ୍ବା ନାରୀ ବିମୁଖ ଅଧ୍ୟାତ୍ମିକ ଅଭ୍ୟାସକୁ ସ୍ୱୀକାର କରିନାହାନ୍ତି। ସିଏ ଏକମାତ୍ର ପୁରୁଷ ଯୁଦ୍ଧକୁ ପଛକରି ପଳାୟନ କରିନାହାଁନ୍ତି। ନିଜେ ଯୁଦ୍ଧକ୍ଷେତ୍ରରେ ଅବତୀର୍ଣ୍ଣ ହେଇଛନ୍ତି। ଅହିଂସାର ହୃଦୟ ନେଇ ହିଂସାର ଅଗ୍ନିକୁଣ୍ଡରେ ପଶିଚନ୍ତି। ଅହିଂସା ଖରାପ କହି ବାଟଭାଙ୍ଗି ପଳାୟନ କରିନାହାନ୍ତି। ସିଏ ଅମୃତପାନ କଲେ ମଧ୍ୟ ବିଷପାନ ପାଇଁ ପଶ୍ଚାତ୍‌ପଦ ହେଇନାହାନ୍ତି।

ଯିଏ ମୃତ୍ୟୁହୀନ ତାକୁ ବୁଝିପାରିଛି, ମୃତ୍ୟୁକୁ ଭୟ ବା କିପରି କରିବ ? ମୃତ୍ୟୁକୁ ଭୟ କରୁଥିବା ଅର୍ଥ ଅମୃତର ସ୍ୱାଦ ଚାଖିପାରିବ ନାହିଁ। ତା'ର ସ୍ୱାଦକୁ ଉପଭୋଗ କରିପାରିବ ନାହିଁ। ମୃତ୍ୟୁକୁ ଭୟ କରିବା ଅର୍ଥ ଅମୃତକୁ ମୂଲ୍ୟହୀନ କରିପକାଇବା। ଅହିଂସାର ମୂଳମନ୍ତ୍ରକୁ ଯିଏ ବୁଝିପାରେ ହିଂସାକୁ କିପରି ଭୟ କରିବ। ବରଂ ହିଂସାର ମାର୍ଗକୁ ଅବରୋଧ କରିବାର ମାର୍ଗ ତାଙ୍କୁ ଜଣାଥିବ। ସେଇ ସୂତ୍ରରେ ଆତ୍ମା, ଦେହକୁ ଭୟକରି ପଳାୟନପନ୍ଥୀ ହେଇପାରିବ ? ଈଶ୍ୱରଙ୍କର ଅର୍ଥ ବା ମୂଲ୍ୟ କିପରି ଅନୁଭବ କରାଯିବ ଯଦି ସବୁକଥାକୁ ଆଲିଙ୍ଗନ ନ କରି ପାରିବ ?

କୃଷ୍ଣ ଦ୍ୱୈତବାଦକୁ ଗ୍ରହଣ କରିଥିଲେ। ତର୍କବାଦ ମଧ୍ୟ ଗ୍ରହଣ କରିଥିଲେ। ଜଣେ ସୀମା ବାହାରକୁ ଯାଇପାରିବ ନାହିଁ ଯେପର୍ଯ୍ୟନ୍ତ ଗୋଟିଏ କଥାକୁ ସ୍ୱୀକାର କରି ଆର କଥାଟିକୁ ଅସ୍ୱୀକାର କରିବ। ସୀମାତୀତ ସମ୍ଭବଗ, ଯେବେ ଜଣେ ଉଭୟକୁ ଗ୍ରହଣ

କରିବ। ଯେଉଁ ସମୟରେ ପୃଥିବୀରେ ଜନ୍ମ ନେଇ ନିଜସ୍ୱ ଚିନ୍ତନ ସର୍ବାଦୃତର ଭାବନା କ୍ଷୁର୍ଣ୍ଣ ହେବାକୁ ଆରମ୍ଭ କରିବ ସେଇ ସମୟରୁ କୃଷ୍ଣଙ୍କ ଭାବନାର ଆଲୋକ ରଶ୍ମି ସାରାବିଶ୍ୱକୁ ବିଚ୍ଛୁରିତ ହେବ। ଏହା ଚରମ ଉତ୍କର୍ଷତା ଶୀର୍ଷରେ ପହଞ୍ଚିଯିବ। ପ୍ରଥମଥର ପାଇଁ ମଣିଷ ସଭ୍ୟତା ସତ୍ୟର ଅନୁସନ୍ଧାନ ପାଇପାରିବ।

ଏହା ସତ୍ୟ ଯେ କୃଷ୍ଣଙ୍କୁ ବୁଝିବା ନିହାତି କଷ୍ଟକର ପାଠ। ଏହା ଭାରି ସହଜ ଯେ ଜଣେ ଶାନ୍ତି ପାଇବାକୁ ହେଲେ ସମାଜକୁ ଛାଡ଼ିବାକୁ ହେବ। କିନ୍ତୁ ବୁଝିବାକୁ ପଡ଼ିବ ଯେ, ହାଟ ଭିତରେ ହୋହଲ୍ଲା ଭିତରେ ଶାନ୍ତିକୁ ଆବିଷ୍କାର କରିବା; ଏହା ଭାରି ସହଜ ବୁଝିବା ପାଇଁ ଯେ ଜଣେ ଶୁଦ୍ଧତାକୁ ପ୍ରାପ୍ତି ହେଇପାରିବ ଯଦି ନିରାସକ୍ତ ହେଇପାରିବ ପ୍ରତ୍ୟେକ କଥାରୁ କିନ୍ତୁ ସମସ୍ତ ଆସକ୍ତି ଭିତରେ, ସମସ୍ତ ସମ୍ପର୍କ ଭିତରେ ନିରାସକ୍ତର ଭାବନା ସୃଷ୍ଟି ହେଇପାରେ ଏକଥାକୁ ଗ୍ରହଣ କରିବା ସହଜ ନୁହେଁ। ଘୁର୍ଣ୍ଣିବଳୟ କେନ୍ଦ୍ରବିନ୍ଦୁରେ ଜଣେ ଶାନ୍ତ ସରଳ ହେଇପାରେ ଏକଥା ବିଶ୍ୱାସ କରିବା ନିଶ୍ଚୟ ଟିକେ ଅଡୁଆ ଲାଗିବ। ଗୋଟିଏ ମହମବତୀକୁ ଜଳେଇବା ପାଇଁ ହେଲେ ପବନ ପାଖରୁ ଦୂରେଇ ରଖିବାକୁ ପଡ଼ିବ; ମାତ୍ର ପବନ ଦେଉଥିବା ସ୍ଥାନରେ ମହମବତୀ କିପରି ଜଳିପାରେ ଏକଥା ବୁଝିପାରିବା ଯାହା କୃଷ୍ଣ ଚରିତ୍ରକୁ ବୁଝିପାରିବା ପ୍ରାୟତଃ ଏକାପରି କଥା।

କୃଷ୍ଣ ଚରିତ୍ର ମଣିଷ ସମାଜକୁ ଗୋଟିଏ ଶିକ୍ଷା ପ୍ରଦାନ କଲା ଯେ, ପାଣି ଭିତରେ ରହି ପଦ୍ମଟିଏ ଫୁଟିପାରେ। ସମ୍ପର୍କର ଗଭୀରତାରେ ରହି କିପରି ଜଣେ ଅନାସକ୍ତ ଭାବଟିଏ ପ୍ରଦର୍ଶିତ କରିପାରେ। ଯୁଦ୍ଧର ଘନଘଟାରେ ରହି ମଧ୍ୟ ଶାନ୍ତିର ବାତାବରଣ ସୃଷ୍ଟି କରିପାରେ। ଶତ୍ରୁମାନଙ୍କୁ ସାମ୍ନାରେ ଦେଖି ମଧ୍ୟ ଭାଙ୍ଗି ଯାଇଥିବା ଖଣ୍ଡାକୁ ଝଲେଇବା ପୁଣି ଯୁଦ୍ଧରେ ଅବତୀର୍ଣ୍ଣ ହେବା। ଏଇପରି ବିରୋଧାଭାସ ହିଁ କୃଷ୍ଣଙ୍କୁ ବୁଝିବା ପାଇଁ ସମସ୍ୟା ସୃଷ୍ଟିକରିଥାଏ। କୃଷ୍ଣଙ୍କୁ ଗୋଟିଏ ଭାଗରେ ଜଣେ ଗ୍ରହଣ କରୁଥିବା ସମୟରେ ଅନ୍ୟପାଖରେ ଗ୍ରହଣ କରିପାରେ ନାହିଁ। କିଏ କୃଷ୍ଣଙ୍କୁ ରାଧାଙ୍କ ସହିତ ପୂଜା କରୁଥିବା ସମୟରେ, କୃଷ୍ଣଙ୍କୁ ଗୋପୀମାନଙ୍କ ସହିତ ଗ୍ରହଣ କରିପାରେ ନାହିଁ। କୃଷ୍ଣଙ୍କ ସାମଗ୍ରିକ ଜୀବନକୁ ଗ୍ରହଣ କରିବା ସମୟରେ ଯୁବକ କୃଷ୍ଣଙ୍କୁ ଗ୍ରହଣ କରିପାରେ ନାହିଁ। କୃଷ୍ଣଙ୍କ ସାମଗ୍ରିକ ଜୀବନକୁ ଗ୍ରହଣ କରିବା ସହଜ ପ୍ରସଙ୍ଗ ନୁହେଁ, କୃଷ୍ଣଙ୍କୁ 'ଗୀତା' ପୁସ୍ତକରେ ଯୁଦ୍ଧକ୍ଷେତ୍ରରେ ଅବତୀର୍ଣ୍ଣ ହୋଇ କୃଷ୍ଣ ଓ ଅର୍ଜୁନଙ୍କ କଥୋପକଥନକୁ ପସନ୍ଦ କରୁଥିବା ସମୟରେ, କୃଷ୍ଣ ରାସକେଳିକୁ ବର୍ଣ୍ଣନା କରୁଥିବା ଭାଗବତକୁ ଗ୍ରହଣ କରିପାରୁନାହିଁ।

କୃଷ୍ଣଙ୍କ ଯୋଗପୋଦେଶକୁ କିଛିଲୋକ ଭଲପାଉଥିବା ବେଳେ, ଥୋକେ ମଣିଷ ରାସକେଳି ଷୋଳସହସ୍ର ନାରୀମାନଙ୍କ ସହିତ ସମ୍ପର୍କକୁ ସ୍ୱୀକାର କରୁଛି। ଏକ କୃଷ୍ଣ କିନ୍ତୁ

ଆମେ ତାଙ୍କୁ କେତେବେଳେ କେଉଁ ଭାବରେ ଗ୍ରହଣ କରୁଛୁ ତାହା ଆମର ସମ୍ପୂର୍ଣ୍ଣ ପସନ୍ଦ ଏବଂ ବୁଝାମଣା ଉପରେ ନିର୍ଭର କରୁଛି। ଗୋଟିଏ କଥାକୁ ସହଜରେ ବୁଝୁଥିବା ବେଳେ ଅନ୍ୟକଥାକୁ ତ୍ରୁଟି ବା ସମସ୍ୟା ଜନିତ ଭାବରେ ଗ୍ରହଣ କରିଥାଉ। ଗୀତା ଓ ଭାଗବତକୁ ଜଣେ ପାଠକ ଗୋଟିଏ କେନ୍ଦ୍ରବିନ୍ଦୁରେ ଗ୍ରହଣ କରିପାରେ ନାହିଁ। କୃଷ୍ଣଙ୍କ ଚରିତ୍ରରେ ଦିନ ରାତି, ଶୀତ ଓ ଗ୍ରୀଷ୍ମ, ଶାନ୍ତି ଓ ଯୁଦ୍ଧ, ପ୍ରେମ ଓ ହିଂସା, ଜୀବନ ଓ ମୃତ୍ୟୁ ଏମାନେ ସମସ୍ତେ ହାତଧରାଧରି ହେଇ ଚାଲନ୍ତି। ଏ ସମସ୍ତ କଥା କୃଷ୍ଣଙ୍କ ଚରିତ୍ରରେ ସମାୟତ। ଭଲ ଓ ମନ୍ଦର ସମାହାରରେ ପୂର୍ଣ୍ଣତ୍ୱ ଆସିଥାଏ। ଗୋଟିଏକୁ ଗ୍ରହଣ କରି ଅନ୍ୟଟିକୁ ପ୍ରତ୍ୟାଖ୍ୟାନ କଲେ ଏହା ପୂର୍ଣ୍ଣତ୍ୱକୁ ଗ୍ରହଣ କରିପାରେ ନାହିଁ।

ଅର୍ଜୁନଙ୍କୁ ଯୁଦ୍ଧ ପାଇଁ ପ୍ରବର୍ତ୍ତାଇବା କାରଣ ଅର୍ଜୁନ ପାଖରେ ଜାଗ୍ରତ ହେଇଥିବା ନଂପୁଂସକତାକୁ ପରିହାର କରିବା ଏବଂ ଯୁଦ୍ଧ ପାଇଁ ପ୍ରବର୍ତ୍ତାଇବା କଥା କୌଣସି ଅବତାର ପୁରୁଷ ଜଣେ ଶ୍ରେଷ୍ଠ ଚରିତ୍ର ପାଖରେ ଏଇପରି ପ୍ରାସଙ୍ଗିକତା ଏବଂ ଯୌକ୍ତିକ ଉପସ୍ଥାପନା ଆଗରୁ କଦାପି ଦେଖାଦେଇ ନ ଥିଲା। ଅର୍ଜୁନ ମୃତ୍ୟୁ ବିଷୟରେ ଅଜ୍ଞତା ଥିଲା, ଦେହ ଓ ଆତ୍ମାକୁ ନେଇ ନିଜ ଭିତରେ ଉପୁଜିଥିବା ଅଜ୍ଞାନତାକୁ କୃଷ୍ଣ ବିଶ୍ଳେଷଣ କରିଛନ୍ତି। କାହାର ମୃତ୍ୟୁ କି କାହାର ଜନ୍ମ ନାହିଁ ଏଇ ଦୁଇଟି କଥାକୁ ବୁଝେଇଛନ୍ତି। ଏବଂ କହିଛନ୍ତି ଏହା ଏକ ନାଟକ। ନାଟକରେ ହାର ଜିତ୍, ଜନ୍ମମୃତ୍ୟୁର ଘଟଣାକୁ ପ୍ରଦର୍ଶିତ କରାଯାଇଥାଏ। ମୃତ୍ୟୁର ଉପସ୍ଥିତି ଜୀବନକୁ ରସମୟ କରିଥାଏ। ଜୀବନ ଓ ମୃତ୍ୟୁର ଯାତ୍ରା ଗୋଟିଏ ଦିଗକୁ ବିପରୀତ ଦିଗକୁ ନୁହେଁ। ଗୋଟିଏ ସ୍ଥିର ଆଉଜଣେ ଗତିଶୀଳ।

ରାମଙ୍କ ଜୀବନକୁ ଏକ ଚରିତ୍ରାୟନ କରାଯାଇଅଛି। ରାମ ଗୋଟିଏ ନିର୍ଦ୍ଦିଷ୍ଟ ଘଟଣା ସହିତ ସୀମାବଦ୍ଧ ଥିଲେ। ରାମଙ୍କ ଅବସ୍ଥା ଶୋଚନୀୟ ଥିଲା। ସାଂଘାତିକ ଥିଲା। କିନ୍ତୁ କୃଷ୍ଣଙ୍କ ଜୀବନକୁ ଲୀଳା ବୋଲି କୁହାଯାଏ। ଶାସ୍ତ୍ର ରାମଙ୍କୁ ଆଦର୍ଶ ପୁରୁଷ ବୋଲି କହେ। କେତେକ ବିଧି ନିର୍ଦ୍ଦିଷ୍ଟରେ ସେ ସୀମାବଦ୍ଧ ଥିଲେ। ନୀତି ପାଇଁ ସବୁକଥାକୁ ପରିତ୍ୟାଗ କରିପାରିବେ। ନିଜକୁ ମଧ୍ୟ ବଳିଦାନ ଦେଇପାରିବେ। ସେଥିପାଇଁ ନୀତି ଓ ନିୟମର ଚରିତ୍ର ହେଉଛନ୍ତି ରାମଚନ୍ଦ୍ର। ପରିଧିର ପରିସୀମାରେ ଆବର୍ତ୍ତନ କରୁଥିବା ପୁରୁଷ ହେଉଛନ୍ତି ମର୍ଯ୍ୟାଦା ପୁରୁଷ।

ଅନ୍ୟପକ୍ଷରେ କୃଷ୍ଣ ଚରିତ୍ରଟି କୌଣସି ସୀମା ସରହଦ ଭିତରେ ଥିବା ଚରିତ୍ର ନୁହଁନ୍ତି। ଏମିତି କିଛି ଅମଡ଼ା ବାଟ ନଥିଲା ଯେଉଁ ବାଟରେ ସେ ପାଦ ରଖିପାରିବେ ନାହିଁ, ଏମିତି କିଛି ସୀମା ନଥିଲା ଯାହାକୁ ସେ ଅତିକ୍ରମ କରିପାରିବେ ନାହିଁ। ଏଇପରି ସ୍ୱାଧୀନ ଚେତନାର ଉନ୍ମେଷ କୃଷ୍ଣଙ୍କର ଆତ୍ମଜ୍ଞାନରୁ ସୃଷ୍ଟି ହୋଇଥିଲା। କୃଷ୍ଣ ଚରିତ୍ର ଜ୍ଞାନନ୍ଦୋୟର ଚରମ ଥିଲା। ଯେଉଁଥିପାଇଁ ଅହିଂସାର କଥା ତାଙ୍କ ପାଇଁ ଅର୍ଥହୀନ ଥିଲା।

ଯେଉଁଠି ହିଂସାର ମୂଲ୍ୟ ମୂଲ୍ୟହୀନ ହେଇପଡ଼େ ସେଠାରେ ଅହିଂସା ମଧ୍ୟ ନିରର୍ଥକ ହେଇଯାଏ। ସେଇଥିପାଇଁ ହିଂସା ଓ ଅହିଂସା ପରସ୍ପର ପରସ୍ପର ସମ୍ପର୍କ ଅତି ନିବିଡ଼ ତଥା ପରିପୂରକ। ଅହିଂସା ଅର୍ଥଯୁକ୍ତ ଓ ହିଂସା ଅର୍ଥହୀନ ଏଇ ଦ୍ୱୈତମତକୁ କୃଷ୍ଣ ଅଦ୍ୱୈତ ରୂପେ ଗ୍ରହଣ କରିଛନ୍ତି।

ଅଧ୍ୟାତ୍ମିକତା ଉଭୟ ହିଂସା ଓ ଅହିଂସାକୁ ପ୍ରତ୍ୟାଖ୍ୟାନ କରେ। ଏହା ଆତ୍ମାର ସଦ୍‌ଗତି କଥା କହିଥାଏ। ପ୍ରକୃତ ଅଧ୍ୟାତ୍ମିକତା ମଧ୍ୟ ଯୁଦ୍ଧକୁ ଖେଳ ସ୍ୱରୂପ ଗ୍ରହଣ କରିଥାଏ। ଏହା ଜୀବନର ପ୍ରତ୍ୟେକ କଥାକୁ ଗ୍ରହଣ କରିଥାଏ। ପ୍ରତ୍ୟେକ ଦିଗକୁ ଆପଣେଇ ନିଏ। ଏହା ଆସକ୍ତି ଏବଂ ପ୍ରେମ, ସମ୍ପର୍କ ଓ ମୁକ୍ତି, ପ୍ରେମ ଓ ଉକ୍ତି, ଯୋଗ ଏବଂ ଧ୍ୟାନ ସବୁକଥାକୁ ଗ୍ରହଣ କରିଥାଏ।

ଆତ୍ମା ଓ ଦେହ ଉଭୟ ଭିନ୍ନ ନୁହଁନ୍ତି। ଗୋଟିଏ ଘଟଣାର ଦୁଇଟି ଦିଗ। ଆତ୍ମାର ଦୃଶ୍ୟ ହେଉଥିବା ଅଂଶଟିକୁ ଆମେ ଦେହ ବୋଲି କହିଥାଉ ଓ ଦେହର ଅଦୃଶ୍ୟ ଅଂଶଟିକୁ ଆମେ ଆତ୍ମା ବୋଲି ଅବିହିତ କରିଥାଉ। ସେଇପରି ପୃଥିବୀ ଓ ଈଶ୍ୱର ଭିନ୍ନ ନୁହଁନ୍ତି। ପ୍ରକୃତି ଓ ଈଶ୍ୱର ଅଲଗା ନୁହଁନ୍ତି। ଈଶ୍ୱର ଓ ଆତ୍ମା ଭିତରେ କୌଣସି ଦ୍ୱନ୍ଦ୍ୱ ନ ଥାଏ। ଈଶ୍ୱରଙ୍କ ଦୃଶ୍ୟ ଅଂଶଟି ପ୍ରକୃତି ଓ ପ୍ରକୃତିର ଅଦୃଶ୍ୟ ଅଙ୍ଗଟି ଈଶ୍ୱର। ପୃଥିବୀରେ ଏପରି କୌଣସି ଦିଗ ନାହିଁ ଯାହା କହେ ଯେ ଯେଉଁଠି ପ୍ରକୃତିର ଶେଷହୁଏ ସେଇଠୁ ଈଶ୍ୱର ଆରମ୍ଭ ହୁଅନ୍ତି। ପ୍ରକୃତି ହେଉଛି ବାହ୍ୟରୂପ ଓ ସୂକ୍ଷ୍ମ ରୂପ ହେଉଛି ଈଶ୍ୱର। ପ୍ରକୃତିର ସୂକ୍ଷ୍ମାତିସୂକ୍ଷ୍ମ ଗତିଶୀତଳାରେ ଈଶ୍ୱରଙ୍କ ଅବସ୍ଥିତି ଅନୁଭବ କରାଯାଏ। ଈଶ୍ୱରଙ୍କ ସୂକ୍ଷ୍ମ ପରିପ୍ରକାଶ ହେଉଛି ପ୍ରକୃତି ଅର୍ଥାତ୍ God is unmanifest nature, Nature is manifest God. ଯାହାକୁ ଆମେ ଅଦ୍ୱୈତ ଦର୍ଶନ ରୂପେ ଗ୍ରହଣ କରିଥାଉ। ଜଣଙ୍କ ଅନୁପସ୍ଥିତିରେ ଅନ୍ୟଜଣକର ସ୍ଥିତିକୁ ଅସ୍ୱୀକାର କରାଯାଇ ପାରିବ ନାହିଁ।

ଏଇ ଅଦ୍ୱୈତ୍ତୁ ବୁଝିପାରିଲେ ଯାଇ କୃଷ୍ଣ ଚରିତ୍ରକୁ ବୁଝିହେବ। ଆମ ଭିତରେ ଥିବା ଉର୍ଜ୍ଜାକୁ ଅବରୋଧ କରି କୌଣସି କାର୍ଯ୍ୟ କରାଯାଇ ନପାରେ। ଶକ୍ତିର ସହାୟତାରେ ଅସମ୍ଭବକୁ ସମ୍ଭବ କରାଯାଇ ପାରେ। ନିଜ ଭିତରେ ସୃଷ୍ଟି ହେଉଥିବା ଶକ୍ତିର ଉତ୍ସକୁ ବିରୋଧ କରି କୌଣସି ସଫଳତାକୁ ହାସଲ କରାଯାଇ ପାରିବ ନାହିଁ। ବିରୋଧ କରିବା ଅର୍ଥ ଶକ୍ତିର ବଶ୍ୟତା ସ୍ୱୀକାର କରି ନିଜକୁ ଶକ୍ତିର ପଞ୍ଜୁରୀ ଭିତରେ ଆବଦ୍ଧ କରି ରଖିବା। ଏମିତି ବି ଯଥାର୍ଥରେ କୁହାଯାଇପାରେ ଯେ, ଯୌନ ପ୍ରକ୍ରିୟାକୁ ବିରୋଧ କରି ବ୍ରହ୍ମଚର୍ଯ୍ୟ ବ୍ରତ ପାଳନ କରିବା ଅସମ୍ଭବ। ଯୌନ ଇଚ୍ଛା ସହିତ ଶରୀର ସଂଘର୍ଷ ଅର୍ଥ ନିଜ ବିରୋଧରେ ନିଜର ସଂଗ୍ରାମ। ସଂଗ୍ରାମ ନୁହେଁ କି ବିପ୍ଳବ ନୁହେଁ, ବନ୍ଧୁତ୍ୱ ଆବଶ୍ୟକ ଯୌନଇଚ୍ଛାକୁ ନିଜ ନିୟନ୍ତ୍ରଣରେ ରଖିବା ପାଇଁ। ବନ୍ଧୁତ୍ୱ ମାନସିକତା ଶତ୍ରୁ ସୃଷ୍ଟି କରିପାରେ

ନାହିଁ। ଶତ୍ରୁତା ଆରମ୍ଭ ହୋଇଗଲେ ଶତ୍ରୁକୁ ବୁଝିବା କଷ୍ଟକର ହୋଇପଡ଼େ। କିଛି ପରିବର୍ତ୍ତନ ପାଇଁ ବନ୍ଧୁତ୍ୱର ଆବଶ୍ୟକତାକୁ କଦାପି ଏଡ଼ାଇ ଦିଆଯାଇନପାରେ। ପାହାଡ଼ର ଶୀର୍ଷ ଏବଂ ପାହାଡ଼ର ଉପତ୍ୟକା ଉଭୟର ପରିଭାଷା ଅଲଗା ମାତ୍ର ପର୍ବତର ଶିଖର ଏବଂ ତା'ର ପାଦଦେଶ ପରସ୍ପର ପରସ୍ପରଠୁ ଭିନ୍ନ ନୁହଁନ୍ତି। ପରସ୍ପର ପରସ୍ପରର ପରିପୂରକ। ପାଦଦେଶ ଥିବାରୁ ଶିଖରଟିଏ ସମ୍ଭାବନା ହେଇପାରିଲା। ଫର୍ଡ଼ିନାଡ଼୍ କି ଶଶର ଜଣେ ସମାଲୋଚକ। ବିଘଟନବାଦରେ ଉଲ୍ଲେଖ କରି କହିଲେ ଯେ ପୃଥିବୀରେ କୌଣସି କଥା ଏକୁଟିଆ ବା ଏକମାତ୍ର ନଥାଏ, ଗୋଟିଏ କଥା ଥିବାରୁ ଆରକଥାଟି ରହିପାରିଲା କୌଣସି ବସ୍ତୁ ବା କୌଣସି କଥା ବା ଶବ୍ଦ ସ୍ୱତନ୍ତ୍ର ହେଇ ନଥାଏ। ଯଥା ରାତି ଅଛି ବୋଲି ଦିନଟିଏ ଅଛି, ନାରୀଟିଏ ଅଛି ପୁରୁଷଟିଏ ବି ଅଛି, ଆକାଶ ଅଛି ବସୁଧା ବି ଅଛି। ପରିପୁରକର ପ୍ରତ୍ୟୟ ସବୁକଥାକୁ ପୂର୍ଣ୍ଣାଙ୍ଗ କରି ରଖିଛି ସବୁକିଛି। ଭାଷାଗତ ଭାବେ ଶବ୍ଦ ଅଲଗା ହୋଇପାରେ ମାତ୍ର ସ୍ଥିତିବାଦରେ ପରିପୂରକତ୍ୱ ଭିନ୍ନ କରି ବିଚାର କରାଯାଇପାରିବ ନାହିଁ।

ନିତ୍‌ସେ ଏକ ସୁନ୍ଦର କଥା କହିଛନ୍ତି, ଯାହାକୁ ଏଠାରେ ଅବତାରଣା କରିବା ଆବଶ୍ୟକ। ଯଥା ବୃକ୍ଷଟିଏ ଆକାଶ ଅଭିମୁଖେ ଯେତିକି ଉପରକୁ ଗତି କରୁଥାଏ, ତା'ର ଚେର ମଧ୍ୟ ସେତିକି ସେତିକି ମାଟି ଭିତରକୁ ଯାଉଥାଏ। ନିମ୍ନଭାଗ ନ ରହିଲେ ଉର୍ଦ୍ଧ୍ୱଭାଗ ଆସିପାରିବ ନାହିଁ। ମଣିଷ ସର୍ବଦା ଭଲଟିକୁ ଆପଣେଇବାକୁ ଚାହେଁ ନାହିଁ। ମନ୍ଦ ପାଖରୁ ଦୂରେଇ ଯାଉଥାଏ। ଦୁଃଖକୁ ଦୂରରେ ରଖି ସୁଖର ଶୀର୍ଷରେ ପହଞ୍ଚିବାକୁ ପ୍ରୟାସ କରେ। ମଣିଷର ମୁଣ୍ଡ ସବୁବେଳେ ଗୋଟିଏ ବିରୋଧାଭାସରେ ଗତିକରି ଗୋଟିଏକୁ ଗ୍ରହଣ କରି ଆର କଥାଟିକୁ ଦୂରେଇ ଦେଉଥାଏ। କିନ୍ତୁ କୃଷ୍ଣ ଚରିତ୍ରଟି ପ୍ରତ୍ୟେକ କଥାକୁ ଅର୍ଥାତ୍ ଉଭୟ ଭଲ ଓ ମନ୍ଦ ଦ୍ୱୟକୁ ସମାନ ରୂପେ ଗ୍ରହଣ କରିଛନ୍ତି। ସପକ୍ଷ ଓ ବିପକ୍ଷର ପରିଧି ବାହାରେ ଯିଏ ଅବସ୍ଥାନ କରନ୍ତି ସେ ହେଉଛନ୍ତି କୃଷ୍ଣ।

ମଣିଷମାନଙ୍କ ବାଛିବା ପ୍ରବୃତ୍ତି ସର୍ବଦା ଭଲ ସପକ୍ଷରେ ଥାଏ, ଯେଉଁଥିପାଇଁ ମନ୍ଦ ପକ୍ଷଟି ତାକୁ ପ୍ରତାରଣା ପର୍ଯ୍ୟାୟରେ ରଖିଥାଏ। ନାପସନ୍ଦ କଥାଟି ତାକୁ ବାଧ୍ୟବାଧକତା ଭିତରକୁ ଟାଣି ନେଉଥାଏ। କସ୍ମିନକାଳେ ମଣିଷ ଚାହୁଁ ନଥିବା କଥା ମଣିଷକୁ ଛାଡୁନଥାଏ ବରଂ ପଶ୍ଚାତ୍‌ଧାବନ କରୁଥାଏ। ସେକ୍ସ ବା ଯୌନତାକୁ ଦବେଇଦେବା ବା ପରିତ୍ୟାଗ କରୁଥିବା କାର୍ଯ୍ୟଟି ତାକୁ ଯୌନକର୍ମ ଆଡ଼କୁ ଆକର୍ଷିତ କରୁଥାଏ; ସେ ଦିଗରେ ଖୁବ୍ ପ୍ରବଣତା ସୃଷ୍ଟି କରୁଥାଏ। ଆମର ଯେଉଁ ସଂସ୍କୃତି, ଯେଉଁ ଅଧ୍ୟାତ୍ମିକତା ଯୌନକ୍ରିୟାର ବିରୋଧରେ ଥାଏ ଓ ଯୌନ କ୍ରିୟାକୁ ପାପ ପର୍ଯ୍ୟାୟରେ ବିଚାର କରୁଥିବାରୁ, ମଣିଷ ଭିତରେ ସେଇ ଭାବନାକୁ ଚପେଇ ଦେବାର ନୀତିନିୟମ ତିଆରି କରିଥିବାରୁ ମଣିଷ

ବେଶି ବେଶି ଯୌନ ପ୍ରବଣ ହେଇପଡୁଛି । ମଣିଷର ବାସ୍ତବ ସ୍ୱରୂପ ଛଦ୍ମବେଶରେ ପ୍ରତିଫଳିତ ହେଉଛି ।

ଆଜିଯାଏ ସେକ୍ସ ପ୍ରତି କୃଷ୍ଣଙ୍କର ଥିବା ସମ୍ପୃକ୍ତିକୁ ଆମେ ସ୍ୱୀକାର ନ କରି କୃଷ୍ଣଙ୍କର ଅନ୍ୟକଥାକୁ ବା ଦିଗକୁ ବିଚାରକୁ ନେଇଥାଉ । ଉପରୋକ୍ତ ବିଷୟକୁ ଆଲୋଚନା କରିବା ପର୍ଯ୍ୟାୟରେ କୃଷ୍ଣଙ୍କୁ ଜଣେ ପୂର୍ଣ୍ଣାଙ୍ଗ ଚରିତ୍ର ରୂପେ ଗ୍ରହଣ କରିବାରେ କୌଣସି ଅସୁବିଧା ହେବ ନାହିଁ । ଯୌନଶକ୍ତି ହିଁ ପରିବର୍ତ୍ତିତ ହେଇପାରିବ ବ୍ରହ୍ମଚର୍ଯ୍ୟ ପର୍ଯ୍ୟାୟରେ ପହଞ୍ଚିବା ପାଇଁ ଏବଂ ବ୍ରହ୍ମଚର୍ଯ୍ୟରୁ ମସ୍ତିଷ୍କର ସହସ୍ର କେନ୍ଦ୍ରରେ ପହଞ୍ଚିଯାଇ ପାରିବ । ସେଥିପାଇଁ କୌଣସି କଥାକୁ ପରିତ୍ୟାଗ କରାଯାଇ ନପାରେ । ପରିତ୍ୟାଗ ଅର୍ଥ ଅର୍ଦ୍ଧେକକୁ ଅସ୍ୱୀକାର, ଅସମ୍ମାନ ଓ ବିରୋଧ କରିବା । ଜୀବନ ଜୀଇଁବା ପାଇଁ ଉଭୟର ଆବଶ୍ୟକତା ପୂର୍ଣ୍ଣାଙ୍ଗତ୍ୱ ପ୍ରଦାନ କରିବ । ପୃଥିବୀରେ ଯେଉଁ ସମୟ ହସ, ଗୀତ, ନାଚ ଭିତରେ ଐଶୋରିକ ଅନୁଭବର ପରିକଳ୍ପନା କରାଯାଇପାରିବ, ସେତେବେଳେ କୃଷ୍ଣ ଚରିତ୍ର ଭିତରେ ଯେଉଁ ଐଶିସତ୍ତାକୁ ଆବିଷ୍କାର କରାଯାଇପାରିବ, ଅତୀତର ସମସ୍ତ ଅବତାର ଚରିତ୍ରମାନଙ୍କ ଭିତରେ କୃଷ୍ଣଙ୍କ ଶ୍ରୀଚରିତ୍ରରେ ରୂପାୟନ କରାଯାଉ ।

ସ୍ଥିତିବାଦରୁ ଚେତନାକୁ ଯାତ୍ରା

ଭାଷା ସମାଜ ତିଆରି କରିଛି । ମଣିଷକୁ ସଭ୍ୟତା କରିଛି । ତା' ମାଧ୍ୟମରେ ମଣିଷ ମଣିଷକୁ ମାପି ପାରୁଛି । ଆସ୍ଥା ଓ ବିଶ୍ୱାସର ମୂଳଦୁଆ ହେଉଛି ଭାଷା । ଭାଷାର ଉତ୍ପତ୍ତି ପରେ ମଣିଷ ଏହାକୁ ବ୍ରହ୍ମ ସହିତ ତୁଳନା କରିଛି । ଅର୍ଥାତ୍ ଶବ୍ଦକୁ ବ୍ରହ୍ମ ବୋଲି କୁହାଯାଏ । ଏହା ଧ୍ୱଂସର ଓ ନିର୍ମାଣର କାରଣ ହୋଇପାରେ । ସକ୍ରେଟିସ୍ କିନ୍ତୁ ଏଇ ଭାଷା ଓ ଶବ୍ଦକୁ ଅଲଗା ଅର୍ଥରେ ବ୍ୟବହାର କରିଛନ୍ତି । ତାଙ୍କ ମତ ଅନୁସାରେ ମଣିଷକୁ ଭାଷା ଅସଭ୍ୟରେ ପରିଣତ କରିଦେଇଛି । ଏଇ ଭାଷା ପାଇଁ ମଣିଷ ପାଖରୁ ସତ୍ୟ ଅପସରି ଯାଇଛି । ଭାଷା ପାଇଁ ମଣିଷ ଜାତି ଭିତରେ ଏକ ବିଭାଜନ ସୃଷ୍ଟି ହୋଇଗଲା । ଶୃଙ୍ଖଳା ନାମରେ ପ୍ରଥା ଓ ବିଚାର ବ୍ୟବସ୍ଥା ସବୁ ତିଆରି ହେଲା । ସବୁ ଗୋଟେ ଆଟୋପ ଭିତରେ ନିଜ ନିଜର ଈଶ୍ୱର ସୃଷ୍ଟି କଲେ । ସତ୍ୟ ଠାରୁ ସମସ୍ତେ ଦୂରକୁ ଚାଲିଯାଇ ନିଜକୁ ସତ୍ୟ ଏବଂ ଅନ୍ୟସବୁ ଅସତ୍ୟ ବୋଲି ଜାହିର କଲେ । ଯଦ୍ଦ୍ୱାରା ସମସ୍ତେ ନିଜକୁ ସତ୍ୟବୋଲି ପ୍ରତିଷ୍ଠା କରିବାର ପ୍ରୟାସ କଲେ । ନିଜ ପ୍ରଥାକୁ ନେଇ ଗୋଟିଏ ଗୋଟିଏ ପୁସ୍ତକ ତିଆରି କଲେ । ଗୀତାକୁ ବ୍ୟାସ ଲେଖିଥିଲେ ମଧ୍ୟ ସେଥିରେ ସମ୍ପୂର୍ଣ୍ଣ କୃଷ୍ଣ ହେଉଛନ୍ତି ମୁଖ୍ୟ । ବାଇବେଲ ଯୀଶୁଙ୍କୁ ନେଇ ସୃଷ୍ଟିହେଲା, କୋରାନ୍ ମହମ୍ମଦଙ୍କୁ ନେଇ ତିଆରି ହେଲା । ପୃଥିବୀ ଭୂଖଣ୍ଡ ଏଇ ତିନିଚାରି ମଣିଷଙ୍କ ବିଚାରରେ ବିଭାଜିତ ହୋଇଗଲା । ସେଇ ପରିପ୍ରେକ୍ଷୀରେ ବିଚାର କଲେ ଦେଖାଯାଏ ଯେ, ବେଦ ଓ ଉପନିଷଦର କୌଣସି ରଚୟିତା ନାହାଁନ୍ତି । ନାହାଁନ୍ତି ଅର୍ଥ ଏହା ଆକାଶରୁ ଖସିପଡ଼ି ନାହିଁ । ଯିଏ ବି ଲେଖିଛନ୍ତି ସେ କୌଣସି ପ୍ରଥା କଥା କହିନାହାଁନ୍ତି । ଏଥିରେ ମାନବ ସମାଜର କଥା କୁହାଯାଇଛି । ଯିଏ ଲେଖିଛନ୍ତି ସେମାନେ ସେମାନଙ୍କ ନାମ ଉଲ୍ଲେଖ କରିନାହାଁନ୍ତି । କିମ୍ବା ସେମାନଙ୍କ ନାମରେ ଭଣିତା କରିନାହାନ୍ତି । କେହି ଏଇ ଅନବଦ୍ୟ କୃତିର ଦାବିଦାର ବୋଲି ଅବିହିତ କରିନାହାଁନ୍ତି । ଏହାର କାରଣ କ'ଣ ? ନିଜ ନାମକୁ ଉଲ୍ଲେଖ କରିଥିଲେ କି ପ୍ରକାର ଅସୁବିଧା ହେଇଥାନ୍ତା ? ଏଇମିତି

ଅନେକ ପ୍ରଶ୍ନ ଆସିପାରେ। ଉଲ୍ଲେଖ ନ କରିବାର କାରଣ କ'ଣ ହୋଇପାରେ ? କ'ଣ ପାଇଁ ନିଜର ସ୍ଥିତିକୁ ଅସ୍ୱୀକାର କଲେ ?

ମାଥ୍ୟୁ ଅର୍ଣ୍ଣୋଲଡ୍ରୋ ତାଙ୍କ ରଚିତ ପୁସ୍ତକ ଉଙ୍କଷସ୍ପଙ୍କସ୍ବର ବଭୟ ଇଭବକ୍ସମଷଢରେ ଞକ୍ସଙ୍କମଷ ଝସ୍ପକ୍ସଭର ଗରସ୍ପଷକ୍ସୟ କଥା କହିଛନ୍ତି। ଟଚ୍ ଷ୍ଟୋନ୍ ମେଥଡ଼କୁ ଜଣେ ପାଠକ ଅବଲମ୍ବନ କରି ପଠନ ପ୍ରକ୍ରିୟା ଜାରିରଖେ। ସେ ଏହି ପଠନକୁ ତିନି ପ୍ରକାର ବିଚାର କଥା କହିଛନ୍ତି। ପ୍ରଥମ ହେଲା ଐତିହାସିକ ଦୃଷ୍ଟିକୋଣରୁ କୌଣସି ଲେଖାକୁ ବିଚାର କରିବା, ଦ୍ୱିତୀୟଟି ହେଲା ବୈକ୍ତିକ ଲେଖକୀୟ ପସନ୍ଦ ଓ ତୃତୀୟଟି ହେଲା ବାସ୍ତବ ପଦ୍ଧତିରେ ପଠନ। ଦ୍ୱିତୀୟ ପଦ୍ଧତିରେ ପାଠକ ବିଚାର କରେ ଜଣେ ବିଶିଷ୍ଟ ଏବଂ ପ୍ରତିଷ୍ଠିତ ଲେଖକଙ୍କର ଲେଖାଟିଏ ପାଠକ ପଢ଼ିଲା ବେଳେ ପାଠକ ଲେଖକଙ୍କ ପ୍ରତିଷ୍ଠା ଓ ସର୍ବାଦୃତ ଭାବନାରେ ଆକ୍ରାନ୍ତ ହୋଇ ଲେଖାଟିକୁ ପଢ଼ିବାକୁ ଲାଗେ। ଲେଖାଟିଏ ଗୁଣାତ୍ମକ ଦିଗଟିକୁ ନ ଦେଖି, ଲେଖକର ଇତିହାସ ଓ ବୈକ୍ତିକ ପ୍ରତିଷ୍ଠାରେ ପ୍ରଭାବିତ ହୋଇଯାଏ। ଆର୍ଣ୍ଣଲୋଡ଼ କହିଛନ୍ତି ଯେ ନିରପେକ୍ଷ ଏବଂ ନିଜସ୍ୱ ଅନୁଭବକୁ ଭିତ୍ତି କରି କୌଣସି ଲେଖାଟିକୁ ପଢ଼ିଲେ, ସାହିତ୍ୟର ପ୍ରକୃତ ନିରୂପଣ ହେଇପାରେ। ସେଇପରି ପ୍ରତିଷ୍ଠା ପ୍ରଭାବରୁ ପାଠକଙ୍କୁ ମୁକ୍ତ ରଖିବା ପାଇଁ ବେଦାନ୍ତିକମାନେ ବେଦରେ ସେମାନଙ୍କ ନାମ ଶେଷରେ ଉଲ୍ଲେଖ କରିନାହାନ୍ତି।

ଏହା ନିଶ୍ଚିତ ଯେ, ବେଦ ଉପନିଷଦ ରଚନା କରିଥିବା ବ୍ୟକ୍ତି ବା ସ୍ରଷ୍ଟା ହିନ୍ଦୁ ଅବା ସେ ବୌଦ୍ଧ ଧର୍ମାବଲମ୍ବୀ, ଖ୍ରୀଷ୍ଟଧର୍ମାବଲମ୍ବୀ ଅବା ଇସଲାମ ଧର୍ମାବଲମ୍ବୀ ମଣିଷ ନଥିଲେ ବା କୌଣସି ଧର୍ମକୁ ଆଧାର କରି ଏହାକୁ ଲେଖିନଥିଲେ। ସେମାନେ ନିଶ୍ଚିତ ରୂପେ ସେମାନଙ୍କ ଗୁରୁଙ୍କ ପାଖରେ ବସି ଗୁରୁଙ୍କ ଅଭିଜ୍ଞତାକୁ ଶ୍ରବଣ କରି ଓ ବୁଝି ନିଜ ପାଖରେ ଅଭିଜ୍ଞତା ରୂପେ ସଂରକ୍ଷିତ କରି ରଖୁଥିଲେ। ଏଇ ପ୍ରକ୍ରିୟା, ଶୁଣିବା ଓ ଅଭିଜ୍ଞତା ହାସଲ କରିବାର ସମୟ ହଜାର ହଜାର ବର୍ଷ ଧରି ଚାଲୁ ରହିଥିଲା। ଯେଉଁ ସମୟରେ ଶିଷ୍ୟମାନେ ଜ୍ଞାନର ଅଲୌକିକତାକୁ ଶୁଣି ଅନୁଭବ କରୁଥିଲେ, ନାଚ କରୁଥିଲେ ଗୀତ ଗାଉଥିଲେ। ଶ୍ରବଣ କରି, ଅନୁଭବ କରିସାରିବା ପରେ ଯେଉଁ ଉଲ୍ଲାସ ଉଛୁଳି ପଡୁଥିଲା, ତାହା ନାଚଗୀତ ମାଧ୍ୟମରେ ପରିପ୍ରକାଶ ଘଟୁଥିଲା। କାରଣ ଯେଉଁଠି ଆନନ୍ଦକୁ ପରିପ୍ରକାଶ କରିବା ପାଇଁ ଶବ୍ଦ ପଇଟେ ନାହିଁ, ସେଇଠି ନାଚ ଆରମ୍ଭ ହୋଇଥାଏ। ଶିଷ୍ୟମାନେ ବାଉଁଶ ସଦୃଶ ଫମ୍ପା ଥିଲେ। ଯେଉଁ ଜ୍ଞାନରେ ସେମାନେ ଅଭିଜ୍ଞତା ସମ୍ପନ୍ନ ହେଉଥିଲେ, ନିଜ ଭିତରେ ନିଜର ସ୍ୱରୂପକୁ ଭୁଲି ଶୁଣିଥିବା ଜ୍ଞାନକୁ ଦେଖିପାରୁଥିଲେ। ସେଇ ଜ୍ଞାନର ଅଭିଜ୍ଞତାରେ ନିଜର ସ୍ଥିତି ସ୍ଥାପକତାକୁ ଉଲ୍ଲେଖ କରିବାକୁ ଚାହିଁ ନଥିଲେ। କାରଣ ସେମାନେ ଯାହା ଲେଖିବେ ତାହା ସେମାନଙ୍କ କୃତ ନୁହଁ। ଅନ୍ୟର ପାଖରୁ ଶୁଣିଥିବା କଥାକୁ ନିଜ ନାମରେ ଭଣିତା

କରିବା, ନିଶ୍ଚୟ ଅସତ୍ୟ। ସତ୍ୟକଥା କହିବାକୁ ପ୍ରୟାସ କରୁଥିବା ସମୟରେ ନାମରୂପକ ଅସତ୍ୟତାକୁ କିପରି ଉଲ୍ଲେଖ କରିବେ ? କାରଣ, ସେମାନେ କବି ହେଇ କବିତା ରଚନା କରିନାହାଁନ୍ତି। ସେମାନଙ୍କ ଭିତରୁ ଆସୁଥିବା ଉତ୍ସଟିଏ ନିଜ କୃତ ନୁହେଁ। ଅନ୍ୟଜଣଙ୍କ ଜ୍ଞାନ ବା ଅଭିଜ୍ଞତାକୁ କହିବାକୁ ଯାଇ ନିଜ ନାମ ଉଲ୍ଲେଖ କରିବା କଥାକୁ ସେମାନେ ଅପରାଧ ବୋଲି ବିଚାର କରୁଥିଲେ। ସେଇଥିପାଇଁ ବେଦ ଉପନିଷଦରେ ସ୍ରଷ୍ଟାଙ୍କ ନାମ ଚିହ୍ନିତ ହୋଇନାହିଁ। ସେମାନଙ୍କ ମସ୍ତିଷ୍କ ବାହାରୁ, ସେମାନଙ୍କ ମସ୍ତିଷ୍କ ଭିତରକୁ ଆସି ଭୁଜପତ୍ରରେ ଲେଖିହେବା ପ୍ରକ୍ରିୟା ଏକ ଯାନ୍ତ୍ରିକ ପ୍ରକ୍ରିୟା। ଲେଖି ଦେଉଥିବା ବ୍ୟକ୍ତିଟିଏ ଏକ ମାଧ୍ୟମ ପାଲଟି ଗଲା। ମାଧ୍ୟମ କୌଣସି କଥାର ଉତ୍ସ ନୁହେଁ। ନଈର ପାଣିକୁ କେନାଲ ମାଧ୍ୟମରେ ଆଣି ଜଳସେଚିତ କରୁଥିବା କେନାଲ ଜଳର ସ୍ରଷ୍ଟା ନୁହେଁ। ତାହା ଏକ ମାଧ୍ୟମ। ମାଧ୍ୟମ ମାଲିକ ହେଇ ପାରିବ ନାହିଁ। ବାହାରୁ ଆସିବ ଏବଂ ବାହାରକୁ ଯିବ। ସଂଯୋଗ କରୁଥିବା ମସ୍ତିଷ୍କ ଏକ ପୋଲ ସଦୃଶ କାମ କରିଥାଏ। ଗୋଟିଏ ସରବରାହ ବା ମାଧ୍ୟମ। ଯାହାକୁ ବୁଝିଥିଲେ ବେଦର ରଚୟିତାମାନେ।

ସଚେତନ ଥିବା ବ୍ୟକ୍ତି ଆଦୌ ପରିସୀମାର ପରିସର ଭିତରେ ନଥାଏ। ଅସଚେତନତା ହିଁ ଏକ ଉତ୍ସର କାରଣ। ସେଇଥିପାଇଁ ସେ ଏକ ଆବଦ୍ଧ ପରିସୀମା ଭିତରେ ରହିବାକୁ ଚାହେଁ, କାରଣ ଗୋଟିଏ ବଳୟ ଭିତରେ ତା' ପାଇଁ ବିପଦ ନଥାଏ। ସେଥିରୁ ବାହାରି ଗଲେ ନିୟନ୍ତ୍ରଣ ହଜିଯାଏ। ଶୂନ୍ୟରେ ଭାସିବା ପରି ଲାଗେ। କିନ୍ତୁ ସଚେତନ ଥିବା ବ୍ୟକ୍ତି ପାଇଁ କୌଣସି କଥାର ଆରମ୍ଭରେ ନଥାଏ ବା କୌଣସି କଥାର ଶେଷରେ ମଧ୍ୟ ନଥାଏ। ଅର୍ଥାତ୍ ଆରମ୍ଭ ପରି ଲାଗୁଥିବା କଥା ଆଉ କେହିଜଣେ କେବେଠାରୁ ଆରମ୍ଭ କରିସାରିଛି। ସେଇପରି ଶେଷ କରିବାକୁ ଥିବା କଥା ଆଉ କେହି କେବେଠୁ ଶେଷ କରିସାରିଛି। ଆରମ୍ଭ ଓ ଶେଷ ସତେ ଯେପରି ଏକ କୃତ୍ରିମତାକୁ ଅବଲମ୍ବନ କରୁଛି। ପ୍ରକୃତିରେ ତାହା ସର୍ବଦା ବଜାୟ ରହିଥାଏ। କେବଳ ବ୍ୟକ୍ତି ତା' ନିଜ ଜାଣିବାରେ ସିଏ ଭାବିନିଏ ଯେ ସେ କୌଣସି କଥା ଆରମ୍ଭ କରୁଛି ବା ଶେଷ କରୁଛି। ପ୍ରକୃତରେ ପ୍ରକୃତିର ଆରମ୍ଭ ଓ ଶେଷ ପର୍ଯ୍ୟାୟକୁ ଆଦୌ ବୁଝିହେବ ନାହିଁ। ବୁଝିବା ମଧ୍ୟ ଏକ କ୍ଲିଷ୍ଟ ବ୍ୟାପାର। ତେଣୁ ଆମେ ଆରମ୍ଭ କରୁଥିବା କାର୍ଯ୍ୟଟି କେବଳ ଆମ ପାଇଁ ଆରମ୍ଭ। କିନ୍ତୁ ଏଇ ଆରମ୍ଭ ସାର୍ବଜନୀନ ଅୟମାରମ୍ଭ ନୁହେଁ। ଧରାଯାଉ ଜଣେ ଛାତ୍ର କୌଣସି ଏକ ଶ୍ରେଣୀରେ ନାମଲେଖାଇ ବିଦ୍ୟା ଆରମ୍ଭ କଲା। ଅର୍ଥାତ୍ ସେ ତା' ନିଜ ପାଇଁ ସେଇ ପାଠ୍ୟ ଖସଡ଼ାକୁ ଆରମ୍ଭ କଲା। କିନ୍ତୁ ସେଇ ପାଠକୁ ଅନେକ ଆଗରୁ ଅନେକ ବ୍ୟକ୍ତି ଆରମ୍ଭ କରିସାରି ଶେଷ କରିସାରିଛନ୍ତି। ଆରମ୍ଭ ଓ ଶେଷ ଏକ ବୈୟକ୍ତିକ ସ୍ତରର ବିଚାର, ମାତ୍ର ଏହା ସାର୍ବଜନୀନ ନୁହେଁ। ଆମେ ଯାହା ଆରମ୍ଭ କରୁ

ତାହା ମଝିରୁ ଆରମ୍ଭ କରୁ ମଧ୍ୟଭାଗରେ ମଧ୍ୟ ପରିସମାପ୍ତି କରୁ। ଆମ ଶେଷ କରୁଥିବା କାମଟି ଆଉ କାହା ପାଇଁ ଆରମ୍ଭର ପର୍ଯ୍ୟାପ୍ତ ହେଇପାରେ। ଏଠାରେ ଟି.ଏସ୍. ଇଲିଅଟ୍‌ଙ୍କ ଏଖ ପଂକ୍ତିକୁ ଉଦ୍ଧାର କରାଯାଇପାରେ : "ଡଷବଣ୍ଢ ଙଁର ମବକ୍ଷକ୍ଷ ଭରଶସଭଭସଭଶ ସଣ୍ଢ ବଲଣ୍ଢରକ୍ସ ଣ୍ଢଷର ରଭଡ଼. ଇଭଡ଼ ଣ୍ଢକ୍ଟ ଙ୍କବଲର ବଭ ରଭଡ଼ ସଣ୍ଢ ଣ୍ଢକ୍ଟ ଙ୍କବଲର ବ ଭରଶସଭଭସଭଶ. ଞଷର ରଭଡ଼ ସଣ୍ଢ ଙଁଷରକ୍ସର ଙଁର ଣ୍ଢଣ୍ଢବକ୍ସଣ୍ଢ ଲକ୍ସକ୍ଟଙ୍କ." ମୁଁ ବଖାଣୁଥିବା କଥା ମୋର ସମ୍ପୂର୍ଣ୍ଣ ବୈକ୍ତିକ ମୁଁ କେବଳ ମୋର ଅଭିଜ୍ଞତାର ପ୍ରତିଧ୍ୱନିଟିଏ ହେଇ ଶୁଣାଯିବି ବା କହିହେବି। କୌଣସି ବ୍ୟକ୍ତି ଯେତେବେଳେ କୌଣସି ଏକ ବିଷୟ ସମ୍ପର୍କିତ ଆଲୋଚନା କରିବାକୁ ଚାହେଁ, ସେତେବେଳେ ଆମେ ଜାଣିବାକୁ ହେବ ଯେ ସେଇ ବ୍ୟକ୍ତି, ତା' ନିଜ କଥା ହିଁ କହୁଥାଏ। କହୁଥିବା ବିଷୟବସ୍ତୁଟି ଏକ ମାଧ୍ୟମ ମାତ୍ର। ସେ ଭୋଗିଥିବା ଜୀବନ, ଜାଣିଥିବା କଥା, ଅଭିଜ୍ଞତା ହାସଲ କରିଥିବା କାନକୁ ବଖାଣୁଥାଏ କାହାକୁ ନା କାହାକୁ ଏକ ମାଧ୍ୟମ କରି।

ଯେଉଁ ସମୟରେ ଜଣେ ଶୂନ୍ୟ ଅବସ୍ଥାକୁ ଆସିଯାଏ ସେତେବେଳେ ସେ କେହିହୋଇ ରହେ ନାହିଁ। ଅର୍ଥାତ୍ ତା'ର ପରିଚୟ ଆଦୌ ନଥାଏ। ଅନ୍ୟମାନେ ବି ତା'ର ନାଁ ଜାଣିପାରନ୍ତି ନାହିଁ। ବେଦ ଓ ଉପନିଷଦର ରଚୟିତା ଉକ୍ତ ଅଭିଜ୍ଞତାମାନଙ୍କୁ ପୁସ୍ତକରେ ଲେଖୁଥିବା ବେଳେ ସେମାନେ ସେମାନଙ୍କ ସ୍ଥିତି ହରେଇଛନ୍ତି। ଶୂନ୍ୟ ଅବସ୍ଥାରେ ନ ରହିଲେ ବୁଝିଥିବା କଥା ଲେଖିହେବ ନାହିଁ। ଜଣେ ନିଜେ ଯେତେବେଳେ ଶୂନ୍ୟ ଅବସ୍ଥାକୁ ଆସେ, ସେତେବେଳେ ଅଧ୍ୟାତ୍ମିକତା ଉପସ୍ଥିତ ହେଇଯାଏ। ନିଜର ସ୍ଥିତି ଯେତେ ଆସିଯାଏ, ଅଧ୍ୟାତ୍ମିକତା ସେତେସେତେ ପରିମାଣରେ ଦୂରେଇଯାଏ। ସେଇଥିପାଇଁ ଋଷି ଓ ମୁନିମାନେ ନିଜକୁ ଦୂରେଇ ନେଇ ନିଜର କଥାକୁ ସମାଜ ସମ୍ମୁଖରେ ରଖିଦେଇଛନ୍ତି, ସେମାନେ ନାହାନ୍ତି ଅଥଚ ସେମାନଙ୍କ କଥା ଅଛି। ବୋଧହୁଏ ଏକବିଂଶ ଶତାବ୍ଦୀର ସମାଲୋଚକମାନେ, 'ପାଠକ ପୁସ୍ତକ ପଠନର ପ୍ରତିକ୍ରିୟା' ସମାଲୋଚନାରେ କହିଛନ୍ତି ଯେ ପାଠକ ପୁସ୍ତକରେ ଲେଖାଯାଇଥିବା କଥାର ଅର୍ଥ ଆବିଷ୍କାର କରୁ। ଲେଖକର ଲେଖାକୁ ଅନୁଧ୍ୟାନ କର, କିନ୍ତୁ ଲେଖକଙ୍କୁ ନୁହଁ। ଲେଖକ ନାମର ଉପସ୍ଥିତି ହିଁ ପୁସ୍ତକର ସ୍ଥିତିକୁ ପ୍ରଭାବିତ କରିଥାଏ। ପାଠକ ପଠନକୁ ନିଜେ ବିଚାର କରୁ। କୌଣସି ଲେଖକଙ୍କ ପ୍ରତିଷ୍ଠା ପାଠକଙ୍କୁ ପଠନ ସମୟରେ ବୋଝହେଇ ଲଦି ନ ହେଉ। ପଠନରେ ପାଠକ ସ୍ୱାଧୀନତା ଅବଲମ୍ବନ କରୁ। ଲେଖକ ଏକ ମାଧ୍ୟମ ହେଇ, ସିଏ କହିବାକୁ ଥିବା କଥାକୁ କହିପକାଉ। ବେଦ ଉପନିଷଦଙ୍କର ରଚୟିତା କେଉଁଠି ତାଙ୍କର ଚିହ୍ନବର୍ଣ୍ଣ ଭୁଲରେ ଛାଡ଼ିଦେଇ ଯାଇନାହାନ୍ତି। ସେମାନଙ୍କର ନାମଗ୍ରାମ ପୁସ୍ତକରେ ଅନୁପସ୍ଥିତି ଅଛି ବୋଲି ସ୍ୱୟଂପୁସ୍ତକ ଉପସ୍ଥିତି ଅଛି। ବର୍ଣ୍ଣନା କରିବା ସମୟରେ କେଉଁଠି ବି ସେମାନେ ଉପସ୍ଥିତ ନାହାନ୍ତି। ସେମାନେ ନାହାନ୍ତି ବୋଲି ସେମାନଙ୍କ

ବାର୍ତ୍ତା ସର୍ବଦା ଉପସ୍ଥିତ ଅଛି । ବେଦ କୌଣସି ଧର୍ମରେ ବା ପ୍ରଥା ଭିତରେ ସୀମିତ ନାହିଁ ବୋଲି ବେଦ ଧର୍ମୀୟ ବିଚାରରେ ଶ୍ରେଷ୍ଠତ୍ୱ ଲାଭ କରିଛି ।

ଉପନିଷଦ କୌଣସି ଜାତି ପାଇଁ ନୁହଁ, ବରଂ ସମଗ୍ର ମାନବ ଜାତି ପାଇଁ ଲେଖା ହୋଇଛି । ସେଇ ପୁସ୍ତକ କାହାର ନୁହଁ । ଅବଶ୍ୟ ସେଇ ବ୍ୟକ୍ତିର ହେଇପାରେ ଯିଏ ସ୍ଥିତିହୀନ ବା ଶୂନ୍ୟତା । ମସ୍ତିଷ୍କ ମାଧ୍ୟମ ଦେଇ ମସ୍ତିଷ୍କ ମାନଙ୍କୁ ପ୍ରବେଶ କରିବା ପାଇଁ ବେଦ ଓ ଉପନିଷଦ ଆଲୋଚିତ ହେଇଅଛି । ଜଣେ ଯେଉଁ ସମୟରେ ଗଭୀର ନୀରବତା ଭିତରେ ରହେ ସେଇ ନୀରବତାର ଅନୁଭବକୁ କୌଣସି ଶବ୍ଦରେ ବର୍ଣ୍ଣନା କରି ପାରିବା ନିହାତି କଷ୍ଟକର ବ୍ୟାପାର । ନୀରବତାକୁ ଭୋଗି ହେଇପାରେ, ମାତ୍ର କୁହାଯାଇ ନପାରେ । କହିବା ପାଇଁ ଶବ୍ଦର ଅଭାବ ରହିବ । ଯେଉଁ ସମୟରେ ଏକ ସ୍ଥିତି ଆସି ପହଞ୍ଚିଯିବ, ଯେତେବେଳେ ନିଜ ପାଖରେ ଶବ୍ଦମାନେ ଶୂନ୍ୟ ହୋଇଯାଇଥିବେ, ବାକ୍‌ଶକ୍ତି ମଧ୍ୟ ବନ୍ଦ ହେଇ ଯାଇଥିବ, ବୁଦ୍ଧି ବି କାମ କରୁନଥିବ । କୌଣସି କଥା ସ୍ମରଣ କରିବାକୁ ନଥିବ, ସେତେବେଳେ ଏଇ ନୀରବତା ବିରାଜମାନ କରିଥିବ, ସେଇ ସମୟର ଅଭିଜ୍ଞତା ମସ୍ତିଷ୍କ ବାହାରର କଥା । ପୁନଶ୍ଚ ଏଇସବୁ ଦୂରେଇ ଯାଇଥିବା କଥାମାନ, ଯେତେବେଳେ ଗୋଟିଏ ପରେ ଗୋଟିଏ ଫେରିଆସିବେ, ସେତେବେଳେ ସେଇ ଅଭିଜ୍ଞତା ଅଦୃଶ୍ୟ ହେଇଯାଇଥିବ । ଯାହାଥିବ ତାହା ଅନୁଭବର ପ୍ରତିଧ୍ୱନି ସ୍ୱରୂପ । ପ୍ରତିଧ୍ୱନି, ଧ୍ୱନିର ପଛକୁ ଫେରି ଆସୁଥିବାର ଏକ ସ୍ୱର, ଶବ୍ଦ ନୁହେଁ । ଅଭିଜ୍ଞତା ସମ୍ପନ୍ନ ମଣିଷ କହିବାକୁ ଚାହୁଁଥିବା କଥାର ଭାଷାଗତ ବର୍ଣ୍ଣନା ପାଇଁ ଶବ୍ଦ ପାଏ ନାହିଁ । ଅନଭିଜ୍ଞ ବ୍ୟକ୍ତିଟି କୌଣସି ବିଷୟ ସମ୍ପର୍କିତ ଯେତିକି କହିଦେଇ ପାରିବ, ତାହା ଅଭିଜ୍ଞ ବ୍ୟକ୍ତି ପାଖରେ ସମ୍ଭବ ହେବନାହିଁ । ସାହିତ୍ୟ ଲେଖୁଥିବା ମଣିଷଟିଏ ଯଦି ଅଭିଜ୍ଞ ବ୍ୟକ୍ତିବିଶେଷ ହୋଇଥିବେ, ତେବେ ସେ ଆଦୌ ସ୍ୱତଃସ୍ଫୁର୍ତ୍ତ ଭାବେ ଲେଖିପାରିବେ ନାହିଁ । ଯିଏ ଜ୍ଞାନଷ ସେମାନେ ଲେଖିପାରିବେ ନାହିଁ । ଅନୁଭବି ଲୋକମାନଙ୍କର ଏଇପରି ଦୁର୍ଦ୍ଦଶା ଭୋଗିବାକୁ ହୁଏ । ଅଣଅଭିଜ୍ଞତା ସମ୍ପନ୍ନ ମଣିଷମାନେ ବହୁତ କଥା କହିପାରନ୍ତି, ଲେଖି ବି ପାରନ୍ତି । ଏଇ ସମସ୍ୟାର ମଧ୍ୟଭାଗରେ ପାଠକମାନେ ଯାହା ଜାଣିବା କଥା ତାହା ଜାଣିପାରିବାର ସମ୍ଭାବନା ବିଡ଼ମ୍ବନା ହୋଇଯାଏ । କିଛି ନ ଜାଣି କିଛି କହୁଥିବା ଲୋକ ମିଥ୍ୟା ହିଁ କହିଥାନ୍ତି । ସତ୍ୟର ପାଖ ପଶି ନଥାନ୍ତି । ସକ୍ରେଟିସ୍‌ଙ୍କ ଅନୁକରଣ ନୀତି ଅନୁସାରେ କବି ବା ଲେଖକଟିଏ ଯାହା ଦେଖୁଥାଏ ତାହା ସତ୍ୟ ନୁହେଁ । କାରଣ ସତ୍ୟକୁ ଦେଖିବା ପାଇଁ ହେଲେ ବସ୍ତୁର କେନ୍ଦ୍ରରେ ପହଞ୍ଚିବା ପାଇଁ ପଡ଼ିବ । ଯାହା ଲେଖକଟିଏ ଆଦୌ ନ କରି, ଉପରୁ ଦୃଶ୍ୟମାନ ହେଉଥିବା କଥାରୁ ବର୍ଣ୍ଣନା କରିଚାଲୁଥାଏ । ସତ୍ୟକୁ ଅଭିଜ୍ଞ କରିଥିବା ମଣିଷ ପାଇଁ ବର୍ଣ୍ଣନା ଏକ ସମସ୍ୟା ରୂପେ ଠିଆ ହେଇଥାଏ । କାରଣ ସେ ଅଭିଜ୍ଞତା ସହିତ ବକ୍ତବ୍ୟକୁ ତୁଳନା କରି ସତ୍ୟର ଓ ମିଥ୍ୟାର ଅନୁପାତକୁ ପରଖୁଥାଏ । ଗୋଟେ ଜୀବନ୍ତ

ଅଭିଜ୍ଞତା ପାଖରେ ଶବ୍ଦର ଅସାମର୍ଥ୍ୟ ଓ ସାମର୍ଥ୍ୟକୁ ଜଣେ ସତ୍ୟସନ୍ଧାନୀ ହିଁ କେବଳ ବୁଝିପାରେ। କାରଣ ଶବ୍ଦମାନଙ୍କର ଅଭିଜ୍ଞତାର ବୋଝ ବହନ କରିପାରିବାର ସାମର୍ଥ୍ୟ କମ୍‌ଥାଏ। ତେଣୁ ସେମାନେ ଯାହା କହୁଥାନ୍ତି ସତ୍ୟ ଅପେକ୍ଷା ମିଥ୍ୟା ବେଶି କହୁଥାନ୍ତି। ସତ୍ୟର ଅନୁଭବ ଶବ୍ଦମାନଙ୍କ ପାଖରେ ପହଞ୍ଚିଲା ପରେ ସତ୍ୟର ମୃତ୍ୟୁ ହେଇଥାଏ। କେବଳ ଆନନ୍ଦ ଉଲାସରେ ନାଚିବା ବ୍ୟତିରେକ ଶବ୍ଦରେ ଏହାର ଗଭୀରତାକୁ ଅନୁଭବ କରିହୁଏ ନାହିଁ। ବାସ୍ତବ ଅନୁଭବ ଥିବା ମଣିଷ ଶବ୍ଦ ସହିତ ଅଭିଜ୍ଞତାକୁ ତୁଳନା କରିଥାଏ ମାତ୍ର ମିଥ୍ୟା କହୁଥିବା ମଣିଷର ସତ୍ୟ ସମ୍ପର୍କିତ କୌଣସି କଥା ହିଁ ନଥାଏ। ତୁଳନା କରିବାକୁ ତାହା ନ ଥିଲେ ହିଁ ଏଇପରି ଘଟଣା ଘଟିଥାଏ।

ଯେଉଁ ବ୍ୟକ୍ତି କହିପାରୁଥାଏ, ବକି ପାରୁଥାଏ ସିଏ ସମାଜ ଭିତରକୁ ପ୍ରବେଶ କରେ, ମାତ୍ର ଯିଏ ନୀରବ ରହେ ଗପିପାରେ ନାହିଁ, ସେ ବ୍ୟକ୍ତି ସମାଜ ଛାଡ଼େ। ସମାଜର ଆଧାର ହେଉଛି ଶବ୍ଦ ବା ଭାଷା। ନଚେତ୍ ସମାଜର ସ୍ଥିତି ନାହିଁ। ଯିଏ ସମାଜ ସହିତ ହାତମିଳେଇ ନ ପାରିଲା, ସିଏ ସନ୍ନ୍ୟାସ ହେଇଯାଏ। ଯିଏ ଭାଷା ମାଧ୍ୟମରେ ଯୋଗାଯୋଗ କରି ନ ପାରିଲା, ସମାଜରେ ତା'ର ସ୍ଥିତି ରହିବ ନାହିଁ। ସମ୍ପୂର୍ଣ୍ଣ ସତ୍ୟ ଅପ୍ରକାଶ୍ୟ; ମାତ୍ର ମିଥ୍ୟା ମିଶ୍ରିତ ସତ୍ୟ ପ୍ରକାଶ୍ୟ। ବୁଦ୍ଧ ସର୍ବଦା ଖୁସି ରହୁଥିଲେ, କାରଣ ସେ ଯାହା କହିବେ ତାହା ମିଥ୍ୟା, ସତ୍ୟ ନୁହେଁ। ଲାଓତ୍‌ସୁ ମଧ୍ୟ ଦେଇ କଥାକୁ ଅନ୍ୟଭାବରେ କହିଲେ ଯେ, ଯାହା କୁହାଯାଇ ପାରିବ ନାହିଁ ତାହା ସତ୍ୟ ନୁହେଁ। ଯେଉଁ ମୁହୂର୍ତ୍ତରେ ଏହାକୁ କହିବାର ପ୍ରୟାସ କରାଯାଏ ସେଇ ସମୟରେ ତାହା ମିଥ୍ୟାରେ ପରିଣତ ହୋଇଯାଏ। ଏସବୁ ସତ୍ତ୍ୱେ ମଧ୍ୟ, ଆମେ ଯେଉଁ ମାୟାଜାଲରେ ଥାଉ, ଏବଂ ସତ୍ୟର ସନ୍ଧାନରେ ଯେଉଁମାନେ ପ୍ରୟାସ କରିଚାଲିଥାନ୍ତି, ତାହା ମିଥ୍ୟାରେ ପରିଣତ ହୋଇଯାଏ। ଏସବୁ ସତ୍ତ୍ୱେ ମଧ୍ୟ ଆମେ ଯେଉଁ ମାୟାଜାଲରେ ଥାଉ ଏବଂ ସତ୍ୟର ସନ୍ଧାନରେ ଯେଉଁମାନେ ଗଭୀର ନିଦ୍ରାରେ ଶୟନ କରିଥାନ୍ତି, ସେମାନେ ଏଇ ମିଥ୍ୟା ସୂଚନା ପାଇ ନିଦରୁ ଉଠିପଡ଼ନ୍ତି। ସେମାନେ ଜାଣନ୍ତି ଏହା ମିଥ୍ୟା, ତଥାପି ଏହା ମଧ୍ୟ ସାହାଯ୍ୟକାରୀ। ଆମେ ଯେଉଁଠି ଥାଉ, ଯେଉଁ ଅବସ୍ଥାରେ ଥାଉ, ଆମମାନଙ୍କ ପାଇଁ ସମ୍ପୂର୍ଣ୍ଣ ସତ୍ୟର ଆବଶ୍ୟକ ନାହିଁ। କାରଣ ଖାଣ୍ଟି ସତ୍ୟକୁ ଆମେ ବୁଝିବା ସହଜ ନୁହେଁ। ସତ୍ୟ ଓ ମିଥ୍ୟାର ଫେଣ୍ଟାଫେଣ୍ଟି ମିଶ୍ର ରାଗଟିଏ ହିଁ ଆମ ବଞ୍ଚିବା ପାଇଁ ସ୍ୱାଦିଷ୍ଟ ହୋଇଥାଏ। ମିଶ୍ର ରାଗଟିଏ ଭାଷାର ମାଧୁର୍ଯ୍ୟକୁ ବଢ଼େଇ ଥାଏ। ତା'ରି ମାଧ୍ୟମରେ ଆମେ ଭାଷାକୁ ବୁଝିପାରୁ। ଉପନିଷଦର ଭାଷା ହୃଦୟରୁ ହୃଦୟକୁ ଯାତ୍ରା କରିଥାଏ। ସେଥିରେ ଜୀବନ୍ତ ସତ୍ୟ ତିଷ୍ଠି ରହିଥାଏ। ସେଥିରେ ତଥ୍ୟ ନଥାଏ, ଦର୍ଶନର ଭୀଡ଼ ନଥାଏ, ସେଥିରେ ମତବାଦ ନଥାଏ। ଯାହା ଥାଏ ତାହା ସତ୍ୟ ସହିତ ଜଡ଼ିତ ଥାଏ। ତେଣୁ ଏହି ବିଷୟରେ ଅନୁଧ୍ୟାନ

କରିବା କଥାର ତାତ୍ତ୍ୱିକ ଅନୁଶୀଳନ କରିବାର ଆବଶ୍ୟକ ପଡ଼େନାହିଁ। ଜଣେ ଏହା ଭିତରକୁ ପ୍ରବେଶ କଲେ, ସେଇସବୁ କଥା ତୁମ ଭିତରକୁ ପ୍ରବେଶ କରିବ। ସେଇ ଭାବ ଓ ଭାବନାର ଅନ୍ତଃସ୍ରୋତଟିଏ ମସ୍ତିଷ୍କ ଭିତରକୁ ପ୍ରବେଶ କରେ। କେବଳ ନିଜ ଭିତରେ ଏହାକୁ ମିଳାଇବା ପାଇଁ ଏଥିରେ ନିଜେ ହିଁ ତରଳିଯିବା ପାଇଁ ପଡ଼ିଥାଏ। ଆମର ମସ୍ତିଷ୍କ ଏତେ ଭିଡ଼ଭାଡ଼ ହେଇଅଛି ଯେ, ଏହାକୁ ଖାଲି ନକଲେ ଅନ୍ୟକିଛି ପଶିପାରିବ ନାହିଁ।

ଜ୍ଞାନକୁ ଜାଣିବା ପୂର୍ବରୁ ଅଜ୍ଞତାକୁ ଜାଣିବା ନିହାତି ଆବଶ୍ୟକ। ଅଜ୍ଞତାର ଅର୍ଥ ସରଳତା। ଏଇ ସରଳ ସ୍ୱଭାବ କେବଳ ପିଲାମାନଙ୍କର ଥାଏ। ଯୀଶୁଖ୍ରୀଷ୍ଟ କହୁଥିଲେ ଯେ, ପିଲାମାନଙ୍କ ପରି ସ୍ୱଭାବ ସରଳ ନ ହେଲେ ଜଣେ ଈଶ୍ୱରଙ୍କ ସାମ୍ରାଜ୍ୟକୁ ପ୍ରବେଶ କରିପାରିବ ନାହିଁ। ନିଜ ଭିତରେ ସରଳ ସ୍ୱଭାବଟିଏ ସୃଷ୍ଟିକଲେ ଅନ୍ୟକୁ ଗ୍ରହଣ କରିବାର କ୍ଷେତ୍ରଟିଏ ପ୍ରସ୍ତୁତ ହୋଇପାରିବ। ସମୁଦ୍ରର ସ୍ଥିତି ଏମିତି ନିମ୍ନ ସ୍ଥାନରେ ଅଛି ଯେ, ପୃଥିବୀର ଯେକୌଣସି ନଦୀଟିଏ ପାହାଡ଼ ପର୍ବତରୁ ଆରମ୍ଭ ହେଲେ ସମୁଦ୍ରରେ ଆସି ମିଶିଯିବେ। ସମୁଦ୍ରର ନିଜ ଭିତରେ ଥିବା ଗଭୀରତା ଓ ପ୍ରଶସ୍ତତା ହିଁ ସରଳତା। ସବୁ କଥାକୁ ଆପଣେଇ ନେବାର ଏକ ଉପାୟଟିଏ। ମଣିଷ କୌଣସି କଥାକୁ ଜାଣିବାର ଆଗ୍ରହ ରଖିବା ବେଳେ, ଗ୍ରହଣ କରିବାର ଏକ ମାନସିକତା ପ୍ରସ୍ତୁତ କରିବା ଦରକାର। ଅପ୍ରସ୍ତୁତ ମାନସିକତାରେ ମଧ୍ୟ କିଛି କଥା ଶିଖି ହେଇଥାଏ। କିନ୍ତୁ ତା'ର ଧାରଣ କରି ରଖିପାରିବାର ସାମର୍ଥ୍ୟ ସେଥିରେ କମ୍ ଥାଏ। ସେଥିପାଇଁ ପିଲାର ହୃଦୟ ରଖିପାରିଲେ ଯାଇ ଗ୍ରହଣଶୀଳତା ବଢ଼ିଥାଏ। ପିଲାପରି ମନକୁ ଆପଣେଇବା ପାଇଁ ହେଲେ ଆମ ଭିତରେ ଥିବା ଜ୍ଞାନକୁ ଗୋଟିଏ ପାଖରେ ରଖିଦେବାକୁ ପଡ଼ିବ। ନଚେତ୍ ଜ୍ଞାନ କୌଣସି କଥାକୁ ଗ୍ରହଣ କରିବାରେ ବାଧକ ସାଜିବ। କେବଳ ନିଜ ଭିତରେ ଏକ ଭାବ ସୃଷ୍ଟି କରିବା ପାଇଁ ପଡ଼ିବ ଯେ ମୁଁ କିଛି ଜାଣିନାହିଁ। ଏଇ ଅଜ୍ଞ ଭାବନା, ଜଣକୁ ଅଜଣା ଇଲାକାକୁ ନେଇଯିବ, ଏବଂ ଆଗକୁ ଜ୍ଞାନ ଦିଗକୁ ବାଟେଇ ନେବ। ଅଜ୍ଞାନ ସତରେ ଏକ ଆଶ୍ଚର୍ଯ୍ୟ ପ୍ରକାର ଜିନିଷ। ଏହାର ଅର୍ଥକୁ ବୁଝିପାରିଲେ ଏକ ପ୍ରକାର ଆଶ୍ଚର୍ଯ୍ୟ ଭାବଟିଏ ସୃଷ୍ଟି କରିପାରିବ।

ଆମେ ଜାଣିଥିବା ଜ୍ଞାନ ତାହା ଜ୍ଞାନ ନୁହଁ, ବରଂ ଏକ ଅଜ୍ଞାନର ସମାହାର, ଠକିଯାଇଥିବା ବିଷୟବସ୍ତୁ, ଯାହାର କି କୌଣସି ପ୍ରାସଙ୍ଗିକତା ନାହିଁ। ସେଇ ସବୁ ସୂଚନାଗୁଡ଼ିକ ଠୁଳହେଇ ଏକ ମିଥ୍ୟା ଜ୍ଞାନର ପରିଚୟ ଆମ ଭିତରେ ସୃଷ୍ଟି କରିଛନ୍ତି। ତାହା ଈଶ୍ୱର ସମ୍ବନ୍ଧୀୟ କଥା ହେଉ, ଅବା ସ୍ୱର୍ଗ ନର୍କର କଥା ହେଉ। ଏସବୁ କଥାଗୁଡ଼ିକୁ ଆମେ ଜ୍ଞାନ ନାମରେ ଅବିହିତ କରିଥାଉ, ଯାହାର ସତ୍ୟାସତ୍ୟ ଅନୁଭବ ଆମ୍ଭ ପାଖରେ ପ୍ରାୟତଃ ନଥାଏ। ସେଇ ଛଳନାତ୍ମକ କଥାର ଖବର ଆମ ଭିତରେ ଗୋଟିଏ ଶୂନ୍ୟ

ଅହଂକାରଟିଏ ସୃଷ୍ଟି କରିଥାଏ। ସେଇସବୁ ସୂଚନା, ଜ୍ଞାନର ଭ୍ରୂଣ ସୃଷ୍ଟିକରି ମନ ଭିତରେ ଘୂରି ବୁଲନ୍ତି। ଗୋଟିଏ ବୃତ୍ତରେ ବୁଲି ବୁଲି ଗୁଳ୍ମଲତାଙ୍କୁ ବୃତ୍ତମନସ୍କ କରିଦିଅନ୍ତି। ସେଇଥିରୁ ଅନେକ ପ୍ରଶ୍ନ ସୃଷ୍ଟି ହୁଏ। ଉତ୍ତରବି ସୃଷ୍ଟିହୁଏ। ଯାହା ଆମକୁ ଆଗକୁ ଯିବାର ସୁଯୋଗ ଦିଏନାହିଁ। କିନ୍ତୁ ଅଜ୍ଞତା ଆମ ଭିତରେ ଜିଜ୍ଞାସୁର ମନଭାବଟିଏ ତିଆରି କରେ। ମନ ନିରବୀ ଯାଏ। ଜ୍ଞାନ ଗୋଟିଏ ଅହଂ। ଅଜ୍ଞାନ ହିଁ ଅହଂକୁ ଦୂରେଇ ଦେଇଥାଏ। ଅଜ୍ଞାନୀ ହେବା ଏକ ଦୁଃସାହସିକ ପଦକ୍ଷେପ। ଜ୍ଞାନ ରହିଲା ମାନେ ଅହଂ ବି ରହିଲା। ଅହଂକୁ ପରିତ୍ୟାଗ ପାଇଁ ପ୍ରବଚନ ଚାଲେ। ସମସ୍ତେ ଅହଂ ଶୂନ୍ୟ ହେବା କଥା କୁହାଯାଏ। ଯାହାକୁ କୁହାଯିବା କଥା ତାହା କୁହାଯାଏ ନାହିଁ। ଅର୍ଥାତ୍ ଜଣକୁ ଅହଂଶୂନ୍ୟ ହେବା କଥା କହିବା ପରିବର୍ତ୍ତେ ଯେବେ କୁହାଯିବ ଯେ ତୁମେ ଜ୍ଞାନଶୂନ୍ୟ ହୁଅ। ଜ୍ଞାନଶୂନ୍ୟ ହେଲେ ଯାଇ ଅହଂଶୂନ୍ୟ ହେବ। ଅଜ୍ଞତା ହିଁ ଅହଂଶୂନ୍ୟ କରିବାର ମାର୍ଗ।

ପୃଥିବୀ ପୃଷ୍ଠରେ ଲେଖାଯାଇଥିବା ଅନେକ ପୁସ୍ତକ ଆମମାନଙ୍କୁ ଆମ ନିଜ ପାଖରୁ ଦୂରେଇ ନେଇଯାଇଛି। ସେଇସବୁ ପଢ଼ିଥିବା କଥା ଶୁଣିଥିବା କଥା କେବଳ ଆମ ଭିତରେ ଉପସ୍ଥିତ ଅଛି। ଅର୍ଥାତ୍ ସେଇ ବ୍ୟକ୍ତିମାନେ ହିଁ ଆମ ଭିତରେ ଉପସ୍ଥିତ ରହି ଏକ ମିଥ୍ୟା ଅହଂକାର ବା ଜ୍ଞାନୀର ପରିଚୟ ଦେଉଛନ୍ତି। ସେଇସବୁ ବ୍ୟକ୍ତିମାନଙ୍କ ମାନସିକତା ଆମ ମାନସିକତାକୁ ଆକ୍ରାନ୍ତ କରି ଆମକୁ ଏକ ଭ୍ରମ ଇଲାକାରେ ରଖିଦେଇଛନ୍ତି। ସେଥିରୁ ମୁକୁଳିବାକୁ ହେଲେ ସେଇସବୁ କଥାକୁ ଶୂନ୍ୟକରି ଦେବାକୁ ହେବ। ସେଇ ଶୂନ୍ୟ ଅବସ୍ଥାକୁ ଆମେ ଅଜ୍ଞତା ବୋଲି କହିପାରିବା। ନୀତିବାଦୀ, ଧର୍ମଯାଜକ, ପ୍ରବଚକ, ସାହିତ୍ୟିକ ଏବଂ ଆମେ ବଞ୍ଚୁଥିବା ସମାଜ ଆମ ଭିତରେ ସେମାନଙ୍କ କଥାକୁ ଭର୍ତ୍ତି କରି ଦେଇଛନ୍ତି। ଆମେ ସେଇସବୁ ବିଚାର ଆଧାରରେ ଆମ ଭିତରର ବୁଦ୍ଧି ବିବେକ ତିଆରି କରିଛୁ। ଆମ ବ୍ୟକ୍ତିତ୍ୱ କହିଲେ ଆମେ ଶୁଣିଥିବା, ପଢ଼ିଥିବା ଜାଣିଥିବା କଥାର ସମବାୟ ଅନୁଷ୍ଠାନ ହେଉଛି ଆମ ମଣିଷ ପଣିଆ ବା ଆମ ବ୍ୟକ୍ତିତ୍ୱ। ଅର୍ଥାତ୍ ଆମ ଭିତର ବସାବାନ୍ଧି ରହିଥିବା ଅନ୍ୟମାନଙ୍କ କଥା ଯଦି ଭୁଲ୍ ଥିବ, ତେବେ ଆମେ ଭୁଲ। ସେମାନେ ଯଦି ଠିକ୍ ଥିବେ, ତେବେ ଆମେ ଠିକ୍। ସେଇ ଠିକ୍‌ପଣିଆ ଠିକ୍ ହେଇ ରହିବ ଯେପର୍ଯ୍ୟନ୍ତ ଆଉ ଏକ ଠିକ୍ କଥା ଆମ ଠିକ୍ କଥାକୁ ବେଠିକ୍‌ରେ ପରିଣତ କରିପାରି ନାହିଁ।

ମଣିଷ ଭିତରେ ଥିବା ସୌନ୍ଦର୍ଯ୍ୟବୋଧକୁ ସମାଜର ଧର୍ମୀୟ ବ୍ୟବସ୍ଥାମାନେ ଅସୁନ୍ଦର କରି ପକାଇଛନ୍ତି। କୁମ୍ଭକାର ପାତ୍ର ସବୁ ତିଆରି କଲାବେଳେ, ପାତ୍ରର ଆକୃତିକୁ ନେଇ ତଥା ଆବଶ୍ୟକତାକୁ ନେଇ ନାମକରଣ ହେଇଥାଏ। ଠିକ୍ ଆମର ପ୍ରଥା ପରମ୍ପରା ଆମ ଭିତରେ ଥିବା ପରିଷ୍କାର ମନଟିକୁ କାଢ଼ିନେଇ ସେମାନଙ୍କ ଭାବନାକୁ ମସ୍ତିଷ୍କରେ

ଭର୍ତ୍ତିକରି ଦେଇଛନ୍ତି । ସେଇ ଜ୍ଞାନ ସବୁ ଆମର ପରିଚୟ ତିଆରି କରିଛନ୍ତି । ଏସବୁକୁ ପରିତ୍ୟାଗ କରିବା ପାଇଁ ହେଲେ ଅତୀତରୁ ଗୋଡ଼କାଢ଼ି ବର୍ତ୍ତମାନରେ ପାଦ ରଖିବାକୁ ପଡ଼ିବ । ବର୍ତ୍ତମାନ ପୃଥିବୀର ସୌନ୍ଦର୍ଯ୍ୟରେ ବିଭୋର ହେବାକୁ ହେବ । ଏମାନେ ଆମ ଭିତରେ ଏକ ଲୁହାର ବାଡ଼ ତିଆରି କରିଛନ୍ତି । ବାଡ଼ମାନେ ଲୌହ ପଞ୍ଜୁରୀ, ଲୌହ ଜେଲଖାନା, ତା'ରି ଭିତରେ ଆମ ପୃଥିବୀର ପରିକଳ୍ପନା କରୁଛେ । କୂପ ମଣ୍ଡୁକଟିଏ କରି ଆମକୁ କୂଅ ଭିତରେ ଛାଡ଼ି ଦିଆଯାଇଛି । ଆମ ଇଚ୍ଛା ଅନୁସାରେ ହସିପାରିବା ନାହିଁ, ନାଚି ପାରିବା ନାହିଁ, ଗୀତ ବୋଲିପାରିବା ନାହିଁ । ସବୁଥିରେ ସଭ୍ୟତା ଓ ଶିକ୍ଷିତ ନାମରେ ଏକ ଟ୍ୟାକ୍ସ ବସିଯାଇଛି । କିଛି କାରଣ ନ ଥାଇ ହସିବା ଅର୍ଥ ସମାଜଟିଏ ଆମକୁ ପାଗଳ ବୋଲି ଭାବିବ । ଜଣେ ଗଣିତଜ୍ଞ ପରି ଜୀବନ ବଞ୍ଚା ଚାଲିଛି । ମଣିଷ ଗୋଟେ ବ୍ୟାପାରିକ ପ୍ରାଣୀ । ହିସାବ କରୁ କରୁ ସରିଯାଉଛି ସବୁ କିଛି । ଶେଷ ପର୍ଯ୍ୟାୟରେ କେବଳ ହତାସ, ଶୁଷ୍କତା, ନିରଳସ, ନିଷ୍ପୃହ ଜୀବନଟିଏ ବଳକା ହେଇ ରହିଯାଉଛି । ନିଜର ଏମିତି ପରିସ୍ଥିତିକୁ ବୁଝି ନପାରି ଜୀବନ ନିଃଶେଷ ହୋଇଯାଉଛି । ମଣିଷ ପାଖରେ ଯେଉଁ ସ୍ଥିତି ବା ପରିଚୟ ଥିଲା, ସେଇ ପରିଚୟ ଏକ ସମବାୟ ସମିତିର ପରିଚୟ । ତା' ନିଜର ନୁହଁ । ଯଦି ବି କେତେବେଳେ ଏମିତି ବୁଝିପାରିବାର ସାମର୍ଥ୍ୟ ନିଜ ଭିତରେ ଆସଗଲା ତେବେ ଆମେ ଏକୁଟିଆ ବାଆଁରା ହୋଇଯିବା । ବୁଝାପଡ଼ିବ ଯେ ମୋର ଯେଉଁ ପରିଚୟ ସେ ପରିଚୟ ମୋର ନଥିଲା । ମୋର ବୋଲି ଯାହାଥିଲା ତାହା ଅନ୍ୟମାନଙ୍କର । ନିଜର ବୋଲି କିଛି ନୁହଁ । ସ୍ଥିତିବାଦୀମାନେ ଏଇପରି ସଂକଟକୁ ନେଇ ସେମାନଙ୍କ ତତ୍ତ୍ୱକୁ ନିର୍ମାଣ କରିଛନ୍ତି । କୌଣସି ବାଡ଼ବତା ନଥାଇ ଏକ ମୁକ୍ତ ବିଚାର, ଏକ ମୁକ୍ତ ଜୀବନ ନିଜ ଇଚ୍ଛାରେ ବଞ୍ଚିବା, ଜୀବନକୁ ବୁଝିପାରିବା । ନିଜ ପରିଚୟ ବିଷୟରେ ନିଜେ ଜାଣିପାରିବା କଥା ସ୍ଥିତିବାଦୀମାନେ କହିଥାନ୍ତି । ଏଇ ସ୍ଥିତି ହିଁ ଆମର ସଂକଟ ।

ଆମ ଭିତରେ ଥିବା ବୟସ୍କ ଭାବନା ହିଁ, ପିଲାମାନଙ୍କ ପରି ଚିନ୍ତନ କରିବାକୁ ବିରୋଧ କରେ । ଗୋଟେ ସଚେତନତା ଆମକୁ ସତର୍କ କରେଇଦିଏ ଯେ, ତୁମେ ଗୋଟିଏ ପର୍ଯ୍ୟାୟରୁ ଚାଲିଆସି ଆଉ ଏକ ବୟସରେ ପହଞ୍ଚି ଯାଇଛ । ତେଣୁ ତୁମେ ପଛକୁ ଫେରନାହିଁ । ପଛକୁ ଫେରିଲେ ସମାଜ ତୁମକୁ ଗ୍ରହଣ କରିବ ନାହିଁ । ଏକ ପ୍ରକାର ଭୟ ମନ ଭିତରେ ସୃଷ୍ଟି କରିଦିଏ, ପିଲା ମନଟିକୁ ଆପଣେଇବା ପାଇଁ । କିନ୍ତୁ ଗୋଟେ ପିଲାଟିର ମନ ହେଉଛି ପ୍ରାକୃତିକ ଏକ ସ୍ୱଭାବ ଗତ, କିନ୍ତୁ ଗୋଟେ ବୟସ୍କର ମନ ଏକ କୃତ୍ରିମ, ଛଳନାମୟ, ଶଠତା । ପ୍ରବଞ୍ଚନାର ପରିଣତି ହେଉଛି ବୟସ୍କତା । ବାସ୍ତବରେ ଏଇ ପରିଣତି ମଣିଷକୁ ନିଜ ସ୍ଥିତି ପାଖରେ ପହଞ୍ଚେଇ ଦେଇପାରୁନାହିଁ । ଅର୍ଥାତ୍ ନିଜର ପରିଚୟ ହଜିଯାଉଛି । ପିଲାସ୍ୱଭାବ ଆମ ଭିତରେ ବଢ଼ିବା ଯେଉଁଠି ବନ୍ଦ ହୋଇଯାଉଛି,

ସେଇଠି ଆରମ୍ଭ ହେଉଛି ଏକ ଛଳନାର ସାମ୍ରାଜ୍ୟ। ଅଭିନୟର ମଞ୍ଚରେ ଠିଆହୁଏ ମଣିଷ। ପିଲାଟିଏ ବାପା ମା'ଙ୍କ ଇଚ୍ଛା ଓ ମନ ନେଇ ବଞ୍ଚିବା ପାଇଁ ଆରମ୍ଭ କରେ, କାରଣ ବାପମା'ଙ୍କ ସ୍ନେହ, ଶ୍ରଦ୍ଧା ଓ ଭଲପାଇବାକୁ ହାତେଇବା ପାଇଁ। ଠିକ୍ ସେଇ ପର୍ଯ୍ୟାୟରୁ ଆରମ୍ଭ ହେଇଗଲା ବୟସ୍କତା। ସମସ୍ତଙ୍କୁ ଖୁସି କରେଇବା ପାଇଁ, ସମସ୍ତଙ୍କ ମନ ଜିତିବା ପାଇଁ ପିଲାଟିଏ ସେଇ କଥାର ପ୍ରଯତ୍ନ କରେ। ଅର୍ଥାତ୍ ତା' ନିଜ ଇଚ୍ଛା ବିରୋଧରେ ଜୀବନ ବଞ୍ଚିବା ଆରମ୍ଭ ହୋଇଗଲା। ନିଜର ସ୍ଥିତି ହରେଇ ଅନ୍ୟମାନଙ୍କୁ ଆହରଣ କଲା। ଅନ୍ୟମାନଙ୍କ ପରି ବଞ୍ଚିବା ଆରମ୍ଭ କଲା। ନିଜେ ନିଜ ପରି ନହୋଇ ଅନ୍ୟମାନଙ୍କ ପରି ହେବାକୁ ସମସ୍ତ ପ୍ରୟାସ କଲା। ଆରମ୍ଭ ହୋଇଗଲା ଜୀବନର ନିଜ ଇଚ୍ଛା ବିରୋଧରେ ଯାତ୍ରା। ବୟସ ବଢ଼ିଚାଲେ, କିନ୍ତୁ ସାହସିକତାର ପୂର୍ଣ୍ଣ ବିକାଶ ହେଇପାରିଲା ନାହିଁ। ଅନ୍ୟମାନଙ୍କର ପସନ୍ଦର ମଣିଷଟିଏ ହେବାକୁ ପ୍ରୟାସ ଜାରି ରହିଲା ମାତ୍ର। ନିଜ ପରି ହେବାର କଥାକୁ ସମ୍ପୂର୍ଣ୍ଣ ଭୁଲିଗଲା। ଗୋଟିଏ ମୁଖାପିନ୍ଧି ଅଭିନୟ କରିବା ଆରମ୍ଭ କରିଦେଲୁ। ପିଲାମାନଙ୍କ କାର୍ଯ୍ୟ ଆମ୍ଭକୁ ଉଭଟ ଲାଗିଲା।

ସାରା ପୃଥିବୀ ଗୋଟେ ସୌନ୍ଦର୍ଯ୍ୟର ଗନ୍ତାଘର। ଏଇ ସୌନ୍ଦର୍ଯ୍ୟ ନିଜ ଆଖିରେ ନ ଦେଖି ଅନ୍ୟମାନଙ୍କ ଆଖିରେ ଦେଖିଲୁ, ଯଦ୍ଦ୍ୱାରା ନିଜ ଭିତର ବିଚାରବୋଧ ପଙ୍ଗୁ ହୋଇଗଲା। ସାଧାରଣତଃ କଥାରେ ଅଛି, ନିଜ ଘରେ ପର ପଶିଲେ ଘର ଯେମିତି ଭାଙ୍ଗିଯାଏ, ଠିକ୍ ସେଇ ମତରେ ଆମ ନିଜ ଘରେ ଆମେ ନାହୁଁ, ଆମ ଘରେ ମାମଲତ କରୁଛନ୍ତି ଅନ୍ୟମାନେ। ଅନ୍ୟମାନଙ୍କ କଥାର ଗୁରୁତ୍ୱ ରହିଛି। ତାକୁ ନୀତି ନୈତିକତା, ବିଚାରଶୀଳ, ପ୍ରତ୍ୟୁତ୍ପନ୍ନମତି ବୋଲି କୁହାଯାଉଛି। ଅଥଚ ନିଜର କୌଣସି ବିଚାରକୁ, ମତାମତକୁ ବୋକା ନାମରେ ନାମିତ କରି ଏଡ଼େଇ ଦିଆଯାଉଛି। ନିଜ ପାଖରେ ନିଜେ ନାହୁଁ ଅନ୍ୟମାନେ ଅଛନ୍ତି। ନିଜର ସ୍ଥିତି ହରେଇ ବସିଛେ - ଏଇ କଥାକୁ ବୁଝିପାରିବାର କ୍ଷେତ୍ରଟିଏ ପ୍ରସ୍ତୁତ କରିବା ଅର୍ଥ ଏକ ରୂପାନ୍ତରଣ ହେବା। ଏକ ଭାବାନ୍ତର, ଏକ ଚେତନାକୁ ଜାଗ୍ରତ କରେଇବା। ନିଜ ଭିତରେ ନିଜେ ରହିବା। ନିଜ ଭିତରେ ଏକ କବିତ୍ୱର ଭାବନା ସୃଷ୍ଟିକରିବା। ପିଲାମନଟିଏ ନ ହେଲେ ଫୁଲଟି ଫୁଲ ପରି ଦେଖା ନ ଯାଇ, ସୂର୍ଯ୍ୟଙ୍କ କିରଣକୁ କିପରି ନିଜ ଭିତରେ ସାଇତି, କିପରି ରଙ୍ଗ ତିଆରି କରୁଛି, ସେଇ କଥା ଦେଖାଯିବ। କବିର ଆଖିରେ ପିଲାଳିଆମି ନୁହଁ ପିଲା ମାନସିକତା ନ ରହିଲେ ସୌନ୍ଦର୍ଯ୍ୟବୋଧଟିଏ ଜନ୍ମ ହେବ ନାହିଁ, କିମ୍ବା ପୃଥିବୀର ସୌନ୍ଦର୍ଯ୍ୟକୁ ଭେଟିହେବ ନାହିଁ। ଗୋଟେ ନୂତନ ଦିଶାର ଉନ୍ମୋଚନ ହେଇପାରିବ ନାହିଁ। ଜୀବନରେ ସୁଖ ଶାନ୍ତିର ପ୍ରକମ୍ପନ ଅନୁଭବ କରିହେବ ନାହିଁ। ଗୋଟିଏ ପିଲାର ଆଖିରେ ହିଁ ପୃଥିବୀର ଖୁସିକୁ ଦେଖିହେବ। ଆକାଶର ବିଶାଳତାକୁ ଭୋଗିହେବ। ଜହ୍ନକୁ ଆକାଶରୁ ଛିଣ୍ଡେଇ ଆଣିବାର ଆସ୍ପର୍ଦ୍ଧା

କରିହେବ। ଗହଳିରେ ବି ଗୀତଟିଏ ବୋଲିହେବ। ଜୀବନଟିକୁ ଉପଭୋଗ କରିବାର ପର୍ଯ୍ୟାୟ ଆରମ୍ଭ ହୋଇଯିବ। ଜୀବନର ଏକ ସ୍ୱର୍ଗୀୟ ତରଙ୍ଗଟିଏ ଛାତିକୁ ଉଚ୍ଛୁଳେଇ ଦେବ। ଏଇ ଭାବ, ଏକ ଭାବାନ୍ତର, ଏକ ରୂପାନ୍ତର ଆଣିଦେବ ଜୀବନକୁ। ଜନ୍ କିଟିସ୍ଙ୍କ ଭାଷାରେ Poetry of the earth is never dead. କବିତାର ସ୍ୱର ସର୍ବଦା ଏଇ ଧରାପୃଷ୍ଠକୁ ସଂଗୀତମୟ କରି ରଖିଛି ମାତ୍ର ଆମେ ସେଇ ଦୃଶ୍ୟକୁ ଓ ମାଧୁରିମାକୁ ପଛକରି ଠିଆ ହେଇଛେ। ଟିକେ ବୁଲିପଡ଼ନ୍ତୁନା। ବୟସ୍କର ମୁଖାଟିଏ ଖୋଲିଦିଅନ୍ତୁନା।

ପିଲାଦିନକୁ ଖୋଜିହେବା ଆଉ ପିଲାଟିଏ ପରି ମନ ନିର୍ମାଣ କରିବା ଏକାକଥା ନୁହେଁ। ପିଲା ମନଟିଏ ତିଆରି କରିବା ଅର୍ଥ ଆମେ ସେଇ ସମୟ ଅତିକ୍ରମ କରି ଆସି ଏକ ଘଟିଆ ସମୟରେ ହନ୍ତସନ୍ତ ହେଉଛୁ। ଏଥିରୁ ଉଦ୍ଧାର ହେବା ପାଇଁ ଜୀବନକୁ ସଂଗୀତମୟ କରିବା ପାଇଁ ସେଇ ଅବସ୍ଥାକୁ ଅନ୍ୱେଷଣ କରିବା ଏବଂ ସେଇପରି ଅବସ୍ଥା ମନ ଭିତରେ ସୃଷ୍ଟି କରିବା ଏକ ତପସ୍ୟା, ଏକ ଉପାସନା। ଯୋଗୀ ବା ଋଷିମାନେ ଧ୍ୟାନବଳରେ ସେଇ ସ୍ଥିତିରେ ଅବସ୍ଥାନ କରୁଥାନ୍ତି। ଜୀବନକୁ ଉପଭୋଗ କରୁଥାନ୍ତି। ମନସ୍ତତ୍ତ୍ୱବିତ୍ ଏବଂ ବିଜ୍ଞାନ ମଧ୍ୟ ଏକଥାକୁ ସ୍ୱୀକାର କରିଥାନ୍ତି ଯେ, ଏକ ମିନିଟ୍‌ର ଧ୍ୟାନସ୍ଥ ହେବା, ୪୫ ମିନିଟ୍‌ର ବିଶ୍ରାମ ସହିତ ସମାନ। ମଣିଷ ଜନ୍ମ ହେବା ସମୟରୁ ମୃତ୍ୟୁ ପର୍ଯ୍ୟନ୍ତ ମସ୍ତିଷ୍କ କୌଣସି ନା କୌଣସି କଥା ଭିତରେ ଥାଏ, ତାହା ଜାଗ୍ରତ ଅବସ୍ଥା ହେଉ ଅବା ଅର୍ଦ୍ଧଜାଗ୍ରତ ବା ସୁସୁପ୍ତି ଅବସ୍ଥାରେ ହେଉ, କିଛି ଭାବନାରେ ମଣିଷ ଛନ୍ଦି ହୋଇଥାଏ। କେବଳ ଧ୍ୟାନ ଅବସ୍ଥାରେ ଚିନ୍ତନର ପ୍ରକ୍ରିୟାଟି ବନ୍ଦ ରହେ ଓ ଶୂନ୍ୟ ଅବସ୍ଥାଟିଏ ସୃଷ୍ଟି କରିଥାଏ। ଏଇ ଶୂନ୍ୟ ଅବସ୍ଥା ହିଁ ପିଲାମନ। ଚିନ୍ତାଶୂନ୍ୟ ଅବସ୍ଥା। ପିଲାମାନେ କାହାକୁ ସମାଲୋଚନା କରିନଥାନ୍ତି, କାହାର ମନ୍ଦ କଥା ଚିନ୍ତାକରି ନଥାନ୍ତି। କେବଳ ଜୀବନକୁ ଉପଭୋଗ କରିଥାନ୍ତି। ଆମେ ବୟସ୍କମାନେ ସେମାନଙ୍କ ପାଖରୁ ସେଇ ଉପଭୋଗର ସମୟକୁ ଟାଣି ଓଟାରି ଛଡ଼େଇ ଆଣି ଆମମାନଙ୍କ ପରି କରିଦେଇଥାଉ। ବୟସ୍କମାନଙ୍କ ପରି କରିଦେଇଥାଉ। ତା' ପରେ ସେମାନେ ଖୋଜିବୁଲନ୍ତି ସେଇ ସମୟକୁ। ଝୁରି ହେଉଥାନ୍ତି ସେଇ ଅବସ୍ଥାକୁ।

ପିଲାଦିନକୁ ସ୍ମରଣ କଲେ କିମ୍ବା ସଂଗୀତମୟ ହୋଇଗଲେ ଆମେ ସେଇ ସ୍ତରକୁ ଆମ୍ଭେ ଯାଇପାରିବା ନାହିଁ। ଯିବା ପାଇଁ ହେଲେ, ଆମକୁ ସେଇ ଅବସ୍ଥାକୁ ଗତିକରିବାକୁ ପଡ଼ିବ। ବୟସ୍କ ଆଖି ଦୁଇଟି ଧୀରେ ଧୀରେ ସ୍ୱଚ୍ଛ ହେଇଆସିବ। ପିଲାଦିନକୁ ପ୍ରାପ୍ତି ହେବା ଅର୍ଥ ସ୍ୱର୍ଗକୁ ପ୍ରାପ୍ତି ହେବା। ସେଇ ଅବସ୍ଥାକୁ ସ୍ୱର୍ଗ କୁହାଯାଏ ବା ବୈକୁଣ୍ଠ ଶବ୍ଦ କେବଳ ସେଇ ବୟସ ପାଇଁ ପ୍ରଯୁଜ୍ୟ। କବି ମାନେ ଏଇ ବୟସକୁ ବସନ୍ତ ଋତୁବୋଲି କୁହନ୍ତି, ସେକ୍ସପିୟର, ଜନ୍ କିଟ୍‌ସ ସେମାନଙ୍କ କବିତାରେ ପିଲାଦିନକୁ ବସନ୍ତ ଋତୁ

ସହିତ ତୁଳନା କରିଥିବା ବେଳେ, ବୟସ୍କମାନଙ୍କ ସମୟକୁ, ଗ୍ରୀଷ୍ମ ଋତୁ ସହିତ ତୁଳନା କରିଥାନ୍ତି। କାରଣ ଏହା ହେଉଛି ଗୋଟିଏ ସକାଳ ସମୟ। ସକାଳର ସୂର୍ଯ୍ୟକିରଣ ସହିତ ପ୍ରକୃତି ବି ପୁଲକିତ ହେଉଥାଏ। ମୃଦୁ ମନ୍ଦ ପବନରେ ଶିହରୀ ଉଠେ ମନ। ସବୁକିଛି ନୂଆ ନୂଆ ଲାଗେ, କଅଁଳି ଉଠେ ସବୁଜ ପତ୍ର। ପ୍ରକୃତରେ ସମସ୍ୟା ପୃଥିବୀରେ ନଥାଏ, ସମସ୍ୟା ଥାଏ ନିଜ ପାଖରେ। ଅବଶ୍ୟ ଏପରି ଯୁକ୍ତି ସର୍ବଦା ଠିକ୍ ନୁହେଁ। କିନ୍ତୁ ଆପାତତଃ ନିଜର ମାନସିକତାରେ ଅନେକ କଥାକୁ ଦୂରେଇ ଦେଇ ହେବ। ଧରାପୃଷ୍ଠ ସର୍ବଦା ସଂଗୀତର ମାଧୁର୍ଯ୍ୟରେ ତରଙ୍ଗାୟିତ ହେଉଛି। ଏଇ ସ୍ୱରଟିକକୁ ଖୋଜି ଆବିଷ୍କାର କରିବା ହେଉଛି ସବୁଠୁ ବଡ଼କଥା। ପିଲା ଆଖିଟିଏ ନ ହେଲେ ଏଇ ସୌନ୍ଦର୍ଯ୍ୟକୁ ଦେଖିହେବ ନାହିଁ କି ଉପଲବ୍ଧି କରିହେବ ନାହିଁ। କଥାରେ ଅଛି Beauty lies in the eyes of the beholders, ଅର୍ଥାତ୍ ସୌନ୍ଦର୍ଯ୍ୟକୁ ଦେଖି ପାରିବାର କଳାଟିଏ ଦରକାର। ପିଲଟି ସବୁ କଥାକୁ ଆଗ୍ରହରେ ଦେଖେ। କଙ୍କିଟିଏ ହେଉ କି ପ୍ରଜାପତି। ଫୁଲଟିଏ ହେଉ ଅବା ଫଳ, ପ୍ରତ୍ୟେକ କଥାକୁ ମନ ଲଗେଇ ଦେବା କଥା ହିଁ ପିଲା ସ୍ୱଭାବରେ ଥାଏ। ଆନନ୍ଦ, ଶାଶ୍ୱତରୁ ଶାଶ୍ୱତଙ୍କୁ ଗତିକରେ। କେବଳ ଆବରଣକୁ କାଢ଼ି ଦେବାକୁ ପଡ଼େ। ଛଳନାର ଆଭରଣ। ବୟସ୍କର ଆଭରଣ। ପିଲାଟିର ଅତୀତ ନଥାଏ, ସେଥିପାଇଁ ସେ ଅତୀତକୁ ନେଇ ଘାରି ହେଉନଥାଏ। ଭବିଷ୍ୟତ ପାଇଁ ତା'ର କିଛି ବି ସ୍ୱପ୍ନ ନଥାଏ। ସେ ବର୍ତ୍ତମାନରେ ବଞ୍ଚୁଥାଏ। ଲଙ୍ଗଫେଲୋଙ୍କ ସାମ୍ ଅଫ୍ ଲାଇଫ୍‌ର ସେଇ ପଂକ୍ତି Trust no future however pleasant! - Let the dead past bury its dead! - Act, -act in the living present! Heart withen and God overhead! ଗୋଟେ ପିଲା ପାଖରେ, ନା ଥାଏ ଅତୀତ, ନା ଭବିଷ୍ୟତ ବର୍ତ୍ତମାନକୁ ସେ ଉପଭୋଗ କରୁଥାଏ। ଝଡ଼ ଆସିଲେ ଗଛମାନେ ଯେପରି ନାଚିଉଠନ୍ତି। ପିଲାଟିଏ ନାଚେ। ବର୍ଷାରେ ଯେମିତି ପତ୍ରମାନେ ସବୁଜିମା ହୋଇଉଠନ୍ତି, ନାଚି ନାଚି ବର୍ଷାର ଟୋପାକୁ ଆକଣ୍ଠ ପାନ କରୁଥାନ୍ତି। ପିଲାଟି ବର୍ଷାରେ ନାଚୁଥାଏ, ଭିଜୁଥାଏ। ବର୍ଷାରେ ଭିଜିବାର ଆକଟରେ, କାଗଜଡଙ୍ଗା ଭସେଇ ମନର ଓରିମାନାକୁ ମେଣ୍ଟାଉଥାଏ। ପିଲାଟିର ରାଗରେ ଛଳନା ନଥାଏ ନା ହସିବାରେ। ଆତ୍ମନିମଗ୍ନ ହେବାର ବୟସ। ମା'କୁ ରାଗିକି ଗାଳିଦେବାରେ ବି ଛଳନା ନଥାଏ ରାଗ ସରିଗଲେ ମା'କୁ ଭଲପାଇବାରେ ଛଳନା ନଥାଏ। ଏଇପରି ଘୃଣା କରିବା ଓ ଭଲପାଇବା ଭିତରେ କିଛି ବିରୋଧାଭାସ ନାହିଁ। ନଦୀଟିଏ ଯେପରି ଅଙ୍କାବଙ୍କା ହୋଇ ଗୀତ ବୋଲି ଚାଲିଥାଏ ପିଲାଟିଏ ବି ସେଇପରି ବହିଯିବାରେ କିଛି ଦ୍ୱନ୍ଦ୍ୱାତ୍ମକ କି ବିପରୀତାତ୍ମକ କଥା ନଥାଏ। କେବଳ ଛଳଛଳ ହେଇ ବୋହିଯାଉଥାଏ ଆଗକୁ ଆଗକୁ। ଗୋଟିଏ ସମୟ ପ୍ରତି ସତ୍ୟବଦ୍ଧ ହେବା। ଭବିଷ୍ୟତକୁ ଆଖିରେ ରଖି

ବର୍ତ୍ତମାନକୁ ନଷ୍ଟ କରିବା। କାରଣ ବର୍ତ୍ତମାନକୁ ନେଇ ବଞ୍ଚୁଥିବା ଜୀବଟିଏ ହେଉଛି ପିଲାଟିଏ। ସେ ଶାଶ୍ୱତକୁ ଭୋଗୁଥାଏ। ସମୟ ତା' ପାଇଁ ଗୁରୁତ୍ୱପୂର୍ଣ୍ଣ ନୁହେଁ। ସିଏ କରୁଥିବା କର୍ମଟି ତା' ପାଇଁ ଆନନ୍ଦ। କୌଣସି ତ୍ରୁଟି କିମ୍ବା କର୍ମର ସଠିକତାକୁ ନେଇ ସେ ସତର୍କ ନଥାଏ। ପରିଣାମ ବା ଫଳାଫଳର ଆଶା ନଥିବା କାରଣରୁ ହାରିଯିବା, ଜିତିଯିବା କି ପରୀକ୍ଷାଜନିତ କୌଣସି କଥା ତା' ମନ ଭିତରେ ନଥାଏ। ପରିଣାମ ଓ ପରିଣତିର ବାହାରେ କେବଳ ଛୋଟ ପିଲାଟିଏ ହିଁ ବଞ୍ଚିପାରେ। ପିଲାଟିର ଆଖିରେ ସାରା ସଂସାର ପିଲାଳିଆମି ଦୃଶ୍ୟହୁଏ। ଆମେ ଯେତେବେଳେ ନୀରବି ଯାଉ, ସାରା ସଂସାର ନୀରବି ଯାଏ। ଯେତେବେଳେ ଅନ୍ଧାର ଆସେ ସବୁଆଡ଼େ ଅନ୍ଧାର ସଞ୍ଚରିଯାଏ। ଆମ ଭିତରେ ବି ଅନ୍ଧାର ବିରାଜମାନ ହୁଏ। ଆମର ସ୍ଥିତି ଅଛି ତ ସାରା ଦୁନିଆର ସ୍ଥିତି ଅଛି। ନିଜର ସ୍ଥିତି ନାହିଁ ତ ସାରା ଦୁନିଆର ସ୍ଥିତି ନାହିଁ। ଯାହା ଯେମିତି ସେମିତି ଦେଖିବା ହିଁ ପିଲାର ଦୃଷ୍ଟିଭଙ୍ଗୀ। ସେଥିରେ ଦ୍ୱୈତ ଭାବନା ବିରାଜମାନ ନଥାଏ। କୌଣସି କଥା ଦୁଇଭାଗ ହୋଇନଥାଏ। ମନଟି ଗୋଟିଏ ୟୁନିଟି ହେଇ ଥାଏ। ଭିତର ଓ ବାହାର ଏକାପରି ଥାଏ। ଅଲଗା ହେଇପାରେ ନାହିଁ। ଭିତରଟା ବି ଆମର ବାହାରଟା ବି ଆମର। ଏଇ ଦୁଇଟି ଭିତରେ ବୟସ୍କମାନେ ବଞ୍ଚନ୍ତି। ମଝିରେ ନିଜର ସ୍ଥିତିକୁ ଖୋଜନ୍ତି। ମାତ୍ର ପିଲାଟିଏ ନିଜ ଭିତରେ ଓ ବାହାର ଦୁଇଟିକୁ ଏକାଠି କରି ବଞ୍ଚେ। ଭିତର ଓ ବାହାର ଯେତେବେଳେ ଏକ ହେଇଯିବ, ସେଇ ସମୟରେ ଏକ ବୃହତ୍ତର ଶକ୍ତିକୁ ଅନୁଭବ କରିହେବ।

ଦେହ ଓ ମନକୁ ଦୁଇଭାଗ କରି ଅଧ୍ୟାତ୍ମିକ ପ୍ରବଚକମାନେ ପ୍ରବଚନ ଦେଉଥାନ୍ତି। ଦେହ ଯାହା ଚାହେଁ ମନ ତାହା ବିଚାର କରୁ। ଦେହର ଇଚ୍ଛା ସହିତ ମନ ଯଦି ମିଶିଯାଏ ତେବେ ଭୁଲ ହୋଇଯିବ। ସେଥିପାଇଁ ଦେହ ଓ ମନକୁ ଅଲଗା ଅଲଗା କରି ବିଚାର କରାଯାଏ ଅଧ୍ୟାତ୍ମକ ବିଚାରରେ। କିନ୍ତୁ ଦେହ ଓ ମନ ଯଦି ଅଲଗା କରି ଦିଅଯାଏ, କୌଣସି ସମସ୍ୟାର ସମାଧାନ ବା ସ୍ଥାୟୀ ସମାଧାନ ହୋଇପାରିବ ନାହିଁ। ଦେହ ମନକୁ ଅଲଗା କରି ବିଚାର କଲେ ଆମେ ବୟସ୍କ ହୋଇଯିବା। ଛଳନାକୁ ପ୍ରଶ୍ରୟ ଦେବା। ଗୋଟିଏ ସତ ଆଉ ଗୋଟେ ମିଥ୍ୟା। ଏଇ ଦୁଇଫାଳ ଜୀବନ ଭିତରେ ବୟସ୍କମାନଙ୍କ ସ୍ଥିତି। ଏହା ଏକ ଉଭଟତା ନୁହେଁ ତ ଆଉ କ'ଣ ? କିନ୍ତୁ ପିଲାଟିଏ ପାଖରେ ଉଭଟତା ନାହିଁ। ସେ ଦୁଇ ଫାଳ ହେଇ ବଞ୍ଚିପାରେ ନାହିଁ। ପଛ ଓ ଆଗକୁ ନେଇ ବଞ୍ଚେ ନାହିଁ। ଗୋଟିଏ ୟୁନିଟି ହେଇ ଜୀବନ ଜୀଏଁ। ସେଇ ଏକତ୍ୱକୁ ଅମ କହିପାରୁ ବୈକୁଣ୍ଠ। ଦୁଇଫାଳ ଜୀବନକୁ ଆମେ ଯଦି ନର୍କ କହିବା, ତେବେ ଅତ୍ୟୁକ୍ତି ହେବ ନାହିଁ। ଦ୍ୱୈତ ଜୀବନ କେବେ କୌଣସି କଥାକୁ ଏକାକାର ହେଇ ଭୋଗିପାରିବେ ନାହିଁ। ମନ ଚାହୁଁଥିବ ସ୍ୱାଧୀନ ହେବାପାଇଁ, ଦେହ ଚାହୁଁଥିବ ପରାଧୀନ, ଶୃଙ୍ଖଳ। ଦେହ ଓ ମନ ପରସ୍ପରକୁ

ବିରୋଧ କଲେ ଏକତ୍ୱକୁ ଅନୁଭବ କରିହେବ ନାହିଁ। ଦେହ ଓ ମନର ମଝିରେ କେବଳ ଛଳନା ଅଧିଷ୍ଠାନ କରିପାରେ। ସେଇ ବିଭାଜିତ କରୁଥିବା ଛଳନାକୁ ଘୁଞ୍ଚେଇ ଦେଲେ, ଦେହ ଓ ମନ ଏକ ହେଇଯିବ। ପିଲାଦିନ ପାଖରେ ଆସି ପହଞ୍ଚିଯିବ। ପୃଥକତା ହିଁ ଦେହ ଓ ମନକୁ ଉତ୍ତେଜିତ କରିକି ରଖେ। ଫଳସ୍ୱରୂପ ଦେହ ଓ ମନର ବିରୋଧାଚରଣରେ ମଣିଷ ରୋଗଗ୍ରସ୍ତ ହୋଇଯାଏ। ଆୟୁଷ ବଢ଼ିଯାଏ ମୃତ୍ୟୁକୁ ନିକଟତର କରିପକାଏ। କାରଣ ଚିନ୍ତାଗ୍ରସ୍ତ ଜୀବନରେ ସ୍ନାୟୁମାନେ ଦୁର୍ବଳ ହୋଇପଡ଼ନ୍ତି। କୋଷମାନଙ୍କର ମୃତ୍ୟୁର କାରଣ ବିଭିନ୍ନ ପ୍ରକାର ଉତ୍ତେଜନାର କାରଣ ହୋଇପଡ଼େ। ଦେହ ମନ ବି ପରସ୍ପର ପରସ୍ପରର ବିରୋଧୀ ଦେହ ନଷ୍ଟ ହେଉଥାଏ, ମନ ବି ଅବସ ହେଇପଡ଼େ। ଦୁଇଙ୍କୁ ଏକାଠି କରେଇବା କଥା ହେଉଛି ଧ୍ୟାନ। ଦେହ ଭିତରକୁ ପବନ ନେବା ଅର୍ଥ ପ୍ରାଣକୁ ସଂଚାର କରିବା। ପବନକୁ ବାହାର କରିବା ଅର୍ଥ ପ୍ରାଣକୁ ବାହାର କରିବା। ଗଭୀର ଓ ଲମ୍ବ ନିଶ୍ୱାସ ପ୍ରଶ୍ୱାସର ସୁସ୍ଥ ଓ ସୁନ୍ଦର ପରିଚାଳନା ଦେହ ମନ ଭିତରେ ଏକ ସମ୍ପର୍କ ସ୍ଥାପନ କରିପାରିବ। ଦୁଇ ବିପରୀତ ଦିଗଗାମୀ ଦୁଇଟି କଥାକୁ ଏକତ୍ୱରେ ସଂଯୋଗ କରିପାରିବ।

ପିଲାମାନେ ପ୍ରଶ୍ୱାସ ନେବାକୁ ଭଲପାଆନ୍ତି ଅର୍ଥାତ୍ ନିଜ ଭିତରେ ପ୍ରାଣସଞ୍ଚାର କରିବାକୁ ଭଲ ପାଆନ୍ତି। କିନ୍ତୁ ବୟସ୍କମାନେ ନିଶ୍ୱାସ ଛାଡ଼ିବାକୁ ଭଲପାଆନ୍ତି। ପ୍ରଶ୍ୱାସ ନେବା ଜୀବନ ଓ ନିଶ୍ୱାସ ଛାଡ଼ିବା ମୃତ୍ୟୁ। ଜୀବନ ଆରମ୍ଭ ହୁଏ ପ୍ରଶ୍ୱାସରେ, ଜୀବନ ନିଃଶେଷ ହୁଏ ନିଶ୍ୱାସରେ। କିନ୍ତୁ ମୃତ୍ୟୁ ହେଉଛି ସମ୍ପୂର୍ଣ୍ଣ ଆରାମ। ଜୀବନ ହେଉଛି ସମ୍ପୂର୍ଣ୍ଣ ଉତ୍ତେଜନା। ଧ୍ୟାନର ଅବସ୍ଥାରେ ମୃତ୍ୟୁର ଚେତନା ବେଶି ଜାଗ୍ରତ ଥାଏ ଜୀବନ ଅପେକ୍ଷା। ମୃତ୍ୟୁରୁ ଆରମ୍ଭ ହୁଏ ଜୀବନ। ପୁନଶ୍ଚ ଜୀବନ ଗତିକରେ ସେଇ ପୂର୍ଣ୍ଣ ଆରାମ ଆଡ଼କୁ। ମୃତ୍ୟୁ ଯଦି ସମୁଦ୍ର ହୁଏ ତେବେ ନଦୀଟି ହେବ ଜୀବନ। ଟିକେ ଗଭୀର ଭାବେ ଲକ୍ଷ୍ୟକଲେ ଆମେ ଜାଣିପାରିବା, ମଣିଷ ଯେତିକି ଅମ୍ଳଜାନ ପ୍ରଶ୍ୱାସରେ ନେଉଥାଏ ତା'ଠୁ କମ୍ ଅଙ୍ଗାରକାମ୍ଳ ବାହାରକୁ ଛାଡୁଥାଏ। ଏଇ ପ୍ରକ୍ରିୟା ଆମକୁ ଗୋଟିଏ କଥା ସୂଚନା ଦେଉଥାଏ କି ମଣିଷ ବଞ୍ଚିବା ପାଇଁ ବେଶି ଆଗ୍ରହୀ ଥାଏ, ମରିବା ପାଇଁ ଆଦୌ ଚାହୁଁନଥାଏ। କିନ୍ତୁ ମୃତ୍ୟୁ ତା' ପ୍ରକ୍ରିୟା ଅବିରତ ଭାବେ ଚାଲୁ ରଖିଥାଏ। ନିଶ୍ୱାସ ପ୍ରଶ୍ୱାସର ପ୍ରକ୍ରିୟା ଯେତେବେଳେ ଆମକୁ ସ୍ଥିର କରିଦେଉଛି। ସେଇ ସମୟରେ ଆମେ ଆମ ଭିତରେ ଘଟିଥିବା ପ୍ରକ୍ରିୟା ପାଇଁ କୌଣସି ଶବ୍ଦ ବା ଭାଷାରେ ତାହା ପ୍ରକାଶ କରିବା ପାଇଁ ଚାହିଁଲେ, ପୁନଶ୍ଚ ମନର ନିୟନ୍ତ୍ରଣକୁ ଚାଲିଯିବା, ଏବଂ ସେଇ ସମୟରେ ପୁନଶ୍ଚ ଦେହ ଓ ମନ ଦୁଇଭାଗ ହେଇଯିବାକୁ ଚେଷ୍ଟାକରିବ ବୋଲି ସ୍ପିନୋଜା ତାଙ୍କ ଅନୁଭବରୁ ଉଲ୍ଲେଖ କରିଛନ୍ତି ଏବଂ ଅନ୍ୟ ଦାର୍ଶନିକମାନେ ମଧ୍ୟ ସେଇ ଏକାପ୍ରକାର କଥା କହିଛନ୍ତି ଯେ ଶବ୍ଦ ଉଚ୍ଚାରଣ ନ କରି ପଶୁପକ୍ଷୀମାନଙ୍କ

ପରି ଧ୍ୱନି ସୃଷ୍ଟିକରି ନିଜର ଭାବନାକୁ ପ୍ରକାଶ କରିବାକୁ କହିଛନ୍ତି। କାରଣ ଏଇ ପ୍ରକ୍ରିୟାରେ ସମ୍ପୂର୍ଣ୍ଣ ଏକ ରୂପାନ୍ତରଣ ନିଜ ଭିତରେ ଘଟିଥାଏ। ସେଇ ପରିବର୍ତ୍ତନକୁ ଶିଶୁଟିଏ ଯେମିତି ନିଜ କଥାକୁ ହସ, କାନ୍ଦ କିମ୍ବା ହାତ ଗୋଡ଼ ହଲେଇ ବ୍ୟକ୍ତ କରିଥାଏ, ସେହିପରି କଲେ ଚାହୁଁଥିବା କଥାଟିକୁ ବିନା ଶବ୍ଦ ପ୍ରୟୋଗରେ ମଧ୍ୟ କହିହେବ। ଏହାକୁ ମଧ୍ୟ ଉପଭୋଗ କରିହେବ ବୋଲି ଓଶୋ ମଧ୍ୟ ପ୍ରକାଶ କରିଛନ୍ତି। ତାଙ୍କ ଶିଷ୍ୟମାନଙ୍କୁ ଧ୍ୟାନ ବିଷୟରେ ଶିକ୍ଷାଦେବା ସମୟରେ ସେ ଏଇ କଥାହିଁ କହିଛନ୍ତି।

ଆମେ ସମସ୍ତେ ଗୋଟେ ପାରମ୍ପରିକ ପ୍ରଥାମାନଙ୍କର ଶିକାର ହେଇଛେ। ନିଜକୁ ସେଥିରୁ ଉଦ୍ଧାର କରିବା ପରେ, ଅର୍ଥାତ୍ ପୁନଶ୍ଚ ପିଲାଦିନକୁ ପ୍ରାପ୍ତିପରେ ପୁନଶ୍ଚ ଆବଶ୍ୟକ ପଡ଼େ ନାହିଁ ସେଇ ପ୍ରଥା ଭିତରକୁ ଯାଇ ନିଜର ସତ୍ତାକୁ ହରେଇ ଦେବା ପାଇଁ। ନିଜକୁ ହିଁ ନିଜ ସହିତ ସମ୍ପର୍କ ରଖିବା ପାଇଁ ପଡ଼ିବ। ଅନ୍ୟ କାହା ସହିତ ସମ୍ପର୍କ ରଖିଲେ ହୁଏତ ପିଲାଦିନକୁ ଆଉଥରେ ହଜେଇ ଦେବାକୁ ପଡ଼ିବ। ସେଥିପାଇଁ ସମ୍ପୂର୍ଣ୍ଣ ସ୍ୱାର୍ଥପର ହେବାକୁ ପଡ଼ିବ, ଅର୍ଥାତ୍ ନିଜ ସ୍ଥାନକୁ ନିଜ ସତ୍ତାକୁ ଖୋଜି ବାହାର କରିବା ପରେ, କେବଳ ତା'ରି ସହ ସୁହୃଦର ସମ୍ପର୍କ ରକ୍ଷାକରିବା ଦରକାର। ଅନ୍ୟମାନଙ୍କୁ ସେମାନଙ୍କ କାମ ସେମାନଙ୍କ ବାଟରେ କରିବାକୁ ଦିଆଯାଉ। ଜଣେ ନିଜ ସ୍ୱାର୍ଥକୁ ଚିହ୍ନିସାରିବା ପରେ ଅନ୍ୟକୁ ସ୍ୱାର୍ଥକୁ ଯତ୍ନ ନେଇପାରିବ। ନିଜ ସ୍ୱାର୍ଥକୁ ଜାଣି ନଥିବା ମଣିଷ ଅନ୍ୟର ସ୍ୱାର୍ଥକୁ କିପରି ଚିହ୍ନି ପାରିବ ? ନିଜ ଭିତର ଓ ନିଜ ବାହାର ଏକ ହେବା ପରେ, ଅନ୍ୟମାନଙ୍କ ପ୍ରତି ଭଲପାଇବା, ଅନ୍ୟମାନଙ୍କୁ ସହାନୁଭୂତି ଦେଖାଇବା, କ୍ଷମାଶୀଳ ହେବା ଏଇ ସମସ୍ତ କଥାର ସମ୍ଭବ ହୋଇପାରିବ। ଶତପ୍ରତିଶତ ଏକାଗ୍ରତା ଦ୍ୱାରା ନିଜ ଭିତରେ ନିଜେ କେନ୍ଦ୍ରୀଭୂତ ହୋଇ ପାରିବା ଏବଂ ପିଲାଦିନର ମାନସିକତାକୁ ଆପଣେଇ ପାରିବା। ପାଣିକୁ ଏକଶତ ଡିଗ୍ରୀ ଉତ୍ତାପରେ ଗରମ କଲେ ଯେମିତି ସବୁଯାକ ଜଳ ବାଷ୍ପୀଭୂତ ହୋଇ ଉପରକୁ ଉଠିଯିବ, ନିଜକୁ ଠିକ୍ ସେଇପରି ଅବସ୍ଥାକୁ ନେଲେ ଯାଇ ବୟସ୍କ ହେଇଥିବାର ସମସ୍ତ ଛାପ ଶୂନ୍ୟ ହେଇ ପିଲାଦିନରେ ଯାଇ ପହଞ୍ଚିପାରିବା। ହୃଦୟ ଖୋଲି ନାଚି ପାରିବା। ଆମ ପାଖରେ ଥିବା ବ୍ୟକ୍ତିତ୍ୱର ପରିସମାପ୍ତି ଘଟିବ।

ସ୍ପ୍ଲିଟ୍ ବ୍ୟକ୍ତିତ୍ୱ ବା ଦ୍ୱୈତ ବ୍ୟକ୍ତିତ୍ୱର ଅଧିନରେ ସାରା ବିଶ୍ୱ ପରିଚାଳିତ ହେଉଥିବା କାରଣରୁ ସେଇ ଦ୍ୱୈତ କଥାର ଶିକ୍ଷା ସଂସ୍କାର ଆମକୁ ଗଢ଼ି ଚାଲିଛି। ମଣିଷର ବାହ୍ୟରୂପ ଓ ଭିତର ରୂପ ଉଭୟ ଅଲଗା ଭାବରେ ଗୋଟିଏ ସୁନ୍ଦର ବିଶ୍ୱକୁ ଦୁଇଭାଗ କରି ନିର୍ମାଣ କରି ଚାଲିଛି। ପରିଣାମ ସ୍ୱରୂପ କେବଳ ଛଳନା ଚତୁର୍ଦ୍ଦିଗରେ ସଞ୍ଚରି ରହିଛି। ଉଭୟ ଗୁରୁ ଓ ଶିଷ୍ୟରେ ଭରପୁର ହେଇ ରହିଛି ପୃଥିବୀ। ଏଇ ଗୁରୁଶିଷ୍ୟ କଥା ନ ରହି ପରସ୍ପର ପରସ୍ପର ସହଭାଗୀ ହୋଇ କାମ କଲେ ବା ଏକ ହେଇ କାର୍ଯ୍ୟକଲେ ଉଭୟଙ୍କ ଉଦ୍ୟମ

ଏକ ଛଳନାମୁକ୍ତ ପରିବେଶଟିଏ ତିଆରି କରିପାରନ୍ତା। କେହି ଗୁରୁ ରହନ୍ତେ ନାହିଁ କିମ୍ବା ଶିଷ୍ୟ ରହନ୍ତେ ନାହିଁ। ଜ୍ଞାନର ବଣ୍ଟନ, ଅଭିଜ୍ଞତାର ବଣ୍ଟନ ଗୋଟେ ମିଳିତ ଉଦ୍ୟମରେ, ଜୀବନର ନୂଆ ଦିଗଟିଏ ଉନ୍ମୋଚନ ହେଇପାରନ୍ତା। ଉଭୟ ଉଦ୍ୟମ ଗୋଟିଏ ଦିଗକୁ ଅର୍ଥାତ୍ କେନ୍ଦ୍ରବିନ୍ଦୁ ଆଡ଼କୁ ଯାତ୍ରା କରିପାରନ୍ତା। ଉପନିଷଦ ମଧ୍ୟ ସେଇ କଥାକୁ କହିଛନ୍ତି : "ହେ ବ୍ରହ୍ମ ଆମ ଉଭୟ ଗୁରୁ ଓ ଶିଷ୍ୟଙ୍କୁ ରକ୍ଷାକରନ୍ତୁ।" କାରଣ ଆମେ ଯାହା ମାଗିନେବା ତାହା ନିଶ୍ଚୟ ଭୁଲ ହେଇଯିବ। ଆମେ ଯଦି ଭଲପାଇବା କଥା କହିବା, ତେବେ ଘୃଣା ତା' ପାଖରେ ପୂର୍ଣ୍ଣମାତ୍ରାରେ ସଜାଗ ହେଇରହିଥିବ। ଆମେ ଯଦି ଈଶ୍ୱରଙ୍କୁ ପ୍ରାପ୍ତ ପାଇଁ ପ୍ରାର୍ଥନା କରିବା ଅସୁର ସତ୍ତା ସଜାଗ ହେଇ ରହିଥିବ। କାରଣ ଭଲପାଇବା ବା ଘୃଣାକରିବା ଦୁଇଟି କଥା ନୁହେଁ ଗୋଟିଏ ଘଟଣାର ଦୁଇଟି ପାର୍ଶ୍ୱ। କୌଣସିଟିକୁ ଗ୍ରହଣ କରି ଆରଟିକୁ ଫିଙ୍ଗି ହେବ ନାହିଁ। ଆମେ ଯେବେ କହିବା, ଜ୍ଞାନ ସବୁକୁ ପରିତ୍ୟାଗ କର ତେବେ ତା'ର ସ୍ଥାନରେ ଯାହା ଆସିବ ତାହା ଅଜ୍ଞାନ ବ୍ୟତିରେକ ଆଉ କିଛି ନୁହଁ। ସେଇଥିପାଇଁ ଉପନିଷଦରେ ପ୍ରାର୍ଥନା ଉଭୟ ଗୁରୁ ଏବଂ ଶିଷ୍ୟ ସାଙ୍ଗ ହେଇ ପ୍ରାର୍ଥନା କରନ୍ତି ଆମ ଉଭୟଙ୍କୁ ପ୍ରଜ୍ଞାଦୀପ୍ତ କରନ୍ତୁ। ଆମେ ଦ୍ୱୟ ପରସ୍ପର ପରସ୍ପରର ଘୃଣା ନ କରୁ। ପ୍ରକୃତରେ ଏଇ ବାକ୍ୟ ମଣିଷମାନଙ୍କ ପାଇଁ ସ୍ୱତନ୍ତ୍ର ଏବଂ ଅତ୍ୟାବଶ୍ୟକ। ଉଭୟ ଶିକ୍ଷକ ଏବଂ ଛାତ୍ର ମିଳିତ ଭାବରେ ଜ୍ଞାନଦୀପ୍ତ ହେବାପାଇଁ ପ୍ରାର୍ଥନା କରୁଛନ୍ତି। ଏଠାରେ କେହି ଶିକ୍ଷକ କିମ୍ବା କେହି ଶିଷ୍ୟ ନୁହଁନ୍ତି ବରଂ ଉଭୟ ଶିଷ୍ୟରୂପେ ପରମ ସତ୍ତାକୁ ନିବେଦନ କରୁଛନ୍ତି। ଏକ ମହାନ ସଂସ୍କୃତି ଓ ଆଧ୍ୟାତ୍ମିକ ବିଚାରକୁ ଫିଙ୍ଗିଦେଇ ଆମକୁ ସୁହାଉଥିବା କଥାକୁ ଗ୍ରହଣ କରୁଚେ ଏବଂ ଜୁହାଯାଇ ନଥିବା କଥାକୁ ପରମ୍ପରା ଓ ଅଧ୍ୟାତ୍ମିକତା ବୋଲି ଗ୍ରହଣ କରିନେଉଚେ। କେହି ଉଚ୍ଚ କିମ୍ବା କେହି ନୀଚ ନୁହଁନ୍ତି। ଗୋଟିଏ ମୂଳସତ୍ତା ଓ ସ୍ୱରୂପରୁ ଦୂରକୁ ଚାଲିଆସି ଆମ ଇଚ୍ଛାକୁ ପୃଥିବୀ ଉପରେ ଲଦିଦେଇ ଏହା ଠିକ୍ ବୋଲି ଦାବି କରୁଛେ। ଟିକେ ଉପର ପାହ୍ୟାରେ ରହିଲେ ମଣିଷ ଅନେକ କଥାକୁ ନିଜ ଇଚ୍ଛାରେ ସମାଜର ଚଳଣିରେ ପରିବର୍ତ୍ତନ କରିପାରିବ। ସେଇ ପ୍ରକ୍ରିୟା ସମାଜରେ ସର୍ବଦା ବଳବତ୍ତର ହୋଇ ରହିଥିବାରୁ ମଣିଷର ରୂପାନ୍ତରଣ ଘଟୁନାହିଁ। ସମାଜବାଦରେ କାର୍ଲମାର୍କ୍ସ ସେଇକଥା କହିଛନ୍ତି ଯେ, ଉପରବର୍ଗର ମଣିଷମାନେ ସମାଜରେ ଧର୍ମ, ସଂସ୍କୃତି, ପରମ୍ପରା, ବ୍ୟବସ୍ଥା, ଧର୍ମ ଇତ୍ୟାଦି ବ୍ୟବସ୍ଥିତ କରି କିଛି ଲୋକଙ୍କୁ ଆସନ ଏବଂ ଶୋଷଣ କରୁଛନ୍ତି, ଏହାର ଅର୍ଥାତ୍ ଏଇ ସମାଜର ପୁନଃ ବିଚାର ହେବା ଦରକାର, ପୁନଃ ନିର୍ମାଣ ହେବା ଦରକାର। ଉପନିଷଦର ବାକ୍ୟ, ମିଳିତ ପ୍ରାର୍ଥନାକୁ ମଣିଷ ଉପରହସ୍ତ ଓ ଏକହାତିଆ କରି ଶିକ୍ଷାପ୍ରଦାନ କରିଚାଲିଛି। ଗୁରୁ ଓ ଶିଷ୍ୟ ଉଭୟ ସମାନ ଏକଥାକୁ ସ୍ୱୀକାର କରିବାକୁ ପ୍ରସ୍ତୁତ ନୁହଁ। ଗୁରୁ ଓ ଶିଷ୍ୟଙ୍କର ଏଇ ପବିତ୍ର ପ୍ରାର୍ଥନା ଉଭୟଙ୍କୁ ଜାଗ୍ରତ କରେଇବା ପାଇଁ ପ୍ରାର୍ଥନା କରିଥାନ୍ତି। ଆମେ ଦୁଇଜଣ ନୋହୁଁ ଆମେ ଏକ।

ଉପନିଷଦର ବାକ୍ୟ ମଧ୍ୟ ବୁଦ୍ଧଙ୍କ କ୍ଷେତ୍ରରେ ଦେଖାଯାଇଥିଲା। ବୁଦ୍ଧ ଯେତେବେଳେ ପ୍ରଜ୍ଞା ପ୍ରାପ୍ତ ହେଲେ ସେତେବେଳେ ସମାଜକୁ ଆସି ପହଞ୍ଚିଲେ। ଦେଖିଲେ ଲୋକମାନେ ଆଖିବୁଜି ଜୀବନଯାତ୍ରାକୁ ଚାଲୁ ରଖିଛନ୍ତି। ନିଦ୍ରା ଅବସ୍ଥାରେ ଚାଲୁଥିବା ଲୋକମାନଙ୍କ ସହିତ ବୁଦ୍ଧ ମଧ୍ୟ ହାତଧରି ବାଟ ଚାଲିଲେ। ସେମାନଙ୍କ ସହିତ କିଛି ବାଟ ଆଗକୁ ଯାଇ ଯାଇ, ସେମାନଙ୍କୁ ନିଜ ପ୍ରଜ୍ଞା ପ୍ରାପ୍ତିର ପଦ୍ଧତି ଶିଖାଇଦେଲେ। ଗୋଟିଏ ସଂଗଠନ ଭିତରେ ଏହାକୁ ପ୍ରାପ୍ତି ପାଇଁ ଉଦ୍ୟମ କରାଯାଇପାରେ। ବ୍ୟକ୍ତିଗତ ଉଦ୍ୟମ ଯେତେବେଳେ ଗୋଷ୍ଠୀଗତ ଉଦ୍ୟମ ସହିତ ଯୋଡ଼ି ହେଇଯିବେ, ସେତେବେଳେ ଏକ ବାତାବରଣଟିଏ ତିଆରି ହେଇଯାଏ। ବାତାବରଣର ପ୍ରଭାବ ମଧ୍ୟ ବ୍ୟକ୍ତିକୁ ଆଗକୁ ଯିବାପାଇଁ ସହାୟକ ହୋଇପାରେ। ଉଭୟ ଶିକ୍ଷକ ଓ ଛାତ୍ର ଗୋଟିଏ ୟୁନିଟ୍ ବା ଏକକ। ଉଚ୍ଚ ବା ନୀଚ, କେହି ବିଦ୍ୟା ପ୍ରଦାୟକ ଓ କେହି ବିଦ୍ୟାର୍ଥୀ, କେହି ଅଲଗା ସ୍ୱରୂପ ହେଇ ନ ରହି ଏକକ ଭାବେ ସବୁ ଆଶୀର୍ବାଦର ପ୍ରାପକ ହୋଇଗଲେ। ଶିକ୍ଷକ ଶିକ୍ଷକ ଓ ଛାତ୍ର ଛାତ୍ର ହୋଇ ନ ରହି ଉଭୟ କେବଳ ଜିଜ୍ଞାସୁ ହେଇଗଲେ ଏକକ ଭାବେ। ଉଭୟ କହିବାକୁ ଲାଗିଲେ ହେ ବ୍ରହ୍ମ ଆମକୁ ରକ୍ଷାକର - ଉଭୟଙ୍କୁ ଲାଳନପାଳନ କର। ଉଭୟଙ୍କୁ ଶକ୍ତି ପ୍ରଦାନ କର, ଉଭୟଙ୍କୁ ଜ୍ଞାନଦୀପ୍ତ କରାଅ। ଆମେ ପରସ୍ପରକୁ ଘୃଣା ନ କରୁ, ଓଁ ଶାନ୍ତି ଶାନ୍ତି ଶାନ୍ତି। ପୁନଶ୍ଚ ଏଇ ପ୍ରାର୍ଥନା ଏକକତ୍ୱରେ ପରିଣତ ହୋଇଗଲା ପରେ ପୁଣି କୁହାଯାଉଛି : ମୋ ପ୍ରାଣ ଗୋଟେ ଶକ୍ତିର ଉତ୍ସ ହେଉ, ମୋର ପ୍ରତ୍ୟେକଟି ଅଙ୍ଗପ୍ରତ୍ୟଙ୍ଗ ଶକ୍ତିଶାଳୀ ହେଉ। ପ୍ରତ୍ୟେକଟି ସ୍ଥିତି ଉପନିଷଦର ବ୍ରହ୍ମ ହେଉ, ବ୍ରହ୍ମକୁ ମୁଁ ଅସ୍ୱୀକାର ନ କରେ। ବ୍ରହ୍ମ ମଧ୍ୟ ମୋତେ ଅସ୍ୱୀକାର ନ କରୁ। କୌଣସି ପ୍ରକାର ମତାନ୍ତର ପରସ୍ପର ଭିତରେ ନ ଘଟୁ। ଅନ୍ତତଃ ମୋ ତରଫରୁ କୌଣସି ପ୍ରକାର ଅସ୍ୱୀକାର ନ ଘଟୁ। କାରଣ ବ୍ରହ୍ମକୁ ଅସ୍ୱୀକାର ଅର୍ଥ ସ୍ଥିତିକୁ ଅସ୍ୱୀକାର। କୌଣସି କଥାକୁ ଅସ୍ୱୀକାର କରିବା ଅର୍ଥ ନିଜ ଭିତରେ ଏକ ବିପରୀତ ଭାବନାଟିଏ ସୃଷ୍ଟି ହେଉଛି। ଜଣେ ଖରାପ ଲୋକକୁ ଅସ୍ୱୀକାର କରିବା ଅର୍ଥ ତା' ଭିତରେ ଥିବା ବ୍ରହ୍ମର ସ୍ଥିତିକୁ ଅସ୍ୱୀକାର କରିବା। ଖରାପକୁ ଖରାପ ନ କରିବାର ସାମର୍ଥ୍ୟକୁ ମଧ୍ୟ ପ୍ରାର୍ଥନା କରାଯାଉଛି। ସେଇଥିପାଇଁ କୁହାଯାଏ; ମୁଁ ବ୍ରହ୍ମକୁ ମଧ୍ୟ ଅସ୍ୱୀକାର ନ କରେ ସେ ମୋତେ ମଧ୍ୟ ଅସ୍ୱୀକାର ନ କରନ୍ତୁ।

ଏକଦା କିଛି ଲୋକ ଜଣେ ସ୍ତ୍ରୀ ଲୋକକୁ ସାଙ୍ଗରେ ଧରି ଆସି ପହଞ୍ଚିଲେ ଏବଂ ଅଭିଯୋଗ କଲେ ଯେ ସେ ଅବୈଧ ସମ୍ପର୍କ ସ୍ଥାପନ କରିବା ଦୋଷରେ ତାକୁ ଟେକା ଫୋପାଡ଼ି ମରାଯାଉ। ଅଭିଯୋଗକାରୀମାନେ ମଧ୍ୟ କହିଲେ ଯେ, ଏହା ମଧ୍ୟ ନିୟମରେ ଲେଖା ଯାଇଅଛି। ଯୀଶୁ ସମସ୍ତଙ୍କୁ କହିଲେ; ସେଇ ବ୍ୟକ୍ତି ହିଁ ଟେକା ଫୋପାଡ଼ି ମାରିପାରିବ ଯେ ଜୀବନରେ ଆଦୌ ଅପରାଧ କରିନାହିଁ। ଟେକା ଫିଙ୍ଗି ସ୍ତ୍ରୀଲୋକଟିକୁ ମାରିବା ପାଇଁ

ଅପେକ୍ଷା କରୁଥିବା ଭଦ୍ରଲୋକମାନେ ଜଣେ ଜଣେ ସ୍ଥାନ ତ୍ୟାଗକରି ପଳେଇଗଲେ। କୌଣସି ଜଣେ ବ୍ୟକ୍ତି ମଧ୍ୟ ବାକି ରହିଲେ ନାହିଁ ଟେକା ଫିଙ୍ଗିବା ପାଇଁ। ସ୍ତ୍ରୀ ଲୋକଟି ଯୀଶୁଙ୍କୁ କହିଲା ମୁଁ ଭୁଲ କରିଛି, ମୋତେ ଆପଣ ଦଣ୍ଡ ଦିଅନ୍ତୁ। ଯୀଶୁ କହିଲେ, ମୁଁ କିଏ ତୁମକୁ ଦଣ୍ଡ ଦେବି। ଏହା କେବଳ ଈଶ୍ୱର ଓ ତୁମ ଭିତରର କଥା। ମୋତେ ମଝିକୁ କାହିଁକି ଟାଣୁଛ ? ଜଣେ ଅଧ୍ୟାତ୍ମିକ ବ୍ୟକ୍ତିର କଥା ହେବ ଯୀଶୁଙ୍କ କଥାପରି। ଯେଉଁ ବ୍ୟକ୍ତି ସବୁ କଥାକୁ ନା କହୁଥାଏ। ସେ ନିଜକୁ ମଧ୍ୟ ନା କହୁଥାଏ। ଏକଥା ସେ ଆଦୌ ସଚେତନ ନଥାଏ। ସବୁକୁ ନା ନା କହିବା ଦ୍ୱାରା ନିଜେ ବି ନିଜ ଭିତରେ ବରଫ ପରି କଠିନ ହୋଇଯାଇଥାଏ। ଜୀବନ ଅତିଷ୍ଠ ହୋଇଯାଏ। ଯଦି ଜଣେ ତୁମକୁ ଅସ୍ୱୀକାର କଲା, ତୁମେ ବି ତାକୁ ଗ୍ରହଣ ନ କରି ଅସ୍ୱୀକାର କଲ। ମନ ଛକାପଞ୍ଝା ଖେଳ ଖେଳି ଚାଲିଲା। ଜୀବନ ଦୁର୍ବିସହ ହୋଇପଡ଼ିଲା। ଉପନିଷଦ ସେଥିପାଇଁ ଧାଡ଼ିଟିଏ ରଖିଲା : ଅନ୍ତତଃ ମୁଁ କାହାକୁ ଅସ୍ୱୀକାର ନ କରେ। ସେଇପରି ମନଟିଏ ମୋତେ ଆଶୀର୍ବାଦ କର। ମୋତେ ଅନ୍ୟମାନଙ୍କୁ ଅସ୍ୱୀକାର କରିବା ପାଇଁ ପ୍ରତିରୋଧ କର। ଅର୍ଥାତ୍ ସମସ୍ତଙ୍କୁ ଭଲପାଇବାର ସମାର୍ଥ୍ୟଟିଏ ସୃଷ୍ଟିକର। କୌଣସି କଥା ମୋ ଆଖିରେ ଖରାପ ଦେଖା ନଯାଉ। ଆମ ବିଚାରର ନିଷ୍ପତି ଗୋଟେ ନିଷ୍ପତି ନୁହେଁ। ଆମେ ଭୁଲ କହୁଥିବା କଥାଟି ବି ଆଉ କାହା ବିଚାରରେ ଠିକ୍ ଥିବ। ତେଣୁ ସେଇ ଦ୍ୱନ୍ଦ୍ୱ ଭିତରକୁ ନ ଯାଇ କାହାକୁ ଅସ୍ୱୀକାର କରିବା ଗୁଣଟିକୁ ତାଙ୍କ ଭିତରକୁ କାଢ଼ିନେବା ପାଇଁ ପ୍ରାର୍ଥନା କରୁଛନ୍ତି।

ଶିଶୁଟିଏ ନ ହେଲେ ପ୍ରାର୍ଥନା କରିପାରିବାର ହୃଦୟଟିଏ ଆସିପାରିବ ନାହିଁ। ସ୍ୱଚ୍ଛ ହୃଦୟଟିଏ ନ ହେଲେ ପ୍ରାର୍ଥନାଟିଏ ସେତିକି ପବିତ୍ର ହୋଇପାରିବ ନାହିଁ। ସମର୍ପଣର ଭାବଟିଏ ଆସିପାରିବ ନାହିଁ। ପ୍ରାର୍ଥନାକୁ ଏକ ସ୍ୱଭାବରେ ପରିବର୍ତ୍ତନ କରିବାକୁ ହେବ। ବୟସ୍କ ଅବସ୍ଥାରୁ ପୁଣି ପଛକୁ ଫେରି ଏକ ନିର୍ମଳ ମନ ଅବସ୍ଥାକୁ ଆପଣେଇବା ଏକ ପ୍ରାର୍ଥନା ନୁହେଁ ତ ଆଉ କ'ଣ ? ଅଳିଆଗଦା ପରି ହେଇଯାଇଥିବା ମନକୁ ପିଲା ଅବସ୍ଥାକୁ ନ ନେଲେ ଚେତନା ସ୍ତରରେ ସେତିକି ଜାଗ୍ରତ ଆସିପାରିବ ନାହିଁ। ଚେତନାର ଆଉ କ'ଣ ବିଶେଷ ସଂଜ୍ଞା ଥାଉ ବା ନ ଥାଉ। କେବଳ ଗୋଟିଏ କଥାକୁ ବୁଝିଲେ ବୋଧହୁଏ ସମସ୍ୟାର ସମାଧାନ ହେଇଯିବ। ତାହା ହେଲା ସଚେତନତା। ଜାଗ୍ରତ ଅବସ୍ଥାରେ ବିଚାରଶୀଳତା। ନିଜକୁ ଏକ ମାଧ୍ୟମ ବୋଲି ଭାବିବା। ନିଜକୁ ଏକ କାରଣ ବୋଲି ଭାବିନେଲେ ସେଇ ନିର୍ମଳ ଅବସ୍ଥାକୁ ଫେରିହେବ ନାହିଁ। ପିଲାଳିଆମି ନ ହେଇ ପିଲାଟିଏ ହେଇଯିବା ବୋଧହୁଏ ସେଇ ପ୍ରୟାସଟି ହିଁ ଆମ ପାଇଁ ସ୍ଥିତିରୁ ଚେତନା ଦିଗକୁ ଯାତ୍ରା କୁହାଯିବ।

ଗୋଟିଏ ପର୍ଯ୍ୟାୟର କଥା

ଅଭ୍ୟାସ ସବୁ ସମୟରେ ଦୁଃଖ ଦେଇଥାଏ। ଉକ୍ତ ଅଭ୍ୟାସ ଭଲ ହେଇଥାଉ ଅବା ମନ୍ଦ, କୌଣସି କଥାକୁ ବାରମ୍ବାର କରୁଥିବା କାରଣରୁ, ତାହା ଏକପ୍ରକାର ବିରକ୍ତିକର ମନେହୁଏ। ସେଥିରୁ ମଧ୍ୟ ଗତ୍ୟନ୍ତର ନଥାଏ। ଅଭ୍ୟାସ ହେଇଥିବା କଥା ମଣିଷର ରକ୍ତ ମାଂସ, ଶ୍ୱାସ ପ୍ରଶ୍ୱାସ ପ୍ରକ୍ରିୟା ସହିତ ସଂଶ୍ଳିଷ୍ଟ ଥାଏ। ଯାହାକୁ ତ୍ୟାଗ କରିବା କଠିନ ହେଇପଡ଼ିଥାଏ। ଜୀବନର ଏକ ଅଂଶ ହେଇଯାଇଥିବା କାର୍ଯ୍ୟ, ମଣିଷ ପାଇଁ ମଧ୍ୟ ଏକ ପରିଚୟ ତିଆରି କରିଥାଏ। ସେଇ କାର୍ଯ୍ୟ ବିନା ମଣିଷର ସ୍ଥିତି ମଧ୍ୟ ପରିବର୍ତ୍ତନ ହୋଇଯାଏ। ସେଥିପାଇଁ ଅଭ୍ୟାସକୁ ପରିତ୍ୟାଗ କରିବା ଭୟ ମଧ୍ୟ ମନ ଭିତରେ ବଳବତ୍ତର ହେଇ କାର୍ଯ୍ୟକ୍ଷମ ଥାଏ। ଯାହାକୁ ଅସ୍ୱୀକାର କଲେ ନିଜର ସ୍ୱୀକୃତି ମଧ୍ୟ ସମାଜରେ ହଜିଯାଏ। ଗୋଟେ ଆନ୍ତରୀକ ସମ୍ପୃକ୍ତିରେ, ଗଢ଼ି ଉଠୁଥିବା ସମ୍ପର୍କରେ, ଆସକ୍ତିକୁ ଆଦୌ ଆଡ଼େଇଦେଇ ହୁଏ ନାହିଁ। ଯେଉଁ ସମ୍ପୃକ୍ତି କସ୍ମିନ୍‌କାଳେ ହରେଇଦେବା କଥା ମନ ଭିତରକୁ ଆସେ ନାହିଁ। ଯଦି ଆସିଯାଇଥାଏ, ତେବେ ମନ ଭିତରେ ଏକ ଅଜଣା ଭୟ ଖେଳିଯାଉଥାଏ। ମଣିଷ ବାସ୍ତବରେ ମୃତ୍ୟୁକୁ ଭୟ କରୁନଥାଏ। ସମ୍ପର୍କ ତୁଟିଯିବାର ଭୟ, ବସ୍ତୁ ଓ ବ୍ୟକ୍ତିମାନଙ୍କ ସହିତ ଥିବା ଗଭୀର ସମ୍ପର୍କ, ସବୁଦିନ ପାଇଁ ଶେଷ ହେଇଯିବାର ଭୟ ମନ ଭିତରେ ଥିବାରୁ, ମୃତ୍ୟୁ ରୂପକ ଘଟଣାକୁ ମଣିଷ ଭୟ କରୁଥାଏ। ବାସ୍ତବରେ ଦେଖିଲେ ମଣିଷର ଭୟ, ବ୍ୟକ୍ତି ଓ ବସ୍ତୁମାନଙ୍କ ସହିତ ନିବିଡ଼ ହେଇଥିବାରୁ, ମୃତ୍ୟୁରେ ଜୀବନର ପରିସମାପ୍ତିକୁ ଗ୍ରହଣ କରିପାରୁନଥାଏ। କାରଣ ଆମେ ମୃତ୍ୟୁର ସୁଖ କିମ୍ବା ଦୁଃଖ କଥାକୁ ବିଚାର କରିନଥାଉ, ସେଇ ବିଷୟରେ ମଧ୍ୟ କୌଣସି ଅନୁଭବ ଆମର ନଥାଏ। ମୃତ୍ୟୁ ଦେହକୁ ନେଇକରି ଯାଏ। ତା' ସହିତ ମନଟାବି ଚାଲିଯାଏ। ମୃତ୍ୟୁ ମଧ୍ୟ ଆମକୁ କେଉଁ ଏକ ଅଜଣା ଇଲାକାକୁ ନେଇଯାଇଥାଏ। କେବଳ ଦେହ ଭିତରେ ଥିବା ଶୁଦ୍ଧ ଚେତନା ଟିକକ ଆତ୍ମା ହେଇ ରହିଯାଇଥାଏ। ଧ୍ୟାନସ୍ଥ ଅବସ୍ଥାରେ ଗଭୀର ଆତ୍ମମଗ୍ନର ସ୍ଥିତି ଓ

ମୃତ୍ୟୁର ସ୍ଥିତି ଭିତରେ ବୋଧହୁଏ କିଛି ଫରକ ନଥାଏ। କାରଣ ଧ୍ୟାନସ୍ଥ ଅବସ୍ଥାରେ ମଣିଷ ଯେପରି ଚେତାଶୂନ୍ୟ ସ୍ଥିତିରେ ରହେ, ମୃତ୍ୟୁରେ ମଧ୍ୟ ସେଇପରି ଏକା ପ୍ରକାରର ସ୍ଥିତି। ଧ୍ୟାନସ୍ଥ ଅବସ୍ଥାକୁ ଇଚ୍ଛାମୃତ୍ୟୁ ବୋଲି କୁହାଯାଇପାରେ। କାରଣ ଇଚ୍ଛା ଅନୁସାରେ ଜଣେ ଧ୍ୟାନରେ ହଜିଯାଇପାରେ। ପୁନଶ୍ଚ ଦେହ ଭିତରକୁ ଫେରିଆସି ପାରେ।

ଜୀବନକୁ ବଞ୍ଚିବା ପାଇଁ ହେଲେ ଜୀବନକୁ ନ ବୁଝିଲେ ତାକୁ ବଞ୍ଚିହୁଏ ନାହିଁ। ବର୍ତ୍ତମାନ ସମୟକୁ ମଣିଷ କେବେ ଭୋଗିପାରେ ବା ବଞ୍ଚିପାରେ ନାହିଁ। ବର୍ତ୍ତମାନକୁ ବୁଝିବା ପୂର୍ବରୁ ବର୍ତ୍ତମାନ ଅତୀତ ହୋଇଯାଇଥାଏ। ଜୀବନ ହେଉଛି ଏକ ସ୍ରୋତ, ଝରି ଚାଲିଥାଏ, ଫୁଲପରି ଫୁଟି ମହକି ଚାଲିଥାଏ। ଏସବୁ ସ୍ରୋତ ବରଫ ପାଲଟିଯାଏ, ଫୁଲଟି ସୁବାସିତ ହେବା ବଦଳରେ ଗନ୍ଧଶୂନ୍ୟ ହୋଇଯାଏ। ଯେତେବେଳେ ଜୀବନ ଭିତରକୁ ଦର୍ଶନ ଶାସ୍ତ୍ର ପଶିଆସେ, ଅଧ୍ୟାତ୍ମିକ ପ୍ରବଚନ ପଶିଆସେ, ଠାକୁର ମହାକାଳ, ମଠ, ମନ୍ଦିର, ଚର୍ଚ୍ଚ ଇତ୍ୟାଦି ତା' ଚିନ୍ତନ ପ୍ରକ୍ରିୟା ଭିତରେ ଏକ ପ୍ରସଙ୍ଗ ହେଇ ଦଣ୍ଡାୟମାନ ହୁଏ, ସେଇ ସମୟରୁ ଜୀବନ ରସହୀନ, ରଙ୍ଗହୀନ, ଅର୍ଥହୀନର ରୂପନିଏ। ଜୀବନ, ଶ୍ୱାସପ୍ରଶ୍ୱାସର ସଙ୍ଗୀତ ତାଳରେ କୁଳୁକୁଳୁ ହେଇ ବହିଚାଲିଥାଏ। ପ୍ରବାହିତ ଜୀବନର ଗତିକୁ ଉପଭୋଗ କରିବା ବଦଳରେ ଯଦି ଜୀବନ କ'ଣ ଓ ତା'ର ଅର୍ଥକୁ ଖୋଜାଯାଏ, ତେବେ ସେଇଠୁ ବନ୍ଦ ହୋଇଯାଏ ଜୀବନର ସୁଖ। ଜୀବନ ଚିରସ୍ରୋତା ନଦୀଟିଏ। ସମୁଦ୍ର ଭିତରେ ବି ଏହା ସ୍ରୋତଟିଏ ହେଇ ବହୁଥାଏ। ସ୍ରୋତର ପ୍ରବାହ ବନ୍ଦ ହେଇଗଲେ, ତେବେ ଉତ୍ସରୁ ବି ସ୍ରୋତ ଝରିବ ନାହିଁ। ଅବାରିତ ପ୍ରବାହ ନଦୀଟିକୁ ଚିରସ୍ରୋତା କରି ରଖିଥାଏ। ଜୀବନ ମଧ୍ୟ ଠିକ୍ ସେଇପରି। ଜୀବନର ସ୍ରୋତ କେଉଁଠି ବି ସମାପ୍ତ ହୁଏ ନାହିଁ। ମୃତ୍ୟୁରେ ବି ନୁହଁ। ଜୀବନର ଏକ ଅଙ୍ଗ ହେଉଛି ମୃତ୍ୟୁ। ମୃତ୍ୟୁ ପରିସମାପ୍ତି ନୁହେଁ, ମୃତ୍ୟୁ ଏକ ସୋପାନ। ଗୋଟିଏ ପର୍ଯ୍ୟାୟରୁ ଆର ପର୍ଯ୍ୟାୟକୁ ନେଇଯାଉଥିବା ଏକ ମାଧ୍ୟମ। ପୁରୁଣା ସ୍ଥାନରୁ ନୂଆ ସ୍ଥାନକୁ ନେବାର ଏକ ସୁଯୋଗ। ଜୀବନକୁ ବୁଝିନଥିବା ମଣିଷ, ମୃତ୍ୟୁକୁ ବି ବୁଝିପାରି ନଥାଏ। ଜୀବନ ମୋ' ନିଜର।

ଜୀବନର ଅର୍ଥ ହିଁ ମୁଁ ନିଜେ। ମୋ' ଭିତରେ ହିଁ ମୁଁ ଏହାର ସନ୍ଧାନ ପାଇପାରିବି। କୌଣସି ବ୍ୟକ୍ତି ଚାହିଁଲେ ବି ଅନ୍ୟଜଣକୁ ତା' ନିଜ ଜୀବନର ଅର୍ଥକୁ ବୁଝାଇପାରିବେ ନାହିଁ। କୌଣସି ତତ୍ତ୍ୱ, କୌଣସି ଦର୍ଶନ, କୌଣସି ଗୁରୁ, କେହି ବି କାହାର ଜୀବନର ଅର୍ଥକୁ ବୁଝାଇପାରିବ ନାହିଁ। ନିଜ ଜୀବନ ଭିତରେ ହିଁ ନିଜେ ପ୍ରବେଶ କରିହୁଏ। ଅନ୍ୟକେହି ଚାହିଁଲେ ବି ଅନ୍ୟଜଣକ ଜୀବନ ଭିତରେ ପ୍ରବେଶ କରିବା ଅତ୍ୟନ୍ତ ଦୂରୁହ ବ୍ୟାପାର।

ଜୀବନର ଅର୍ଥ ଖୋଜୁ ଖୋଜୁ, ମୃତ୍ୟୁ ପ୍ରତି ସଚେତନତା ସୃଷ୍ଟି କରୁ କରୁ,

ଜୀବନଟା ସରିଯାଇଥାଏ। କିନ୍ତୁ କାହାକୁ ବୁଝିହୁଏ ନାହିଁ। ନା ଜୀବନକୁ ନା ମୃତ୍ୟୁକୁ। ସୁନ୍ଦର, ଶୂନ୍ୟ ମସ୍ତିଷ୍କକୁ ଗୁରୁମାନେ ଧର୍ମଯାଜକ ପଣ୍ଡିତମାନେ ଭୂତାଣୁ ପରି ପଶି ମାନସିକତାକୁ ନଷ୍ଟ କରିଦେଇଥାନ୍ତି। କୌଣସି ବିଷୟର ଜ୍ଞାନ ଆମକୁ ମାନ୍ଦା କରିଦିଏ, ଆମକୁ ନିର୍ଭରଶୀଳ କରିପକାଏ। ମଣିଷକୁ କଣ୍ଢେଇ କରି ନଚାଏ। ମଣିଷକୁ ବିଭାଜନ କଲେ, ଧର୍ମ ନାମରେ ସେମାନେ ଦେହ ଓ ମନକୁ ନେଇ ମଠ ମନ୍ଦିର ଭିତରେ ରଖିଦିଅନ୍ତି। ନିଜ ପାଖରେ ନା ଥାଏ ଦେହ ନା ଥାଏ ମନ, କିନ୍ତୁ ଏଇ ଦେହ ଓ ମନ ଥାଏ ମଠ, ମନ୍ଦିର, ଚେତନା ଭିତରେ। ଜୀବନକୁ ବୁଝିଗଲା ମାନେ ମୃତ୍ୟୁକୁ ବି ବୁଝିହୁଏ। ଜୀବନର ବିରୋଧୀ ମୃତ୍ୟୁ ନୁହଁ। ଜୀବନର ଶତ୍ରୁ ମଧ୍ୟ ନୁହେଁ। ଜୀବନ ଓ ମୃତ୍ୟୁ ପରସ୍ପର ପରସ୍ପରର ପରିପୂରକ। ଠିକ୍ ଦିନ ଓ ରାତି ପରି, ଠିକ୍ ଜୁଆର ଓ ଭଟ୍ଟାପରି। ଜୀବନର ପ୍ରିୟତମ ହେଉଛି ମୃତ୍ୟୁ। ଜୀବନକୁ ଗଭୀର ପ୍ରେମ କରୁଥିବା ଜୀବନର ଏକ ଅଂଶ। ଜୀବନକୁ ସଂସ୍କରଣ କରିଥାଏ। ପ୍ରତି ମୁହୂର୍ତ୍ତରେ ଜୀବନର ସଂସ୍କରଣ ଚାଲିଥାଏ। ପ୍ରଶ୍ୱାସ ନେବା ଜୀବନ, ନିଶ୍ୱାସ ଛାଡ଼ିବା ମୃତ୍ୟୁ। ପ୍ରତି ମୁହୂର୍ତ୍ତରେ ଜନ୍ମ ଓ ମୃତ୍ୟୁର ସ୍ରୋତଟିଏ ପ୍ରବାହିତ ହେଉଥାଏ ଦେହ ଭିତରେ। ପିଲାଟିଏ ଜନ୍ମହେଲା ମାତ୍ରେ ପ୍ରଶ୍ୱାସ ନିଏ। ଜୀବନ ଆରମ୍ଭ ହୁଏ ତା' ଭିତରେ। ବାର୍ଦ୍ଧକ୍ୟ ହେଲେ ବୟସ୍କଟି ନିଃଶ୍ୱାସ ତ୍ୟାଗ କରିଥାଏ। ଅର୍ଥାତ୍ ଜୀବନକୁ ତ୍ୟାଗ କରିଥାଏ। ଏହା ଅନ୍ଧାର ଓ ଆଲୁଅ ସଦୃଶ। ପ୍ରଶ୍ୱାସ ନେବା ହେଉଛି ନିଃଶ୍ୱାସ ଛାଡ଼ିବାର ଏକ ଅଂଶ। ନିଃଶ୍ୱାସ ଛାଡ଼ିବା ବନ୍ଦ ହେଇଗଲେ ପ୍ରଶ୍ୱାସ ନେବା ବନ୍ଦ ହେଇଯାଏ। ପ୍ରଶ୍ୱାସ ଓ ନିଶ୍ୱାସ ଉଭୟ ଉଭୟଙ୍କର ପରିପୂରକ। ଯେଉଁ ବ୍ୟକ୍ତି ଜୀବନକୁ ବୁଝିଛି, ସିଏ ମୃତ୍ୟୁକୁ ମଧ୍ୟ ବୁଝିଛି। ଏହା ପୃଥକ୍ ଭାବେ ସ୍ଥିତିକୁ ଜାହିର କରିପାରିବ ନାହିଁ। ପ୍ରତି ମୁହୂର୍ତ୍ତରେ ମୃତ୍ୟୁ ଓ ପ୍ରତି ମୁହୂର୍ତ୍ତରେ ଜୀବନର ଉଜ୍ଜୀବନ ହେଇ ଚାଲିଛି। ପ୍ରତିକ୍ଷଣରେ ବର୍ତ୍ତମାନର ମୃତ୍ୟୁ ହେଇ ଚାଲିଛି। ଭବିଷ୍ୟତ ପାଇଁ ବଞ୍ଚିବା ମଧ୍ୟ ହେଇଚାଲିଛି।

ଜୀବନକୁ ବୁଝିଲେ ମୃତ୍ୟୁକୁ ବୁଝିହୁଏ। ମୃତ୍ୟୁକୁ ବୁଝିଲେ ବି ଜୀବନକୁ ଗଭୀର ଭାବେ ବୁଝିହେବ। ଉଭୟ ଦୈବ। କେହିବି ବଡ଼ ନୁହଁନ୍ତି। ମୃତ୍ୟୁକୁ ଜୟ କରିବାର ପ୍ରୟାସ ଏକ ଅଦ୍ଭୁତ ପ୍ରୟାସ। ଏକ ନିଷ୍ଫଳ ଉଦ୍ୟମ। ଅଶେଷ ଦୁଃଖକୁ ସ୍ୱାଗତ କରି ଜୀବନକୁ ଦୁର୍ବିସହ କରିପକାଇବା। ଆମେ ଜାଣିଛୁ ଜୀବନ ପୁଣ୍ୟ, ମୃତ୍ୟୁ ପାପ। ଜୀବନକୁ ଆଶା କରିଥାଉ। ମୃତ୍ୟୁକୁ ଦୂରେଇ ଥାଉ; ମୃତ୍ୟୁକୁ ଜୟ କରିବାର ଅଭିଳାଷ ସର୍ବଦା ଦୁଃଖର କାରଣ ପାଲଟିଥାଏ। ମୃତ୍ୟୁର ଭୟରେ ଜୀବନ ଏକ ସୀମାହୀନ ନଦୀର ପ୍ରବାହଟିଏ ହେଇପାରିବ ନାହିଁ। ଜୀବନ ଆଦୌ ମୃତ୍ୟୁକୁ ଭୟ କରେ ନାହିଁ। କାରଣ ମୃତ୍ୟୁ ହିଁ ଜୀବନର ଅବିଚ୍ଛେଦ୍ୟ ଅଙ୍ଗ। ଆମ ଭିତରେ ଥିବା ଅହଂ ହିଁ ମୃତ୍ୟୁକୁ ଭୟ କରୁଥାଏ। ମୃତ୍ୟୁ ପାଇଁ ଜୀବନକୁ ଜିଇ ହୁଏ। ମୃତ୍ୟୁ ନଥିଲେ ଜୀବନ ବି ନଥାନ୍ତା।

ପୁରାତନ ଶାସ୍ତ୍ରମାନ କହିଥାଏ ଯେ, ଗୁରୁମାନେ ହିଁ ଶିଷ୍ୟମାନଙ୍କୁ ମୃତ୍ୟୁ ବିଷୟରେ ସଚେତନ କରେଇଥାନ୍ତି। ତେଣୁ ଗୁରୁମାନେ ହିଁ ମୃତ୍ୟୁ। ଗୁରୁଙ୍କୁ ଭେଟିବା ଅର୍ଥ ମୃତ୍ୟୁକୁ ଭେଟିବା ସହିତ ସମାନ। ଜନ୍ମ ନେବାର ପୂର୍ବ ପ୍ରସ୍ତୁତି ହିଁ ମୃତ୍ୟୁ। ଯୀଶୁ କ୍ରୁଶବିଦ୍ଧ ହେଇନଥିଲେ ପୁନଶ୍ଚ ଉଜ୍ଜୀବନ ହେଇନଥାନ୍ତେ। ଈଶ୍ୱର ଯଦି କେହି ଥାନ୍ତି, ତେବେ କାହାର ଜନ୍ମ ଓ ମୃତ୍ୟୁ ସହିତ ତାଙ୍କର ସମ୍ପୃକ୍ତି ନଥାଏ। ଈଶ୍ୱରଙ୍କ ଭୂମିକା ମୃତ୍ୟୁକୁ ନେଇ ଯଦି କୌଣସି କଥା ଥାନ୍ତା, ତେବେ ମୃତ୍ୟୁର ପ୍ରତ୍ୟେକଟି ଘଟଣା ବିଶେଷ ଘଟଣା ନ ହେଇ ସାଧାରଣ ଘଟଣା ହେଇଯାଇଥାନ୍ତା। ତାହା ରାମ, କୃଷ୍ଣ, ଯୀଶୁ କିମ୍ବା ମହମ୍ମଦଙ୍କର ମୃତ୍ୟୁ କିମ୍ବା କୌଣସି ବିଶେଷ ବ୍ୟକ୍ତିମାନଙ୍କର ହେଉ, ଏଇ ସମସ୍ତ ବ୍ୟକ୍ତିମାନଙ୍କ ମୃତ୍ୟୁ ବିଶେଷ ମୃତ୍ୟୁ ହେଇନଥାନ୍ତା।

ଉଜ୍ଜୀବନ ପରେ ଯେଉଁ ଦୁଇଜଣ ଶିଷ୍ୟଙ୍କୁ ଯୀଶୁ ଭେଟିଥିଲେ, ସେମାନେ ଯୀଶୁଙ୍କୁ ଚିହ୍ନିପାରି ନଥିଲେ। ମାତ୍ର ଖାଇବା ସମୟରେ ଯୀଶୁଙ୍କର ରୁଟିକୁ ଭାଙ୍ଗି ଖାଇବାର ତରିକାରୁ ତାଙ୍କ ପ୍ରଭୁଙ୍କୁ ଚିହ୍ନିପାରିଲେ। ଯୀଶୁଙ୍କ ମୃତ୍ୟୁ ଯେମିତି ତାଜା କରି ଦେଇଥିଲା, ଯୀଶୁ ମଧ୍ୟ ଚାହିଁଲେ ତାଙ୍କର ଦୁଇଶିଷ୍ୟଙ୍କୁ ମୃତ୍ୟୁ ମାଧ୍ୟମରେ ତାଜା କରେଇଦେବା ପାଇଁ। କାରଣ ତାହା ଗୁରୁଙ୍କର କର୍ତ୍ତବ୍ୟ। କାରଣ ମୃତ୍ୟୁକୁ ସହଜରେ ଏବଂ ସରଳ ଭାବରେ କୌଣସି ଜୀବନ୍ତ ବ୍ୟକ୍ତିମାନେ ଗ୍ରହଣ କରିପାରିବେ ନାହିଁ। ଏତେ ଜଟିଳ ଓ କଠିନ କଥାକୁ ସୁଗମ କେବଳ ଜଣେ ଗୁରୁ ହିଁ କରିପାରନ୍ତି। ଯୀଶୁ ଦୁଇ ଶିଷ୍ୟଙ୍କୁ କହିଲେ, ତୁମେ ମୃତ୍ୟୁକୁ ଏତେ ଭୟ କରିଯାଇଛ ଯେ, ମୃତ୍ୟୁ ଭୟରେ ତୁମେ ରାଜ୍ୟତ୍ୟାଗ କରି ଅନ୍ୟତ୍ର ଗମନ କରୁଛ। ଭୟରେ ଝାଡ଼ାବାନ୍ତି ରୋଗରେ ତୁମେମାନେ ମଧ୍ୟ ପୀଡ଼ିତ ହେଇଯାଇଛ। ତୁମେମାନେ ମୃତ୍ୟୁକୁ ଯେତେବେଳେ ଆମନ୍ତ୍ରଣ କରିପାରିବ, ସେତେବେଳେ ତୁମ ଭିତରେ ଆନନ୍ଦ ଉଲ୍ଲାସର ଭାବ ଖେଳିଯିବ। ମୃତ୍ୟୁ ପ୍ରତି କୃତଜ୍ଞତାର ଭାବ ଜାଗ୍ରତ ହେବ। କିନ୍ତୁ ଯଦି ମୃତ୍ୟୁକୁ ସହିନେବାର ପ୍ରବୃତ୍ତି ଜାଗ୍ରତ ହେବ, ତେବେ ଭୟ ଆସିଯିବ। ଚିତ୍କାର ଆରମ୍ଭ ହୋଇଯିବ। କାରଣ ତୁମ୍ଭେ ନିଃଶେଷ ହୋଇଯିବାର ସାମର୍ଥ୍ୟକୁ ସ୍ୱୀକାର କରିପାରୁ ନାହିଁ। ପୁରୁଣା ଅଭ୍ୟାସ, ପୁରୁଣା କଥା, ପୁରୁଣା ବସ୍ତୁକୁ ପରିତ୍ୟାଗ କରିବା ଅର୍ଥ ସେଇ ସବୁ କଥା ପାଇଁ ମୃତ୍ୟୁ ହେଲା ବୋଲି ଗ୍ରହଣ କରିବାକୁ ପଡ଼ିବ। ପୁରୁଣାକୁ ତ୍ୟାଗ କରି, ନୂତନ କଥାକୁ ଗ୍ରହଣ କରିବା କଥା ହେଉଛି, ନୂତନ ଜୀବନ, ନୂତନ ଚିନ୍ତନ, ନୂତନ ଅନୁଭବ, ନୂତନ ଧାରାକୁ ଗ୍ରହଣ।

ସାଧାରଣ ମୃତ୍ୟୁ, ମୃତ୍ୟୁ ସମ ନୁହେଁ। ଏହା ଏକ ଆଙ୍ଗୁଠି କଟିଯିବା କିମ୍ବା ଝୁଣ୍ଟିପଡ଼ିବା ସହିତ ସମାନ। ମୃତ୍ୟୁ ହେଉଛି ଜୀବନର ପ୍ରେମିକା। ପ୍ରେମିକାକୁ ଭଲ ପାଇବା ଅନୁଭବ ମୃତ୍ୟୁକୁ ଭଲପାଇବାର ଅନୁଭବ ପରି ହେବା ଉଚିତ୍। ସାଧାରଣ

ମୃତ୍ୟୁ ଯଦି କୋଟିଏ ଥର ଆସେ, ତେବେ ସେଥିରେ କିଛି ଫରକ ପଡ଼େନାହିଁ। ମୃତ୍ୟୁ ହେଉଛି ଆଗକୁ ଗତି କରିବାର ଏକ ଉନ୍ମୁକ୍ତ ପଥଟିଏ। ପ୍ରତିବନ୍ଧକ ନୁହଁ।

ଦେହର ଦୁଇଟି ଦିଗ ହେଲା : ହୃଦୟ ଓ ମସ୍ତିଷ୍କ। ଏହାର ଗୋଟିଏ ସ୍ତର ମୃତ୍ୟୁକୁ ଭୟ କରୁଥାଏ, ଯାହାକୁ ଆମେ 'ଅହଂ' ବା 'ଇଗୋ' ବୋଲି କହିଥାଉ। ମସ୍ତିଷ୍କ ଯିଏ ସର୍ବଦା ଚିତ୍କାର କରୁଥାଏ, ଯାହା ଚେତନାର ଉପର ଠାଉରିଆ ଭାବନା, ବାରମ୍ବାର ବଦଳାଇଥାଏ ନିଷ୍ପତ୍ତିକୁ। ହୃଦୟ ଅପେକ୍ଷା ମସ୍ତିଷ୍କ ହେଉଛି ଖୁବ୍ ଚାଲାଖ ଓ ବୁଦ୍ଧିଆ। ପତ୍ୟେକ କଥାକୁ ଟଳେଇ ନେଇପାରିବାର ସାମର୍ଥ୍ୟ ଥାଏ। ମସ୍କିଷ୍କର ଚତୁରତା ପାଇଁ ଦେହରେ ଅନେକ ରୋଗ ଆରମ୍ଭ ହୁଏ। ଅବକ୍ଷୟ ଆରମ୍ଭ ହୋଇଯାଏ ଦେହର। ଡକ୍ଟର ଦେହ ଭିତରେ ରୋଗର କାରଣ ଖୋଜୁଥାଏ; ମାତ୍ର ମୁଣ୍ଡକୁ ଛୁଇଁପାରେ ନାହିଁ। ଏହାର ପ୍ରକୃତ କାରଣ ମସ୍ତିଷ୍କରେ ଥାଏ, ପରିଣାମ ଥାଏ ଦେହରେ। ପରିଣାମକୁ ଆରୋଗ୍ୟ କରିବାକୁ ପ୍ରୟାସ କରୁଥିବା ଚିକିତ୍ସକ, ମସ୍ତିଷ୍କର ବୁଦ୍ଧି ପାଖରେ ପହଞ୍ଚିପାରେ ନାହିଁ। ମସ୍ତିଷ୍କ ପାଖରେ ଦେହ ନିଜକୁ ସମର୍ପଣ କରି ରଖିଥାଏ। ମସ୍ତିଷ୍କର ନିର୍ଦ୍ଦେଶରେ ଦେହ କାର୍ଯ୍ୟ କରୁଥାଏ। ଶତକଡ଼ା ନବେଭାଗ ରୋଗ ମସ୍ତିଷ୍କ କାରଣରୁ ହୋଇଥାଏ।

ଅନ୍ୟ ପକ୍ଷରେ ହୃଦୟ ଚାହୁଁଥାଏ ମୃତ୍ୟୁ। କାରଣ ମୃତ୍ୟୁ ପରେ ଆଉ ଏକ ନୂତନ ପ୍ରକ୍ରିୟା ଆରମ୍ଭ ହୋଇଯିବ; କିନ୍ତୁ ମସ୍ତିଷ୍କ ହୃଦୟର ଇଚ୍ଛାକୁ ସ୍ୱୀକାର କରୁନଥାଏ। ହୃଦୟ ଯାହା ଶୀଘ୍ର ଚାହୁଁଥାଏ, ମସ୍ତିଷ୍କ ତାହା ଧୀର ଗତିରେ ଚାହୁଁଥାଏ। ଧୀର ଗତି ଅର୍ଥ ଅଧିକ ଯନ୍ତ୍ରଣା। ମସ୍ତିଷ୍କ ଯାହା ଯାହା ସବୁ ନିଜ ଅଧିନରେ ରଖିଥାଏ, ସେଇ ସେଇ କଥାସବୁରୁ। ନିଜ ଅଧିନକୁ ହାତଛଡ଼ା କରିବାକୁ ଚାହିଁନଥାଏ। ହୃଦୟ ଚାହୁଁଥାଏ ସେଇସବୁକୁ ଫିଙ୍ଗିଦେବା ପାଇଁ। କାରଣ ସେଇ ସବୁକଥା ଦେହ ଓ ମନର ଚତୁଃପାର୍ଶ୍ୱରେ ଘୂରି ବୁଲୁଥାନ୍ତି। ହୃଦୟ ଯଦି ମନର ବା ମସ୍ତିଷ୍କର ଗୁରୁରୂପେ କାର୍ଯ୍ୟ କରେ, ତେବେ ଚେତନାର ଉଦ୍ରେକ ହବ। ସେତେବେଳେ ସବୁକଥାର ସମ୍ଭାବନା ହାତପାହାନ୍ତାରେ। ଜଣେ ଗୁରୁ ଏଇ ବିଶୃଙ୍ଖଳିତ କଥାକୁ ସଜାଡ଼ିବା କାମ କରିଥାଏ।

ଜୀବନ ଓ ମୃତ୍ୟୁ ପରସ୍ପର ପରସ୍ପରର ବିରୋଧୀ ନୁହଁନ୍ତି। ଅହଂ ହେଉଛି ମୃତ୍ୟୁର ବିରୋଧୀ। ଏଇ ଅହଂ କେବଳ ମୃତ୍ୟୁର ବିରୋଧୀ ନୁହେଁ ଜୀବନର ମଧ୍ୟ ବିରୋଧୀ। ଏଇ ଅହଂ ବା ଇଗୋ ଉଭୟ ଜୀବନ ଓ ମୃତ୍ୟୁକୁ ଭୟ କରୁଥାଏ। ଜୀବନର ପ୍ରତିଟି ଅଗ୍ରଗତିକୁ ଭୟ କରୁଥାଏ। ମୃତ୍ୟୁକୁ ଭୟ କରୁଥିବା ମଣିଷ, ଜୀବନ ଜୀଇଁବାକୁ ଅସମର୍ଥ ହେଉଥାଏ। ଯୀଶୁଖ୍ରୀଷ୍ଟ ସାଙ୍ଗରେ ତାଙ୍କ କ୍ରସ୍‌କୁ ନେଇ ଚାଲୁଥିଲେ। ଅର୍ଥାତ୍ ମୃତ୍ୟୁ ପାଇଁ ସଦା ପ୍ରସ୍ତୁତ ଥିଲେ। ସିଏ ମଧ୍ୟ ସୂଚେଇ ଦେଉଥିଲେ ଯେ, ସମସ୍ତେ ମୃତ୍ୟୁ ପ୍ରତି ସଚେତନ ରୁହନ୍ତୁ। କାରଣ ଏହା ଯେକୌଣସି ସମୟରେ ଆସି ପହଞ୍ଚି ପାରେ। ଜୀବନକୁ ପୂର୍ଣ୍ଣ

ଜୀଇଁସାରିବା ପରେ ମୃତ୍ୟୁ ଆସି ପହଞ୍ଚିଯାଏ। ପ୍ରେମରେ ଏହା ଘଟିଥାଏ। ପ୍ରେମରେ ଜୀବନ ଚରମ ଶୀର୍ଷରେ ପହଞ୍ଚିଯାଏ। ଯେଉଁଥିପାଇଁ ପ୍ରେମକୁ ମଧ୍ୟ କିଛି ଲୋକ ଭୟ କରନ୍ତି। ଇଗୋ ବା ଅହଂ ରହିଲେ ଜଣେ ପ୍ରେମ କରିପାରିବ ନାହିଁ। ପ୍ରେମରେ ଇଗୋ ତରଳିଯାଏ। ଇଗୋର ମୃତ୍ୟୁ ଅର୍ଥ ଏକପ୍ରକାର ନିଜ ସ୍ଥିତିର ମୃତ୍ୟୁ। କିନ୍ତୁ ଉଭୟ ଜୀବନ ଓ ମୃତ୍ୟୁ ମିଶିଗଲେ, ଜୀବନ ଦୀପ ଭଳି ଜଳିଥାଏ। ପ୍ରାର୍ଥନାରେ ହେଉ, ଧ୍ୟାନରେ ହେଉ, ଅବା ପ୍ରେମରେ ହେଉ, ମୃତ୍ୟୁର ଅନୁପସ୍ଥିତିରେ ଏହା କଦାପି ପୂର୍ଣ୍ଣାଙ୍ଗ ହୋଇପାରିବ ନାହିଁ। କେବଳ ଅହଂ ହିଁ ମୃତ୍ୟୁ ଓ ଜୀବନକୁ ଅଲଗା ଅଲଗା କରି ବିଚାର କରିଥାଏ। ଜନ୍ମ ଠାରୁ ଯେଉଁ ଯେଉଁ ସୋପାନ ଦେଇ ଯଥା: ଶୈଶବ, ଯୌବନ, ପୌଗଣ୍ଡ ଓ ଜରା କୌଣସି ସୋପାନରେ ଏକ ସୀମାରେଖା ଟଣାଯାଇ ନାହିଁ। ଯାହାକୁ ଆମେ ଚିହ୍ନଦେଇ କହିପାରିବା। ମାତ୍ର ବୟସକୁ ବିଭାଗ କରି ଜୀବନକୁ ବିଭାଜିତ କରିବା ପାଇଁ ଆମେ ମୃତ୍ୟୁ ପ୍ରତି ବେଶୀ ବେଶୀ ସଚେତନା ସୃଷ୍ଟି କରିଦେଇଥାଉ। ଅଗ୍ରଗତିର ସୀମାରେଖା ଆଙ୍କିବା ନିଶ୍ଚୟ କଷ୍ଟକର ବ୍ୟାପାର। କେବେଠୁ ଜୀବନ ଆରମ୍ଭ ? ମାତୃ ଜରାୟୁରୁ ନା ଡାକ୍ତର ଯେତେବେଳେ ଶିଶୁ ଛାତିକୁ ଚାପି, ଚାପ ଦେଇ ଦେଇ ଶ୍ୱାସପ୍ରଶ୍ୱାସକୁ ଆରମ୍ଭ କରେ ? ଏହା ଯେପରି ଏକ ଦ୍ୱନ୍ଦ୍ୱାତ୍ମକ ପ୍ରଶ୍ନ। ବାସ୍ତବରେ ଏହାର ଆରମ୍ଭ ଓ ଶେଷ କିଛି ବି ନଥାଏ ବରଂ ଅବିରତ ଭାବେ ଗତିକରି ଚାଲୁଥାଏ। ପ୍ରଶ୍ୱାସ ନେବା ବନ୍ଦହେଲେ, ଯେବେ ମୃତ୍ୟୁ ହେଉଥାନ୍ତା, ତେବେ ଯୋଗୀ, ମୁନି, ଋଷିମାନେ ନିଶ୍ୱାସ ପ୍ରଶ୍ୱାସ ବନ୍ଦକରି ମୃତବତ୍ ତପସ୍ୟା କରୁନଥାନ୍ତେ। ସେମାନେ ନିଜ ଇଚ୍ଛାରେ ଜୀଉଥାନ୍ତି, ନିଜ ଇଚ୍ଛାରେ ମରୁଥାନ୍ତି। ତେବେ ପ୍ରଶ୍ୱାସ ନ ନେଇ ପାରିବାକୁ କିପରି ମୃତ୍ୟୁ ସହିତ ତୁଳନା କରିପାରିବା ? ଏହା କେଉଁଠି ବି ଆରମ୍ଭ ଓ ଶେଷ ହେଉନଥାଏ; ବରଂ ଆରମ୍ଭ ଓ ଶେଷ ପରି ଗୋଟିଏ ଗୋଟିଏ ପର୍ଯ୍ୟାୟ ଅନୁଭୂତ ହେଉଥାଏ। ଗୋଟେ ଶାଶ୍ୱତ ସମୟ ସହିତ ଜୀବନ ଯୋଡ଼ି ହେଇଥାଏ। ଅବସ୍ଥା ବଦଳୁଥାଏ। ଗୋଟିଏ ଦେହର ସ୍ୱୀକୃତି, ଗୋଟେ ମନର ସ୍ୱୀକୃତି, ଗୋଟେ ପ୍ରବୃତ୍ତି ଓ ମାନସିକତାର ସ୍ୱୀକୃତି। ଗୋଟେ ସ୍ୱୀକୃତିରୁ ବାହାରିଯିବାକୁ ମୃତ୍ୟୁ ବୋଲି କୁହାଯାଉଥାଏ। ଜୀବନର ଗତି ଅବିରତ, ଯାହା ସୀମାହୀନ, ସମୟାତୀତ, ମୃତ୍ୟୁ ଏକ ଅଂଶବିଶେଷ, ଏକ ସଂସ୍କରଣ, ପୁନଃ ଉଜ୍ଜୀବନ। ଆମେ ଆମ ନିଜକୁ ଜାଣିନଥାଉ। ଅନ୍ୟମାନେ ଆମକୁ ଜାଣିଥାନ୍ତି। ଅର୍ଥାତ୍ ଗୋଟେ ଆତ୍ମଜ୍ଞାନ, ଗୋଟେ ଆତ୍ମସଚେତନତା ଅଭାବବୋଧରେ ନିଜେ ନିଜକୁ ଜାଣିବାର ପ୍ରୟାସ କରିନଥାଉ। ଗୋଟେ ଆତ୍ମ ଅଜ୍ଞାନତାରେ ସାରା କାଳ ପାଇଯାଇଥାଏ।

ପ୍ରତ୍ୟେକ ଜିନିଷର ଗୋଟେ ଆରମ୍ଭ ଥାଏ, ମୂଳ ଉତ୍ସ ଥାଏ। ସେଇ ମୂଳ ଉତ୍ସ ପାଖକୁ ବାରମ୍ବାର ଫେରିଯିବା ପାଇଁ ଆମେ ପରୋକ୍ଷରେ ଇଚ୍ଛା ପ୍ରକଟ କରିଥାଉ। ଆମେ

ଯେତେ ଉପରକୁ ଯାଉଥାଉନା କାହିଁକି, ପୁଣିଥରେ ମାଟିକୁ ଫେରିବାକୁ ପଡ଼ିଥାଏ। ଉପର ବା ଆକାଶ କୌଣସି ମାଟିରୁ ଆରମ୍ଭ ହେଇଥିବା କଥାକୁ ଉପରେ ଅଟକାଇ ରଖିପାରେ ନାହିଁ। ଓଜୋନ୍ ସ୍ତର ଭିତରେ ସବୁ କଥା ରହି ପୁଣିଥରେ ମାଟିକୁ ଫେରି ଆସୁଥାଏ। ମୃତ୍ୟୁ ଅତୀତକୁ ବେସ୍ମରଣ କରି ଆଉ ଏକ ନୂତନ ଚେତନାକୁ ଗତି କରେଇବାର ଏକ ପ୍ରକ୍ରିୟା, ଏକ ସ୍ମରଣୀୟ ଘଟଣା। ସ୍ମରଣ କରେଇ ଦେବା ପାଇଁ ମୃତ୍ୟୁ ପୁନଶ୍ଚ ମାଟିକୁ ଫେରେଇ ଆଣିବାର ଏକ କ୍ରିୟାଶୀଳ ଅବସ୍ଥା। ଏହା ଅସୁନ୍ଦର ନୁହେଁ ବରଂ ସୁନ୍ଦର। ଯେଉଁମାନେ ଜୀବନକୁ ବିନା ପ୍ରତିବନ୍ଧକରେ ଜୀଇଛନ୍ତି, ମୃତ୍ୟୁ ସେମାନଙ୍କ ପାଇଁ ଉପଭୋଗ୍ୟ। ମୃତ୍ୟୁ ଏକ ଉପଭୋଗ୍ୟ। ମୃତ୍ୟୁ ସତ୍ୟକୁ ପରିପ୍ରକାଶ କରିଥାଏ। ଜୀବନ ଯେବେ ସୁଖପ୍ରଦ ହୁଏ, ତେବେ ମୃତ୍ୟୁ ହେଉଛି ପ୍ରଶାନ୍ତି। ଶାରୀରିକ ଓ ଦାହିକ ସୁଖ ଭୋଗି ମଣିଷମାନଙ୍କର ମାନସିକ ମୃତ୍ୟୁକୁ ସାମ୍ନା କରିବାକୁ କଷ୍ଟ ହେଇଥାଏ। ଦେହ ଏକ ଅସ୍ଥାୟୀ ମାଧ୍ୟମ। ଦେହ ବାହାରକୁ ଯାଇ ଜୀବନକୁ ଭେଟିବା ଦେହ ପାଇଁ ଏହା ଏକ ଅବଶୋଷ, ଏକ ପ୍ରତିବନ୍ଧକ ରୂପେ ଦଣ୍ଡାୟମାନ ହେଇଥାଏ। ଦେହ ସର୍ବସ୍ୱ ମନଟିଏ ମୃତ୍ୟୁକୁ ସ୍ୱୀକାର କରିନଥାଏ।

ସାହିତ୍ୟ ଏବଂ ଅନେକ ପ୍ରଥାର ସଂସ୍କୃତିରେ, ମୃତ୍ୟୁକୁ ଅନ୍ଧକାର ସହିତ ତୁଳନା କରାଯାଇଥାଏ। କାଳ ଓ ସଇତାନର ସାମ୍ରାଜ୍ୟ ବୋଲି କୁହାଯାଇଥାଏ। ଭାରତୀୟମାନଙ୍କ ପାଇଁ ମୃତ୍ୟୁକୁ ମଇଁଷି ଉପରେ ସବାର ହେଇ ଯମ ହାତରେ ଯଷ୍ଟି ଧରି ଆସି ପହଞ୍ଚିଯାଇଥାଏ। ଦାର୍ଶନିକମାନଙ୍କ ମତରେ ମୃତ୍ୟୁ ଏତେ ଖରାପ ନୁହେଁ। ଏହା ଏକ ମହାବିଶ୍ରାମ। ଥକି ପଡ଼ିଥିବା ଦେହ ଯେମିତି ବିଶ୍ରାମ ଚାହେଁ, ରୋଗଗ୍ରସ୍ତ ଦେହ ମଧ୍ୟ ବିଶ୍ରାମ ପାଇଁ ମୁକ୍ତି ଚାହୁଁଥାଏ। ମୃତ୍ୟୁ ସମ୍ପର୍କରେ ପ୍ରକୃତ ଅନୁଭବୀ ମଣିଷମାନେ କୁହନ୍ତି ଯେ, ମୃତ୍ୟୁ ହେଉଛି ଏକ ଐଶ୍ୱରୀୟ ଘଟଣା। ନୂତନ ଗୃହ ପ୍ରବେଶ।

ଏକଦା ଜଣେ ସାଧୁ ମୃତ୍ୟୁ ଶଯ୍ୟାରେ ଶୟନ କରିଥାନ୍ତି। ଶିଷ୍ୟମାନେ ତାଙ୍କ ଚତୁଃପାର୍ଶ୍ୱରେ ଘେରିବସିଥାନ୍ତି। ତାଙ୍କ ମୁଖମଣ୍ଡଳ ଉଦ୍‌ଭାସିତ ହେଇ ଉଠୁଥାଏ। ଏହାର ରହସ୍ୟ କ'ଣ ପଚାରିବା ସମୟରେ ସାଧୁଜଣକ ଆଖି ଖୋଲି କହିଲେ, ମୋତେ ଏକ ସୁନ୍ଦର ଜୀବନ ସ୍ୱାଗତ ଜଣାଇ ଦ୍ୱାରଦେଶରେ ଦଣ୍ଡାୟମାନ ହେଇଛନ୍ତି। ମୁଁ ନୂତନ ଜୀବନକୁ ଆପଣେଇବା ପାଇଁ ଚାଲିଲି। ସମସ୍ତଙ୍କୁ ଧନ୍ୟବାଦ। ଜଣେ ଯେତେବେଳେ ନିଜ ଭିତରେ ଥିବା ଅନୁଭୂତିର ସୀମା ବାହାରେ ବଞ୍ଚୁଥାଏ, ସେଇ ସମୟରେ ସେ ଏକ ସ୍ୱତନ୍ତ୍ର ସ୍ଥିତିରେ ରହୁଥାଏ। ଧର୍ମ କହିଲେ ବିଜ୍ଞାନ ବ୍ୟତିରେକ ଆଉ କିଛି ନୁହେଁ। ଏହା ଏକ କଳା, ବଞ୍ଚିବାର କଳା। ସଠିକ୍ ଜୀବନ ଗୋଟେ ସ୍ୱଚ୍ଛ ମୃତ୍ୟୁକୁ ଭୋଗ କରିପାରେ।

ମଣିଷର ପରାଧୀନତା ମଣିଷକୁ ନଷ୍ଟ କରିଦେଇଛି। ପରାଧୀନ ଜୀବନ ହେଉଛି

କ୍ରୀତଦାସର ଜୀବନ। ଅନ୍ୟର ଖୁସି, ଅନ୍ୟର ଦୁଃଖ, ଅନ୍ୟର ପସନ୍ଦ ନାପସନ୍ଦ, ଅନ୍ୟର ଜ୍ଞାନ ଓ ବୁଦ୍ଧିକୁ ବୋଝ ପରି ମଣିଷ ତା' ନିଜ ମୁଣ୍ଡରେ ବୋହି ଚାଲୁଥାଏ। ଦେହଟା ଆମର, ଆମ ମନ ଉପରେ ଥିବା ବୋଝଟି ଆଉ କାହାର। ଦେହ ନିଜର, କିନ୍ତୁ ମନ ମସ୍ତିଷ୍କ ଅନ୍ୟମାନଙ୍କର। ଅନ୍ୟମାନଙ୍କର ଦେହକୁ ପ୍ରବେଶ ଅର୍ଥ ସେମାନଙ୍କ ଭାବନା ସମ୍ପୂର୍ଣ୍ଣ ମସ୍ତିଷ୍କକୁ କବଳିତ କରି ରଖିଥାଏ। ସେଇ ବୁଦ୍ଧି, ପରସ୍ୱ ଚିନ୍ତନ ନିଜ ଦେହ ସହିତ ମନର ସମ୍ପର୍କ ସ୍ଥାପନ କରେଇ ଦେଇପାରେ ନାହିଁ। ଶରୀର ବିଜ୍ଞାନ କହେ ବାହାର ଜିନିଷକୁ ଶରୀର ସହଜରେ ଗ୍ରହଣ କରେ ନାହିଁ। ଯଦି ବାହାର ମଣିଷର କୌଣସି ଅଙ୍ଗପ୍ରତ୍ୟଙ୍ଗ ନିଜ ଦେହରେ ଲାଗିଲା, ତେବେ ଶରୀର ତାକୁ ଗ୍ରହଣ କରିବା ପାଇଁ ଅନେକ ଦିନ ସମୟ ଲାଗେ। ଔଷଧ ମାଧ୍ୟମରେ ଶରୀରକୁ, ବାହାର କଥାକୁ ଗ୍ରହଣ କରିବା ପାଇଁ ମନାଯାଏ। ଖାଦ୍ୟ ସହିତ ଅଭ୍ୟସ୍ତ ନଥିବା ଖାଦ୍ୟ ଯଦି ଖିଆଯାଏ, ତେବେ ବାନ୍ତି, ଝାଡ଼ା ମାଧ୍ୟମରେ ଏହାକୁ ଶୀଘ୍ର ଶରୀର ବାହାର କରିଦେଇଥାଏ। ଠିକ୍ ଏକା ପରି ବାହାର ମଣିଷମାନଙ୍କ ଦ୍ୱାରା ମୁଣ୍ଡରେ ଭର୍ତ୍ତି ହେଇଥିବା କଥା, ଶରୀର ସହଜରେ ଗ୍ରହଣ କରେନାହିଁ। ବରଂ ଗ୍ରହଣ କରିବାର ବାଧବାଧକ ଥିବା କାରଣ ହେତୁ ମୁଣ୍ଡ ଜାମ୍ ଧରେ। ତା'ର ପ୍ରତିକ୍ରିୟା ସ୍ୱରୂପ ବିରକ୍ତିକର ସ୍ୱଭାବଟିଏ ମଣିଷ ପାଖରେ ସୃଷ୍ଟି ହେଉଥାଏ। କାରଣ ମସ୍ତିଷ୍କ ଓ ଶରୀର ଉଭୟ ଅଲଗା ଦିଗରେ ସୂକ୍ଷ୍ମସ୍ତରରେ ଗତି କରିବା କାରଣ ପାଇଁ, ସ୍ୱଭାବ ପରିବର୍ତ୍ତନ ମଣିଷ ପାଖରେ ଦେଖାଯାଏ। ବିଶେଷ କରି ଧାର୍ମିକ ବ୍ୟବସ୍ଥା ମଣିଷ ମନକୁ କଳୁଷିତ କରିବା କାରଣରୁ ମଣିଷ ଭିତରେ ଆଧ୍ୟାତ୍ମିକ ଭାବନା ସୃଷ୍ଟି ହୋଇପାରୁ ନାହିଁ। ଦୟା, କରୁଣା, ସହଭାଗିତାର ଗୁଣ ମଣିଷ ଭିତରେ ସୃଷ୍ଟି ହେବା ବଦଳରେ ପ୍ରତିଯୋଗିତା, ପ୍ରତିଯୋଗୀ, ଆଗକୁ ମାଡ଼ିଯିବାର ଅହଂଭାବ କବଳିତ କରି ମଣିଷ ଭିତରେ ସବୁପ୍ରକାର ବିଶୃଙ୍ଖଳା ସୃଷ୍ଟି କରିଥାଏ। ଏହାର ପରିଣାମରେ ମଣିଷ ନିଜକୁ ନିଜେ ଚିନ୍ତାକରିବା ପରିବର୍ତ୍ତେ, ଅନ୍ୟର ଭାବନାରେ ନିଜ କଥା ଚିନ୍ତା କରୁଥାଏ। ଯଦ୍ୱାରା ନିଜେ ନିଜକୁ ଜାଣିବା ପୂର୍ବରୁ ଗୋଟିଏ ଜୀବନ ଶେଷ ହୋଇଯାଇଥାଏ। ମୃତ୍ୟୁକୁ ବୁଝିବା ପୂର୍ବରୁ ଜୀବନକୁ ବି ବୁଝିନଥାଏ। ଜୀବନ ବୁଝିଥିବା ମଣିଷ ମୃତ୍ୟୁକୁ ବୁଝିପାରେ। କୌଣସି ନୀତି ନିୟମ ଭିତରେ କିମ୍ବା ବାଡ଼ ବନ୍ଦୀ ଭିତରେ ଜୀବନର ସ୍ୱାଧୀନତା କଥା ବୁଝିହୁଏ ନାହିଁ। ସେଥିପାଇଁ ଜଣେ ଦାୟିତ୍ୱବାନ ହେବା ଦରକାର। ଦାୟିତ୍ୱବାନ ଅର୍ଥ ଅନ୍ୟକାହାର ବଶମ୍ୱଦ ହେଇ ନ ରହିବା। ଦାୟିତ୍ୱ ଏକ କର୍ତ୍ତବ୍ୟ ନୁହେଁ। ଏହା ହେଉଛି ପ୍ରତିକ୍ରିୟାର ପ୍ରତିକ୍ରିୟା। ଅନ୍ୟ କାହାର ଯୋଜନା ବଳରେ ବଞ୍ଚିବା ମାନସିକତାରୁ ମୁକ୍ତହେଲେ ଯାଇ ଦାୟିତ୍ୱ ସମ୍ପନ୍ନ ହେଇହେବ। ପିତାମାତାଙ୍କ ଜୀବନ୍ତ ଅବସ୍ଥାରେ ପିଲାମାନେ ସ୍ୱାଧୀନ ହୋଇପାରନ୍ତି ନାହିଁ; ବରଂ ସେମାନଙ୍କ ଅନୁପସ୍ଥିତିରେ ପିଲାମାନେ

ଦାୟିତ୍ୱ ସମ୍ପନ୍ନ ହୋଇଥାନ୍ତି । ଏକଥା ସ୍ୱୀକାର କରିବାକୁ ଟିକେ କଷ୍ଟ ହେଇଥାଏ, କିନ୍ତୁ ଏହା ସତ୍ୟ ।

ଜୀବନକୁ ମପାଯାଇ ପାରିବ ନାହିଁ । ଜୀବନର ସମୟ ସୀମାକୁ ବାଣ୍ଟିଦେଇଥିବାରୁ, ସୁବକଥା ମପାଚୁପା ହେଇ ଚାଲୁଥାଏ । ମାପଚୁପ ଭିତରେ ସ୍ୱାଧୀନତା ନଷ୍ଟ ହୋଇଯାଏ । ହିସାବ କିତାବରେ ଜୀବନ ବଞ୍ଚି ହେବା କଷ୍ଟ । ଜୀବନ ରେଳ ଧାରଣା ପରି ଶୃଙ୍ଖଳାରେ ଗତି କରେନାହିଁ । ଏହା ନିଶ୍ଚୟ ଅଙ୍କାବଙ୍କା । ଜୀବନର ସୌନ୍ଦର୍ଯ୍ୟ ଜୀବନକୁ ଭଲପାଇବା, ଜୀବନକୁ କବିତାମୟ କରିରଖିବା । ଜୀବନକୁ ସଂଗୀତମୟ କରିବା । ଜୀବନ ସେତେବେଳେ ନିରାପତ୍ତା ଖୋଜୁଥାଏ, ସେଇ ସମୟରେ ଆଖିବନ୍ଦ ହେଇଯାଏ । ଗୋଟେ ନିରାପଦର ଭରସାରେ ଜୀବନ ଧାରାରେ ପଡ଼ିଯାଏ । ଧାରା ଜୀବନକୁ ରସଶୂନ୍ୟ କରିଦିଏ । ଆଶ୍ଚର୍ଯ୍ୟ ହେବା, ସୃଷ୍ଟିର ରହସ୍ୟକୁ ନେଇ ଆଶ୍ଚର୍ଯ୍ୟ ହେବାର ଭାବ, ଶୃଙ୍ଖଳିତ ଜୀବନ ବଳୟ ଭିତରେ ଏହା ନିରର୍ଥକ ହେଇଯାଏ । ଥରେ ଆଶ୍ଚର୍ଯ୍ୟ ହେବାର ସାମର୍ଥ୍ୟ ହରେଇ ବସିଲେ, ନିଜ ଭିତରେ ଆଧ୍ୟାତ୍ମିକ ଭାବ ଦୂର ହେଇଯାଏ । ଆଧ୍ୟାତ୍ମିକତା ହୃଦୟରେ ରହସ୍ୟମୟର ପାଖୁଡ଼ା ଖୋଲିଦିଏ । ରହସ୍ୟକୁ ସ୍ୱାଗତ କରିବାର ସ୍ଥାନଟିଏ ସୃଷ୍ଟିକରେ । ଜୀବନକୁ ଅନୁଭବ କରିବାର ଆଗ୍ରହ ଆମ ପାଖରେ ଯେତିକି ପରିମାଣରେ ଉଦ୍ଦୀପିତ ହୋଇଥାଏ, ତା'ଠୁ ଅଧିକ ବରଫ କରି ସ୍ଥିର, କଠିନ ହେବାର ଆଗ୍ରହ ବେଶି ରଖିଥାଏ । ଜୀବନକୁ ଆମେ ନଷ୍ଟ କରିଦେବା କାର୍ଯ୍ୟକ୍ରମରେ ବେଶି ବେଶି ଥାଉ । ଆମେ ଚାହୁଁ ଆମ ଉପରେ ଚାପ ରହୁ । ଧର୍ମପ୍ରଚାରକମାନେ ରାଜନେତାମାନେ, ଗୁରୁମାନେ, ଧର୍ମାନୁଷ୍ଠାନର ପ୍ରବଚକ ମାନେ, ସେମାନଙ୍କ ଜ୍ଞାନ ଅଜ୍ଞାନକୁ ଆମ ଉପରେ ଲଦି ଦିଅନ୍ତୁ ।

ଜୀବନ ବିଷୟରେ ଯାହାକୁ ପଚାରିଲେ ସମସ୍ତ ପାଖରେ ଦୁଇ ଚାରିପଦ କଥାର ଉତ୍ତର ରେଡ଼ିମେଡ୍ ଆକାରରେ ଥାଏ । ପରାମର୍ଶ ଦେବାର କାର୍ପଣ୍ୟ କାହାର ବି ନଥାଏ । ନିଜ ନିଜ ଜୀବନର ଅଭିଜ୍ଞତାକୁ ସୁଖରେ ଦୁଃଖରେ ବଖାଣି ଦେଇହେବ । ସେମାନେ ଜୀବନ ସମ୍ପର୍କରେ ଯାହା ଯାହାଠୁ ଶୁଣିଥିବେ ବା ଶିଖିଥିବେ ବାସ୍ ଦେଇ କଥାର ପୁନଃ ପୁନଃ ଆଲୋଚନା ଚାଲିଥାଏ । କିଛି ନୂତନତ୍ୱ ନଥାଏ । ନୂତନତା ପାଇଁ ସମ୍ଭାବନାଟିଏ ବି ନଥାଏ । ଜହ୍ନକୁ ଯେତେବେଳେ ଜଣେ ନିଜେ ଦେଖି ପାରିବ, ତା'ର ସୌନ୍ଦର୍ଯ୍ୟ, ଶୀତଳତାକୁ ଅନୁଭବ କରିହେବ, ତେବେ ଅନ୍ୟ କାହା କବିତାର ବର୍ଣ୍ଣନା କିମ୍ବା ଆଉ କାହା ଆଖିରେ ଦେଖିବାର ଅନୁଭବ ଏକା କଥା ନୁହେଁ ? ଯେତେବେଳେ ନିଜର ଆଖି ଅଛି ଅନ୍ୟ କାହାର ବୁଝାମଣାର କି ପ୍ରକାର ଆବଶ୍ୟକତା ଅଛି ? ଇଲେକ୍‌ଟ୍ରୋଡ୍ ଯେଉଁ ସମୟରେ ବିଦ୍ୟୁତ ତାର ଦେଇ ଗତି କରୁଥାଏ, ସଂଘର୍ଷ ଫଳରେ ଆୟୋନ ମଧ୍ୟରେ କିଛି ଶକ୍ତି ରହିଯାଇଥାଏ । ଶେଷ ସ୍ଥାନରେ ପହଞ୍ଚିବା ସ୍ଥାନରେ ଶକ୍ତିର ଅନେକ ଆୟୋନରେ

ନଷ୍ଟ ହୋଇଯାଇଥାଏ । ସେଇପରି ଯେକୌଣସି କଥା ଘଟଣାସ୍ଥଳରୁ ଆମ ପର୍ଯ୍ୟନ୍ତ ପହଞ୍ଚେ ତା' ମଧ୍ୟରେ ଅନେକ କଥା ତା'ର ନିଜସ୍ୱ ମାନ ହରାଇ ବାସ୍ତବ କଥା ଆମ ପାଖରେ କୁହାଯାଇପାରେ ନାହିଁ । ଶୁଣାଯାଉଥିବା କଥା ଅନେକ ମିଥ୍ୟାକୁ ବର୍ଣ୍ଣନା କରୁଥାଏ । ସକ୍ରେଟିସ୍‌ଙ୍କ ମତରେ ଭାଷା ହେଉଛି ମିଛ । ବାସ୍ତବତା, କୌଣସି ଭାଷାର ଉପସ୍ଥିତିକୁ ଗୁରୁତ୍ୱ ଦିଏ ନାହିଁ । ପ୍ରତ୍ୟେକ ମଣିଷ ଭିତରେ ଅନୁଭବ କରିବାର ସାମର୍ଥ୍ୟ ଅଛି । ଧ୍ୟାନ ଯେଉଁ କଥାକୁ ସ୍ୱୀକାର କରେ । ଭାଷାର ଆବଶ୍ୟକ ଧ୍ୟାନ ପାଖରେ ପହଞ୍ଚିପାରେ ନାହିଁ । ନିଜ ଅନୁଭବ ଓ ନିଜ ଭିତରେ ମଧ୍ୟସ୍ଥତା କରିବା ପାଇଁ କୌଣସି ଶବ୍ଦ ବା ଭାଷା ନଥାଏ, ରସଗୋଲା ଖାଇବା ସ୍ୱାଦର ଅନୁଭବ, ରସଗୋଲା ବିଷୟ ଭାଷଣରେ ନଥାଏ । ଅନ୍ୟ କାହାକୁ କହିବା ବା ଶୁଣେଇବା ପାଇଁ ଭାଷାର ଆବଶ୍ୟକତା ଅଛି ।

ସକ୍ରେଟିସ୍ ମରିବାକୁ କିଛି ସମୟ ବାକିଥାଏ, ତାଙ୍କ ମୁଖରେ ଖୁସିର ଭାବ ଉଦ୍‌ଭାସିତ ହେଉଥାଏ । ତାଙ୍କର ଶିଷ୍ୟ କ୍ରେଡ଼ୋ ପଚାରିଲେ, "ଆପଣ ଏତେ ଖୁସି କାହିଁକି ଜଣାପଡ଼ୁଛନ୍ତି ? ଆମେ ଦୁଃଖ ପ୍ରକାଶ କରୁଛୁ ଓ କାନ୍ଦୁଛୁ ମଧ୍ୟ ?" ସକ୍ରେଟିସ୍ ଉତ୍ତରରେ କହିଲେ, "ମୁଁ କାହିଁକି ଖୁସି ନ ହେବି ? ମୁଁ ଜାଣିଛି ଜୀବନ କ'ଣ ? ମୁଁ ଏବେ ଜାଣିବାକୁ ଯାଉଛି ମୃତ୍ୟୁ କ'ଣ ? ମୁଁ ଏଇ ମହାନ୍ ରହସ୍ୟର ଦ୍ୱାରଦେଶରେ ଉପସ୍ଥିତ ସେଥିପାଇଁ ମୁଁ ଖୁବ୍ ଉଲ୍ଲସିତ । ମୁଁ ଏକ ଅଜଣା ଇଲାକାକୁ ଯାତ୍ରା କରୁଛି । ମୁଁ ଆଶ୍ଚର୍ଯ୍ୟ ଓ ଆକାଂକ୍ଷାରେ ତଥା ଉତ୍କଣ୍ଠାରେ ବିଭୋର ହୋଇ ସେଇ ମୁହୂର୍ତ୍ତକୁ ଅପେକ୍ଷା କରୁଛି ।

ସକ୍ରେଟିସ୍‌ଙ୍କ ଏଇପରି ବକ୍ତବ୍ୟ ଆଧ୍ୟାତ୍ମିକତାରେ ଭରପୁର । ସେ ଧର୍ମବିରୋଧୀ ଥିଲେ । କୌଣସି ଦର୍ଶନ, ତତ୍ତ୍ୱ, ଈଶ୍ୱର ବିଶ୍ୱାସକୁ ବିରୋଧ କରୁଥିବା ପରିଣାମକୁ ଭୋଗକରିବାକୁ ଯାଉଥିଲେ । କିନ୍ତୁ ଜୀବନକୁ ପୂର୍ଣ୍ଣରୂପେ ଜୀଉଥିଲେ । ତାଙ୍କୁ ଜଣେ ଆତ୍ମା ବିଷୟରେ ବା ମୃତ୍ୟୁପରେ ଏହାର ଗତି ବା ଅଗତି କିମ୍ବା ଆତ୍ମାର ଅବସ୍ଥା ବିଷୟରେ କୌଣସି ଜ୍ଞାନ ନାହିଁ । ସକ୍ରେଟିସ୍‌ଙ୍କର ଏଇ ପରି ଜ୍ଞାନର କଥା ଅତ୍ୟନ୍ତ ବାସ୍ତବ ଏବଂ ସତ୍ୟ । କାରଣ ସେ କହୁଥିଲେ, ଯଦି ମୃତ୍ୟୁ ପରେ ଆତ୍ମା ତିଷ୍ଠି ରହେ ତେବେ ସେଥିରେ ଭୟ କିମ୍ବା ଚକିତ ହେବାର କିଛି ନାହିଁ । କିମ୍ବା ଯଦି ଏହାକୁ ନେଇ କିଛି ଘଟଣା ଘଟିବାର ନାହିଁ ତେବେ ଭୟ କଲେ କ'ଣଟା ଫଳ ମିଳିବ । ଭୟ ସେଠାରେ କେଉଁଠୁ ଆସିବ ? ସେଠି ତ କେହି ନାହାଁନ୍ତି, ତେବେ କାହାକୁ ନେଇ ଭୟ ପ୍ରକଟ କରାଯିବ ? ବାସ୍ତବରେ ଏଇ ଆତ୍ମା ଫାତ୍ମାକୁ ନେଇ କ'ଣ ଏକ ବିଶେଷ କଥା ଘଟିବ ମୋତେ ଜ୍ଞାତ ନଥିବା କଥା ପାଇଁ ଭୟ କାହିଁକି ରହିବ ? ବରଂ ମୁଁ ଆଶ୍ଚର୍ଯ୍ୟ ଓ ରହସ୍ୟ ଇଲାକୁ ପ୍ରବେଶ କରୁଥିବା ପାଇଁ ମୁଁ ଉତ୍କଣ୍ଠାରେ ଉଲ୍ଲସିତ । ବାସ୍ତବରେ ଧର୍ମ ଧାରଣାରେ ରହୁଥିବା ମଣିଷ ସେ

ନଥିଲେ ସକ୍ରେଟିସ୍, କିନ୍ତୁ ମୃତ୍ୟୁ ସମୟରେ, ମୃତ୍ୟୁକୁ ନେଇ ତାଙ୍କ ଭିତରୁ ସ୍ୱତଃସ୍ଫୂର୍ତ୍ତ ଭାବେ ନିସୃତ ବାକ୍ୟ ସମ୍ପୂର୍ଣ୍ଣ ଆଧ୍ୟାତ୍ମିକତା ବ୍ୟତିରେକ ଆଉକିଛି ନୁହେଁ। ଯାହା ସାରାଜୀବନରେ ମୃତ୍ୟୁକୁ ନେଇ ପ୍ରସ୍ତୁତ ହେଉଥିବା ତଥାକଥିତ ଧର୍ମୀୟ ବ୍ୟକ୍ତିମାନଙ୍କ ପାଖରେ ପ୍ରତୀୟମାନ ହୁଏନାହିଁ।

ଧର୍ମୀୟ ବ୍ୟବସ୍ଥାକୁ ନେଇ ସୃଷ୍ଟି ହେଇଥିବା, ହିନ୍ଦୁ, ମୁସଲମାନ, ଖ୍ରୀଷ୍ଟିୟାନ କିମ୍ବା ବୌଦ୍ଧ ଧର୍ମର ଅନୁଷ୍ଠାନମାନ ପରସ୍ପର ପରସ୍ପରକୁ ଠିକ୍ ବୋଲି କହୁଥାନ୍ତି। ପ୍ରତ୍ୟେକ ନିଜର ସଠିକତାକ ନେଇ ନିଜେ ଠିକ୍ ବୋଲି କହୁଥାନ୍ତି। ଅର୍ଥାତ୍ ଅନ୍ୟ ସମସ୍ତେ ଭୁଲ। ଏହି ଦ୍ୱନ୍ଦ୍ୱ ଭିତରେ ଏକ ଦୁର୍ବିସହ ଆଧ୍ୟାତ୍ମିକ ଜ୍ଞାନ ନେଇ ମଣିଷ ବଞ୍ଚୁଥିବା କାରଣରୁ ମୃତ୍ୟୁ ଏକ ଭୟ ରୂପେ ଦଣ୍ଡାୟମାନ ହେଇଯାଏ ଜୀବନ ସମ୍ମୁଖରେ।

ମୃତ୍ୟୁକୁ ନେଇ ମନ ଭିତରେ ସାଧାରଣତଃ ଯେଉଁ ଭୟ ଆସେ, ସେଇ ଭୟ ମୃତ୍ୟୁ ପାଇଁ ନୁହେଁ, ବରଂ ଆମ ଜୀବନ ଅର୍ଜନ କରିଥିବା ସମସ୍ତ ଧନ ସମ୍ପତ୍ତି, ପ୍ରତିପତ୍ତି, ପ୍ରତିଷ୍ଠା। ଏଇ ସବୁ ମୁଖ୍ୟତଃ ଆମକୁ ତ୍ୟାଗ କରିବା ପାଇଁ ରାଜି ନୁହଁନ୍ତି। ଆମ୍ଭେମାନେ ମଧ୍ୟ ଏହାକୁ ପରିତ୍ୟାଗ କରିବାର ଭୟ ଆମକୁ ଆତଙ୍କିତ କରି ରଖିଥାଏ। ଏଇ ସବୁର ଉପାର୍ଜ୍ଜନ ଓ ଏହାର ପରିସମାପ୍ତି, ଏ ସମସ୍ତ କଥା ମୃତ୍ୟୁରେ ଜୀବନ ସହିତ ଶେଷ ହୋଇଯାଏ। ଏଇ ସମାପ୍ତକୁ ଗ୍ରହଣ କରିହୁଏ ନାହିଁ। ଏସବୁରେ ଆସକ୍ତି ନ ରହିଲେ ହିଁ ମୃତ୍ୟୁପ୍ରତି ଭୟ ରହିବ ନାହିଁ। କିଛି 'ମୋର' ନୁହଁ, ମୁଁ ଏକା। ଏହା ଏକଲା ଯାତ୍ରା। ମୁଁ ଅଛି ଏମାନେ ସମସ୍ତେ ଅଛନ୍ତି। ମୁଁ ନାହିଁ ଏମାନେ କେହି ନାହାଁନ୍ତି। ମୁଁ ଅଛି ଈଶ୍ୱର ଅଛନ୍ତି। ମୁଁ ନାହିଁ ଅର୍ଥ ମୋ' ସହିତ ଈଶ୍ୱର ଭାବନାର ମଧ୍ୟ ମୃତ୍ୟୁ ହେଲା।

ଚେତନାର ଧନ ସମ୍ପଦ ହେଲା ଜ୍ଞାନ, ଆଧ୍ୟାତ୍ମିକ ଅନୁଭବ, ନୈତିକତା, ଧ୍ୟାନ - ଏସବୁ ମୃତ୍ୟୁ ସହିତ ଆତ୍ମା ହୋଇ ପରବର୍ତ୍ତୀ ଜୀବନକୁ ଯାଇଥାଏ। ଆତ୍ମା କହିଲେ ଏକ ବାୟୁ ଜନିତ କଥା ଯେତିକି ବୁଝାପଡ଼େ, ବରଂ ଆମ୍ଭେ କରୁଥିବା କାର୍ଯ୍ୟକ୍ରମ ମାଧ୍ୟମରେ ଚେତନାର ଅଗ୍ରଗତିକୁ ଆତ୍ମାର ସ୍ତରୋନ୍ନତି କୁହାଯାଇଥାଏ। ମଣିଷ ଭିତରେ ସମସ୍ତ କ୍ରିୟା ପ୍ରତିକ୍ରିୟାର ଭାବନା, ଚେତନା ସ୍ତରରେ ଆତ୍ମାର ସ୍ୱରୂପରେ ବିଚାର ହୋଇଥାଏ। ଏକ ସ୍ୱଚ୍ଛ ଅସଂକ୍ରମିତ ଚେତନା, ଯାହା ପବିତ୍ର ବୋଲି ବିଚାର କରାଯାଏ। ଯେଉଁଠି ଚେତନା ବ୍ୟତିରେକେ ଆଉ କିଛି ନଥାଏ। କୌଣସି ବସ୍ତୁ ମନ ଭିତରକୁ ଆସେନାହିଁ; ମାତ୍ର ବସ୍ତୁ ପ୍ରତି ଥିବା ଭଲପାଇବା ଓ ଆସକ୍ତି ହିଁ ମନ ଭିତରକୁ ପ୍ରବେଶ କରିଥାଏ। ସେଇ ସମସ୍ତ କଥାକୁ ଅଧିକାର କରି ରଖିବାର ଚିନ୍ତନରେ ମାନସିକତାକୁ ଆକ୍ରାନ୍ତ କରିରଖେ। ଯଦି କୌଣସି କଥା ମନ ଭିତରକୁ ଆକ୍ରାନ୍ତ ନକଲା, ତେବେ ତ ମନ ସ୍ୱଚ୍ଛହୋଇ ରହିଗଲା। ଜଣେ ବାସ୍ତବତାର ଆଧ୍ୟାତ୍ମିକବାଦୀ ମଣିଷ ଭବିଷ୍ୟତ ପାଇଁ

କିଛି ରଖେନାହିଁ। ପୁରୁଣା କଥାକୁ ବାଦ୍ ନ ଦେଲେ ନୂଆକୁ ଅନୁଭବ କରିହେବ ନାହିଁ। କିନ୍ତୁ ଅନ୍ୟପକ୍ଷରେ ଦେଖିଲେ, ପୁରାତନ କଥାର ଉପସ୍ଥିତି ହିଁ ନୂତନତ୍ୱର ଅନୁଭବ ଦେଇଥାଏ। ମନ ପୁରୁଣା, କିନ୍ତୁ ଜୀବନ ସର୍ବଦା ନୂଆ। ମନ କହିଲେ କେବେ ଅତୀତ, ମନ କହିଲେ ଅତୀତରେ ଅକ୍ତିୟାର କରିଥିବା ସମସ୍ତ ବସ୍ତୁର ବାସ୍ନା। ଜ୍ଞାନ ହେଲା ତାହା ଯାହା ସବୁ ଅତୀତର ଘଟଣା ରହିଲା ମନ ହେଉଛି ମଝିରେ ଝୁଲି ରହିଥିବା କଥା। ଚେତନା ଉପରେ ଧୂଳି ଜମିଥିବା ଏକ ଆସ୍ତରଣ। ଧୂଳି ଆସ୍ତରଣ ଆଇନାରେ ଛବିଗୁଡ଼ିକ ସବୁ ଅପରିଷ୍କାର ହେଇ ଦେଖାଯିବ। ମନ ମଧ୍ୟ ସେଇପରି ଅପରିଷ୍କାର ହେଇ ଦେଖାଯିବ। ମନର ଝରକା ଦେଇ ନଦେଖିଲେ, ମୃତ୍ୟୁ ଆସି ସାମ୍ନାରେ ଠିଆ ହେଇଯିବ। ମୃତ୍ୟୁ କହିଲେ ଏକ ମନର ମୃତ୍ୟୁ, କିନ୍ତୁ ଜୀବନ ହେଉଛି ଶାଶ୍ୱତ। ବିନା ମନରେ ଜୀବନ ଚିର ପ୍ରବହମାନ। ମନ ବ୍ୟତିରକେ ଆଉ କୌଣସି କଥାର ମୃତ୍ୟୁ ହୁଏ ନାହିଁ। ଆରମ୍ଭ ନାହିଁ କି ଶେଷ ନାହିଁ। କୌଣସି କଥାର ଆରମ୍ଭ ଓ ଶେଷ କଥାର ଏତକ୍ରୀକରଣକୁ ମୃତ୍ୟୁ କୁହାଯାଏ। ପ୍ରତି ପ୍ରଶ୍ୱାସରେ ବଞ୍ଚିବା ଓ ପ୍ରତି ନିଶ୍ୱାସରେ ମରିବା ହେଉଛି ଜୀବନକୁ ବାସ୍ତବରେ ଜୀଇବା। ଶ୍ୱାସ ପ୍ରଶ୍ୱାସକୁ ଲକ୍ଷ୍ୟ କରିବା ମାଧ୍ୟମରେ ମୃତ୍ୟୁକୁ ଓ ଜୀବନକୁ ଉଭୟଙ୍କୁ ବୁଝିହେବ। ଉଭୟଙ୍କୁ ଉପଭୋଗ କରିହେବ। ଏଇପରି ଉପଭୋଗ କରିବାକୁ ଆମେ ଅଧ୍ୟାତ୍ମିକତା ବୋଲି କହିହେବ।

ଈଶ୍ୱରଙ୍କୁ ପୂଜା କରିବାର ଚଞ୍ଚକତା ପରିହାର କଲାପରେ ଯାଇ, ଐଶ୍ୱରୀୟ ଭାବନା ଆସିବ। ଈଶ୍ୱର ନିଜେ ଏକ ପ୍ରତିବନ୍ଧକ। ମଣିଷ ନିଜେ ନିଜକୁ ବୁଝିବା ପୂର୍ବରୁ ଈଶ୍ୱର ରୂପକ ଭାବନାଟିକୁ ମନ ଭିତରେ କିଏ ଭରି ଦେଇଥାଏ। ତାଙ୍କୁ ପାଇବା ପାଇଁ ଦେଖିବା ପାଇଁ ମୂଷାଦୌଡ଼ ସାରା ଜୀବନ ଚାଲୁଥାଏ। ଦୌଡ଼ ଶେଷ ହୁଏ ନାହିଁ କିମ୍ବା ତାଙ୍କୁ ଦେଖିହୁଏ ନାହିଁ। ଠିକ୍ ସାମୁଏଲ ବେକେଟ୍‌ଙ୍କ 'Waiting for 40 dot' ପରି। ଠାକୁର ମା'କାଳୀ ପୂଜା କଲେ ମୁକ୍ତି ମିଳିଯିବ। କିମ୍ବା ଭୁଲ କର୍ମର ଫଳ ସରିଯିବ ଏମିତି ଘଟଣା ବାସ୍ତବରେ ଘଟିନଥାଏ। ଘଟିଥାଏ ଗଳ୍ପ, କାହାଣୀ କିମ୍ବା ସାହିତ୍ୟରେ। ମାତୃଗର୍ଭରେ ଜୀବନ ଓ ମୃତ୍ୟୁ ଏକା ସମୟରେ ଭ୍ରୂଣ ସହିତ ସଂଚରିଥାଏ। ଭିନ୍ନ ଭିନ୍ନ ହୋଇ ଏମାନେ ରହିପାରନ୍ତି ନାହିଁ। ମନ ବିଚାର ବୋଧରେ ଏମାନେ ଅଲଗା। କିନ୍ତୁ ବାସ୍ତବ କ୍ଷେତ୍ରରେ ଏମାନେ ଏକ। ଅଲଗା ରୂପେ ଆମ ସହିତ ଏଇ ଦୁଇଟି କଥା ବିଚାର କରାଯାଇଥାଏ। ପ୍ରତ୍ୟେକ ମଣିଷର ଭାବନା, ସିଏ ବଞ୍ଚୁଥିବା ସମ୍ପ୍ରଦାୟ ଅନୁସାରେ ସୁସଂଯୋଜିତ ହେଇଥାଏ। ସାମ୍ପ୍ରଦାୟିକ ଗ୍ରହଣଶୀଳତାର ଅଦୃଶ୍ୟ ସଂଗଠନଟିଏ ମନ ଭିତରେ ସମ୍ପୂର୍ଣ୍ଣ କାୟାବିସ୍ତାର କରି ବ୍ୟକ୍ତିର ଭାବନାରେ ପ୍ରତିଫଳିତ ହେଇ ରହିଥାଏ। ଗୋଟିଏ କଥାକୁ ଗ୍ରହଣ କରିବା ଅର୍ଥ ଅନ୍ୟ ସବୁକୁ ପରୋକ୍ଷରେ ଏବଂ ପ୍ରତ୍ୟକ୍ଷରେ ପରିତ୍ୟାଗ କରିବା ବା

ସେମାନଙ୍କ ପ୍ରତି ଏକ ବିରୋଧ ମନୋଭାବଟିଏ ସଜାଗ ହେଇ ରହିବା। ଯେବେ ଅନୁଶୀଳନ କରିବା, ତେବେ ବୁଝାପଡ଼େ, ଯାହା ଆମେ ସବୁ ଗ୍ରହଣ କରିଛେ, ତାହା ଏକ ପାକ୍ଷିକ ବିଚାର। ଆଂଶିକରୁ ପୂର୍ଣ୍ଣତାକୁ ବୁଝିବା ଏକ କଳ୍ପନାର କଥା ବାସ୍ତବ ବିଚାର ନୁହେଁ। ଜୀବନ ସେଇ ଆଂଶିକ କଥାକୁ ଗ୍ରହଣ କରି ପୂର୍ଣ୍ଣତାକୁ ଅନୁଭବ କରିପାରେ ନାହିଁ। ଗୋଟେ ସାର୍ଥକ ଜୀବନ ନେଇ ମଣିଷ ଜନ୍ମ ନେଇଥାଏ ଅସାର କଥାବସ୍ତୁରେ ସାରା ଜୀବନ କଟିଯାଏ। ଈଶ୍ୱର, ସଂଗଠନ, ସମ୍ପ୍ରଦାୟ, ଗୋଟେ ଈଶ୍ୱରୀୟ ଧମାକାରେ ଧମନୀର ଧ୍ରୁପଦୀ ଧପ୍‌କରି ବନ୍ଦ ହୋଇଯାଏ। କ'ଣ ହେଲା ? ଲାଭ ନା କ୍ଷତି ?

■

ପ୍ରେମର ବିପକ୍ଷ ସ୍ୱରୂପ

ପ୍ରେମରେ ସୃଷ୍ଟିକୁ ସର୍ଜନା କରିହୁଏ। ଘୃଣା ପ୍ରତିକ୍ରିୟାର ପରିଣାମ ହେଉଛି ଧ୍ୱଂସ। କିନ୍ତୁ ଉଭୟ ପରସ୍ପର ପରସ୍ପରର ପ୍ରତିକ୍ରିୟାରେ ନିଜସ୍ୱ ସ୍ଥିତିସ୍ଥାପକତାକୁ ପ୍ରତ୍ୟେୟ କରିଥାନ୍ତି। ସୃଷ୍ଟି ଆରମ୍ଭରୁ ପ୍ରେମକୁ ଆଧାର କରି ବଞ୍ଚିବାର କଥା ସମସ୍ତେ କହିଆସୁଛନ୍ତି। ଘୃଣାକୁ ପରିତ୍ୟାଗ କରିବା ପାଇଁ ଶବ୍ଦର ପ୍ରଯତ୍ନକୁ ଅସ୍ୱୀକାର କରାଯାଇ ପାରିବ ନାହିଁ। ବାରମ୍ବାର ଯେକୌଣସି କଥା ଉପରେ ଗୁରୁତ୍ୱ ଆରୋପ କରିବା ଅର୍ଥ ଉକ୍ତ କଥାଟିର ମାନହ୍ରାସ କରିଦେବା।

ଆମେ ଯେତେବେଳେ ଘୃଣା କରୁ, ସେଇ ଘୃଣାରେ ଛଳନା ନଥାଏ; ଯାହା ଥାଏ ତାହା ନିଛକ ସତ୍ୟ। କିନ୍ତୁ ପ୍ରେମ, ଏହା ଛଳନାପୂର୍ଣ୍ଣ ଭାବେ ପ୍ରକାଶିତ ହେଇଥାଏ। ହୃଦୟରୁ ଯେପରି ଘୃଣାଭାବ ନିଛକ ଓ ସ୍ୱତଃସ୍ଫୁର୍ତ୍ତ ଭାବେ ପ୍ରକାଶିତ ହେଇଗଲା, ପ୍ରେମ ହୃଦୟରୁ ନ ଆସି ଅନେକ ସନ୍ଦେହ, କଳ୍ପନା ଜଳ୍ପନା, ଅବକାଶ ଦେଇ ବାହ୍ୟ ସ୍ୱରୂପ ଦେଖାଇଥାଏ। ଗୋଟେ ଚଞ୍ଚକତାର ପୁଟଦେଇ ପରିପ୍ରକାଶ ହୋଇଥାଏ। ସୁଗାର କୋଟେଡ଼ ତିକ୍ତ ଔଷଧ ପରି। ମାନବ ସଭ୍ୟତାର ବିକଶିତ ହେବା ଦିନଠାରୁ ବର୍ତ୍ତମାନ ଯାଏ, ପ୍ରତ୍ୟେକ ଧର୍ମ ଅନୁଷ୍ଠାନ, ଅଧ୍ୟାତ୍ମିକ ବ୍ୟକ୍ତିମାନେ ବାରମ୍ବାର ଏଇ କଥାକୁ କହିଆସୁଛନ୍ତି। ଏକପ୍ରକାର ଅସମ୍ଭବତାକୁ ମଧ୍ୟ ସମ୍ଭବ କରିପାରିବାର ଭରସା ଦେଇଥାନ୍ତି। ଯେଉଁମାନେ ବି ଉକ୍ତ ପ୍ରେମର ଭାବନାଟିଏ ନିଜ ଭିତରେ ସୃଷ୍ଟି କରିବାର କଥା କହୁଥାନ୍ତି, ପ୍ରକୃତରେ ଯଦି ପ୍ରେମର ସ୍ରୋତଟିଏ ହୃଦୟରୁ ନିଃସୃତ ହୁଏ, ତେବେ ଏହାର ସତ୍ୟତା ଓ ତୀବ୍ରତାକୁ ସହ୍ୟ କରିବାର ସାମର୍ଥ୍ୟ ସେମାନଙ୍କ ପାଖରେ ରହିବ ନାହିଁ। ବୋଧହୁଏ ପ୍ରେମର ସଠିକ୍ ସ୍ୱରୂପକୁ ଗ୍ରହଣ କରି ପାରିବାର ସାମର୍ଥ୍ୟ ସେମାନେ ହରେଇ ଦେଇଥାନ୍ତି। ପ୍ରକୃତ ପ୍ରେମର ଫଲଗୁ ସେଇ ଧର୍ମଗୁରୁମାନଙ୍କ ନିୟନ୍ତ୍ରଣର ବାହାରେ ଥାଏ।

ପ୍ରେମର ସାମାନ୍ୟ ସ୍ଫୁରଣ ବି ପୃଥିବୀର ଯେକୌଣସି ଅସମ୍ଭବତାକୁ ସମ୍ଭବରେ

ପରିଣତ କରିଦେଇପାରିବ। ଗୋଟିଏ ପକ୍ଷରେ ପୃଥିବୀ ଆରପଟରେ ସିଏ ସ୍ୱୟଂ ଦଣ୍ଡାୟମାନ ହୋଇଥିବ। ପୃଥିବୀର ଯେତେଯେତେ ପ୍ରେମ କାହାଣୀ ଆମ ପାଖରେ ଉଦାହରଣ ହୋଇ ମହଜୁଦ୍ ଅଛି, ଏମାନଙ୍କ ସମସ୍ତଙ୍କ ପୃଷ୍ଠଭୂମି ଗୋଟିଏ ପୃଷ୍ଠଭୂମିରେ ଦଣ୍ଡାୟମାନ ହୁଏ। ପ୍ରେମିକ ପ୍ରେମିକା ଗୋଟିଏ ପଟେ, ଆର ପକ୍ଷରେ ଅସ୍ତ୍ରଧରି ଠିଆ ହୋଇଥାନ୍ତି ପରିବାର ଓ ସାରା ସମାଜ। ଦୁଇ ମହାନ ଦୁର୍ଗକୁ ଅତିକ୍ରମ କଲାପରେ ଯାଇ ଇତିହାସ ରଚନା ହୁଏ। ସବୁ ଦେଖଣାହାରୀ ପ୍ରେମ ପାଇଁ ଆଶୀର୍ବଚନ ଶୁଣାନ୍ତି। ସବୁ ପଣ୍ଡିତମାନେ, ଧର୍ମ ଯାଜକମାନେ ପ୍ରେମୀ ମଣିଷଟିଏ ହେବାପାଇଁ କୁହନ୍ତି। ହେଲେ, ଶୁଣୁଥିବା ମଣିଷଟି ଯେତେବେଳେ ସତ ସତ ପ୍ରେମୀ ପାଲଟି ଯା'ନ୍ତି କହୁଥିବା ମଣିଷମାନଙ୍କ ମୁହଁର ଆକୃତି ବଡ଼ ହୋଇଯାଏ। ଆମେ ସମସ୍ତଙ୍କୁ ହସିବା ପାଇଁ କହୁଥାଉ, କିନ୍ତୁ କାହାର ହସକୁ ସହ୍ୟ କରିବାର ସାମର୍ଥ୍ୟ ଆମକୁ ଅସହାୟ କରିପକାଏ। ସତେ ଯେମିତି ସର୍ବଦା କୁହାଯାଉଥିବା କଥାର ଅର୍ଥର ଅନ୍ତଃସ୍ରୋତରେ ବିପରୀତୋନ୍ମୁଖୀ କଥାଟିଏ ଥାଏ।

ପ୍ରେମ ଏକ ପାଗଳପଣରେ ଆଗକୁ ବଢ଼େ, ଯିଏ ଆଦୌ କୌଣସି ଦର୍ଶନ କିମ୍ବା ଯୁକ୍ତି କିମ୍ବା ବାସ୍ତବତାକୁ ସ୍ୱୀକାର କରେ ନାହିଁ। ଏହା ଏକ ମାତ୍ର କଥା, ଯେକି ସବୁ ଅସମ୍ଭବତାରେ ସମ୍ଭାବନାର କ୍ଷେତ୍ରଟିଏ ପ୍ରସ୍ତୁତ କରିପାରେ। ପାହାଡ଼ର ଶୀର୍ଷରେ କୂପଟିଏ ଖନନ କରି ପାଣି ଝରାଇପାରେ। ଅସ୍ତିତ୍ୱପ୍ରେମକୁ ଅସ୍ୱୀକାର କରିପାରେ ନାହିଁ। ଅସ୍ତିତ୍ୱ ଏହାର ସ୍ୱଭାବଗତ ଗତିପଥକୁ ବଦଳାଇ ନେଇପାରେ। ନିୟମକୁ ବଦଳାଇ ଦେଇପାରେ କିନ୍ତୁ ପ୍ରେମକୁ ନକରାତ୍ମକ ଦୃଷ୍ଟିରେ ଚାହିଁପାରିବ ନାହିଁ। କାରଣ ପ୍ରକୃତିର ଶ୍ରେଷ୍ଠକଥା ହେଉଛି ପ୍ରେମ। ବସୁଧାର ଶେଷ ବିଚାରର ଶୀର୍ଷରେ ପ୍ରେମର ନିୟମ। ପ୍ରକୃତିର ଶ୍ରେଷ୍ଠ ନିୟମ। ଆଉ ଯାହା ବିଚାର ବା ନିୟମ ରହିଲା ଏହାର ତଳେ ନତଯାନୁ ହୋଇ ଦଣ୍ଡାୟମାନ ହୋଇ ରହିବେ। ସମସ୍ତ ବିରୋଧ ଶୁଦ୍ଧ ପ୍ରେମ ପାଖରେ ପ୍ରତିହତ ହୁଅନ୍ତି। ପୃଥିବୀରେ ଲେଖାହୋଇଥିବା ସବୁ ସାହିତ୍ୟର ପ୍ରେମ କାହାଣୀର ପରିସମାପ୍ତି ଏହିପରି ହୋଇଥାଏ। ଯେଉଁ ସମୟରେ ଜଣେ ପ୍ରେମର ଅକ୍ତିଆରରେ ରହିଗଲା ପୃଥିବୀର କୌଣସି ଶକ୍ତି ତାକୁ ନିୟନ୍ତ୍ରଣରେ ରଖିପାରିବ ନାହିଁ। ସମସ୍ତେ କୁହନ୍ତି, ପ୍ରେମିକମାନେ ପାଗଳ। କିନ୍ତୁ ଏହା ସମ୍ପୂର୍ଣ୍ଣ ଭ୍ରମାତ୍ମକ ଧାରଣା ସମାଜ ମଣିଷମାନଙ୍କ ଭିତରେ ସୃଷ୍ଟି କରିଛି। ପିଲା ଅବସ୍ଥାରୁ ପିଲାମାନଙ୍କୁ ପ୍ରେମ ସମ୍ପର୍କରେ ଏମିତି ଏକ ଧାରଣା ପାଇଥିବାରୁ, ସାହିତ୍ୟ, ପତ୍ର ପତ୍ରିକାରେ ପଠନ କରିବା ସହିତ ସ୍କୁଲ କଲେଜକୁ ଯିବା ସମୟରେ ସତର୍କ କରାଯାଇ ଏହିପରି ଏକ ମାନସିକତା ତିଆରି କରିଦିଆଯାଇଥାଏ। କିନ୍ତୁ ପ୍ରେମ କରୁଥିବା ମଣିଷ ସମ୍ପୂର୍ଣ୍ଣ ସ୍ୱାଧୀନଚେତାର ମଣିଷ। କୌଣସି ଆକଟ ନୀତି ନିୟମର ଦାସତ୍ୱକୁ ସ୍ୱୀକାର କରେନାହିଁ। ସମସ୍ତ ଦାସମାନଙ୍କ ମାନସିକତାରୁ ମୁକ୍ତ ହୋଇଯାଉଥିବା ମଣିଷକୁ ଅନ୍ୟ ମଣିଷମାନେ

ପାଗଳର ଆଖ୍ୟା ଦେଇଥାନ୍ତି। ଯେମିତି ସମସ୍ତଙ୍କ କଥାକୁ ବିନା ଯୁକ୍ତିରେ ଗ୍ରହଣ କରିଯାଉଥିବା ମଣିଷକୁ ସରଳ ମଣିଷର ଆଖ୍ୟା ଦିଆଯାଏ। ଯେଉଁ ବ୍ୟକ୍ତି ମାଧ୍ୟମରେ ଅନ୍ୟମାନଙ୍କର ଯୁକ୍ତିକୁ ଖଣ୍ଡନ କରୁଥାଏ ତାହାକୁ ବଦ୍‌ମାସ, ଚାଲାଖ, ଚଞ୍ଚକ ଦୃଷ୍ଟିରେ ବିଚାର କରିଥାଉ। ଏକାପରି ପ୍ରେମୀମାନଙ୍କୁ ଅପ୍ରେମୀ ମଣିଷମାନେ ଗ୍ରହଣ କରିଥାନ୍ତି। ଭଲ ବା ଉତ୍ତମ ମାନେ ଦାସତ୍ୱକୁ ଗ୍ରହଣ କରିବାର କଥା। ସମାଜର ଚଳଣିକୁ ଗ୍ରହଣ କରିବାର କଥା।

ସ୍ୱଚ୍ଛପ୍ରେମ ମଣିଷକୁ ବିପ୍ଳବୀ କରାଇନିଏ। ମାତ୍ର ଛଳନାପୂର୍ଣ୍ଣ ପ୍ରେମ ମଣିଷକୁ ବଶ୍ୟତା ସ୍ୱୀକାର କରାଇଥାଏ। ବଶମ୍ୱଦ କରେଇଥାଏ। ସେଇଥିପାଇଁ ସମାଜ ମଣିଷକୁ ଶିକ୍ଷାଦିଏ ପ୍ରେମ କରିବ ତ ଈଶ୍ୱରଙ୍କୁ ପ୍ରେମ କର। ସେଠି ଈଶ୍ୱରଙ୍କର କୌଣସି ପ୍ରତିକ୍ରିୟା ରହିବ ନାହିଁ। ସମର୍ପିତ ଭାବରେ ତାଙ୍କୁ ଗ୍ରହଣ କରିଯାଅ। ଈଶ୍ୱରଙ୍କୁ ଜାଣିନଥିବା ପିଲାଟିଏ କେମିତି ନିଜକୁ କଥା କହୁନଥିବା ଗୋଟିଏ ମୂର୍ତ୍ତି ପାଖରେ, ନିଜକୁ ଏକ ପ୍ରସ୍ତର ମନେକରି ସମର୍ପିତ କରିଦେବ। ପିଲାମନରେ ଏଇପରି ପ୍ରଶ୍ନ ଆସିଲା ପୂର୍ବରୁ ତା' ଭିତରେ ଦାସତ୍ୱର ଏକ ଜଡ଼ ଭାବନାକୁ ଭର୍ତ୍ତି କରିଦିଆ ଯାଇଥାଏ। ଦୁଇହାତ ଯୋଡ଼ି ଆକାଶକୁ ଚାହିଁ ପ୍ରାର୍ଥନା କରିବା କଥାକୁ ପିଲାମାନେ ଅନୁକରଣ କରିଥାନ୍ତି। ଏହାଦ୍ୱାରା ଏକ ଭାବନା ଆମ ଭିତରକୁ ଆସିଥାଏ, ଯେ ଈଶ୍ୱର ଆକାଶରେ ଅଛନ୍ତି। ପୃଥିବୀ ଉପରେ ରହୁଥିବା ମଣିଷମାନଙ୍କ ବିଜ୍ଞାନ କହେ ପୃଥିବୀ ବର୍ତ୍ତୁଳାକାର। ପୃଥିବୀ କେବଳ ନିଜ ଅକ୍ଷରେ ନିଜେ ବୁଲୁଛି। ଉପରେ ଯେମିତି ଆକାଶ ଅଛି ତଳେ ମଧ୍ୟ ସେଇପରି ଶୂନ୍ୟ ମଣ୍ଡଳ ଅଛି, ଅର୍ଥାତ୍ ତଳେ ବି ଆକାଶ ଅଛି। ଈଶ୍ୱର ଉପରେ ଅଛନ୍ତି ବୋଲି ଦେଖାଇ ପ୍ରାର୍ଥନା କରୁଥିବା କଥା କହୁଥିବା ବେଳେ ଆମ ତଳେ ଥିବା ଆକାଶ ପ୍ରତି ଅଜ୍ଞତାକୁ ଆମେ ପରୋକ୍ଷରେ ସ୍ୱୀକାର କରୁଛେ। ଠାକୁର କେବଳ ଉପରେ ଅଛନ୍ତି ତଳେ ନାହାଁନ୍ତି।

ମଣିଷର ଇଚ୍ଛା ସର୍ବଦା ତା' ସାମର୍ଥ୍ୟର ଉପରେ ଥାଏ। ଉପରକୁ ସ୍ୱପ୍ନ ଦେଖେ ତଳକୁ ନୁହେଁ। ପିଲାମାନେ ବୟସ୍କମାନଙ୍କୁ ଅନୁକରଣ କରି ବଡ଼ମାନେ ଯାହା ଯାହା କରନ୍ତି, ସେମାନେ ସେଇପରି କରିଥାନ୍ତି। ଈଶ୍ୱରଙ୍କୁ ଭଲପାଇବାର ପରିଣାମକୁ ନେଇ ଆମ ସାହିତ୍ୟ ସଂସ୍କୃତି ଅନେକ ଉଦାହରଣ ସୃଷ୍ଟିକରିଛି। ଈଶ୍ୱରଙ୍କୁ ଭଲ ପାଉଥିବା ଚରିତ୍ରମାନେ କିପରି ସୁଖଦ ପରିଣାମକୁ ପ୍ରାପ୍ତି କରିଛନ୍ତି ଓ ଈଶ୍ୱରଙ୍କ ପ୍ରତି ଥିବା ବିଦ୍ୱେଷ ଭାବର ମଣିଷ ଦୁଃଖ ଯନ୍ତ୍ରଣାରେ ପ୍ରପୀଡ଼ିତ ହେଇଛନ୍ତି, ସେଇ ସବୁକଥାର ଗଦା ଗଦା ଉଦାହରଣ ମାଧ୍ୟମରେ ମଣିଷମାନଙ୍କ ଭିତରେ ଏକ ଭୟ ସୃଷ୍ଟି କରାଯାଇଛି। ଈଶ୍ୱରଙ୍କୁ ପ୍ରାର୍ଥନା ନ କଲେ କିମ୍ବା ଭର୍ତ୍ସନା କରିବା ଦ୍ୱାହିରେ ଅନେକ ଅଘଟଣ ଘଟିବ। ଏଥିରେ ଆତଙ୍କିତ ହେଇ ଈଶ୍ୱରଙ୍କୁ ପ୍ରାର୍ଥନା କରାଯାଏ କିମ୍ବା ଈଶ୍ୱରଙ୍କୁ ପ୍ରାର୍ଥନା କଲେ ସମସ୍ତେ

ଈପସିତ, ଅଭିଳାଷିତ ମନୋବାଞ୍ଛା ପୂର୍ଣ୍ଣହୁଏ । ସେଇ ନ୍ୟାୟରେ ପୂଜାପାର୍ବଣର ମହୋତ୍ସବ ପୃଥିବୀକୁ ପ୍ରକମ୍ପିତ କରି ରଖିଛି । ଈଶ୍ୱର ଉପାସନା ସମ୍ପୂର୍ଣ୍ଣ ସ୍ୱାର୍ଥଜନିତ । ବିଶ୍ୱମଙ୍ଗଳ କେବଳ ବାହ୍ୟ ପରିପ୍ରକାଶ ଥାଏ । ଈଶ୍ୱର ମଣିଷ ଜଣଙ୍କର ମଣିଷମାନଙ୍କ ନିନ୍ଦା ପ୍ରଶଂସା ସହିତ ବାସ୍ତବରେ ଯଦି କୌଣସି ସମ୍ପର୍କଥାନ୍ତା, ତେବେ ଆଦୌ କୌଣସି ଅଘଟଣ ଈଶ୍ୱର ବ୍ୟକ୍ତିଜଣକ ଘଟେଇବା ପାଇଁ ଇଚ୍ଛାପ୍ରକାଶ କରୁନଥାନ୍ତେ ।

ଅନେକ ଅଲୌକିକ କାହାଣୀକୁ ଆଧାର କରି ଈଶ୍ୱର ସଂକ୍ରାନ୍ତୀୟ ଏକ ବିଶ୍ୱାସଟିଏ ସୃଷ୍ଟି କରାଯାଇଛି । ସେଇ ଅଲୌକିକତା ହେଉଛି ଯାହା ମଣିଷମାନଙ୍କ ସାମର୍ଥ୍ୟର ବାହାରେ । ମୃତ୍ୟୁପରେ ପୁନଶ୍ଚ ଭକ୍ତମାନଙ୍କୁ ଦେଖାଦେଇ ତାଙ୍କ ସହିତ ଚାଲିବା, ପାଣି ଉପରେ ଦୌଡ଼ିବା, ପାଣିକୁ ମଦରେ ପରିଣତ କରିଦେବା, ସମୁଦ୍ରେ ଜଳକୁ ଚଳୁରେ ପାନ କରିଦେବା ଅସମ୍ଭବର ସାମର୍ଥ୍ୟ ସହିତ ଯୋଡ଼ା ହେଇଥିବା କଥାର ବ୍ୟକ୍ତିଜଣଙ୍କ ଈଶ୍ୱର ବ୍ୟତିରେକ ଆଉ କେହି ହେଇପାରିବ ନାହିଁ । ଉକ୍ତ ଭାବନା ମଣିଷକୁ ସୁସ୍ଥରୁ ଅସୁସ୍ଥ ନିଜ ଭିତରୁ ବାହାରକୁ ଯାତ୍ରା, ସ୍ଥିତିରୁ ଦୁଃସ୍ଥିତି ଦିଗକୁ ବାଟ କଢ଼େଇ ନେଇଥାଏ । ବୁଦ୍ଧ, ଅରବିନ୍ଦ, ବିବେକାନନ୍ଦ, ମହମ୍ମଦ, ଜୀଉଜ୍ କିମ୍ବା ଯୀଶୁ ଏମାନେ ସମସ୍ତେ ବାହାରକୁ ନଯାଇ କିମ୍ବା ବାହାରେ ଈଶ୍ୱରଙ୍କୁ ନ ଖୋଜି ନିଜ ଭିତରେ ନିଜକୁ ଖୋଜି ନିଜେ ଈଶ୍ୱର ହେଇଗଲେ । ବିନା ଅଲୌକିକତାରେ ଈଶ୍ୱରମାନେ ନିରୀଶ୍ୱର । କୃଷ୍ଣଙ୍କର ଅଲୌକିକତା ତାଙ୍କୁ ଆମ୍ଭମାନଙ୍କ ପାଖରେ ମହାନ ଈଶ୍ୱର କରି ମନଟିଏ ତିଆରି କରିଛି । ସେଇ ଅଲୌକିକତାକୁ ଅନୁମାନ କରି ଯେତେ ଯେତେ ଅତିରଞ୍ଜିତ ସାହିତ୍ୟ ସୃଷ୍ଟି ହେଇଛି, ଯେଉଁଥିପାଇଁ ସାଧାରଣ ମଣିଷମାନଙ୍କ ପାଖରେ କୃଷ୍ଣଙ୍କ ସ୍ଥିତି ସଜାଗ ହେଇ ରହିଛି । ପିଲାଦିନରୁ ପିଲାମାନଙ୍କ ଭଲପାଇବାକୁ ଅନ୍ୟ ଦିଗ ଆଡ଼କୁ ବଙ୍କେଇ ଦେଇ ଆମେ ଆମପରି କରିବାର ଅଧିକାର ସାବ୍ୟସ୍ତ କରିଥାଉ । ସାଧାରଣତଃ ଆମେ ଆମ ଭଲପାଇବାକୁ ଏକ ଅପ୍ରାପ୍ତ ହୋଇଥିବା କଥା ଆଡ଼କୁ ଟାଣି ନେଇଥାଉ । ବୟସ୍କମାନଙ୍କ ଅଜ୍ଞତାର ବୋଝ ବୋହି ଚାଲିଥାନ୍ତି ତରୁଣମାନେ । ଯେଉଁ ପିଲାମାନେ ଟିକେ ବୁଦ୍ଧିମାନ ସେମାନେ କୁହାଯାଉଥିବା କଥାକୁ ଗ୍ରହଣ ନ କରି ବାସ୍ତବ କଥା ଉପରେ ବେଶି ମାତ୍ରାରେ ଗୁରୁତ୍ୱ ଦେଇଥାନ୍ତି ।

ପିଲାମାନଙ୍କୁ କୁହାଯାଏ ଯଦି ଭଲପାଇବ ତେବେ ତୁମ ମା', ଭଉଣୀ, ଭାଇ କିମ୍ବା ବାପାଙ୍କ ଉପରେ ତୁମ ଭଲପାଇବାକୁ ଅଜାଡ଼ି ଦିଅ । କିନ୍ତୁ ଏଇ ଭଲପାଇବାକୁ ଆଉ କେହି ନାରୀ କିମ୍ବା ପୁରୁଷ ଉପରେ ନଦିଦେଲେ ତାହା ନିମ୍ନଗୁଣର ଭଲପାଇବା ସହିତ ସମାନ ହେବ । କିନ୍ତୁ ବାସ୍ତବ କଥାକୁ ଆମେ ଭୁଲିଯାଇଥାଉ । ନିଜ ଲୋକମାନଙ୍କୁ ଭଲପାଇବା ବା ଘୃଣା କରିବା ଏହା ଆମ ହାତ ପାହାନ୍ତାର କଥା । ଏମାନଙ୍କୁ ଭଲପାଇବା

ସ୍ୱତଃସ୍ଫୁର୍ତ୍ତ, ପ୍ରୟାସ ନଥାଏ । ଆମେ ଚାହିଁଲେ ଏହାର ଯୋଡ଼କୁ ବଢ଼େଇ ବା କମେଇ ଦେଇପାରିବା । ଯାହାକୁ ଆମେ ମ୍ୟାନେଜମେଣ୍ଟ ଟେକ୍ନୋଲୋଜି ବୋଲି କହିଥାଉ । କିନ୍ତୁ କୌଣସି ଦାହିକ ଉଦ୍ଦୀପିତ ଜନିତ ଆକର୍ଷଣରେ ସ୍ୱତଃସ୍ଫୁର୍ତ୍ତ ଭାବେ ନିଗିଡ଼ି ଯାଇଥିବା ମନର ଭାବନାକୁ ଯଦି ଉଭୟ ନାରୀପୁରୁଷ, ପରସ୍ପର ପ୍ରତି ଭଲପାଇବାରେ ପରିଣତ ହେଇଯାଏ, ଏହାକୁ ମ୍ୟାନେଜମେଣ୍ଟ ଟେକ୍ନୋଲୋଜି ମାଧ୍ୟମରେ ନିୟନ୍ତ୍ରଣ କରାଯାଇ ପାରିବ ନାହିଁ । ଏହା କୌଣସି ମାପଚୁପ ହେଉଥିବା ଯନ୍ତ୍ରର ଫଳାଫଳ ବହିର୍ଭୂତ ଘଟଣା । ଏଇ ପ୍ରକାର ଭଲପାଇବା କୌଣସି ପିଲାମାନେ ବାପ, ମା', ଭାଇ ଭଉଣୀ କିମ୍ବା ଆଉ କୌଣସି ନିଜଲୋକ ପାଖରେ ଦେଇପାରିବେ ନାହିଁ, ଯାହା ପ୍ରେମିକା ପ୍ରେମିକମାନେ ପରସ୍ପର ପ୍ରତି ନିବେଦନ କରିଥାନ୍ତି । ଠିକ୍ ଏକାପ୍ରକାର ପ୍ରେମକୁ ଈଶ୍ୱରଙ୍କୁ ଦେବାପାଇଁ ଧର୍ମଗୁରୁମାନେ ଶିଷ୍ୟମାନଙ୍କୁ କହିଥାନ୍ତି । ଯାହା ଅସମ୍ଭବ । ଏଇ ଅସମ୍ଭବକୁ ସମ୍ଭବରେ ପରିଣତ କରିବା ପ୍ରୟାସ ଆମେ ସର୍ବଦା ଆମ ବିଚାର ଭିତରେ ଉଜ୍ଜୀବିତ କରି ରଖିଥାଉ । ଝଡ଼ ଯେପରି ନିୟନ୍ତ୍ରଣ ବାହାରେ ଥାଏ, ଠିକ୍ ପ୍ରେମ ମଧ୍ୟ କୌଣସି ସୀମା ଭିତରେ ନଥାଏ । ଏଇ ପ୍ରକାର ଅନିୟନ୍ତ୍ରିତ ଘଟଣାକୁ ଅଧିନକୁ ଆଣିବା ପାଇଁ ବୟସ୍କମାନଙ୍କ ଫନ୍ଦି ଫିକର ଉପଦେଶ ଯାହା ଫୁଟାଡଙ୍ଗାରେ ପାଣି ବୁହାଇ ଶୁଖାଇବାର ପ୍ରୟାସ ସଦୃଶ । ଗୋଟିଏ ମୌଳିକ ପ୍ରସଙ୍ଗକୁ ବାସ୍ତବ ପାଖରୁ ଦୂରେଇ ରଖିବାର ପ୍ରୟାସ ।

ଯେଉଁ ସମୟରେ କୌଣସି ବ୍ୟକ୍ତି ଜଣଙ୍କ ପାଖରେ ଏକ ପ୍ରସ୍ତାବ ବାଢ଼େ, "ମୁଁ ତୁମକୁ ଖୁବ୍ ଭଲପାଏ ।" ସେତେବେଳେ ସେ ପ୍ରେମ ଉପରେ ଲେଖାଯାଇଥିବା ମହାନବ୍ୟକ୍ତିମାନଙ୍କ ସଂଳାପକୁ ଉଚ୍ଚାରଣ କରି ପ୍ରସ୍ତାବ ସହିତ ଏକ ଉଦ୍ଦୀପନା ସୃଷ୍ଟି କରୁଥାଏ । ତାହା ଏକ ପ୍ରବଞ୍ଚନା ପ୍ରଣୋଦିତ ଉଚ୍ଚାଟନ ଥାଏ । ସେଥିରେ ବାସ୍ତବ ଭଲପାଇବା ନଥାଏ । ଆନ୍ତରିକତା ଅପେକ୍ଷା ବାହ୍ୟ ପରିପାଟୀ ଅଧିକା ଥାଏ । ଆନ୍ତରିକତା କମ୍ ଥିବାରୁ ଛଳନା ଅଧିକ ରହେ । ଜଣେ ମଣିଷ ମନରେ ତା'ର ସର୍ବଶ୍ରେଷ୍ଠ ଭଲପାଉଥିବା ମଣିଷ ଅପେକ୍ଷା, ସର୍ବଶ୍ରେଷ୍ଠ ଶତ୍ରୁ ତା' ପାଖରେ ବେଶି ମାତ୍ରାରେ ଥାଏ । ଘୃଣାର ପ୍ରଭାବ ଭଲପାଇବା ପ୍ରଭାବ ଅପେକ୍ଷା ଅଧିକ ଶକ୍ତିଶାଳୀ । ମନକୁ ଦୁର୍ବଳ କରି ପକାଇଥିବା ମଣିଷମାନଙ୍କ କଥା ଆମ ପାଖରେ ଯେତିକିଥାଏ, ଭଲପାଇବା ମଣିଷଟି କମ୍ ଥାଏ । ସବୁ ବୟସ୍କମାନଙ୍କ ବୈକ୍ତିକ ଭାବନା ଛୋଟପିଲାମାନଙ୍କ ଦୃଷ୍ଟିଭଙ୍ଗୀକୁ ବଦଳେଇ ଦେଇଥାଏ । ଗୋଟିଏ ସୁନ୍ଦର ପୃଥିବୀର ପ୍ରାକୃତିକ ଦୃଶ୍ୟ ଆମ ଆଖିରେ ସୌନ୍ଦର୍ଯ୍ୟ ଦେଖାଯାଏ ନାହିଁ । ମନ ଭିତରେ ଥିବା ଭାବନା ଆଖିରେ ଥିବା ଦୃଷ୍ଟିଶକ୍ତିକୁ ବଦଳାଇ ଦେଇଥାଏ, ସେଇ ଆଧାରରେ ଜୀବନର ସକାରାତ୍ମକ ଭାବନା ସବୁ ନକାରାତ୍ମକ ହେଇ ଦୃଶିତ ହୁଏ । ପ୍ରେମ ଚକ୍ଷୁ ଘୃଣାଚକ୍ଷୁରେ ପରିଣତ ହେଇଯାଇଥାଏ । ପ୍ରେମର ବାଣୀ

ମୁଖରେ ଉଚ୍ଚାରଣ କରିଥାଉ, ମାତ୍ର ଭିତରେ ସେଇ ପ୍ରେମର ଭାବନା ଦଣ୍ଡାୟମାନ ହେଇଥାଏ ଘୃଣାର ଭାବନା ଉପରେ।

କୌଣସି ପ୍ରତିକ୍ରିୟା ପୂର୍ଣ୍ଣ ଅବଗତ ସମ୍ପର୍କ ହେଇଥିଲେ ଏବଂ ସେଇ ସଚେତନତାର ନିଷ୍ପତ୍ତି ସୁନ୍ଦର ହେଇଥାଏ। ସେଇ ଏକା ପ୍ରକାର କଥାର ପରିଣତି ଅସୁନ୍ଦର ହେଇଥାଏ ଯଦି ଏହା ସଠିକ୍ ଜ୍ଞାନର ଓ ସଚେତନାତର ଅଭାବରେ ହେଇଥାଏ। ଏଠାରେ ଏକ ସାଧାରଣ କଥାକୁ ଆଲୋଚନା କରାଯାଇପାରେ; ଗୋଟିଏ ଧାର୍ମିକ ସମ୍ପ୍ରଦାୟ ଆଉ ଏକ ଧାର୍ମିକ ସମ୍ପ୍ରଦାୟକୁ ଘୃଣା କରେ। ଗୋଟିଏ ଦେଶ ପଡ଼ୋଶୀ ଦେଶକୁ ଘୃଣାଚକ୍ଷୁରେ ଦେଖେ। ଗୋଟିଏ ରାଜନୈତିକ ଦଳ ଆରଦଳକୁ ଘୃଣା କରିଥାଏ। ଗୋଟିଏ ଜାତିର ଲୋକ ଆରଜାତିକୁ ଘୃଣା କରୁଥାଏ। ପ୍ରତି ମୁହୂର୍ତ୍ତରେ ଏଇ ଭାବନା ନେଇ ବଞ୍ଚୁଥିବା କାରଣରୁ କେତେବେଳେ ଏହା ବିସ୍ତାରିତ ହେଇ ଯୁଦ୍ଧର ରୂପ ନେଇଥାଏ। କିନ୍ତୁ ମଣିଷ ମନ ଭିତରେ ସୃଷ୍ଟି ହେଉଥିବା ଭାବନା କିଏ ସୃଷ୍ଟି କଲା, କିଏ ଏଇପରି ନକରାତ୍ମକ ଭାବନାର ବିଷମଞ୍ଜି ବପନ କଲା ? ଏ ପ୍ରଶ୍ନର ଉତ୍ତର ଖୋଜି ମୂଳକୁ ଆସିଲେ ଶେଷରେ ସେଇମାନଙ୍କ ପାଖରେ ଆସି ପହଞ୍ଚିଯିବା ଯେଉଁମାନେ ସର୍ବଦା ପ୍ରେମ, ଦୟା, କ୍ଷମା, କରୁଣାର କଥାକୁ ଜୋର୍ ଜବରଦସ୍ତ ଭର୍ତ୍ତି କରିବାର ପ୍ରୟାସ କରୁଥାନ୍ତି। ଏମାନେ ଘୃଣା ଭାବକୁ ଦୂରେଇବା ପାଇଁ କହୁଥାନ୍ତି, ଘୃଣା ଉପରେ କୌଣସି ଆଲୋକପାତ କରୁନଥାନ୍ତି ଅଥଚ ସେଇ ଘୃଣାଭାବ ମନ ଭିତରେ କାୟା ବିସ୍ତାର କରି ରହିଥାଏ। କିନ୍ତୁ ଘୃଣା କରିବାକୁ ଥିବା କଥା ବିଷୟରେ ଯଦି ଗୋଟେ ଗଭୀର ବୁଝାମଣାଟିଏ ଥିବ, ତେବେ ତାହା ଘୃଣା ହେଉ ଅବା ଭଲପାଇବା, ତା'ହେଲେ ତାହା ସଠିକ୍ ଭାବରେ ପ୍ରତିକ୍ରିୟା ପ୍ରକାଶ କରିହେବ। କ'ଣ ଭଲପାଇବାକୁ ଗହେବ, କାହାକୁ ଭଲପାଇବାକୁ ହେବ; ଏଥିପାଇଁ କୌଣସି ଶିକ୍ଷାର ଆବଶ୍ୟକତା ନାହିଁ। ଭଲ ପାଇବା ଏକ ସହଜାତ ପ୍ରବୃତ୍ତି। ଏହା ସ୍ୱତଃସ୍ଫୁର୍ତ୍ତ। ଭଲ ପାଇବା, ଘୃଣା କରିବା, କରୁଣା, ଦୟା, କ୍ଷମା ଇତ୍ୟାଦି ଗୁଣ ମଣିଷ ଦେହରେ ଅନ୍ତର୍ନିହିତ ଗୁଣ ହେଇଥାଏ। ଏଇସବୁ କଥାର ପରିପ୍ରକାଶ ଗଭୀର ବୁଝିବାପଣରୁ ସୃଷ୍ଟି ହୁଏ। ସବୁଠାରୁ ଅଲୌକିକତା ହେଲା କୌଣସି ପ୍ରୟାସ ନ କରି ଉକ୍ତ ଗୁଣମାନଙ୍କର ପ୍ରତିକ୍ରିୟା ଆପଣା ଢଙ୍ଗରେ ଆପେ ଆପେ ସମାଧାନ ହୋଇଯାଇଥାଏ।

ଅବଗତ ହେବା କଥାଟି ହେଉଛି ସବୁକୁ ସାମ୍ନା କରିବାର ଏକ ଦୃଢ଼ ଶକ୍ତି। ଯଦି ଆମେ ରାଗର କାରଣକୁ ବୁଝିପାରିଛେ, ତେବେ ରାଗ ଆପେ ଆପେ ପ୍ରଶମିତ ହେଇଯିବ। ଯଦି ଆମେ ଘୃଣାର କାରଣ ବିଷୟରେ ସଚେତନ ଅଛେ, ଘୃଣା ମଧ୍ୟ ଆପେ ଆପେ ଅପସରିଯିବ। ସବୁଠୁ ଶ୍ରେଷ୍ଠ ବିଚାର ହେଲା ଏକ ଗଭୀର ଭାବେ କୌଣସି କଥା ଉପରେ ଅବଗତ ହେବା। ଏହା ମଧ୍ୟ ଏକ ଭାଗ୍ୟବାନର ଗୁଣ। କେବଳ ବିଶ୍ୱାସ ଗଭୀର ଅବଗତକୁ

ସହାୟତା କରିବ ନାହିଁ, ବରଂ ଏକ ଅନୁଭବର ଅଭିଜ୍ଞତା ଅବଗତ ପାଇଁ ସହାୟତା ହୋଇପାରେ। ନିଜେହିଁ ନିଜର ଗୁରୁ ହେଲେ ସତ୍ୟକୁ ଉନ୍ମୋଚନ କରିହେବ। ଅନ୍ୟ କାହାର ଆଖିରେ ଆମେ ପୃଥିବୀକୁ ଦେଖୁଥିବା କାରଣରୁ ଆମେ ଆମ ଆଖିର ଆବଶ୍ୟକତାକୁ ବୁଝିପାରି ନଥାଉ। ନିଜ କାର୍ଯ୍ୟ, ନିଜର ଗତିବିଧି, ନିଜ ଭିତରେ ସୃଷ୍ଟି ହେଉଥିବା ଆଗ୍ରହ ଅନାଗ୍ରହର ଅନୁଧ୍ୟାନ ନିଜକୁ ଜଣେ ଭଲପାଇବାର ଉତ୍ସବୋଲି ବୁଝିବା ଦରକାର। ଅବଗତ ହେବାର ଅଭ୍ୟାସ ଏକ କକ୍ଷରେ ପରିଣତ ହେଲେ ଏହି ଗୁଣର ଦିବ୍ୟତ୍ୱକୁ ଅନୁଭବ କରିପାରିବା। ଅବଗତ ହେବା ହେଉଛି ଏକ ଆଲୋକ ଯାହା ଅନ୍ଧକାରକୁ ଦୂରେଇ ଦେଇଥାଏ, ଅଜ୍ଞତାକୁ ମଧ୍ୟ ହଟେଇ ଏକ ସତ୍ୟ ଆଧାରିତ ତଥ୍ୟ ଉପରେ ଜ୍ଞାନକୁ ପରିବର୍ଦ୍ଧିତ କରିଥାଏ।

ଜଣେ ବ୍ୟକ୍ତିର କାର୍ଯ୍ୟକଳାପରୁ ତା'ର ବ୍ୟକ୍ତିତ୍ୱକୁ ମାପିଲେ, ଲୋକଟିର ବ୍ୟକ୍ତିତ୍ୱକୁ ସମ୍ପୂର୍ଣ୍ଣ ଆକଳନ କରିହେବ ନାହିଁ। ସେଇ ବ୍ୟକ୍ତିର ଚେତନା ଯାହା ସେଇ ବ୍ୟକ୍ତିକୁ ଅନୁପ୍ରାଣିତ କରୁଛି ସେହିପରି କାର୍ଯ୍ୟ କରିବା ପାଇଁ। କାର୍ଯ୍ୟ ବାହାରେ ପରିପ୍ରକାଶ ହେଉଥିବାରୁ, ସେଇ ପ୍ରତିକ୍ରିୟାରୁ ପ୍ରତିକ୍ରିୟା ରୂପେ ବ୍ୟକ୍ତିର ମୂଲ୍ୟାୟନ ହୋଇଥାଏ। ଅର୍ଥାତ୍ କାର୍ଯ୍ୟରୁ ବ୍ୟକ୍ତିକୁ ମାପିବାରେ ଫଳାଫଳ ଭୁଲ ହୋଇଥାଏ, ମାତ୍ର କାର୍ଯ୍ୟର କାରଣକୁ ବୁଝିପାରିଲେ ଜଣେ ବ୍ୟକ୍ତିକୁ ସମ୍ପୂର୍ଣ୍ଣ ଆକଳନ କରିହେବ। କାହାକୁ ଆକଳନ କରି ଉକ୍ତ ବ୍ୟକ୍ତିର ବ୍ୟକ୍ତିତ୍ୱକୁ ବୁଝିବା ଅପେକ୍ଷା ନିଜେ ନିଜକୁ ବୁଝିବା, ନିଜ ବିଷୟରେ ଅବଗତ ହେବା ଅର୍ଥ କାହାକୁ ପଢ଼ିବା ବା ବୁଝିବାର ଆବଶ୍ୟକ ପଡ଼ିବ ନାହିଁ। କୌଣସି ସଂଗଠନ ବା ବ୍ୟବସ୍ଥା, କେଉଁଟି ଠିକ୍ କେଉଁଟି ଭୁଲ୍‌ର ନିଷ୍ପତ୍ତି ଦେଇପାରିବ ନାହିଁ କାରଣ, ଯେଉଁ ନିଷ୍ପତ୍ତି ସେମାନେ ଆମକୁ ଶୁଣାଇବେ, ତାହା ନିଶ୍ଚୟ ସେମାନଙ୍କ ଚିନ୍ତନର ନିଷ୍ପତ୍ତି, ସେମାନଙ୍କ ବିଚାରଧାରାର ନିଷ୍ପତ୍ତି। ତାହା ଆଦୌ ନିର୍ବୈକ୍ତିକ ନିଷ୍ପତ୍ତି ନୁହେଁ। କିନ୍ତୁ ନିଜସ୍ୱ ଅବଗତ ଗତ ନିଷ୍ପତ୍ତି ଏକ ସ୍ୱଚ୍ଛ ନିଷ୍ପତ୍ତି, ଯେଉଁଥିରେ ଜଣଙ୍କୁ ଆତ୍ମସନ୍ତୋଷ ମିଳିଥାଏ।

ଭଲପାଇବାର ବାର୍ତ୍ତା ନୁହେଁ ଗୋଟେ ଘୃଣାର ବିପରୀତ କଥା। ଭଲପାଇବା ହେଉଛି ଘୃଣାଭାବକୁ ଆପଣେଇ ନେବା। ଏଇ ଆପଣେଇ ନିଆଯାଉଥିବା ଘୃଣା ପ୍ରେମରେ ପରିବର୍ତ୍ତନ ହେବା। ଯେତେ ଘୃଣାର ସ୍ଥିତି ବଦଳିଯିବ, ତେବେ ଭଲପାଇବା ମଧ୍ୟ ରହିବ ନାହିଁ। ସେଥିପାଇଁ ବାସ୍ତବରେ ଆଧ୍ୟାତ୍ମିକତାକୁ ଆପଣେଇଥିବା ମଣିଷ, ଘୃଣାରେ ନଥାଏ କିମ୍ବା ଭଲପାଇବାରେ ନଥାଏ। ଗୋଟିଏ ଶୂନ୍ୟସ୍ଥିତିରେ ହିଁ ଥାଏ। ଉକ୍ତ ବ୍ୟକ୍ତି ପାଖରେ ଥିବା ଭଲପାଇବା ଏକ ଭିନ୍ନସ୍ୱାଦର ଭଲପାଇବା। ସେଇ ପ୍ରକାର ପ୍ରେମରେ କରୁଣା ଥାଏ, ପ୍ରବଣତା ନଥାଏ। ସେଇପ୍ରକାର ପ୍ରେମରେ ସଂଯୋଗ ଥାଏ ସମ୍ପୃକ୍ତି ନଥାଏ।

ସେଥିରେ ସମର୍ପଣ ଥାଏ, ପ୍ରତ୍ୟାଶା ନଥାଏ। ଏଥିରେ ନେଣ ଦେଣ, ଲାଭ କ୍ଷତିର ବୈପାରତ୍ମିକ ଭାବନା ନଥାଏ। ସ୍ରୋତସ୍ୱିନୀ ଧାରାଟିଏ ଥାଏ, ତଳକୁ ବହି ବହି ଆସୁଥାଏ କୌଣସି କଥାକୁ ପଛକୁ ଫେରେଇ ନେଇପାରିବାର ସାମର୍ଥ୍ୟ ନଥାଏ। ପାଣିପରି ନିଗିଡ଼ି ନିଗିଡ଼ି ତଳକୁ ଚାଲୁଥାଏ, ସମସ୍ତଙ୍କୁ ସାମିଲ କରି ତଳକୁ ନେଇ ଚାଲିଥାଏ ମାତ୍ର କାହାକୁ ନିଜ ପାଖକୁ ଟାଣୁନଥାଏ। କେବଳ ଦେବାର କଥା ଓ ନେବାର କଥା କିଛି ନଥାଏ। ବାଦଲପରି ବର୍ଷାକୁ ଅଜାଡ଼ି ଦେଇ ହାଲକା ହେଇଯିବାକୁ ଚାହେଁ। କିଛି ଗ୍ରହଣ କରିବାକୁ ଚାହୁଁନଥାଏ। କେବଳ ଦେବାକୁ ହିଁ ଥାଏ।

ଭଲପାଇବା ଆଶୀର୍ବଚନ କିମ୍ବା ଅଭିଭାଷଣରେ ନଥାଏ, ଥାଏ ହୃଦୟରେ ଗୋଟେ ସ୍ୱଚ୍ଛ ଅବଗତରେ, ବୁଝିବାପଣରେ। ଦେହ ଓ ମନରେ ଏକାକାର ହେଇଥାଏ। ଶିକ୍ଷା ଦିଆଯାଉଥିବା ପ୍ରେମ, ଯେତିକି ପ୍ରେମ ଭାବନା ସୃଷ୍ଟିକରେ, ତା'ର କୋଟି କୋଟି ଗୁଣର ଘୃଣାଭାବ ସୃଷ୍ଟି କରିଥାଏ। ପ୍ରେମ ସ୍ୱଜାଗ୍ରତ ହେଉ ଉଜ୍ଜାଗ୍ରତ ନ ହେଉ।

■

BLACK EAGLE BOOKS

www.blackeaglebooks.org
info@blackeaglebooks.org

Black Eagle Books, an independent publisher, was founded as a
nonprofit organization in April, 2019. It is our mission to connect
and engage the Indian diaspora and the world at large with the
best of works of world literature published on a collaborative
platform, with special emphasis on foregrounding
Contemporary Classics and New Writing.